国家社科基金重大委托项目
中国社会科学院创新工程学术出版资助项目

中国民族地区
经济社会调查报告

总顾问　陈奎元
总主编　王伟光

元阳县卷

本卷主编　马翀炜

中国社会科学出版社

图书在版编目(CIP)数据

中国民族地区经济社会调查报告·元阳县卷/ 王延中主编；马翀炜分册主编．
—北京：中国社会科学出版社，2015.10
ISBN 978 - 7 - 5161 - 6741 - 0

Ⅰ.①中…　Ⅱ.①王…②马…　Ⅲ.①民族地区经济 - 经济发展 - 调查报告 -
元阳县②民族地区 - 社会发展 - 调查报告 - 元阳县　Ⅳ.①F127.8

中国版本图书馆 CIP 数据核字(2015)第 182409 号

出 版 人	赵剑英
责任编辑	宫京蕾
特约编辑	大　乔
责任校对	郝阳洋
责任印制	李寡寡

出　　版	中国社会科学出版社
社　　址	北京鼓楼西大街甲 158 号
邮　　编	100720
网　　址	http://www.csspw.cn
发 行 部	010 - 84083685
门 市 部	010 - 84029450
经　　销	新华书店及其他书店

印刷装订	北京市兴怀印刷厂
版　　次	2015 年 10 月第 1 版
印　　次	2015 年 10 月第 1 次印刷

开　　本	710×1000　1/16
印　　张	25
插　　页	2
字　　数	422 千字
定　　价	92.00 元

凡购买中国社会科学出版社图书，如有质量问题请与本社营销中心联系调换
电话：010 - 84083683

《21 世纪中国少数民族地区经济社会发展综合调查》
项目委员会

顾问委员会
总 顾 问　陈奎元

学术指导委员会
主　　任　王伟光
委　　员（按姓氏笔画为序）
丹珠昂奔　李　扬　李培林　李　捷　陈改户　武　寅
赵胜轩　郝时远　高　翔　黄浩涛　斯　塔

专家委员会
首席专家　王延中
委　　员（按姓氏笔画为序）
丁卫东　丁　宏　丁　赛　马　援　王　平　王希恩
王　锋　开　哇　车明怀　扎　洛　方　勇　方素梅
尹虎彬　石玉钢　龙远蔚　卢献匾　田卫疆　包智明
吐尔干·皮达　朱　伦　色　音　刘正寅　刘世哲
刘　泓　江　荻　赤列多吉　李云兵　李红杰　李克强
吴大华　吴　军　何星亮　张若璞　张昌东　张继焦
陈建樾　青　觉　郑　堆　赵立雄　赵明鸣　赵宗福
赵剑英　段小燕　姜培茂　聂鸿音　晋保平　特古斯
俸代瑜　徐　平　徐畅江　高建龙　黄　行　曹宏举
曾少聪　管彦波　毅　松

项目工作组
组　　长　扎　洛　孙　懿
成　　员（按姓氏笔画为序）
丁　赛　孔　敬　刘文远　刘　真　李凤荣　李益志
宋　军　陈　杰　周学文　程阿美　管彦波

总　序

　　实践的观点是马克思主义哲学最基本的观点，实事求是是马克思主义的活的灵魂。坚持一切从实际出发、理论联系实际、实事求是的思想路线，是中国共产党人把马克思主义基本原理与中国实际相结合，领导中国人民进行社会主义革命和社会主义建设不断取得胜利的基本经验。改革开放以来，在实事求是、与时俱进思想路线指导下，中国特色社会主义伟大事业取得了举世瞩目的伟大成就，中国道路、中国经验在世界上赢得广泛赞誉。丰富多彩的成功实践推进了中国化马克思主义的理论创新，也为哲学社会科学各学科的繁荣发展提供了坚实沃土。时代呼唤理论创新，实践需要哲学社会科学为中国特色社会主义理论体系的创新发展做出更大的贡献。在中国这样一个统一的多民族的社会主义国家，中国特色的民族理论、民族政策、民族工作，构成了中国特色社会主义的重要组成部分。经济快速发展和剧烈社会转型，民族地区全面建成小康社会，进而实现中华民族的伟大复兴，迫切需要中国特色民族理论和民族工作的创新，而扎扎实实开展调查研究则是推进民族研究事业适应时代要求、实现理论创新、服务发展需要的基本途径。

　　早在 20 世纪 50 年代，应民族地区的民主改革和民族识别之需，我国进行了全国规模的少数民族社会历史与语言调查，今称"民族大调查"。这次大调查搜集获取了大量的有关民族地区社会历史的丰富资料，形成300 多个调查报告。在此次调查的基础上，整理出版了 400 余种、6000 多万字的民族社会历史建设的巨大系统工程——《民族问题五种丛书》，为党和政府制定民族政策和民族工作方针，在民族地区开展民主改革和推动少数民族经济社会的全面发展提供了重要的依据，也为新中国民族研究事业的发展奠定了坚实的基础。

　　半个多世纪过去了，如今我国边疆民族地区发生了巨大而深刻的变化，各民族逐渐摆脱了贫困落后的生产生活状态，正在向文明富裕的现代化社会迈进。但同时我们也要看到，由于历史和现实的原因，各民族之间以及不同民族地区之间经济社会的发展依然存在着很大的差距，民族地区经济发展不平衡性问题以及各种社会问题、民族问题、宗教问题、生态问题，日益成为推动民族地区经济社会发展必须着力解决的紧迫问题。深入民族地区开展长期、广泛而深入的调查研究，全面了解各民族地区经济社会发展面临的新情况、新问题，科学把握各民族地区经济社会发展趋势，是时代赋予民族学工作者的使命。

　　半个多世纪以来，中国社会科学院民族学与人类学研究所一直把调查研究作为立所之本。1956 年成立的少数民族语言研究所和 1958 年成立的民族研究所（1962 年两所合并），从某种意义上讲，就是第一次民族大调查催生的结果。作为我国多学科、综合性、国家级的民族问题专业研究机构，民族所非常重视田野调查，几代学人已在中国各民族地区近 1000 个点进行过田野调研。20 世纪 90 年代，民族所进行了第二次民族地区典型调查，积数年之功完成了 20 余部调研专著。进入新的历史时期，为了更好地贯彻党中央对我院"三个定位"的要求，进一步明确今后一个时期的发展目标和主攻方向，民族所集思广益，经过反复酝酿、周密论证，组织实施了"21 世纪初中国少数民族地区经济社会发展综合调查"。这是我国民族学研究事业发展的迫切需要，也是做好新时期民族工作的前提和基础。

　　在充分利用自 20 世纪 50 年代以来开展的少数民族社会历史与语言调查相关研究成果的基础上，本次民族大调查将选择 60—70 个民族区域自治地方（包括城市、县旗或民族乡）作为调查点，围绕民族地区政治、经济、社会、文化、生态五大文明建设而展开，计划用 4—5 年的时间，形成 60—70 个田野调查报告，出版 50 部左右的田野民族志专著。民族调查是一种专业性、学科性的调查，但在学科分化与整合均非常明显的当代学术背景下，要通过调查研究获得开拓性的成果，除了运用民族学、人类学的田野调查方法外，还需结合社会学问卷调查方式和国情调研、社会调查方式，把静态与动态、微观与宏观、定量分析与定性分析、典型与一般有机结合起来，突出调查研究的时代性、民族性和区域性。这是新时期开展民族大调查的新要求。

　　立足当代、立足中国的"民族国情"，妥善处理民族问题，促进各民族平等团结，促进各民族地区繁荣发展，是中国特色社会主义的重要任务。"21世纪初中国少数民族地区经济社会发展综合调查"作为国家社科基金特别委托项目和中国社会科学院创新工程重大项目，希望立足改革开放以来少数民族地区的发展变化，围绕少数民族地区经济社会发展，有针对性地开展如下调查研究：（1）民族地区经济发展现状与存在问题调查研究；（2）民族地区社会转型、进步与发展调查研究；（3）西部大开发战略与民族问题调查研究；（4）坚持和完善民族区域自治制度调查研究；（5）民族地区宗教问题调查研究；（6）民族地区教育与科技调查研究；（7）少数民族传统文化与现代化调查研究。

　　调查研究是加强学科建设、队伍建设和切实发挥智库作用的重要保障。基础研究与应用对策研究是现代社会科学不可分割的有机统一的整体。通过全面深入系统的调查研究，我们冀望努力达成以下几个目标：一是全面考察中国特色民族理论、民族政策的探索和实践过程，凝练和总结中国解决民族地区发展问题、确立和谐民族关系、促进各民族共同繁荣发展的经验，把握民族工作的一般规律，为未来的民族工作提供坚实的理论支撑，为丰富和发展中国特色社会主义理论体系做出贡献。二是全面展示改革开放特别是进入21世纪以来民族地区经济社会发展的辉煌成就，展示以"平等、团结、互助、和谐"为核心内容的新型民族关系的当代发展状况，反映各族人民社会生活的深刻变化，增强各民族的自豪感、自信心，建设中华民族共同体，增强中华民族凝聚力。三是深入调查探寻边疆民族地区经济社会发展中存在的问题，准确把握未来发展面临的困难与挑战，为党和国家全面了解各民族发展现状、把握发展趋势、制定未来发展规划提供可靠依据。四是通过深入民族地区进行扎实系统的调研，搜集丰富翔实的第一手资料，构筑我国民族地区社会发展的基础信息平台，夯实民族研究的基础，训练培养一支新时代的民族问题研究骨干队伍，为民族学研究和民族地区未来发展奠定坚实的人才基础。

　　我们深信，参与调查研究的每一个专家和项目组成员，秉承民族学人类学界前辈学人脚踏实地、不怕吃苦、勤于田野、精于思考的学风，真正深入民族地区、深入田野，广泛汇集干部群众的意见、倾听干部群众的呼声，通过多种方式方法取得丰富的数据资料，通过科学严谨的数据分析和系统深入的理论研究，一定会取得丰硕的成果。这不仅会成为新世纪我国民族学与人类学学科建设的一个重要里程碑，也一定会为党和政府提供重要决策参考，为促进我国民族理论和民族工作的新发展，为在民族地区全面建成小康社会，为实现中华民族的伟大复兴做出应有的贡献。

王伟光

目　　录

导　论

　　元阳县隶属云南省红河哈尼族彝族自治州。该县位于云南省南部、哀牢山脉南段、红河南岸，地处东经 102°27′—103°13′、北纬 22°49′—23°19′。全县辖两个镇 12 个乡，面积 2189.88 平方公里。县城所在地为南沙镇，该镇距省会昆明 284 公里，距州府蒙自 71 公里。据第六次人口普查统计，该县总人口 42.4284 万人，其中哈尼族 22.8765 万人，占总人口的 53.92%。元阳县世居哈尼、彝、汉、傣、苗、瑶、壮 7 个民族。该区域是以哈尼族为主的多民族聚居区，生产生活方式多样，民族文化多元。元阳县人与自然和谐相处、民族与民族和谐相处、不同的民族民间宗教和谐共生。

　　中国哈尼族人口有 166 万人，是云南省人口仅次于汉族、彝族的少数民族。哈尼族主要分布在云南省的红河哈尼族彝族自治州、西双版纳傣族自治州、玉溪市和普洱市。作为一个跨境民族，哈尼族在越南、老挝、缅甸和泰国也有分布（居住于老挝、缅甸和泰国的哈尼族大都属于阿卡支系，国际上通常将这个人群称为哈尼/阿卡人），总人口数达 200 余万人。

　　元阳县具有丰富多元的民族文化。2013 年 6 月 22 日，"红河哈尼梯田"被联合国教科文组织第 37 届世界遗产委员会列入世界文化遗产名录。这也是中国的第 45 项世界文化遗产。元阳县是红河哈尼梯田的核心区。哈尼梯田还先后被冠以"国家湿地公园"、"全国重点文物保护单位"、"中国重要农业文化遗产"、"联合国粮农组织全球重要农业文化遗产"、"中国最美风景县云南十佳"等殊荣。2013 年 4 月，元阳县箐口村荣获"云南 30 佳最具魅力村寨"称号。元阳县以哈尼梯田为旅游品牌，在保护和传承梯田生产方式的基础上，努力推动哈尼梯田旅游业健康快速发展。此外，"哈尼族四季生产调"、"哈尼哈巴"以及"祭寨神林"等文化事项被列入国家级非物质文化遗产保护名录。"彝族民歌"等 4 个项目被列入省级非物质文化遗产保护名录。该县已经初步建立了比较全面、系统的民族传统文化传承保护体系。

学术界关于"红河哈尼梯田"核心区的元阳县的研究成果是较为丰富的，也具有较高的学术水平。研究的内容涉及政治、经济、文化、社会、科技、医疗等多个领域。但关于元阳县的经济社会发展整体性的研究成果还没有出现。因此，通过民族学、人类学的田野调查方式，以元阳县为调查地点，客观系统地反映哈尼族以及县域内其他少数民族在政治、经济、文化、教育、科技、卫生等各方面取得的辉煌发展成就，全面展示该县各民族人民生活的深刻变化，凝练和总结中国解决民族地区发展问题、确立和谐民族关系、促进各民族共同繁荣发展的经验，是十分必要的。同时，通过调查研究可以及时准确地反映边疆少数民族地区经济社会发展中存在的问题和面临的困境，为促进边疆民族地区经济发展与社会稳定，进行前瞻性的理论探讨。

2012 年中国社会科学院启动"中国社会科学院哲学社会科学创新工程重大专项——21 世纪初中国少数民族地区经济社会发展综合调查"项目。云南大学西南边疆少数民族研究中心有幸成为参与者，负责有关元阳县经济社会发展综合调查工作。2013 年 12 月，云南大学西南边疆少数民族研究中心成立了调查小组。2014 年 1 月，收集相关文献资料，对元阳县经济社会发展状况进行初步分析，并确定田野调查地点、制订调查计划。2014 年 3 月下旬，课题负责人赴元阳县与当地政府进行工作接洽。在得到县委、县政府有关部门的大力支持下，调查组于 4 月初赴元阳县，与当地政府有关部门召开了座谈会，并开始了第一次田野调查。5 月初，调查组召开第一次专家座谈会，听取撰写调查报告的建议。5—7 月，调查组整理资料、撰写报告。8 月初完成初稿，召开专家座谈会，针对初稿进行讨论。8 月中旬至 9 月，进行第二次田野调查，10—11 月完善调研报告，12 月底完成最后的统稿工作。

元阳县调查组严格按照中国社会科学院民族学与人类学研究所制定的《21 世纪初中国少数民族地区经济社会发展综合调查》的要求，针对生态与社会环境、经济结构与经济发展问题、社会结构与政治发展、民族教育与语言文字、宗教信仰与民俗文化、婚姻家庭与伦理道德、医疗卫生与科学技术、民族文学与艺术、文化遗产保护与文化发展等几个方面的问题对元阳县的地区经济社会发展情况开展调查研究工作。在遵照中国社会科学院民族学与人类学研究所制度的调查大纲并完成必须的调研工作的同时，本课题组也根据元阳县的实际情况，力求在调查研究中突出元阳调查的特色。

21世纪之初，红河州就开始积极申报世界遗产。经过十余年漫长的申报历程，联合国教科文组织终于将"红河哈尼梯田"列入世界遗产名录。该区域的发展自然会受到世界性的关注。该区域正处于后申遗时代如何保护与开发哈尼梯田的关键时期，各种发展机会和挑战同时存在，元阳县社会文化变迁中出现的新情况新问题是本次经济社会调查中给予了特别关注的问题。

在调查中，本调查组采取了收集整理相关历史文献资料，梳理元阳县社会经济文化的历史发展轨迹，掌握相关研究动态的历史文献分析法，深入民族村寨参与民族社区的社会生活，参与观察相关生产生活实践活动的民族学田野调查方法，以及对相关人员开展调查问卷等方法，对相关问题进行了较为深入细致的调研。

本调查组以马克思民族学基本理论为指导思想，以21世纪之初，元阳县经历的"哈尼梯田"申报世界遗产历程及被列入世界遗产名录这一对当地社会经济文化产生重大影响的事件为核心内容，围绕哈尼梯田文化传承保护与发展问题对元阳县社会文化变迁中出现的各种发展机会和挑战进行认真调查和思考，通过历史文献研究和扎实的田野调查，对元阳县民族地区改革开放以来在各个方面所取得的成就及社会转型所存在的问题和面临的挑战进行深入调查研究，并做出了具有一定前瞻性的理论思考。

元阳县域属哀牢山脉南段，地势由西北向东南倾斜，最高海拔2939.6米，最低海拔144米。总体呈现出重峦叠嶂、沟壑纵横、山地连绵、山梁之间"V"形地貌发育充分的地貌特征。人们为了生计，在山梁、缓坡地带开辟出层层梯田，创造了人与自然和谐相处的文化典范。20世纪50年代初期，元阳县的原始森林覆盖率达24%以上。1958年之后，森林覆盖率不断下降。1985年元阳县森林覆盖率为12.9%，36年间下降了50%。1988年以来，元阳县出台了东西观音山等原始森林保护的政策。21世纪初期开始的哈尼梯田申报世界文化遗产行动和"退耕还林"等政策的实施，使元阳县的生态环境有了根本性的好转。至2013年，元阳县森林覆盖率提高到43.5%，维系梯田的水源有了良好的生态环境。但是，在这一时期，由于在梯田推广杂交稻、化肥农药的大量施用、水田改旱地、外来生物入侵、梯田旅游开发、当地农民外出打工等诸多因素，又使元阳县的生物多样性及传统农耕文化传承受到新的挑战。

长期以来，元阳因地处偏远山区，交通不便，与内地联系较弱，经济发展十分落后，是国家级贫困县。新千年以来，元阳县借着西部大开发政策的春风，抓紧社会主义新农村建设的机遇，加快县域经济社会发展速度。县域经济发展水平得到大幅度提升，产业结构从过去以第一、二产业为主向一、二、三产业均衡发展方向转变。农业经济稳步发展，长期保持在 GDP 总量的 1/3 强。第二产业发展得到了明显加强。该县主要是开发资源密集型工业经济，其中矿产业和生物资源深加工产业得到了优先发展。元阳县制定了工业园区经济发展规划，力图通过产业空间集聚实现可持续发展。元阳县充分发挥元阳哈尼梯田文化的资源优势和文化优势，大力发展旅游业，新千年来旅游业继续保持着优势特色产业之势。农村基础设施建设发展快速，乡村经济多元化发展，农民生活水平明显提高。农村劳动力转移和新型农民培育有序推进，乡村面貌呈现出新景象。但是，作为一个农业县，元阳县农业经济薄弱的问题仍然存在，山区农业发展既制约于资金瓶颈，又制约于地理因素和劳动力素质因素，农业生产结构转化问题仍然困难重重。近十年来工业经济发展速度很快，但是作为远离核心经济区的元阳县，工业经济上台阶也面临重重困境，与其他地区相比，工业化进程依然较为缓慢。优势产业旅游业经历了近十年的快速发展期。在红河哈尼梯田申遗成功之后，元阳县的名声更大了，但旅游收入增长却不同步，增长状态起伏较大，而这个起伏增长的过程事实上暗藏危机。若不加快旅游产业升级，曾经辉煌一时的旅游业也将面临衰落之势。

社会结构与特定社会的政治、经济、文化等因素有着密切的联系，相互制约、相互影响。新中国成立以来，随着政治结构和经济结构的不断调整，社会结构也发生了重要的变化。随着经济和社会的发展，新世纪以来，元阳县的政治关系也在朝着法治化、民主化的方向发展。

自新中国成立以来，红河哈尼族彝族自治州元阳县的社会结构和政治关系也发生了多次重要的调整。新政权的建立淘汰了保守和落后的土司制度，元阳县各族人民获得了当家做主的权利，并走上了社会主义的发展道路。在历经十年"文化大革命"动乱之后，改革开放为元阳的发展注入了新的活力，在中央和地方各级政府的大力帮扶和当地干部群众的努力下，元阳县的经济社会文化建设取得了重要的成就，并驱动了新的社会转型。同时，民族区域自治制度也在实践中不断发展和完善，元阳县少数民族干部比例保持稳定，而政治素养和政治参与程度不断提高，使少数民族群众的政治权利得到更加切实的保障。在这一过程中，元阳县的乡村基层组织也经历了建立、调整、完善的过程，在废除土司制度或保甲制度之后，历经人民公社的政社合一体制，发展到现今的村民自治制度，"村民可依法办理自己的事情"，农村基层民主得到不断发展和完善。

　　社会结构的调整是一个持续的过程，与国家的宏观调控及地方的现实特点有着密切的关系。在新时期进一步深化改革、扩大开放的过程中，元阳县的社会结构仍然处于一个转型的过程之中，其中需要注意的问题是经济分层对社会稳定可能带来的多方面影响，努力推进少数民族地区社会朝着公平公正的方向发展，使少数民族群众真正享受到改革开放带来的利益。与之相辅相成的是在政治的民主化、法治化、现代化方面，需要进一步发展和完善民族区域自治制度，并推动完善乡村基层政权的建设工作，使少数民族农村在党的领导下，人民群众依法自治。正确的政治发展方向将使少数民族地区的社会转型朝着和谐、稳定、健康的方向发展。

　　元阳县的现代民族教育主要依托于国家基本国民教育和其他各类标准化教育的基础，在其中又体现出对少数民族文化的尊重和对少数民族人才的重视。元阳各民族的传统民族教育完全融合于其整体的文化传承之中。其中，传统习俗教育是元阳各少数民族文化血脉传承的必要条件。在进入现代教育时代之后，它依然承担着民族成员的生活与生产劳作基本技能与习俗的养成功能，同时，现代教育又使他们与其他少数民族同胞共同参与现代国家的发展建设。在国民教育部分，该地区在国家教育体制统一安排部署下，严格合理地执行了各项方针政策，也发挥了自己的积极性和主动性，在突出民族文化、关心照顾少数民族群众和因地制宜地完善具体教育措施等方面做出了成绩。另外，随着社会结构的变化和社会发展的需要，利用非学历教育，立体、全面地推动了所在地区各民族群众对于现代社会所需的各方面知识的完善。新千年以来，元阳县围绕教育综合改革和"两基"工作两个重点，通过促进教学机构和基础设施建设、教师素质提升、积极筹措教育经费，实现了扫盲目标，稳固了学校教育，取得了良好的效果。元阳县在严格规范的国民教育体系之外还开展了丰富多彩、形式多样的各种类型的宣传教育活动。通过长期、稳定、规范的教育制度的推进和这些活动的开展，元阳县各少数民族的整体素质和文化水平有了长足的进步。元阳地区的几个少数民族的语言文字情况各不相同，其历史渊源、变迁和现状也各不相同。各民族的年青一代不同程度地存在着本族语言能力减弱的情况。

源自传统，以自然崇拜、图腾崇拜、祖先崇拜以及其他地方神灵崇拜为核心的民间宗教，往往具有地域性、分散性、自发性、民间性的非制度化的特点。民间宗教往往与当地百姓的风俗习惯、日常生活密切融合在一起，它包含了丰富的历史文化因素，并且往往在现实生活中发挥着抚慰人心以及维持社会生活秩序的作用。元阳县保留着众多的民族民间宗教文化。这些民族民间宗教在民间的日常生活中依然发挥着维护社会秩序、安慰民众心理的作用。多年来，元阳县当地政府在引导民间宗教发展方面所做的工作，以及积极运用这些文化资源为当地经济社会的发展所做的工作是十分有益的。2013 年 6 月 22 日，红河哈尼梯田已经成功地进入联合国教科文组织世界文化遗产名录。保护传统的梯田文化，积极开展梯田旅游发展等工作，都需要作为哈尼梯田核心区的元阳县的当地政府不断结合本地实际，不断挖掘和整理元阳县多元的文化资源，为传承哈尼梯田传统文化，保护好梯田文化景观，并进而为"梯田文化"增加新的内容做出更大的努力。从元阳县政府的相关工作中，我们可以发现淡化民间宗教的迷信色彩，突出民间宗教维护民间社会秩序功能的做法是很有特色的；元阳县以支持开展哈尼族"昂玛突"、彝族"火把节"和傣族"泼水节"三个代表性的民族节日为龙头，增进了多民族间的文化交往。此外，相关部门还让一些民间宗教人士牵头开展文化基站工作。这都是元阳县为民族民间宗教生活对社会道德建设、繁荣民族文化、维护民族团结和社会稳定、促进社会交往方面发挥正常的作用所做的具有积极意义的工作。在这些工作中，民间宗教可能发挥的正面意义得到了有力的凸显。

进入 21 世纪以来，随着国家婚姻和生育政策的颁布执行及社会经济的整体发展，元阳县境内各民族群众传统的婚姻家庭制度、婚恋习俗及家庭与社会的伦理道德方面都发生了很多的变化。新婚姻法的颁布和实施，使当地各族青年人的结婚年龄普遍增大，晚婚晚育逐渐成为风气。而近三十余年来计划生育政策的贯彻落实，使城乡居民的家庭人口数量明显降低，家庭结构也相应发生变化，尤其是乡村，在三代同堂的家庭依然占一定比例的情况下，父母子女组成的核心家庭数量比过去有了较大增加。此外，为了提高家庭经济收入，许多农村青壮年人口外出务工，对农村家庭的生产和生活方式产生了直接影响，如家庭常住人口和青壮年劳动力普遍减少，家庭分工由过去的男主外女主内转变为男女都可出外从事各种劳动以增加收入，留守在家的老年人则往往承担家中一般劳动和教育孙辈的职责。在家庭收入分配上也由过去以家庭中的父母长辈支配为主转变为小家庭中的夫妻平等协商分配为主。在伦理道德方面出现了既保留部分传统，又随时代的发展吸收新的文化的特点，如各民族群众依然保持着尊老爱幼、家庭和睦、兄弟团结、邻里互助、扶危济困等传统美德。对家庭妇女的态度和观念则由过去的重男轻女转变为男女平等，妇女日益受到尊重；在公共道德方面也增加了遵纪守法、热心公益、保护环境、讲究卫生、崇尚科学、重视教育等新的内容。

元阳县医疗卫生制度的变迁与国家各个时期的政策基本相一致，21世纪以来，元阳县把推进医疗卫生建设和科技改革作为实施民族振兴行动计划的民心工程，积极响应国家农村卫生事业发展进程中的重大制度创新，即新农合政策。2006年以后，新农合制度得到迅速的推广和普及。元阳县积极发展农村合作医疗制度，建设和完善农村三级医疗卫生网。元阳县农村三级医疗卫生网是以县级医院为龙头、乡镇卫生院为枢纽、村卫生室为基础的医疗卫生服务网，承担着直接为农民提供医疗卫生服务的功能，是农村医疗卫生服务的主体。目前，元阳县各族人民得到了基本的医疗保障。

21世纪以来元阳县科技工作从当地农业产业发展的实际出发，主要做了科技与农户相结合，推行山地立体种植、养殖技术、农业科技品牌的创立和科技示范及推广等工作。采取农业专业合作社运营方式，使当地农业科技含量显著提高，农民的收入也相应增加。优化了当地传统的红米种植技术，创立了元阳的知名农产品牌梯田红米，并按照"公司＋专业合作社＋基地＋农户"的种植生产经营模式，使梯田红米实行规模化的生产和营销，提高了农民种田的收入；推行名优茶开发及品牌建设示范，如名优茶"梯田秀峰"茶品牌的创建及推广；开展了哈尼梯田稻、鱼、鸭共生立体种植养殖示范及应用工作；综合种植山地香蕉园的示范及应用工作也取得了较好的成绩。元阳县农业科技品牌的创立和山地立体种植养殖示范及运用等工作提高了当地农民的收入，促进了经济、社会、生态的协调发展。

元阳各民族的文学与艺术都具有悠久的传统与独特的价值。21 世纪以来，伴随元阳县社会经济的全面发展，各民族相互之间以及当地与外界的文化交流越来越广泛、越来越深入。元阳各民族的民族文学与艺术，从表现形式、表现内容到传播方式都发生着深刻的变化。元阳各民族的口承文学以及传统音乐、舞蹈、服饰、手工艺品等仍然在大部分民族村落得以传承，保持着可贵的生命力，显现出鲜明的民族性与地域性，同时也表现出与时俱进的发展与变化；此外，元阳涌现出了数量可观的作家文学成果。现代美术、摄影以及影视等新的创作方式及作品也已成为世界重新认识和理解元阳的媒介。21 世纪的 14 年，正是元阳县启动、推进与完成哈尼梯田申遗工作的 14 年。元阳民族文学与艺术的发展深深打上了梯田文化的烙印，传达出人与人、人与自然和谐共处的生存理念与人文精神。元阳的民族文学与艺术，在坚持民族性与地域性的同时，具备了越来越强的与外界乃至世界文化的对话能力。

元阳县是红河哈尼梯田世界文化遗产核心区，敦厚浓郁的少数民族文化是哈尼梯田世界文化遗产的重要组成部分。以哈尼梯田农耕文化为核心的非物质文化遗产是当地各民族千百年来坚守精神家园的支撑点。元阳县在积极参与红河哈尼梯田申报世界遗产工作的过程中，也十分重视非物质文化遗产的保护和传承工作。元阳县在物质文化遗产和非物质文化遗产保护系列工作中都取得了很大的成功。元阳县的旅游开发工作也取得了不小的成绩。旅游业发展与民族文化保护性开发之间的互动双赢关系处理较好，当然，元阳县文化事业及文化产业的质量与规模提升等方面也存在需要进一步完善的问题。

在 21 世纪开端的十余年间，元阳县在经济社会发展中发愤图强，取得了很大的成绩，尽管还有许多的问题需要进一步努力才能解决，但在各级党委政府的领导下，在各族人民的积极努力下，元阳在未来的发展中必将取得更大的进步。

第一章

生态与社会环境

元阳县位于云南省南部，东经 102°27′—103°13′，北纬 22°49′—23°19′。元阳县境属哀牢山脉南段，地势由西北向东南倾斜，最高海拔2939.6 米，最低海拔 144 米。总体呈现出重峦叠嶂、沟壑纵横、山地连绵、山梁之间"V"形地貌发育充分的地貌特征。人们为了生计，在山梁、缓坡地带开辟出层层梯田，成为人与自然和谐相处的世界文化遗产。20 世纪 50 年代初期，元阳县的原始森林覆盖率达 24% 以上。从 1958 年"大炼钢铁"对森林进行乱砍滥伐开始，森林覆盖率的下降速度异常惊人，从 1949 年的 24% 下降到 1985 年的 12.9%，36 年间下降了 50%。20世纪 80 年代中期，森林开始受到极大重视。1988 年以来，元阳县出台了东西观音山等原始森林保护的政策，特别是 21 世纪初期开始，红河哈尼梯田申报世界遗产，"退耕还林"等政策的实施使元阳县的生态环境有了很大的改善。经过近 30 年的努力，到 2013 年，元阳县的森林覆盖率提高到了 43.5%，形成了良好的生态环境。与此同时，受 21 世纪以来梯田杂交稻的推广、化肥农药的施用、水田改为旱地、外来生物入侵、梯田旅游开发、当地农民外出打工等因素影响，梯田文化遗产又面临着生物多样性下降、旅游开发与保护产生矛盾、农耕文化传承面临危机等一系列新的挑战。

第一节　元阳县自然地理环境

元阳县位于云南省南部，红河南岸，东经 102°27′—103°13′，北纬22°49′—23°19′。东接金平，南连绿春，西与红河毗邻，北与建水、个旧隔红河相望。

一　元阳县地形地貌

哀牢山脉为横断山脉南段云岭山脉南延的东部分支,其最高海拔3000余米,隔元江与滇东高原相邻,自大理白族自治州南涧县境向东南延伸,自墨江、元江之间进入红河哈尼族彝族自治州境内后盘踞在红河、元阳、绿春、金平等县境内,沿元江蜿蜒伸展到越南北部红河与沱江之间。哀牢山脉主体部分由变质岩系组成,片麻岩、片岩、石英岩、大理岩等分布面积广大,山脉两侧为中生代红色砂页岩、泥岩等。哀牢山脉受元江及其支流阿墨江、把边江、藤条江等切割,山脉又分出若干条分支,在其中下段,元江及其支流经过地区有一些断陷盆地基础上发育的宽谷盆地,如元江坝、南沙坝、勐拉坝、骑马坝等。哀牢山区总的地貌特征是:山高谷深,地势起伏大,"V"形地貌发育充分,山脉脉状分布明显,主干山脉与水系干流平行相间分布。[1]

云贵高原是中国梯田的主要分布区,特别在云南南部的哀牢山区最为典型。元阳县境属哀牢山脉南段,地势由西北向东南倾斜,最高海拔2939.6米,最低海拔144米。由于北受红河、南受藤条江深切,形成中部高、两侧低的地势。总体呈现出重峦叠嶂、沟壑纵横、山地连绵、山梁之间"V"形地貌发育充分的地貌特征。人们为了生计,只好在山梁、缓坡地带开辟田地,梯田稻作农业是人们利用自然的一种很好的选择。

二　元阳县气候

元阳县地处滇南低纬高原,属亚热带山地季风气候类型。但由于受大气环流与地形的影响,又形成气候类型多样的立体气候,孕育了"一山分四季,十里不同天"的山地垂直气候特征,从低海拔到高海拔分布着北热带、南亚热带、中亚热带、北亚热带、暖温带、中温带、寒温带七种气候类型。气候类型的立体分布导致其气候要素也呈立体分布不均。地处哀牢山区的元阳县境虽然纬度低,太阳高度角大,但因其地势南北低、中部高的特点,形成暖湿气流的迎风坡,故雨多雾浓,高山区常年多雾,呈"云海"奇观。年日照总时数仅1569—1770小时,比州内北部坝区明显偏少,打破了日照时数随纬度增高而递减的规律。[2]

---

[1]　黄绍文等:《哈尼族传统生态文化研究》,中国社会科学出版社2013年版,第49页。
[2]　同上书,第48页。

表 1 - 1　　　　　　　　　1998—2013 年县城南沙各月气温统计　　　　　单位：日、℃

项目	1月	2月	3月	4月	5月	6月	7月	8月	9月	10月	11月	12月	全年
月均气温	17.3	20.0	22.9	26.5	27.9	29.2	28.7	28.3	27.2	25.2	21.3	18.1	24.4
上旬均温	17.3	18.6	21.4	25.5	27.7	29.9	28.8	28.6	27.9	26.0	22.1	19.2	24.5
中旬均温	17.1	20.1	23.4	26.6	27.6	29.2	28.8	28.3	27.4	25.7	21.5	18.2	24.6
下旬均温	17.4	21.4	23.9	27.4	28.4	29.4	28.5	28.2	26.5	24.0	20.4	17.1	24
极端最高气温	35.0	37.8	41.3	42.7	43.2	41.0	42.0	40.9	42.2	38.4	37.0	35.6	43.2
出现日期	30	27	31	12	17	22	18	3	21	13	12	1	17/5
出现年份	2005	2010	2007	2010	2005	2013	2003	2009	2010	2010	2009	1998	2005
极端最低气温	4.5	7.0	8.3	14.3	15.8	17.9	22.0	20.1	15.3	12.7	8.6	3.7	3.7
出现日期	3	9	1	6	17	12	28	29	30	31	30	31	31/12
出现年份	2005	2004	2008	2005	2010	2010	2010	2013	2010	2010	2008	1999	1999

资料来源：元阳县气象局提供。

　　从表 1 - 1 可知，低海拔河谷地区（以现在的县政府所在地南沙镇为代表点），年平均气温为 24.4℃，县城南沙是全省气温最高的县城之一。历年月平均气温最高出现在 2013 年 6 月，月均值为 29.9℃。历年极端最高气温为 43.2℃，出现在 2005 年 5 月 17 日。历年极端最低气温为 3.7℃，出现在 1999 年 12 月 31 日。年平均活动积温为 8790℃。季节气温情况：春季平均气温为 25.0℃，无"倒春寒"。夏季平均气温为 28.8℃，无低温冷害现象。秋季平均气温为 24.5℃，无连续阴雨天气过程。冬季平均气温为 18.4℃。2005 年 5 月，南沙极端最高气温超过 39℃的多达 20 天。其中：超过 40℃的 16 天，连续超过 40℃的 12 天，17 日出现的 43.2℃，居全省最高，高温持续日数居云南历史记录之首。

　　降水量分布除受大气环流影响外，与地形、山脉走向等密切相关。地域分布特点是：南部多于北部，东部多于西部，高山多于河谷。南部多雨区年平均降水量为 1500—2000 毫米，北部高海拔山区（以新街为代表点）年平均降水量为 1400—1600 毫米，北部河谷少雨区（以南沙为代表点）年平均降水量为 800—1100 毫米。季节分布特点是：春、夏、秋、冬四季降水量分配分别是全年总水量的 20%、40%、30%、10%，全境日水量≥0.1 毫米的多年平均为 190 天，日水量≥10.0 毫米的多年平均为 44 天，日水量≥25.0 毫米的多年平均为 14 天，日水量≥50.0 毫米的多年平均为 3 天，日水量≥100.0 毫米的 28 年中出现 3 天。干热河谷（南沙）日水量≥0.1毫米的多年平均为117天，日水量≥10.0毫米的多年平均为29天，日水量≥25.0毫米的多年平均为7天，日水量≥50.0毫米的多年平均为1天，日水量≥100.0毫米的在1993—2005年的观测资料中未出现过。①

元阳新街镇周边年平均日照时数为1820.8小时，日照率为41.57%；县城南沙年平均日照时数为1810.4小时，日照率为41.33%。日照总体分布是：南坡大于北坡，西部山区多于东部山区，北部河谷区少于高山区，南部河谷区则多于高山区。春季日照最多，夏季日照最少。高山区（以新街为代表点）年平均蒸发量为1500.6毫米，县城南沙年平均蒸发量为2190.3毫米。蒸发量分布呈干热河谷区多于高山区，迎风坡多于背风坡。

元阳老县城区年平均相对湿度为83，极端最小相对湿度为8，出现在1986年3月17日。年平均水汽压为15.7帕，极端最大水汽压为27.9帕，出现在1963年7月22日。极端最小水汽压为3.6帕，出现在1996年1月1日。县城南沙年平均相对湿度为72，极端最小相对湿度为9，出现在1998年2月15日。年平均水汽压为21.9帕，极端最大水汽压为59.4帕，出现在1995年5月25日。极端最小水汽压为4.4帕，出现在1999年12月24日。②

元阳老县城区周边年平均雾日181天，为多雾区，平均雨日231天，平均露日145天，平均雷日65天，1978—1996年合计雪日3天，合计雹日43天，合计大风日34天，合计霜日13天，共出现霜日10年次；县城南沙平均雨日165天，平均露日190天，平均雷日32天，1993—2005年合计雹日2天，合计大风日33天，终年无雾、无霜冻。

元阳老城年平均风速为2.4米/秒，常年多东南风，风向频率为49%。历史最大风速为17米/秒，出现在1983年4月27日；县城南沙年平均风速为1.8米/秒，常年多东南风，风向频率为60%，历史最大风速为21米/秒，出现在1995年4月4日。③

---

① 元阳县地方志编纂委员会：《元阳县志·1978—2005》，云南民族出版社2009年版，第34页。

② 同上书，第35页。

③ 同上。

三　元阳县土地资源

元阳县国土面积为 2189.88 平方公里，多系坡地，坡度在 25 度以上的土地面积占 59.1%，土地利用率较低。据 1986 年 4 月全县第二次土壤普查，全县境内分布有赤红壤、红壤、燥红壤、砖红壤、黄壤、黄棕壤、棕壤、紫色土、水稻土 9 个土类，12 个亚种，33 个土属，47 个土种，土壤面积 287.94 万亩，占总面积的 86.58%。耕地面积 49.32 万亩，宜林荒山、宜牧荒山和水域 23.86 万亩，石山、道路、房屋 44.61 万亩。全县有高产农田 71866 亩，中产田地 282545 亩，低产田地 81578 亩。据 1994 年土地利用变更调查显示，全县土地面积为 331.18 万亩。按区域划为 4 个土地利用区，即北部低山河谷的果、粮、牧区，海拔 144—1200 米，土地面积 83.83 万亩，占全县土地面积的 25.3%；中部中半山粮、林、果区，海拔 1200—2939.6 米，土地面积 132.4 万亩，占全县土地面积的 40%；西南部中低山林、果、粮区，海拔 468—2310 米，土地面积 95.46 万亩，占全县土地面积的 28.8%；东南部中低山粮、林、矿区，海拔 545—2731米，土地面积 19.49 万亩，占全县土地面积的 5.9%。[1]

四　元阳县森林植被

元阳县国土总面积 2189.88 平方公里。其中：林业用地面积117203.8 公顷，占 53.5%；非林业用地面积 101784.2 公顷，占 46.5%。至 2013 年全县森林覆盖率达 43.5%。林业用地按地类统计，有林地82701.8 公顷，占 70.6%；疏林地 316.5 公顷，占 0.3%，灌木林地18015.0 公顷，占 15.4%，未成林造林地 2141.3 公顷，占 1.8%，无林地13983.9 公顷，占 11.9%，苗圃地 45.3 公顷。[2]

元阳县的森林植被以南亚热带常绿阔叶林为主，但因地区及气候差异，种类繁多，大致可分为以下六种类型。[3]

稀树草坡类型。分布于红河沿岸，海拔 700 米以下。乔木以木棉、毛叶黄杞、火绳树为主，草本以禾本科旱生扭黄茅为主。

---

①　元阳县地方志编纂委员会：《元阳县志·1978—2005》，云南民族出版社 2009 年版，第36 页。

②　元阳县林业局提供。

③　元阳县地方志编纂委员会：《元阳县志》，贵州民族出版社 1990 年版，第 49 页。

季节雨林类型。分布于藤条江、乌拉河沿岸，海拔900米以下。优势树种有大白花羊蹄甲、木棉、榕树、马兰树、八宝树。在阴坡地带有野蕉、大野竿。人工植被有橡胶、香蕉、菠萝、木薯等，草本植物以禾本科莠类为主。

针阔混交林。分布于县境西北部，海拔800—1400米地带，以思茅松为主，松栎混交，栎类以麻栎占优势。这一地区有珍贵树种红椿。

落叶、常绿阔叶林。分布于海拔1400—1800米，遍布境内。优势落叶树有椎栎、苦楝、酸枣、野核桃、野樱桃、黄杞；优势常绿树种有栲类、细柄蕈、红油果、木荷。林下多菱科、薯科高大草本植物。

常绿阔叶混交林。分布于东、西观音山，海拔1800米左右地区。优势树种有壳斗科、多种丝栗、金缕海科马蹄荷、木兰科、山茶科、樟科、竹类等。

暖性方竹林。分布于海拔1800米地区，多生长在常绿阔叶混交林内，竹类连片成林，以方竹、滑林、箭竹为最多（见图1-1）。

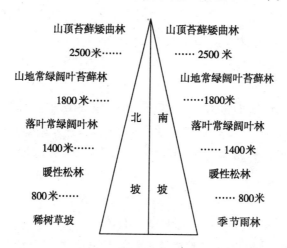

图1-1　元阳县植被垂直分布示意

资料来源：元阳县地方志编纂委员会：《元阳县志》，贵州民族出版社1990年版，第135页。

元阳县境内生物资源丰富，据1995年云南省林业调查规划设计院调查，境内现有珍稀野生植物19科，珍稀保护植物22种。动物有爬行类6科8属10种，两栖类7科7属14种，鸟类9科50属62种，兽类17科28属31种，属国家保护动物22种，省级保护动物4种。

植物有国家一级保护植物中华桫椤；国家二级保护植物长蕊木兰、水青树、马蹄参、鹅掌楸、木瓜红、董棕、野山茶、红花木莲、大王杜鹃、红椿、箭根薯；省级保护植物有毛尖树、云南山橙、蜘蛛花、滇南红花荷、云南崖摩、东京山核桃、越南四照花等。

动物境内生长有国家一级保护动物蟒蛇、蜂猴、熊猴3种；国家二级保护动物猕猴、短尾猴、穿山甲、黑熊、水獭、大灵猫、小灵猫、斑灵猫、金猫、水鹿、斑羚、巨松鼠、白鹇、原鸡、草鸮、大壁虎、红罗瘰疣螈、虎纹蛙、眼镜蛇19种。[①]

五　元阳县河流水系

元阳县境内有大小河流29条，全长700余公里，总流量一般为42.7立方米/秒，最枯流量为15.6立方米/秒，分属红河（元江）和藤条江水系。这两大河流水系自西北向东南横穿过元阳县北部和南部，与其大小支流形成水网密布的河流格局，为元阳哈尼族梯田文化的形成提供了重要的水资源基础。

红河（元江）发源于大理州魏山县小珠街，其干流自西北向东南经红河、石屏、元阳、建水、个旧、金平、蒙自、河口8个市县，由河口县向东南入越南后称红河，在红河州内干流长240.6公里，高差251.6米，集水面积11496平方公里，最大流量4970立方米/秒，最小流量20立方米/秒，年平均流量292立方米/秒，平均年径流量92.69亿立方米。流经元阳境内的马街、南沙、嘎娘、上新城、小新街、逢春岭6个乡镇，至金平县小河口出境，境内流程90公里，积水面积1271.3平方公里。其在元阳县的主要支流有乌湾河、丫多河、者那河、麻栗寨河、大瓦蔗河、杨系河、芒铁河、芒巩河、逢春岭河等，整条水系成羽状分布。

藤条江发源于红河县架车乡，经红河县洛恩，绿春县戈奎，元阳县沙拉托、黄茅岭，金平县老勐、老集寨、勐拉等乡，至金平县金水河镇那发出境入越南汇入李仙江下游黑水河后入红河。最大流量338立方米/秒，最小径流0.3立方米/秒，年平均流量22.7立方米/秒，平均年径流量7.18亿立方米。其在元阳境内流经沙沙拉托、牛角寨、俄扎、攀枝花、黄茅岭5个乡，至金平县老勐出境，境内流程48公里，积水面积774.9平方公里。其元阳的主要支流有乌拉河、金子河等，整条水系成羽状

---

① 元阳县地方志编纂委员会：《元阳县志·1978—2005》，云南民族出版社2009年版，第37—38页。

分布。

元阳境内的河流补给主要来源是大气降水，年总降水量35.55亿立方米，年径流量20.82亿立方米，地下水资源总量6.09亿立方米。降水量分布南部多于北部，东部多于西部，高山多于河谷。按国家水利区划标准评估，元阳属多水带地区。从总降水量、径流量、地下水资源总量看，元阳水资源丰富，全县每平方公里产水约94万立方米，人均径流量7104立方米，高于全国、全省平均水平，每亩耕地占有水量7039.39立方米。据1982年水资源调查，1980年全县可利用水量为14728.9万立方米。其中：工农业用水量约12190.3万立方米，尚余水量2538.6万立方米。

元阳境内虽有大小河流29条，但由于山高坡陡，地面侵蚀切割较深，形成水源低，耕地高的状况，加之境内由于地形所限，没有较大蓄水设施，农田用水主要靠水沟灌溉。由于不同地区降水量、径流量、产水量不一，境内有少雨区、中雨区和多雨区之分。观音山以南地区降水多于北部，属多雨区，人均占有水量7393立方米，人均用水405立方米，旱涝保收程度达30%。观音山以北地区降雨少于南部，人均占有水量3428立方米，人均用水552立方米，旱涝保收程度35%。[①]

第二节　元阳县建置沿革与行政区划

一　建置沿革[②]

元阳县于1950年由建水、个旧、蒙自三县析置，建立新民县。1951年5月7日，经政务院批准，改名为元阳县。1954年属红河哈尼族自治区，1957年属红河哈尼族彝族自治州。县人民政府驻地新街。1994年县人民政府驻地迁至南沙。

1978年全县辖新街、胜村、嘎娘、新城、小新街、逢春岭、大坪、牛角寨、沙拉托、攀枝花、黄茅岭、黄草岭、俄扎、南沙、马街15个人民公社，下设129个生产大队。

1981年，由新街公社划出城关大队设城关镇，下设2个居民委员会。

---

　　①　元阳县地方志编纂委员会：《元阳县志·1978—2005》，云南民族出版社2009年版，第36—37页。

　　②　同上书，第31页。

1984 年 4 月,改革"政社合一"管理体制,设区建乡。其中新城区更名为上新城区。全县原生产大队改为乡。

1988 年 1 月,撤区建乡。城关镇与新街区合并为新街镇,南沙区改建为南沙傣族乡,乡以下设村公所,镇以下设办事处。

1995 年 4 月,全县政治中心转移南沙。1999 年 4 月,撤销南沙傣族乡,设立南沙镇。2000 年 9 月,全县实行"村改委",乡以下设村民委员会,镇以下城区设居民委员会,农村设村民委员会。

2002 年 9 月,南沙、新街两镇撤销原居委会,设立 4 个社区居民委员会。

二　行政区划

1978 年全县设 15 个人民公社,129 个生产大队。1982 年逢春岭公社增设黄草坪大队。全县为 15 个公社,1 个镇;129 个大队,2 个居委会。

1984 年 4 月,设区建乡,俄扎区增设阿东乡。1985 年 7 月,黄草岭区增设龙塘乡,全县为 15 个区,1 个镇;131 个乡(含 17 个民族乡,1 个区辖镇),2 个居委会。

1988 年 1 月,撤区建乡,全县辖区变更为 13 个乡,1 个民族乡,1 个镇;121 个村公所,12 个办事处。

1999 年 4 月,设立南沙镇,所辖 5 个村公所改为办事处,并设南沙居委会。

2001 年 11 月,设立南沙镇呼山村委会。2002 年 9 月,南沙镇设南林、元槟 2 个社区,新街镇设大田街、下节街 2 个社区。2005 年 12 月,上新城乡增设风口山村委会。

2005 年至 2013 年,全县共设 2 镇 13 乡,133 个村委会,4 个社区居委会。

第三节　元阳县民族人口分布

元阳县位于云南省南部,红河南岸,县政府驻地南沙距省会昆明 284 公里,距州府蒙自 91 公里,东西横距 74 公里,南北纵距 55 公里,总面积 2189.88 平方公里。2012 年年末人口密度为 197 人/平方公里。

2012 年年末,元阳县总人口 435315 人。其中:男 232899 人,占总人口的 53.5%；女 202416 人，占 46.5%；农业人口 408518 人，占 93.84%；非农业人口 26797 人，占 6.16%。人口密度每平方公里 197 人。世居哈尼、彝、汉、傣、苗、瑶、壮七个民族。汉族 48568 人，占 11.16%；少数民族 386747 人，占 88.84%。其中：哈尼族 236428 人，占总人口的 54.31%；彝族 101902 人，占 23.41%；傣族 19160 人，占 4.40%；苗族 15373 人，占 3.53%；瑶族 9698 人，占 2.23%；壮族 3953 人，占 0.91%。人口出生率 13.44‰，死亡率 6.39‰，自然增长率 7.05‰。[①]

表 1 – 2　　　　　　　　元阳县 2012 年年末分民族人口统计　　　　　单位：人

乡镇＼民族	小计	哈尼族	彝族	汉族	傣族	苗族	瑶族	壮族	其他民族
新　街	81052	48759	24928	3352	2559	60	38	1296	60
嘎　娘	23132	9332	3601	9588	29	510	22	15	35
上新城	25599	10130	6049	3446	890	3956	1118	7	3
小新街	28801	13786	4941	7472	40	2041	500	13	8
逢春岭	37191	15255	5158	14851	771	851	39	242	24
大　坪	24400	11968	90	2427	21	4130	5388	373	1
牛角寨	35612	22162	11067	579	1416	6	2	376	3
沙拉托	25203	11759	13375	45	9	4	0	5	4
攀枝花	20249	11036	8577	84	11	8	0	527	6
黄茅岭	20052	8029	5381	87	1214	3641	887	807	4
黄草岭	35463	31399	3943	87	13	2	0	9	9
俄　扎	22616	21711	864	27	1	2	2	3	6
马　街	31167	16464	7317	1774	4039	7	1546	17	3
南　沙	24778	4638	6611	4749	8147	155	156	263	59
合　计	435315	236428	101902	48568	19160	15373	9698	3953	225
比　例	—	54.31%	23.41%	11.16%	4.40%	3.53%	2.23%	0.91%	0.05%

资料来源：元阳县民族宗教事务局提供。

以海拔作为参照系，元阳县民族分布的基本格局是：海拔 200—600 米是傣族分布；海拔 600—800 米是壮族分布；海拔 1000—1400 米是汉

---

① 元阳县地方志办：《元阳年鉴·2013》，德宏民族出版社 2013 年版，第 46 页。

族、彝族分布；海拔 1400—1800 米是哈尼族分布；海拔 1900—2000 米主要是苗族、瑶族分布。哀牢山区民族立体分布的格局，充分展示了元阳县"多元一体"的和谐文化大背景。由此也形成了丰富多彩的民族文化景观，如哈尼族的梯田文化、彝族的火文化、傣族的水文化、苗族的芦笙文化、瑶族的盘古文化、壮族的铜鼓文化；哈尼族的"矻扎扎"节、彝族的"火把节"、傣族的"泼水节"、苗族的"踩花山"、瑶族的"盘王节"、壮族的"三月三"等传统节日；哈尼族的领褂和黑色长裤、彝族的日月系腰服饰和鸡冠帽、傣族的银袍服饰（上衣）和花腰服饰、壮族的衣裙飘带、瑶族的马尾帽、苗族的百褶裙等民族服饰；哈尼族的"棕扇舞"、彝族的"乐作舞"、苗族的"芦笙舞"、傣族的"孔雀舞"等民族民间歌舞。

民族节日是传统民族文化的主要载体之一，元阳县的哈尼族按月序有正月"封火神"；二月祭寨神"昂玛突"；三月祭山神"波玛突"；四月"开秧门"；五月有"牛纳纳"；六月祭天神"矻扎扎"节；七月驱邪避鬼"纳梭勒"；八月尝新节"合息扎"；九月祭仓神"车波突"；十月庆丰收"十月年"；十一月过白天与夜晚时辰相等的"托资"节；十二月冷季尽头"党扎扎"（也称过老年）。除此之外还有祭梯田水神、增神、村寨法神、纠纷神、奠基神等仪式活动。这些节日活动，往往与体育竞技、磨秋、荡秋千、农耕歌舞交叉在一起，集传承、娱乐、风味品尝为一体，是具有参与性、考察性、研究性的旅游资源。

第四节　元阳县生态变迁

一　森林生态环境变迁

元阳县地处的红河流域和藤条江流域地势起伏沉降剧烈，哀牢山各群峰山顶与山脚河谷地带，海拔高差在 2000 米，呈群峰凌空、缓坡山梁绵延的地形地貌特征，形成"十里不同天"的立体气候，全年干季和雨季分明，雨热同季，这十分有利于水稻的栽插和生长。加之植被也呈立体垂直分布，从山顶至河谷山脚分别为山顶苔藓矮曲林、山地常绿阔叶苔藓林、落叶绿阔叶林、稀树草坡以及季节雨林等植被。历史上，由于大山大河阻隔，人烟稀少，因此，莽莽苍苍的原始森林里，呈林海碧波、山野苍翠、古木参天。至 20 世纪 50 年代初期，元阳县的原始森林覆盖率达 24％以上。如此良好的生态环境涵养了肥沃的水土，为元阳哈尼梯田的发展创造了良好的自然条件。

历史上，哈尼族对森林资源的使用有明确的规定：私有林和田边地角的林木作为薪柴；寨神林和村寨周边风景林是森林崇拜的对象，严禁砍伐；村有林主要作为水源林，哈尼族认为寨子后山不能露出石崖，必须要有森林覆盖，否则山神无法护佑村寨；国有林主要作为水源林，是灌溉梯田的主要来源，自古以来都保护得很好。但是，到了 1958 年，在"人定胜天"和无神论者思想的指导下，非理性的"大炼钢铁"对国有林和集体林乱砍滥伐，造成了严重的破坏。长期以来，哈尼族以神林信仰崇拜而保留下来的寨神林和风景林多半也未能逃脱厄运。

据调查，1958 年在元阳县者台村"大炼钢铁"的民工有 2400 多人，其中，每天到国有原始森林中砍伐烧炭的就有 1400 多人，炼铁的炉子有 6 大口，在此炼出来的钢在当时卖了 2.8 万元。

在这样的背景下，者台村的寨神林、村寨周边古木大树风景林在"大炼钢铁"中一一消失。者台村神林位于村落上方，海拔约 1570 米，面积约 50 亩，到 1958 年年底古木参天的神林化为光山秃岭，由于当时无神论的宣传，禁止村民进行传统的祭神林活动。1960 年后，神林开始自然恢复，1962—1963 年，一些村寨曾恢复神林祭祀活动，1966 年"文化大革命"开始后村民祭祀神林也被禁止。与此同时，哈尼族长期以来进行的农耕祭祀、丧礼等一切民间宗教活动也被迫停止，直到 1981 年才得到恢复。但是，人们的思想观念变化了许多，对神林信仰也不是那么虔诚。

1958 年乱砍滥伐，村民的薪柴林也被砍光，为了生计，村民也只好去砍伐国有林，并且无所顾忌。据调查，1970—1981 年，除了砍作建筑用材外，每家农户平均每年砍伐薪柴 4 立方米。以者台村为例，以 100 户计，每年仅薪柴就砍伐掉 400 立方米的森林，10 年毁坏森林 40000 立方米，森林分布的下线由 50 年代初的海拔 1900 米推进到 80 年代初的 2100米。长期以来维系梯田的原始森林在"大跃进"、"向荒山要粮"、"文化大革命"的多次运动中遭到严重破坏，茫茫林海以前所未有的速度消失，森林覆盖率的下降速度异常惊人。因此，元阳县的森林覆盖率从 1949 年的 24％下降到 1985 年的 12.9％，36 年间下降了 50％。

基于上述的生态破坏及森林覆盖率下降的情况，1988 年经元阳县第八届人大常委会第九次会议通过，观音山被划为县级自然保护区，1994 年 5 月 27 日，云南省人民政府以云政复（1994）53 号《云南省人民政府关于建立元阳县观音山省级自然保护区的批复》批准列为省级自然保护区。1999 年元阳县人民政府批准成立自然保护区管理机构。由此，对元阳县的原始森林管理走上了法治轨道，为 21 世纪初期的生态建设奠定了良好的基础。

观音山省级自然保护区位于云南省南部，红河哈尼族彝族自治州元阳县境内，属哀牢山脉南延部分的南段，是元江和藤条江的分水岭，处于东经 102°43′—103°13′，北纬 22°51′—23°16′，东南与金平县相连，西与本县黄茅岭乡、攀枝花乡相连，北与本县新街镇、嘎娘乡、上新城乡、逢春岭乡、大坪乡相接。总面积 16409.9 公顷，占全县面积的 7.4%。最高海拔 2963.9 米，最低海拔 1290 米。

观音山保护区保存了大面积的原始中山苔藓常绿阔叶林，森林覆盖率 68.8%，原始状态保存完整，区内野生动植物丰富。有国家保护植物和省级保护植物 19 种，其中：国家级保护植物 12 种，占全国 389 种的 3.1%，占全省 154 种的 7.8%；省级重点保护植物 7 种，占全省 218 种的 3.2%。有国家级保护动物和省级保护动物 26 种，其中：国家一级保护动物 2 种，国家二级保护动物 20 种，省级保护动物 4 种。对于观音山的保护实在是生态恢复与保护的重要工作。

二　梯田环境的变迁

元阳梯田历来是一年一熟制，1958 年政府曾要求增加梯田的复种指数，把秋收后的雷响田犁翻后播种小麦、蚕豆、油菜等小春作物，甚至部分保水田也把田水放干种小春作物，其结果是第二年春季放水栽秧时，梯田渗漏严重，甚至田埂容易塌翻。长期以来，为了保持水土平衡，人们利用闲置期间也将水养田灌满，这样的保水田放干后容易产生裂缝，以致发生梯田垮塌等地质灾害。

21 世纪初期，元阳梯田耕作制度的明显变化主要表现在稻谷品种上。从 20 世纪 90 年代初期开始，哈尼族梯田引进外地品种，其中杂交稻以产量高的优势进行大面积推广，经过实践，海拔在 1300 米以下的梯田都适宜种杂交稻。2000 年元阳县杂交稻的推广面积是 9.9 万亩，占元阳梯田总面积（19 万亩）的 52%，到 2013 年，杂交稻推广的面积增加到 13.5万亩，占元阳梯田总面积的 71%。栽种传统品种的梯田面积不足 30%，主要分布在高海拔杂交稻不能适应的高寒地区。13 年间，由于适宜种植杂交稻的面积有限，年平均种植面积只增加 2800 亩。而杂交稻在籽种、育秧、栽插、管理等方面的新方法使长期以来习惯种植传统品种的哈尼人无所适从。农民不能自己培育籽种，需要花钱去籽种公司或农科站购买。一开始，政府将籽种无偿送给农民，以优惠价提供化肥，要求农民用薄膜覆盖育秧。在此过程中，若管理不到位，秧苗易受春寒袭击，以致延误栽插节令。到了 90 年代中期，政府只补贴一半籽种钱，后来甚至发展到全部由村民自己出钱购买。由于杂交稻要大量密植才能增产，传统品种每亩需要 7.5 公斤籽种，杂交稻每亩需要 15 公斤的籽种。每公斤杂交稻的籽种为 36 元，如果某一农户有 5 亩田，仅籽种钱就要 2700 元，再加上化肥钱便是 3000 多元。21 世纪初期，大部分农户可支配的年收入还不足 3000元，因此，对于农民来说，经营梯田的成本大大增加，杂交稻米的市价格低下，每公斤 3 元。由此，许多农户由于缺乏劳力或忙于外出打工，在耕作程序方面，传统的三犁三耙，减少到只进行一犁一耙，即犁翻谷茬、打埂子、铲埂子、耙田、栽秧等所有工序都在栽插季节同时进行，改变了传统精耕细作的程序。

这里值得一提的是，哈尼族梯田曾经培育出上百种传统品种，但在政府倡导种植新品种的背景下，传统品种不断消失。到 90 年代末期，现代杂交稻凭借其产量高的优势，得到较大面积的推广，但同时也带来一些水稻病虫害。由于杂交稻在施化肥的情况下才会增产，因此大量的化肥也破坏了千年来哈尼培育出的有机水稻土。

哈尼族梯田耕作 1300 多年间培育了几百个传统稻谷品种。1956—1982 年，元阳县曾先后进行四次籽种普查，县域内有 196 个品种，其中籼稻有 171 种，粳稻 25 种；另有陆稻 47 种。①

在以杂交稻为代表的现代品种的冲击下，30 年间，传统品种不断消失，且消失速度还在加快。哈尼族梯田文化核心区——元阳县，从 20 世纪 70 年代的 200 多个传统品种，至今整个县域内仍种植的传统品种仅有100 个左右，这些传统品种都分布在海拔 1300 米以上的高山区。海拔

①　元阳县志编纂委员会：《元阳县志》，贵州民族出版社 1990 年版，第 119 页。

1300 米以下山区的哈尼梯田几乎被杂交稻占领。从一定意义上讲，杂交稻成为哈尼梯田稻种生物多样性的"杀手"。这对维护梯田稻谷生物基因和生物多样性是一大损失，也是对世界农业的一大损失，哈尼梯田世界文化遗产面临着诸多挑战。

21 世纪初期以来，元阳梯田环境的另一大变迁是水田改旱地和外来生物的入侵。元阳县海拔 1200 米以下的土地，水热条件好，适宜发展热带经济作物，香蕉、芒果、荔枝、龙眼、菠萝都是传统的热带经济作物。其中，香蕉是元阳县的水果支柱产业。2004 年，元阳县水果种植面积 10 万亩，其中香蕉 4 万亩，占水果总面积的 40%。其他水果种植较为分散，规模较小。2004—2008 年，香蕉种植面积基本维持不变，其原因一是香蕉市场价格在每公斤 2 元左右波动；二是由于适宜种植香蕉的热区土地有限。到了 2009 年，香蕉市场价格回升到每公斤 4 元，由此热区部分的梯田成为开发香蕉基地的对象。到 2013 年，香蕉面积增加到 6 万亩，占元阳县水果面积的 60% 以上。其中增加的 2 万亩多是梯田，涉及黄茅岭、黄草岭、俄扎、新街、马街、逢春岭等乡镇。如俄扎乡 5000 多亩连片高产的哈播梯田，当地农民经营了一百多年的梯田如今变成一年四季都是一片葱绿的香蕉基地。在 2010 年以来西南大干旱的背景下，高山区的部分梯田也改为旱地来种植玉米、黄豆等旱地作物。最典型的哈尼梯田世界遗产核心区——攀枝花乡的保山寨梯田和老虎嘴梯田先后有 2000 多亩梯田改为旱地种植玉米、黄豆。老虎嘴梯田是哈尼梯田世界遗产地的主要景观之一，2010 年以前，每当秋收之后至第二年春季都是波光粼粼的梯田景观，远望连片的梯田形如奔驰的骏马，在晚霞的映照下显得特别壮观。如今，由于水改旱而使骏马的胫部、腹部等许多地方出现了斑痕，晚霞映照下的神奇骏马不复存在了。

梯田改旱地有多方面的原因，通过调查，综合起来主要有几个方面。

一是传统种植水稻的经济效益太低，村民解决了温饱问题之后，一旦有了经济价值更高的农作物时，人们往往放弃传统的水稻种植，选择经济价值更高的作物替代。以水稻种植计算其经济收入，如果种植传统老品种，亩产约 300 公斤稻谷，4 元/公斤，不计人工成本，毛收入 1200 元/亩。如果种植新品种杂交稻，虽然亩产能达到 500 公斤稻谷，市场价 2 元/公斤，毛收入为 1000 元/亩，但由于新品种必须扣除谷种、化肥、农药等成本价，约 300 元/亩，收入只剩 900 元/亩，其经济效益就更低了。

据调查，种植香蕉有市场，且价格稳定，梯田一亩种植 130 株香蕉，每株产 20 公斤，以 4 元/公斤计，亩产毛收入可达 10400 元，经济产值远远高于传统的水稻种植。

二是梯田水源分布不均，季节差异显著。元阳每年 11 月至第二年 4 月为干季，降水量少，河流溪水为枯水季。每年 5—8 月为雨季，洪涝、地质灾害时有发生。从梯田分布来看，传统的梯田在海拔 1500 米以下均为保水田，但由于环境的变化，每到枯水季，离沟水源较远的部分保水田也变为干田，导致在栽秧时令也无法移栽秧苗。水源减少的人为因素主要是在市场经济的驱使下，水源林的生态系统被改变。为了追逐经济林木的高效益，许多村寨的旱地、荒山大量栽种了杉木林。从涵养水分的功能来讲，杉木是最吸水的植物之一，这便导致水源林涵养水分功能的减退。

三是灌溉水沟不畅。元阳县灌溉 19 万亩梯田的上万条大小水沟密如蛛网，地方政府每年都要投入大量的人力物力修缮，但由于大部分沟基是土质，容易堵塞不畅。有的水沟由于公路等基础设施建设堵塞后年久失修，导致栽秧季节无水流，雨水季节泛滥成灾。

四是青壮年外出打工，由此引发传统梯田农耕管理观念的改变。梯田农耕技术是哈尼族千年传承下来的看家本领，在家庭联产承包责任制实行以来的前 10 年里，年轻人一丝不苟地学习前辈的耕作技术。按哈尼族传统的衡量年轻人的标准，小伙子美不美，不是看他的相貌，而是要看他的耕田技术如何。如果小伙子是犁田、耙田、筑田埂、铲田埂的能手，就会得到大众的称赞，也就能赢得姑娘们的青睐。同样，姑娘美不美，要看她栽插时节蜻蜓点水似的栽秧技术。但是，通过 10 年家庭联产承包责任制的施行，长期以来困扰人们的吃饭问题已基本解决。同时，以汉文化为主体的异质文化不断流入哈尼山寨，电视、DVD、电话、流行服装、流行歌曲、交际舞等外来文化极大地吸引着年轻人。于是他们不再满足于曾让人魂牵梦萦的梯田故土，纷纷走出大山，将求财作为首选目标。学校教育也使哈尼族的年轻人彻底改变传统观念，20 世纪 90 年代以来，年轻人从学校毕业回乡后对传统梯田耕作毫无兴趣，更不愿意学习耕作技术。他们对传统古歌、情歌、舞蹈也不热衷，而是追求时尚的流行歌、交谊舞。他们虽然也会参加传统礼仪活动，如丧礼、婚礼、祭寨神等，但他们的脑子里没有多少传统文化的内容。在他们的影响下，即使没有上过学的年轻人，男的仍然不愿去学耕作技术，女的也不喜欢学纺织、绣花等传统服饰工艺。因此，今天活跃在梯田里的大都是 40 岁以上的中老年人，甚至 70 多岁的人还不得不犁田耙田。

进入 21 世纪以来，元阳梯田的环境变迁除上述因素使传统农耕面临挑战之外，外来生物物种的入侵也不能不引起高度关注。入侵当地的外来生物主要有克氏螯虾和福寿螺，其中以克氏螯虾的危害最大。克氏螯虾在元阳当地俗称"小龙虾"，原产于北美洲，20 世纪 30 年代作为食物、鱼饵、宠物等由日本传入江苏南京等地。克氏螯虾每年在秋冬季产卵一次，产卵数因母虾个体大小而不同，约在 500—1000 粒，一尾母虾最终"抱仔" 100—300 只，因而其繁殖力是十分惊人的。由于受精卵在雌虾腹部孵化为稚虾，稚虾孵化后全部附着于母体腹部游泳足上，在母体保护下完成幼体阶段的生长发育，所以稚虾存活率也非常高。克氏螯虾还具有强大的生存能力。它是杂食性物种，任何生物都能成为它的食物。它基本上能在任何水体中生存，遇到食物匮乏时，还能较长时间离开水体长途迁徙；遇到干旱时，可以躲入洞穴中生存三四个月。克氏螯虾对梯田的最大危害就是擅于掘洞，洞深可达 1.5—2 米，因而常常威胁到田埂、堤坝的安全。

克氏螯虾入侵元阳梯田的时间大约在 2007 年前后。元阳县梯田核心区内新街镇、牛角寨、攀枝花等乡镇的梯田很快就因克氏螯虾的扩散而受到严重的影响。综合调查资料来看，克氏螯虾入侵梯田的途径大致有几种：第一，最初种苗可能来自建水县、石屏县等地，当地人在外面打工时看到克氏螯虾被一盆盆地贩卖，认为其市场前景好，便将其作为美食引入元阳。第二，最早发现克氏螯虾的村寨是新街镇的水卜龙、全福庄等村。当街上有人售卖克氏螯虾时，出于好奇，有村民赶街时将其买回家食用，其中一部分被有意识地放养到田里。例如，箐口村的高氏村民是将克氏螯虾引入村里的人之一，当他从新街镇买了回来食用，里面的一些小虾便放到自家田里养了起来。谁知，由于当地气候适宜，又无天敌，克氏螯虾很快便在当地泛滥开来。第三，在克氏螯虾定居并繁衍的初始阶段，其危害尚未显现，一些村民出于好奇，特意从其他村民田里将克氏螯虾捉来放入自家田里，又进一步加快了其入侵的速度。例如攀枝花乡勐品村李氏，从卢氏家田里捉了五六只螯虾放到自家田里，很快他家田埂便被打得千疮百孔。小孩在梯田里捉鱼时，往往会捉到克氏螯虾，他们有些将克氏螯虾放入自家田里，有些则在玩过之后随手丢入沟渠，这些无疑加剧了克氏螯虾的扩散速度。第四，当克氏螯虾种群规模达到一定量以后，它们便自行蔓延到其他田块。而克氏螯虾具有惊人的繁殖力和超强的生存能力，它们很快便将种群规模扩展到了一定程度。由于元阳梯田的上一丘田与下一丘田留有水口，克氏螯虾通过水口流水很容易进入下一丘田。克氏螯虾高超的掘洞能力，也能让它们通过洞穴蔓延到其他田块。同时，沟渠中的克氏螯虾也能通过梯田放水进入田块。因此，克氏螯虾自行蔓延的速度是十分惊人的。如，箐口的梯田大约是在 2008 年发现了克氏螯虾，2010 年其下方麻栗寨的梯田里也已发现有克氏螯虾了。

克氏螯虾作为一种外来入侵生物，已经给当地的梯田稻作生产带来了危害。第一，由于克氏螯虾善掘洞，它已成为当地村民的心腹之患。克氏螯虾存在的地方，往往都会有洞穴，某些洞穴还比较深，将梯田田埂打穿，导致梯田里的水关不住，甚至使田埂垮塌。第二，除了掘洞，克氏螯虾还吞食土著生物，严重地威胁到梯田生物的多样性。它是杂食性物种，不仅吃田里的各种浮游生物尤其是它们的卵，在食物缺乏时还啃食秧苗等水生植物。据介绍，在克氏螯虾较多的田块，梯田鱼自身已无法进行繁衍，而必须通过人工繁殖的方式，待其长到一定程度后才能放入有克氏螯虾的田块。同时，泥鳅、黄鳝等也越来越少了。

对付克氏螯虾，当地村民尚未找到行之有效的办法。在箐口村，当地村民采用特丁硫磷毒杀克氏螯虾，但深藏洞穴的并未杀死，而田里的鱼、泥鳅、黄鳝则全部毒死了。在大部分村寨，人们采用人工方式捕捉，由于克氏螯虾行动敏捷，有些又藏在土质坚硬的洞穴中，因此收效甚微。各乡镇农业主管部门对克氏螯虾采取不同的防治措施，现在已基本控制住其带来的危害。

第五节　元阳生态环境综合治理建设

一　生态移民

20 世纪 70 年代，元阳县政府投资修建了流量为 0.5 立方米/秒、全长 13 公里的黄草坪大沟，组织该县逢春岭乡各族人民到下半山土地资源丰富、光照充足的热区黄草坪开垦荒地 1000 多亩。从自然条件较差的高寒山区移民 300 余户到黄草坪组建了一个行政村，通过十几年的热区开发，该村成为元阳县的富裕村之一。这就拉开了元阳县生态移民扶贫开发成功的序幕。

元阳县地处亚热带山区，立体气候显著，土地和水热分布不平衡。而该县各民族人口分布也呈"金字塔"式，"金字塔"的下半部是海拔1300米以下的南亚热带地区，占全县面积的2/3，却只居住着全县1/3的人口，并拥有60万亩热区荒山待开发。宽广的热区土地，土质肥沃，是发展绿色产业最为理想的地区。既适合种植水稻等粮食作物，一年可两熟；又适宜种植香蕉、荔枝、芒果、甘蔗、菠萝、木薯等热区经济作物。针对这一实际，元阳县提出生态移民扶贫开发的"221"工程构想：从人口密集的海拔1300米以上的高山区或半山区，有计划地组织转移10万人口到低山河谷热区开发荒山荒地20万亩，主要建设绿色产业，种植粮食、水果和经济林木。从高海拔地区迁移大量的人口后，将迁出地的山区半山区不适宜农耕地，调整为以种植经济林木为主，逐步营造20万亩水源林、薪炭林、涵养水源林，保持水土的生态环境。特别是要将长期以来因生态恶化、水土流失严重而造成的频繁、严重的泥石流、山体滑坡等自然灾害遏制住，就必须下决心保护山区半山区的森林植被，把海拔1800米以上的耕地退耕还林，逐步提高森林覆盖率，恢复生态平衡。元阳县把生态移民扶贫开发的这一构想称为"221"生态移民扶贫工程。按照规划，在实施异地扶贫后，通过调整结构，合理配置人口资源和自然资源，做到"山顶戴帽子"（营造森林，恢复山区半山区植被），山腰种稻子（种植粮食），山脚拿"票子"（种植水果、经济林），并发展养殖业，走农、林、牧、副、渔全面发展的路子，使元阳县的各族人民摆脱贫困，走向富裕之路。

元阳县提出"221"工程构想之后，织组科技人员对全县124万亩热区土地进行异地脱贫规划，初步选定13个独立单体的60万亩热区土地作为元阳县生态移民扶贫开发区。

1996年4月，省政府经济技术研究中心组织省级有关部门及专家在昆明对元阳县生态移民扶贫可行性研究报告进行评审，通过了元阳县生态移民扶贫可行性研究报告。1996年5月，根据昆明评审会的评审意见，元阳县组织专业人员对异地移民扶贫项目进行筛选，初步选定呼山、风口山、哨普山、路那山4个单体为首批生态移民扶贫地区，选定县内因低温、滑坡，水、电、路不通等因素，基本失去生存条件的4万贫困人口为转移人口。1996年7月，由省生态移民扶贫办组织专家评审通过，省政府正式将元阳县列为省级生态移民脱贫试点县，首期确定呼山生态移民扶贫开发区为元阳县生态移民扶贫启动工程，从此，拉开了元阳生态移民扶贫建设的帷幕。

元阳县呼山移民开发区位于元阳县西北部，隶属元阳县南沙镇，距元阳县政府驻地南沙12公里，其山梁东西长17公里，南北宽4公里，土地总面积66552亩，可开垦面积4.3万亩。最高海拔1040米，最低海拔220米，年均气温21.1℃—24.7℃，年均降水量少于500毫米，气候炎热，属于典型干热河谷热带地区。

新中国成立以来，各级政府曾多次对呼山进行过开发。20世纪50年代末，主要以畜牧业开发为主。70年代，政府组织知青进行农业开发，后又组织呼山民兵团进行过大规模的开发，但历次开发都因干旱缺水而失败。80年代以来，元阳县组织有关专家学者进行考察论证，最终发现了开发呼山关键的要素——引水工程。因此于1991年肥香村水利枢纽工程引水渠即者那大沟开工建设，1996年赛刀倒虹吸工程建成，同年7月正式拉开了呼山生态移民扶贫工程帷幕。

到2004年，工程完工历时8年。从开垦荒山到建造耕地，从水、电、路、通信等基础设施的建设到村落、学校等都进行了综合式开发建设，建立了以三个新型自然村为基础的一个新行政村的格局。政府先后投入各种扶贫资金8065万元。呼山移民扶贫工程涉及元阳县15个乡镇63个村公所，居住在高山区自然环境恶劣的各民族先后移民了2135户10672人，共开垦了呼山热区土地3万亩，开垦出实际耕地面积2万亩。2009年种植甘蔗1.56万亩，产量6.9万吨，产值966万元，木薯3500亩，产值310万元，其他经济收入230万元；大牲畜存栏：牛100头，马12匹，猪882头，每年出栏441头。农业综合总产值达1506万元，农民人均纯收入1240元，基本实现了生态移民脱贫的目标。

团结自然村，也称1号村：人口迁出地是高山区4个乡镇，即新街镇移民24户96人，胜村乡（现并为新街镇）96户386人，牛角寨乡70户298人，黄草岭乡90户384人。该村共288户1164人，民族有哈尼族、彝族、汉族和壮族四个民族。

呼山自然村，也称2号村：人口迁出地是高山区四个乡镇，即小新街乡移民121户552人，攀枝花乡57户295人，黄茅岭乡61户295人，沙拉托乡73户267人。该村共312户1409人，民族有哈尼族、彝族、汉族、苗族和瑶族 5 个民族。

幸福自然村，也称 3 号村：人口迁出地是高山区 3 个乡镇，即逢春岭乡移民 82 户 371 人，嘎娘乡 56 户 231 人，马街乡 144 户 624 人。该村共 282 户 1226 人。民族有哈尼族、彝族和汉族 3 个民族。

以上 3 个新建村的村民又以来自同一个乡镇的农户作为村民小组编制组合，这样便于在迁入地生产生活方面的团结协作。

从退耕还林的生态建设来看，元阳县从 2002 年至 2013 年累计实施退耕还林 32.5 万亩，森林覆盖率从 2003 年的 25% 提高到 2013 年的 43.5%，10 年提高 18.5%。其中：2002 年实施 2.8 万亩，2003 年实施 12.4 万亩，2004 年实施 3 万亩，2005 年实施 4 万亩，2006 年实施 2.4 万亩，2008 年实施 1 万亩（封山育林），2009 年实施 0.5 万亩（荒山造林），2010 年实施 1 万亩（荒山造林），2011 年实施 1 万亩（荒山造林），2012 年实施 1.8 万亩（荒山造林），2013 年实施 2.6 万亩退耕还林。项目重点布局于"三线、两河、两区"，"三线"指省道晋思线、元阳至红河公路及新街镇至大坪乡公路沿线，"两河"指红河流域和藤条江流域，"两区"指哈尼梯田旅游景区和滑坡隐患区。工程覆盖全县 14 个乡镇、101 个村委会、17572 户退耕户。

几年来，元阳县立足于当地"一山分四季，十里不同天"的气候优势，在不同海拔地区因地制宜，培植特色经济林产业，在红河干热河谷培植印楝、桉树产业，在藤条江湿热河谷发展橡胶产业，在高海拔地区种植以桤木（水多瓜树）为主的水源涵养林，林下套种草果、板蓝根等经济作物，中半山区发展以杉木为主的速生丰产用材林和以板栗为主的兼用型树种。十多年来，通过不懈努力，退耕还林区发生了巨大变化，森林覆盖率迅速提高，全县森林覆盖率从 2003 年的 25% 上升到了 2013 年的 43.5%。

2003 年以来实施的退耕还林政策，不仅使生态环境明显改善，还使退耕农户的经济收入明显提高。林业总产值从 2000 年的 1247 万元增加到 2013 年的 3.1 亿元，这主要是由于以下几个原因。

一是速生丰产用材林基地建设稳步推进。截至 2011 年，全县以杉木、桤树、桉树、西南桦为主的速生丰产用材基地面积达 19.94 万亩，其中桤木 10.4 万亩，杉木 7.04 万亩，桉树 2.0 万亩，西南桦 0.5 万亩。二是木本油料林基地初具规模。截至 2011 年，全县累计完成木本油料林基地建设 3 万亩,其中种植核桃 2 万亩,完成油茶造林 1 万亩。三是特色经济林产业发展迅速。截至 2011 年,全县已建成特色经济林基地 4.8 万亩,其中种植天然橡胶 3.8 万亩,种植棕榈 0.5 万亩,板栗造林 0.5 万亩。四是以草果为主的林下经济建设成效显著。实施退耕还林工程为发展林下经济产业创造了广阔的发展空间。截至 2011 年年底,全县累计发展面积达11.8 万亩,其中种植草果 10.8 万亩,发展板蓝根 1 万亩。

二　梯田申遗与旅游开发相结合的环境综合治理

2000 年 8 月,在第二届"云南民族文化大省建设高级研讨会"上,史军超研究员提交了《对元阳哈尼族梯田申报世界遗产的调查研究》和《打造世界顶级品牌——关于建立云南省申报世界遗产战略的建议和构想》两篇论文,在会上引起了反响。红河州委州政府领导在大量调查研究的基础上,将以元阳梯田为核心区申报世界文化遗产正式纳入全州发展规划,并于 2000 年 10 月 30 日形成红政报〔2000〕141 号文件,即《红河哈尼族彝族自治州人民政府关于将红河哈尼梯田申报为世界自然文化遗产的请示》,并上报云南省人民政府。这是第一份关于红河哈尼梯田申报世界遗产的政府文件,也是申报过程正式步入正轨的重要标志。

2002 年年初,红河哈尼梯田申报办又编制出台《红河哈尼梯田保护总体规划》,对世界遗产申报地元阳核心区的保护和发展作了科学规划,依法对哈尼梯田进行规范化管理。其中保护区范围是:元阳县新街镇、胜村乡、攀枝花和牛角寨乡 4 个乡镇,28 个村公所,204 个自然村,87481人,投影面积 280 平方公里,其核心区为 132 平方公里。红河哈尼梯田申报世界文化遗产工作得到国务院、省州有关领导的重视,于 2004 年 6 月28 日至 7 月 7 日在苏州召开的第 28 届世界遗产大会上被列入中国世界遗产预备清单。按照《保护世界文化与自然遗产公约》,根据《红河哈尼梯田管理暂行办法》《红河哈尼梯田文化遗产保护与发展规划》,以保护哈尼梯田的生态结构、民族文化、科学技术、梯田景观为主要目的,以生态保护、旅游观光、民族教育、休闲度假为主要功能的民族生态文化景观遗产保护区,相关单位主要开展了以下环境综合整治措施。

（一）保护与梯田环境相协调的传统村落民居①

元阳县县政府驻地南沙距省会昆明约 300 公里，距国家级历史文化名城建水 85 公里，距国家级口岸河口 163 公里，距红河州政府驻地蒙自 80 公里。南沙地处红河南岸的公路交通中心，特别是红河州随着"个旧—开远—蒙自经济区、昆河经济带、南部经济带"战略的实施，个旧至南沙二级公路、建水至南沙二级公路、南沙至红河三级公路、南沙至绿春三级公路开通后，将逐步成连接南北、贯通东西、出口越南的交通要地。从客源市场来看，民族文化生态旅游开发要求选在民族风情浓郁、民族特色强的地方，元阳正好就是这一类。有学者研究表明，中国城市居民旅游和休闲的出游市场随距离的增加而衰减，80% 的出游市场集中在距离城市 500 公里范围内。因此，元阳的区位优势日趋凸显，为梯田文化旅游开发提供了优越的交通条件和潜在的客源市场。

20 世纪 90 年代初期，元阳县敞开了对外开放的大门，国内外许多摄影爱好者纷至沓来。特别是 1993 年 3 月初，首届哈尼族文化国际学术讨论会在元阳考察民俗期间，来自 9 个国家的 180 余名中外学者参观了元阳梯田。从此，元阳梯田漂洋过海，以其独特的风光吸引海内外游客。因此，从 2000 年起，元阳县将发展旅游业提上议事日程，旅游基础设施建设先后投入 5 亿多元，改造景区国境公路、老县城步行街，建成梯田文化广场，建成箐口、普高老寨、大鱼塘等哈尼族梯田民俗文化村旅游景点以及哈尼族农耕文化展览馆一座，修缮勐弄土司府，建设坝达、多依树、老虎嘴梯田自然景点瞭望台三座等旅游设施。先后编制了《景区哈尼民俗文化旅游村（六个）建设项目可行性研究报告》《景区民族文化展示馆、游客接待中心、景区大门及停车场建设项目可行性研究报告》《景区哈尼民俗风情步行街建设项目可行性研究报告》《景区旅游基础设施项目建设可行性研究报告》；《元阳县哈尼族民俗生态旅游景区总体规划》《元阳县箐口哈尼族民俗文化生态旅游村详细规划》等规划文本，并由省内旅游管理、规划设计等部门专家组评审通过。

客源市场是旅游业发展的原动力，是旅游生命力的关键所在。客源市场定位是开发旅游资源的重要部分，旅游客源市场分析准确与否，直接关

① 参见黄绍文《箐口：中国哈尼族最后的蘑菇寨》，云南人民出版社 2009 年版，第 113—117 页。

系到旅游规划项目投资的可行性与安全性。客源市场由三部分组成，即国内市场、海外入境市场和国内出境市场。在梯田文化旅游规划中应侧重于前两个市场。城市和乡村的客源对旅游地的品位是不同的，乡下人对周围环境习以为常，向往的是都市里豪华的生活气息，而都市里的人却过惯了城市生活，到乡下去体验生活成为一种时尚。因此，元阳梯田文化生态旅游市场应定位于三级市场，即一级市场在海外及台港澳；二级市场在国内大都市里；三级市场在国内地州、县市。民族文化生态村是乡下人的生活缩影，体现了人与自然的和谐统一，它能让都市里的人们满足求新、求异、求奇的旅游欲望。所以，在建设民族文化生态村过程中，切忌将城市里现代化的建筑模式照搬进来。建设民族文化生态村的原则是必须与当地周围环境协调一致，以免破坏自然景观原貌；必须与当地人文环境协调一致，突出民族文化与山野特色。

蘑菇房是哈尼族传统民居最有特色的建筑形式，这是哈尼族迁移到亚热带哀牢山区为适应高温多雨的半山地带而将平碉式改进的建筑形式，即在平顶碉式建筑的土层平顶上竖立屋顶木架，并于其上铺盖四斜面或双斜面的茅草顶或稻草顶。在奠基石的上面用木夹板定型的泥土筑墙或土坯砌墙，从地面一层起有三层，顶层上面覆盖四斜面茅草顶，村落星罗棋布地散落在半山腰间，远望其形犹如朵朵蘑菇，故称"蘑菇房"。哈尼山寨犹如朵朵破土而出的蘑菇，在层层梯田环抱中显出神奇美丽、生机盎然的景观。夕阳余晖下闪闪的梯田和早晨哈尼山寨炊烟袅袅的蘑菇房，成为人与自然和谐的美景。但是，20 世纪 90 年代中后期，随着人们物质财富的积累，哈尼人家庭生活得到了改善，其标志首先从房屋建筑上体现。加之自然环境的变迁，建筑用材山茅草逐年减少，部分梯田推广杂交稻后，稻草秆短小，不宜做屋顶覆盖的材料。人们一开始将屋顶的茅草或稻草层掀掉，搭起人字木架固定双斜面的石棉瓦，个别农户新建或重建房屋时，虽然不改变蘑菇房的内部结构，但以石头砌墙，顶层做成水泥平顶。到了20 世纪末期，西部地区扶贫开发力度加强，蘑菇房成为落后的代名词，在当地政府彻底消除蘑菇房的口号下，哈尼山寨都变成白花花一片石棉瓦房，失去了往日哈尼村寨的特色。与此同时，随着元阳县梯田文化旅游的发展，蘑菇房与梯田和谐分布，成为梯田文化旅游资源特色。

鉴于这样的认识，2001 年起，元阳县政府在箐口村进行了乡村旅游景点规划建设，在保持原貌的基础上改造村内道路、排水沟、村内广场，并对 61 户已建成砖混结构的水泥房和水泥瓦顶，恢复成蘑菇房草顶的造型，与周边环境协调一致。为了吸引游客，箐口村与其他村落环境的明显不同是，在晋思公路与进入箐口村的路口建了一座约 200 平方米的广场，场子中间竖立了一棵直径约 80 厘米、高约 10 米的石雕图腾柱，柱周围是牛、鱼、青蛙、田螺、螃蟹造型的石雕，在寨子脚的磨秋场旁也立有三棵石雕图腾柱，与传统的磨秋桩成为文化整合场所。在村子南面的广场上建了一幢 200 多平方米土坯墙、蘑菇顶的哈尼族文化陈列室，室内陈列哈尼族历史文化与生产生活工具实物。陈列室门前的广场是民族歌舞表演的场地，其旁边的蘑菇草顶凉亭可观望错落有致的蘑菇房与层层延伸的梯田。这一切是以梯田申遗为契机，结合旅游开发对箐口村哈尼族文化符号的建构和民族文化生态村建设的具体表现。

有了箐口民俗村的改造经验后，从 2008 年起，元阳县启动实施哈尼梯田旅游特色村建设，使民族特色优秀文化得到有效保护、传承与展示。把扶贫开发、新农村建设与旅游产业开发相结合，整合项目资金，提出了"一镇六村"的规划建设，即打造新街镇老县城的国际旅游城市，以箐口村为借鉴先后改造普高老寨、大鱼塘、全福庄小寨、牛倮普等实施旅游特色村建设，努力将梯田核心区的"一镇六村"打造成旅游基础设施完善、村容村貌整洁、民族文化浓厚、人民生活富裕、人与自然和谐发展的民族文化旅游特色村。

（二）改造老城区与哈尼梯田广场建设

按照国际旅游山城的定位，对新街镇老城区全面实施排危、美化、减负工程，铺设 4800 平方米的青石板步行街、1300 平方米水泥路，立面改造沿街住户外墙墙体 2 万多平方米，新街镇市容市貌及城市文化品位均有较大幅度提高。

元阳哈尼梯田文化广场是元阳县旅游产业基础设施重点建设项目，它对加速红河哈尼梯田申报世界文化遗产、打造红河哈尼梯田旅游品牌、创造国际旅游山城均具有十分重要的意义。2002 年 7 月，开始全面实施哈尼梯田文化广场项目的工程建设，历经三个多月的努力，已完成对县电影公司、大礼堂、东方红旅社、饮食服务等部门及个体房屋的拆迁，共拆迁房屋面积达 6852.6 平方米；占地 10000 平方米的哈尼梯田文化广场已于2002 年 12 月底全面完成，建设内容含蘑菇房、水池、蓬洞、雕塑、旗楼、青石板铺设及绿化、路灯等设施，其浓郁的地方民族设计风格、丰富的文化内涵，深受社会各界特别是阿卡国际哈尼学会中外专家学者的赞誉。

（三）加强保护梯田的法制建设

2001年1月，成立红河哈尼梯田申报世界遗产办公室，同年10月申报办编制出台《红河哈尼梯田保护管理暂行办法》。2004年，红河哈尼族彝族自治州第九届人民代表大会第二次会议上提出了《关于加强红河哈尼梯田核心区生态保护的议案》。4月30日，红河州第九届人大常务委员会第八次会议通过了《红河哈尼族彝族自治州人大常委会关于办理〈关于加强红河哈尼梯田核心区生态保护议案〉的决定》，将制定《红河哈尼梯田核心区管理条例》列入红河州民族立法规划。在条例出台前，建议州人民政府进一步完善红河哈尼梯田管理办法，加强管理。由州人民政府组织编制《红河哈尼梯田核心区生态环境、建设、保护规划》。将红河哈尼梯田核心区森林资源保护工程、红河哈尼梯田核心区水利灌溉工程、红河哈尼梯田核心区地质灾害治理工程列为重点建设项目，认真做好前期工作，并逐步组织实施。《云南省红河哈尼族彝族自治州哈尼梯田保护管理条例》于2012年2月25日云南省红河哈尼族彝族自治州第十届人民代表大会第五次会议通过，2012年5月31日云南省第十一届人民代表大会常务委员会第三十一次会议批准实施。该条例对元阳哈尼梯田核心区的保护作了明确而具体的规定，是目前对元阳梯田保护最权威的法规。

（四）夯实旅游基础设施，改善梯田旅游环境

在旅游开发建设中始终坚持规划先行、保护与开发并重、科学合理利用资源的原则，突出重点，兼顾一般，抓好旅游开发建设。结合村庄规划和哈尼梯田申遗工作，委托海口城市规划院对哈尼梯田核心区的82个村寨进行特色生态旅游村寨规划，做到一次规划，分步实施，保证规划的权威性指导作用。

2008年7月28日，世博集团公司与红河州签订了战略合作协议书。世博红河项目组自2008年8月6日经世博集团公司研究批准成立后，项目组工作以成立云南元阳世博哈尼梯田旅游开发公司为切入点，以世博红河战略合作项目调研为重点开展工作。支持和帮助公司完成了梯田景区勘测定界、勘察设计及通水、通电等设施建设。为完善旅游要素体系建设，逐步提升旅游接待和服务设施水平，提高元阳县的旅游接待能力，夯实旅

游产业发展基础，多渠道筹措资金，加大旅游基础设施建设，景区设施条件不断改善。具体措施包括：一是先后投入1亿多元，打造了集中展示哈尼梯田"四度同构"的箐口哈尼民族文化村和大鱼塘、普高老寨民俗村，对478户民房进行传统民居恢复，建成了哈尼文化陈列馆、休闲楼、文化广场及水碓、水碾和水磨等民族文化、农耕文化展示区。实施了新街镇梯田文化广场、步行街、"三线入地"、供排水系统等改造工程，打造国际知名旅游目的地。二是加快旅游景区景点基础设施建设。投入6680万元实施了多依树、坝达、老虎嘴景区及哈尼梯田保护性基础设施建设项目；实施了元坪农村公路通畅工程、连接老虎嘴景区与多依树景区的旅游环线公路、元绿公路大鱼塘联络线及新街过境公路，投资总额近4亿元，景区条件有了质的改善。三是把新农村建设与梯田旅游开发结合起来。按照"科学规划、片区示范，整合资金、形成合力，以点带面、点面结合，连片开发、整体推进"的思路，整合发改、财政、扶贫等部门资金，采取"多个管子进水，一个管子放水"的方式，将哈尼梯田核心区片"一镇六村"及25个村寨列入片区新农村示范建设项目，努力打造一批民族文化生态旅游新农村，箐口、大鱼塘、普高老寨三个民族文化生态旅游村已建成，成为游客休闲、观光、度假的好去处。四是依托特色资源，广开招商门路，让优势资源与优势企业成功嫁接。为做大做强旅游产业，元阳县解放思想，创新机制，改变单一的政府投入模式，实施"走出去"与"请进来"战略，先后引进了世博集团、昆明城建集团、云南西部投资开发公司等大企业入驻元阳参与开发旅游业。目前，投资5922万元的箐口游客服务中心项目已建设完成，并投入使用；投资1.8亿元的哈尼王府海航酒店建设已完成投资2230万元，投资12亿元的"云之梦·ALILA"酒店已开工建设。通过"筑巢引凤"引进企业参与开发旅游产业，有效解决了旅游发展资金紧缺的问题，加快了旅游产业发展。

三　元阳县环境监测与污染防治[①]

（一）环境监测

自古以来，元阳县以传统梯田农业生产方式为生计，直至20世纪80年代初期无工业污染。元阳县的社会环境监测始于80年代中期，1985年

---

① 本节资料由元阳县环境保护局提供。

6月，州环境监测站对元阳县罐头厂产生的废水进行监测，监测结果显示，外排废水中污染物 pH 值为6；化学需氧量为2755mg/L，超标26.55倍；悬浮物为381mg/L。1987年，开始对境内有污染的工业项目和具有破坏趋势的开发建设项目执行环境影响评价和"三同时"（新、扩、改项目及技术改造项目的环境保护设施必须与主体工程同时设计、同时施工、同时投产）制度。

1991年，组织开展对县酒厂、罐头厂、砂砖厂等11户工业企业污染源调查，发现县酒厂烟尘超标8.1倍排放，废水超标237.35倍排放；县罐头厂废水超标26.5倍排放，对环境造成较大污染。1995年，对全县工业废气、废水排放情况进行监测。发现县黄金公司选厂废水中，铅超标268倍排放，严重污染了金子河下游的水环境。据调查，全县全年工业废水排放量为45.5万吨，主要污染物排放量为：铅排放量10.2吨，化学需氧量190吨；工业废气排放量为3518万标立方米，主要污染物排放量为：二氧化硫排放量119.8吨，烟尘排放量42吨；工业固体废物产生1.2万吨，排放量1.2万吨。1997年3月，由县城乡建设环境保护局牵头，县乡镇企业局、统计局等部门配合，再次组织对全县工业污染源进行调查，摸清了全县工业污染源的种类、产生、排放等基本情况。2003年，在县畜牧局的配合下，对全县畜禽养殖污染现状进行调查，基本掌握了畜禽养殖分布情况和畜禽粪便的利用、排放情况，为今后进行畜禽养殖，开展污染防治，推动生态示范区、生态村建设打下了基础。

2004年5月，由城乡建设环境保护局牵头，在县公安局、卫生局的配合下，对全县使用放射源情况进行专项调查和申报登记，查清有境内使用射线装置的单位14户，配置射线装置设备21台（闲置10台）。经过省、州环境保护局审查审批，13户使用射线装置的单位通过验收。2005年1月，对全县危险物进行申报登记，完成了19户医疗单位和1户汽车修理厂的申报登记，掌握了境内危险废物产生处理、利用的基本情况。至2005年12月，州环境监测站先后对境内10户企事业单位开展监测23次，其中废水监测16次，废气监测7次。出据监测报告14份，监测报告单9份，为污染防治和生态保护提供了科学依据。2004年，全县工业废水排放量为223万吨，比1995年增长4.9倍，主要污染物排放为：铅排放量0.39吨，比1995年下降26.15倍；化学需氧量排放510.67吨，比1995年增长2.69倍；氨氮排放量0.43吨。工业废气排放量41778万标立方米，比1995年增长11.88倍，主要污染排放量为：二氧化硫排放量 180.09 吨，比 1995 年增长 50.3%；烟尘排放量 40.89 吨，比 1995 年下降 9.7%；粉尘排放量 12.38 吨。工业固体废物产生量 8.72 万吨，比 1995 年增长 7.27 倍，固体废物综合利用量 5.21 万吨，占产生量的 59.7%。

2005 年，全县城镇生活污水产生量为 59 万吨，排放量 59 万吨，其中，化学需氧量排放量 555.7 吨，氨氮排放量 51.9 吨。城镇生活用煤消费量 2100 吨，二氧化硫排放量 12 吨，烟尘排放量 4 吨。城镇生活垃圾产生量 5475 吨（南沙），所产垃圾经过焚烧、填埋处理完毕。

（二）企业污染防治

2000—2005 年"十五"期间，根据《中华人民共和国环境保护法》《中华人民共和国建设项目环境影响评价法》《中华人民共和国建设项目环境保护管理条例》等规定和有关法律、法规、标准等污染防治精神，为减少环境污染，改善环境质量，对城区烟尘污染较大的元阳县铁合金厂，根据有关批复文件，已搬迁；同时，为完成省、州、县下达的全面达标排放考核企业云南慧丰实业公司、元阳县晨光淀粉公司和"达标排放再提高工程"元阳糖厂的治理达标排放工作，继续巩固达标排放成果；加强环境监督管理，加大执法力度，寻求污染治理方案，积极协调和争取省、州污染治理资金，在各企业资金比较紧缺的情况下，各治污企业，累计投入废水治理资金 398 万元，共建设三套沉淀池、一套生物堆肥池，容积为 8960 立方米、10000 立方米，以及 5100 平方米的生物堆肥场和生物复合厂各一个，对云南慧丰实业公司、元阳县晨光淀粉公司、元阳糖厂生产废水进行治理；而元阳县晨光淀粉、元阳县红泰糖业、元阳县红泰淀粉、云南慧丰实业、元阳县绿野淀粉、元阳县呼山石膏开发等公司，累计投资废气治理资金 186 万元，对锅炉进行改造、安装除尘设施，共七台套；致使云南慧丰实业公司、元阳糖厂生产废水、废气得到有效治理，通过监测验收达标，对元阳县晨光淀粉公司采取转向经营、限量生产后，达到了废水治理的目的，从而有效降低了废水、废气中的污染物排放量。

2000—2005 年"十五"期间，工业废水排放量 15310600 吨，经过 8 套废水治理设施处理外排，其中达标排放量 6621200 吨，达标率 43.25%，污染物化学需氧量 10661 吨，氨氮排放量 2.84 吨，铅排放量 2.54 吨；工业废气排放量 130180 万标立方米，经过 11 套治理设施处理外排，其中燃烧废气排放量84456万标立方米，工艺废气排放量45724万标立方米，烟尘排放量415.6吨，二氧化硫排放量578.4吨（燃烧排放358.2吨、工业排放220.2吨），粉尘排放量28.7吨。其间，化学需氧量去除量18382吨，铅去除量13825吨，烟尘去除量3450吨，粉尘去除量139吨，固体废物综合利用和处理处置量438991吨。

2000—2005年，按照《红河州"十五"期间污染物排放总量控制实施意见》的要求，到2005年，州级下达元阳县的污染物排放总量控制计划指标为：二氧化硫310吨，烟尘230吨，粉尘30吨，固废2万吨，化学需氧量840吨（其中工业300吨、生活540吨），氨氮64吨（其中工业4吨、生活60吨）。为确保污染物排放总量控制指标任务完成的措施：一是继续对省、州列入重点考核的两家企业和一家重点排污企业实施达标排放"再提高工程"及全面治理达标排放考核验收；二是加强建设项目环境管理，严格控制新污染源，特别是对改、扩建项目通过实施"以新带老"，做到增产不增污或增产减污；三是全面推行排污申报和排污许可证制度（"十五"期间共发放排污许可证10份、10家企业，其中发放正式许可证6家、临时许可证4家，未达标持证率40%）；四是通过开展清洁生产审核和宣传循环经济理念，企业治理污染和"三废"综合利用的力度不断加大。由于措施有力，监督检查到位，根据2005年年度统计数据表明，全县工业污染物排放总量除化学需氧量超标225吨州下达指标外，其余五项均低于总量控制指标。

2005—2010年"十一五"期间，元阳县环境监管逐步规范化和制度化。一是认真落实环保目标责任制，把环保指标作为部门和领导政绩考核的重要内容，作为检验科学发展观是否落实的重要标准，作为经济发展是否"好"的标准。通过环保责任制的落实，逐步建立党委、政府重视，领导亲自抓，各单位分工负责，层层抓落实的工作格局。二是严格执行总量控制制度，实现总量控制目标是改善环境质量的重要基础，是走科学发展之路的重要标志。成立了节能减排工作领导小组，健全节能减排责任制，把减排任务层层分解落实到相关部门和企业。加大对污染源现场巡查力度，加大了打击力度，促使元阳县铁合金厂搬迁烟（粉）尘治理达标并通过考核验收，元阳天生桥农业开发有限公司投入325万元治理废水，分别完成了2008年、2009年220吨和110吨COD减排任务，2010年COD减排工程元阳县污水处理厂已于12月1日举行试运行庆典，力争通过 30 天运行，完成 60 吨 COD 减排任务。元阳华西黄金有限公司 200 吨选厂项目完工投入使用，并经验收。元阳英茂糖业有限公司累计投入 1000 余万元，进行技术改造，全面开展清洁生产企业工作，《清洁生产技术审核报告》已通过专家评审。总投资 2921.77 万元，库容量为 41 万立方米的城市垃圾处理场投入试运行，解决了南沙、新街镇垃圾乱堆倒、四处飞扬现象。"十一五"期间，全县污染防治创历史新高，排污总量得到控制，主要污染物排放总量均控制在"十一五"目标内。三是加大环境影响评价和"三同时"的执行力度，提高准入门槛，控制新增污染源，结合产业结构调整，杜绝新上已淘汰的污染项目，防止把"招商"变为"招污"。2006 年至今共审查、审批了 56 个（其中报告表 19 个，登记表 37 个），为 19 个建设项目进行选址，取缔和否定了废旧轮胎炼油等污染严重、不符合产业政策的项目 6 个，确保环评执行率 100%。深入开展工程建设领域突出环境问题专项治理工作，重点对 2008 年以来的建设项目环评制度执行情况进行清理检查，共清出 39 个项目（其中有 5 个项目不需要办理环评手续）未履行环评手续，已致函环评审批手续，已有 14 个项目办理，其余在办理中。在把好建设项目审批关的同时，为确保"三同时"执行率达 100%，组织验收了元阳县铁合金厂 2 号炉除尘器，已通知十余家企业上报验收材料。四是认真履行辐射环境监管职能。17 家卫生部门有 23 台（损坏或停用 12 台）放射线装置，元阳英茂糖业有限公司 2 枚放射源。实施辐射安全许可证制度，3 家持证，15 家待发，通过清理规范和实施许可证，促进辐射环境管理规范化、制度化、保障辐射环境安全。五是严格实行排污许可证制度，严禁超证排污和超标排污，将主要污染物总量控制和削减任务层层分解落实到重点排污企业，并与工商部门联合实行排污许可证年检制度，元阳英茂糖业有限公司等 15 家重点工业污染源企业实行了排污许可证制度并基本保持达标排污。六是加强排污费征收促进治污减排。5 年共征收 186 万元，超额完成 1 万元。通过排污费征收，增强了排污企业的环境保护的法律意识。

综上所述，位于云南省南部的元阳县，其境内群山连绵，沟壑众多，森林茂密，人们因地制宜，发展起了梯田稻作农业。元阳县的生态环境尤其是森林，曾经过"大炼钢铁"时期的乱砍滥伐而急剧减少，后通过"退耕还林"政策的实施而大为改善。近年来，梯田环境由于杂交稻的种植、外来生物的入侵以及水田改旱地等因素而遭到了破坏。针对于此，元阳县政府采取了生态移民、梯田申遗与旅游开发相结合的环境综合治理、环境监测与防治等措施来保护梯田，为元阳县生态与社会环境的可持续发展做出了重要的贡献。

第二章

经济结构与经济发展

当新千年的钟声响起，世界各地人们在庆祝一个新时代开启之时，中国大地上正涌动着热潮：1999 年年末，中央政府作出了西部大开发战略部署，提出要加快西部地区基础设施建设和产业结构调整、促进西部可持续发展，最终缩小东西部差距、实现中国区域经济社会协调发展。这个被称为"新世纪战略"的决策，为西部地区带来了新一轮的发展机遇。2000 年，中国政府又根据新时期中国贫困问题的新特点，制定《中国农村扶贫开发纲要（2001—2010 年）》，采取更加有力的措施帮助扶持贫困人群脱贫致富。2005 年，中央政府制定了惠及中国内陆边境沿线广大少数民族群众的"兴边富民工程"。2006 年，中央政府又出台了建设社会主义新农村的新举措，国家扶持发展的重点更加聚焦于农村、农业和农民。这一切国家新政策，无不预示着进入新千年，中国西南边疆地区经济社会发展进入了一个国家政策扶持力度不断加大，以经济发展为重、社会发展共同推进的新局面。

长期以来，元阳因地处偏远山区，交通不便，与内地联系较弱，经济社会发展十分落后，是国家级贫困县。新千年以来，元阳县借着西部大开发政策的春风，抓紧社会主义新农村建设的机遇，加快县域经济社会发展速度。县域经济发展水平得到大幅度提升，产业结构从过去以第一、第二产业为主向一、二、三产业均衡发展方向转变，第二产业发展得到了明显加强。旅游业继续保持着优势特色产业之势。农村基础设施建设发展快速，乡村经济向多元化发展，农民生活水平明显提高。农村劳动力转移和新型农民培育有序推进，乡村面貌呈现出新景象。

但也要看到，元阳县作为一个农业县，农业经济薄弱的问题仍然存在，山区农业发展既制约于资金瓶颈，又制约于地理因素和劳动力素质因素，农业生产结构转化问题仍然困难重重。近十年来工业经济发展速度很快，但是作为远离核心经济区的元阳县，工业经济上台阶也面临重重困境。优势特色产业旅游业在经历了前十年的发展高峰后，近几年来名声更大，但旅游收入增长却并不同步，增长率起伏较大，且与其他旅游大县相比较其旅游收入总量并不高。这些事实无不表明，元阳县旅游业发展若不加快产业升级，曾经辉煌一时的优势产业也将面临衰落之势。

第一节　新千年以来元阳经济增长和结构变化的基本态势

在不唯 GDP 论英雄的今天，关于元阳县经济发展的研究仍然需要从 GDP 的剖析开始，这是因为 GDP 是国内生产总值的简称，是反映一个国家或地区经济增长最重要的指标。

新千年以来，元阳县 GDP 增速不断加快，特别是党的"十六大"提出"全面建设小康社会"的奋斗目标和"统筹城乡经济社会发展"的重大战略指导思想后，元阳县在上级党委、政府的正确领导下，不断优化调整经济结构，经济总量逐年攀升。2001 年元阳县 GDP 总值为 57548 万元，到 2013 年，这一数值达到 326000 万元。十余年时间，元阳县 GDP 总值翻了两番多（见图 2－1），年均增长速度达到 38.87%，比同时期云南省 GDP 年均增长速度快了 0.19 个百分点（同期云南省 GDP 年均增长率为 38.68%）。[①]

一　农业产业稳步发展

元阳县是一个农业县，长期以来农业经济是县域经济的主要支撑，充分体现了农业县的特点。在"十一五"规划中，元阳县提出了在结构调整中"农业生产能力稳定提高，保持 6% 左右的增长速度，传统农业比重明显降低，生态农业特色突出"[②] 的发展思路。在"十二五"规划中，继续

---

① 本章相关数据主要来源于历年元阳县国民经济社会发展统计提要（元阳县统计局提供），历年《元阳县政府工作报告》《元阳县国民经济和社会发展第十一个五年计划规划纲要》《元阳县国民经济和社会发展第十二个五年规划纲要》，元阳县政府官网。除图标外，以下数据来源不再一一说明。

② 《元阳县国民经济和社会发展第十一个五年计划规划纲要》。

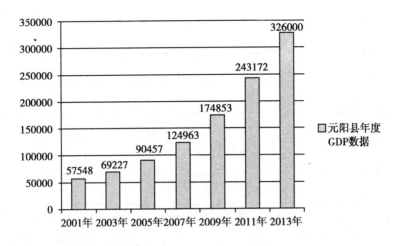

图 2 - 1　元阳县近年来 GDP 变化趋势（单位：万元）

数据来源：历年来元阳县国民经济社会发展统计提要。

稳定农业产业的发展思路，突出强调农业基础地位的重要性，把优化种植结构和发展畜牧业作为促进第一产业发展的重点，提出了农业产值年均增长 12% 的更高目标。

经过十多年的不断努力，元阳县第一产业在 GDP 总量中所占比重不断上升，2001 年，元阳县第一产业总值 29494 万元，2013 年这一数值达到 105000 万元，翻了接近两番（见图 2 - 2）。特别是在 2005 年全面完成农村税费改革后，第一产业增速显著提高，年均增长速度达到 23.96%。这表明，元阳县农业经济实力在 21 世纪以来有明显的提高。

元阳县根据山区农业的特点，大力发展特色农业经济。根据山区海拔的高度和气候条件，选择适宜的农作物和经济作物，提出了"高山、中半山、矮山"三大特色农业经济带。如在高山主要发展经济林木（果），诸如茶叶、草果等。2007 年在高山新种植水冬瓜树 12 万亩。2014 年草果种植达 11.2 万亩。在中半山主要种植粮食和发展畜牧业，粮食生产保持稳定增长。元阳县所生产的红米优质稻品质优良，在市场上很畅销，目前正在扩大其种植面积。矮山是元阳县的低地地区，具有热区资源优势，特别有利于发展热区经济作物，为此，元阳县引导农民在矮山发展以甘蔗、木薯、香蕉、橡胶、膏桐为主的经济林果业。2014 年，甘蔗种植面积达 6.4 万亩，橡胶 5 万亩，香蕉 4.6 万亩。近年来，元阳县细化了三大特色农业经济带战略，将其归纳为发展"六个百万亩"：橡胶 150 万亩，梯田红米 100 万亩，香（油）料 180 万亩，水果 114 万亩，棕榈 100 万亩，商

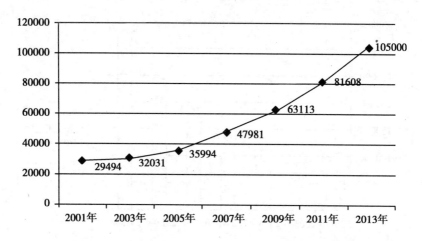

图2-2　元阳县近年来第一产业产值增长变化（单位：万元）

数据来源：历年来元阳县国民经济社会发展统计提要。

品林200万亩。这是推进元阳县农业生产转型的主要措施，随着这一目标的逐步实现，元阳县农业经济也将从自给型农业向商品型农业、从传统农业向现代农业转型。

二　工业经济积极推进

"无工不富"，元阳县的决策者们充分认识到这一经济规律。自新千年以来，元阳县十分重视工业经济的发展。在元阳县"十一五"计划中，明确提出"努力做大工业经济"；在"十二五"计划中，更加明确地将工业经济发展的方向确定为"加快发展矿产业、加速发展电力产业、提升发展糖酒业、大力发展生物产业"。

在县产业政策的扶持下，工业经济发展速度加快。2001年元阳县第二产业总值为8285万元，2013年这一数值达到99000万元，翻了三番多（见图2-3）。

新千年以来，在元阳县工业经济发展中，一个最突出的变化是轻重工业发展重心的改变。新千年的头几年，元阳县仍然延续着多年的工业发展格局——以农产品原材料初加工为主的轻工业为其工业经济主导，如制糖业、制茶业等。2001年元阳县轻、重工业比重为0.6∶0.4。但是，十年以后，这种工业格局发生了显著变化，以矿产业、水电业为主的重工业有较快发展，2013年轻、重工业的比重已经改变为0.31∶0.69（见图2-4）。

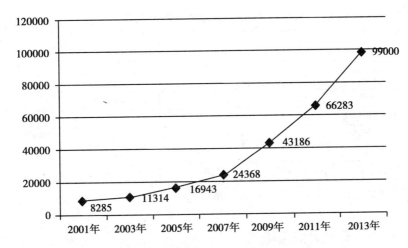

图 2 - 3 元阳县近年来第二产业产值变化（单位：万元）

数据来源：历年来元阳县国民经济社会发展统计提要。

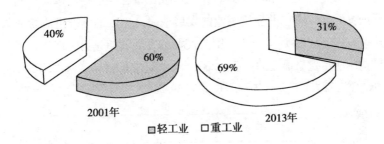

图 2 - 4 2001 年和 2013 年元阳县轻重工业所占比重比较

数据来源：历年来元阳县国民经济社会发展统计提要。

在所有制结构上，2000 年以来也有明显的改变。国有经济和集体经济在企业数量比例上和产值贡献率上都有明显下降，股份制企业、外资企业、个私经济有显著增长。如表 2 - 1 所示，2000 年元阳县国有经济和集体经济性质的企业共有 15 个，工业产值总共为 4969 万元；到 2012 年，国有经济和集体经济企业通过改制和兼并只剩 5 个，而工业产值增加为12570 万元，企业数量减少，但总产值翻了数倍，这说明企业规模在扩大，效益在提升。股份制经济和个私经济发展很快，从 2000 年到 2012年，股份制、私营和个体经济企业数量由 453 个增加到 717 个，工业产值也由 950 万元增长到了 49503 万元。

表 2 - 1　　　　元阳县 2000 年和 2013 年企业所有制结构情况比较

	企业数（单位：个）		工业产值（单位：万元）	
	2000 年	2012 年	2000 年	2012 年
国有经济	5	3	4534	12569
集体经济	10	2	435	1
股份合作制经济	6	5	3253	87
股份制经济	3	5	424	38429
私营经济	3	25	44	5090
个体经济	447	687	482	5984

数据来源：历年来元阳县国民经济社会发展统计提要。

三　第三产业快速增长

改革开放以来，元阳县抓住机遇适时发展旅游业，以旅游业为龙头的第三产业增长明显，在 21 世纪初期，第三产业比重已经达到了 32%。新千年以来，元阳县委县政府在做强旅游业的发展战略之中，继续推进旅游业为主的第三产业发展，从 2005 年以后，第三产业的发展就超过第一产业，成为元阳产业结构中所占比重最大的产业。2001 年元阳县第三产业产值 21235 万元，到 2013 年达到 122000 万元，年均增长速度 39.54%（见图 2 - 5）。

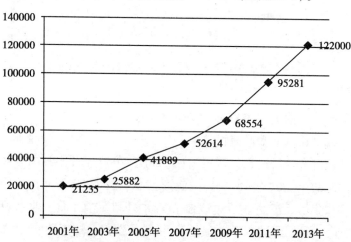

图 2 - 5　元阳县近年来第三产业产值变化（单位：万元）
数据来源：历年来元阳县国民经济社会发展统计提要。

旅游产业的崛起是元阳县第三产业快速发展的一个缩影。2008 年，元阳采取政府引导、市场运作的方式,引进云南世博集团参与元阳哈尼梯田旅游的合作开发并签订了合作协议,成立了云南世博元阳哈尼梯田旅游开发有限责任公司,为哈尼梯田文化旅游资源的开发打下坚实的基础;引进昆明城建房地产开发股份有限公司,成功整合王国食品有限责任公司在元阳闲置的土地资产,开发高档休闲度假村。2008年,全县共接待游客58万人次,同比增长40.18%,其中,外国游客2.73万人次,同比增长62.78%,实现旅游总收入39590.91万元,同比增长41.72%。截至2012年,元阳县编制完成《元阳县旅游发展总体规划》等九个旅游专项规划,五年累计投资2.43亿元,完成老虎嘴、多依树、坝达景区景点、箐口游客服务中心、"一镇六村"民族特色村、梯田小镇改造等设施建设。加快"云之梦·ALILA"、哈尼王府海航等高端酒店建设。在滇南六县中首家引进20辆旅游客运大巴投入运营,首批12户农家乐示范户建成运营,极大地提升了景区旅游接待能力和服务水平。五年累计接待国内外游客370万人,年均增长18.6%,实现旅游总收入17.3亿元,年均增长19.9%。

在旅游业发展的带动下,人民群众生活水平不断提高,元阳县批发零售贸易餐饮等行业也有较大的发展。2001年,批发零售贸易总额为9100万元;到2008年,这一数字变为22085万元;到2012年,批发零售总额更是达到65049万元。餐饮业的发展更是具有代表性,2001年元阳县餐饮业总额为2300万元,到2012年,这一数字变为6822万元,十年时间翻了近三倍(见图2-6)。2003年因"非典"疫情,餐饮业销售额大幅度下滑。

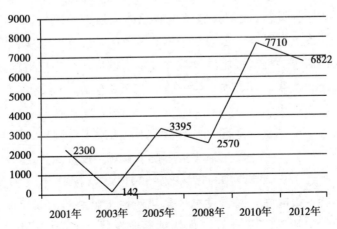

图2-6　近年来元阳县餐饮业总额变化趋势(单位:万元)

数据来源:历年来元阳县国民经济社会发展统计提要。

四　产业结构调整趋于合理

经济产业结构调整和转型是新千年以来摆在元阳县政府和人民面前的一个重要任务。自20世纪末以来，元阳县一直是以农业为主要产业的传统国家级贫困县，工业和旅游业基础薄弱，投入不足，发展缓慢。2001年开始，元阳县作出了进一步加强农业生产、确保农民增收的部署，加快产业培植和结构调整步伐，具体是要加快以茶叶为主的经济林果业，以青刀豆为主的创汇特色订单农业，以生猪为主的畜牧业，以黄金为主的矿业，以梯田云海和独特的自然人文景观为主的旅游业的发展。鼓励个人参与石膏、大理石、铁矿、铜矿等资源的开发，认真做好旅游规划，抓好土戈寨、箐口、坝达、猛品等地区旅游基础设施建设，办好梯田文化旅游节。到2005年，一、二、三产业的比重由"九五"末的53.4：13.7：32.9调整为39.8：18.7：41.5，旅游、畜牧、糖酒、生物创新、矿产、电力等产业规模不断扩大，茶叶等传统产业优化升级进程加快，电力产业发展势头猛、劲头足，南沙电站、麻栗寨河电站、藤条江电站等水电工程已动工或即将动工。

2013年以来，元阳县始终坚持"稳定一产、加快二产、搞活三产"的产业发展导向，加快产业结构调整步伐，一、二、三产业的比重发生了显著的变化（见图2-7）。一是旅游产业实现新突破。红河哈尼梯田成功列入世界文化遗产名录，入选中国十大魅力湿地，哈尼梯田影响力和美誉度不断提升。《元阳县旅游发展总体规划》不断完善，高起点定位元阳旅游发展新思路。云之梦·ALILA酒店、红叶温泉度假酒店、金湾国际大酒店等一批高端旅游设施建设稳步推进。全年接待国内外游客首次突破百万大关，实现旅游业总收入12.8亿元，同比增长14.2%。二是工业经济迈出新步伐。按照"一心三片"的工业布局，编制完成并审批通过《元阳县工业园区总体规划》，明确工业园区发展目标。加快矿产资源整合，推进矿业企业生产技术革新，投资3.2亿元的华西黄金公司日采选450吨技改项目竣工投产。加大水利资源开发力度，黄草岭、逢春岭一级电站并网试发电，全年新增水电装机容量1.8万千瓦，总装机容量达到27.5万千瓦。加快糖酒业发展，英茂公司日加工3000吨甘蔗技改扩能一期和红泰公司燃料乙醇生产技术升级改造项目竣工投产。三是农业产业取得新成效。围绕着红河州打造南部山区"六个百万亩”优势产业群和“四大”特色产业群的目标，编制完成《元阳县农业产业发展规划》。全县完成粮食播种面积 57.3 万亩，红米优质稻 5.9 万亩，粮食总产量 17.1 万吨。甘蔗、橡胶等传统特色产业稳步发展，投资 760 万元的赛刀现代农业示范区项目竣工投入使用，发展冬早蔬菜连片种植 3000 亩，产值 4000 万元，加大桑蚕、重楼等生物产业的示范种植力度。全年实现农村经济总收入 23.4 亿元，同比增长 32%；农业总产值 17.4 亿元，同比增长 14.7%。

　　经过十多年的努力，元阳县通过稳定农业产业、大力培育第二产业、积极做强第三产业，全县产业结构比重发生了较大的变化。主要表现为：农业经济保持稳定发展，2001 年，元阳县第一、二、三产业比重分别是 49%、14%、37%，到了 2013 年，这一比重变化为 32%、30%、38%，三大产业开始齐头并进，共同发展（见图 2-7）。

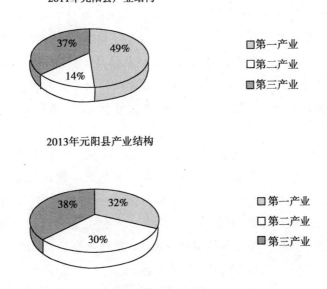

图 2-7　元阳县 2001 年和 2013 年产业结构比较

数据来源：历年来元阳县国民经济社会发展统计提要。

第二节　资源密集型产业优先战略与工业化困境[①]

新千年以来，元阳县产业经济结构的最大变化是第二产业的快速发展，第二产业从 2001 年在三大产业中仅占 14% 的比重，到 2013 年这一比重已经上升到 30%，与第一、三产业并驾齐驱。这与元阳县决策者们大力发展工业经济，力图通过发展工业，实现以工哺农、城乡经济协调发展的发展战略密切相关。

一　资源密集型产业选择

在这一工业经济优先发展的战略中，元阳县从当地资源优势出发，重点发展资源密集型产业——以金矿为主的矿产业和生物资源深加工工业，同时结合旅游业发展推进旅游产品加工业一体化发展。

元阳县具有丰富的矿产资源，已探明的矿种有金、银、铁、铅、铜、宝石、水晶石、大理石、石膏等，大坪金矿区有国家级特大型金矿成矿条件，潜力十分巨大；铁矿资源磁化性好、品位高，具有较好的开发条件；铅、铜具有良好的勘查利用前景；拥有丰富的石膏矿和大理石资源。

金矿是元阳县境内一个重要矿种，分为岩金和砂金两种类型。（1）岩金以大坪金矿为主，经原武警黄金十三支队多年地质勘查，现已达到大型规模，含金石英脉分布广泛，多达百余条，属热液多金属石英脉型，受构造控制，多充填于北西向断裂中，矿脉长一般几十到几百米，最长可达数公里，厚 0.2—1.5 米，局部厚达 2 米，矿石平均含金 6 克/吨左右，其他有益成分有铅、铜、银等。（2）砂金主要为乌拉沙河砂金矿。乌拉河发源于元阳县和绿春县交界分水岭，流经哈播、黄草岭、堕铁，于老猛注入老猛河，全长 30 公里均有砂金分布。含金品位变化大，最多可达 10 颗，金颗 0—3 毫米。元阳县已知铅矿点 5 个，属热液脉状类型，这些矿点工作程度低，矿床脉体较薄，不稳定，但品位较高，共生有锌、银，银最高可达 300 克/吨，现开发利用的有俄扎乡阿东铅矿。元阳铜矿床（点）17 处，其中查明小型矿床一处，其余均未查明，按其成因类型可分为四种：岩浆型铜矿床、热液脉状矿床、沉积变质型层状铜矿床、矽

---

① 本节内容主要参考了《元阳县工业集聚区可行性研究报告》，2009 年。

卡岩型铜矿床。以沉积变质岩型铜矿床为重要铜矿类型，计有采山坪、大伍寨、营盘山、平安寨、猴子寨、石门坎、瑶山等地，分布面积广，含矿岩系稳定，但地质工作程度低，受交通、电力等因素影响，至今开发利用程度低。只有新街镇菲莫铜矿进行一定规模的开发利用。

目前元阳县主要开发的矿产是金矿和铅锌矿，其中金矿是元阳县矿产业的主要支柱。2008 年，元阳县加快矿产资源的开发和整合步伐，支持华西黄金公司投资 6000 多万元实施吨金技改项目，扩大生产能力。截至 2012 年，又先后引进云锡集团、蒙自矿冶公司等企业，对黄草岭、俄扎、菲莫等重点矿区进行整合勘探，投资 3 亿元完成华西公司日采选 450 吨改扩建及 236 万方尾矿库矿企技术改造升级，投资 1960 万元启动实施大坪矿区含铅矿坑涌水处理及加用技术示范工程。2008—2012 年五年间，实现矿业总产值 12.98 亿元，税收 1.77 亿元，年均增长均达 10%，矿产品出口创汇 33.2 万美元。

二　生物资源及开发

从土地、海拔、气温等自然资源条件来看，元阳县适宜种植甘蔗、木薯、草果、橡胶、膏桐、印楝等经济作物，这些经济作物经济价值高、市场前景好。

如甘蔗是制造蔗糖的原料，也是酒精生产的原料之一。目前我国人均食糖年消费量约为 8.4 公斤，但仍是世界人均食糖消费最少的国家之一，远远低于全世界人均年消费食糖 24.9 公斤的水平，仅及世界人均年消费食糖量的 1/3，属于世界食糖消费"低下水平"的行列。未来十年世界食糖的生产和消费总趋势将缓慢增加，其中发展中国家食糖消费将出现明显增长趋势，中国是世界食糖最大的潜在市场。我国食糖生产相对集中，甘蔗糖产区以广西、云南和广东为主，产量占食糖总产量的 90% 以上，云南省制糖业产量占全国的第二位。

与甘蔗一样，木薯也是用途很广、经济价值较高的作物。木薯块根不仅是加工生产淀粉、酒精的良好原料，而且还可以深加工生产变性淀粉、山梨醇、降解薄膜、葡萄糖、果糖等。变性淀粉、山梨醇、降解薄膜都是经济价值较高、市场潜力较大的产品。木薯块根是生产优质淀粉的良好原料，木薯淀粉是生产酒精良好的原料，用木薯淀粉为原料生产酒精的成本比用玉米、大米、小麦等都低。

甘蔗、木薯深加工产业在元阳工业产业构成中一直居于龙头地位。元阳县位于亚热带季风气候区，适于甘蔗和木薯等糖酒业原料的种植。2008年，全县甘蔗、木薯种植面积分别达4.59万亩和6.98万亩，年产甘蔗14.11万吨，木薯28.77万吨。鉴于此，元阳县引进英茂集团成功收购了红泰糖业有限责任公司制糖生产线，为做大做强蔗糖产业注入了新的活力。到2012年，元阳县完成国家糖料生产基地和地方债券甘蔗中低产田地改造项目建设，投资9152万元的红泰糖业酒精生产、沼气发电项目已试运行生产。五年间累计入榨甘蔗72.42万吨，生产白砂糖8.69万吨，实现工业产值4.93亿元，带动了1.12万户蔗农增收。

又如，橡胶行业是我国国民经济的重要基础产业之一，它不仅为人们提供日常生活不可或缺的日用、医用等轻工橡胶产品，而且向采掘、交通、建筑、机械、电子等重工业和新兴产业提供各种橡胶制生产设备或橡胶部件。可见，橡胶行业的产品种类繁多，后向产业十分广阔。目前，我国是世界天然橡胶第一大消费国和进口国。

元阳县各乡镇都有橡胶种植，成为农民增收的重要途径之一。但目前元阳橡胶的发展存在很多问题：一是种植面积小，由农户分散种植，没有形成规模化种植基地。二是科技水平较低，品种单一、树龄结构不合理、割胶制度落后。三是目前元阳天然橡胶产品比较单一，95%的收入来源于胶乳，其他产品仅占5%左右，初加工规模小，根据市场要求开发系列产品能力不强，产业的整体效益不高。

三 "一心三片"的工业园区规划

在确定了元阳县工业经济发展的重点产业后，元阳县通过工业园区规划，力图实现产业的空间集聚。元阳县工业园区的规划方案是"一心三片"。

"一心三片"工业园区规划内容是：

"一心"：县城工业聚集中心，即南沙农特产品加工中心区。这一片区规划用地面积为7.08平方公里，这一产业区主要功能是整合县域乃至红河县的生物资源，形成绿色农产品加工的基地，同时布置以元阳特有大理石、石膏等资源加工生产的建材组团，以及少量的矿产资源冶炼区。

"三片"：南片区、东片区、中片区。南片区即以铅锌矿、铜矿冶炼加工为主的俄扎循环经济产业区。这一片区规划用地面积为4.03平方公里，位于俄扎哈脚一带，重点规划矿选、冶炼等重工业。东片区即以黄金等贵金属生产加工为主的大坪循环经济产业区；该片区规划用地面积为2.4平方公里，位于大坪乡金子河畔，重点规划淀粉加工、采矿、黄金加工、伴生矿的采选、冶炼及免烧砖等配套产业和延伸产业。中片区即新街旅游产品加工区。这一片区规划用地面积为0.81公顷，主要是依托元阳哈尼梯田旅游资源，进行旅游产品开发，采用布置加工点的方式，来促进旅游业更好更快地发展。

以工业园区发展工业经济，目的在于通过空间产业集聚获得集聚经济效益——产业化无缝链接、能量的综合利用、水资源的综合利用、信息和基础设施共享等。

以甘蔗种植和深加工为例，甘蔗加工业在产业化的集聚与集中，能获得较好产业化链接效果（见图2-8）。

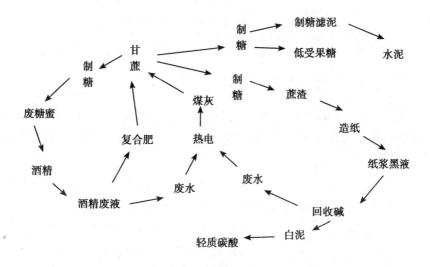

图2-8　甘蔗制糖生态产业链

资料来源：《元阳县工业集聚区可行性研究报告》，2009年。

工业园区的规划，还有利于水资源的综合利用，"三废"的综合处理，走循环经济发展之路（见图2-9）。

目前，元阳县已经编制完成并审批通过了《元阳县工业园区总体规划》，明确工业园区发展目标，正按照工业园区的规划，加快重点产业发展的支持力度，加大招商引资的力度，加紧工业园区水、电、路、通信等配套设施建设，健全完善服务管理机制，力争形成园区工业发展新格局。

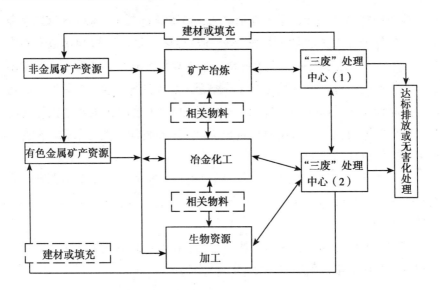

图 2 - 9　元阳工业聚集区的循环经济

资料来源：《元阳县工业集聚区可行性研究报告》，2009 年。

四　元阳工业经济发展的困境

　　总体来看，元阳支柱产业和重点产业的选择是合理的，产业发展目标是明确的，走产业集聚发展之路是必要的。但是，也要看到，元阳县工业化战略的推进也面临着多重困难。

　　首先，元阳工业基础薄弱，产业对县域经济的带动力不足。企业积累不足，产业发展后劲弱。2012 年，元阳县共有工业企业 727 个，全部工业总产值 62160 万元，工业经济对 GDP 的贡献率为 29%（按当年价计算），贡献率低。轻工业以农产品原料为主，重工业以矿产采掘和电力为主。工业对其他产业的带动作用不是很显著。

　　其次，元阳县远离经济核心区，接受核心区经济扩散效应弱。在云南省内，昆明、曲靖、玉溪、楚雄是工业经济发展较好的区域，这些区域都距离元阳较远。虽然元阳是距离滇南工业重镇个旧最近的一个县，但是受交通条件和信息便利化的制约以及个旧经济区扩散力弱的影响，元阳仍然是处于经济核心区外围较远的区域，难以很好地接收和利用核心区的扩散效应，元阳工业经济发展长期在低水平徘徊。

　　再次，技术创新能力弱，低水平生产能力过剩，高科技和新兴产业发育滞后，企业产品供给结构与市场需求结构不相适应，产品"专、精、特、新"的优势尚未形成。大部分企业起点低、规模小，技术水平落后，导致产品科技含量低，附加值少，产品结构比较单一，抗市场风险能力低下，制约了企业的发展。

图2-10是2008年红河州各县市工业总产值比较情况，横向比较，可以较为清晰地反映出元阳工业经济发展与红河州其他县市相比，仍然有较大差距。如果与云南省工业发展较好的其他地区如昆明、曲靖相比较，或与沿海经济发达地区的县市相比较，其发展差距则更加巨大，元阳工业化进程任重道远。

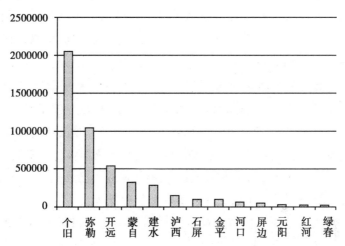

图2-10　2008年红河州各县市工业总产值比较（单位：万元）

数据来源：红河州统计局内部统计资料。

第三节　优势产业旅游业的发展与问题

旅游业是元阳县发展最快、经济效益最突出的产业。元阳拥有世界少有的梯田景观和哈尼民族风情特色旅游资源。随着近年来元阳旅游品牌在国内外打响，来元阳旅游的中外游客骤增。由此带来的与旅游服务相关的产业迅速发展，包括各类住宿、餐饮、旅游纪念品等产业。

一　元阳旅游业发展的资源优势

元阳县地处云南南部，哀牢山脉南段，红河州西南部、红河南岸，属于典型的亚热带山地季风气候，土地除少数河谷地带略为平坦处，几乎无一平川，最低海拔 144 米，最高海拔 2939.6 米，相对高差 2795.6 米，峰峦叠嶂，云海浩瀚，以万亩梯田和哈尼少数民族风情为主体的六大文化旅游景点，构成了一幅气势磅礴、秀美壮观的画卷，形成了元阳旅游业的优势和特色。

元阳县旅游资源极为丰富，万亩梯田和以哈尼民族为主的各少数民族文化风情是元阳独特的旅游资源。其中，梯田主要集中在坝达、多依树、老虎嘴、牛角寨、龙树坝，有 19 万亩，距今已有 1300 多年历史，壮美而秀丽。梯田蕴藏着深厚的民族耕作制度、文化和习俗，为世界水稻耕作史中最为独特的模式，遍布的"森林、村寨、梯田、河流"四要素构成独特的生态系统景观，呈现出"山间水沟如玉带，层层梯田似天梯"的梦幻般景象，同时随着季节变化，"梯田—云海—日出—村庄"变幻无穷。此外，元阳各少数民族文化风情浓郁，历史悠久，哈尼族的"长街宴"、"矻扎扎"、"十月年"，彝族的"火把节"，傣族的"泼水节"，苗族的"采花山"，瑶族的"盘王节"，壮族的"三月三"等民族传统节日绮丽多姿，异彩纷呈，独具特色。各民族的祭祀、图腾、传经、说唱等历史悠久，影响深远。各民族文化相互交融、相互影响，已形成了"梯田文化、火塘文化、贝码文化、土司文化、谱牒文化"等等。

元阳县境内还有土司统治的古迹一处——勐弄司署。清雍正十三年（1735 年），地方少数民族首领白安向清王朝投诚后被册封为世袭土掌寨（即土司），白氏土司从兴起到衰亡世袭相传历经 10 代土司，历时 214 年。皇封世袭勐弄司署，位于攀枝花乡，坐落于藤条江北岸的群山之巅，距老虎嘴梯田景区 4 公里，依山据险，居高临下，犹如一颗红宝石镶嵌在绿色海洋里，璀璨耀眼。

另外，元阳县有 6 处硫磺温泉，它们是热水塘温泉、肥香村温泉、婆多温泉、独家温泉、普龙寨温泉、南林温泉，水温在 45℃—80℃，是很好的地热旅游资源。

二　元阳旅游业发展历程及现状

元阳县旅游业的发展，起源于哈尼梯田被外界发现。20 世纪 80 年代，一些摄影家用镜头向外界展示了一幅幅油画般的元阳梯田美景，被称为"震撼大地的艺术"的元阳梯田从此被外界所发现。于是，一批又一批摄影爱好者慕名而来。随着元阳梯田的摄影作品在国内外广为传播，旅游者也纷至沓来，最初的元阳旅游业就这样在外来游客强烈的旅游需求的拉动下开始被动发展起来。

进入 90 年代中期，随着国内外旅游市场的迅速发展和日益成熟，以及云南板块旅游资源在国内外的声名鹊起，众多境内外游客涌入云南，旅游业所带来的庞大经济效益为各级政府部门所瞩目。云南省把元阳梯田旅游景区作为重点旅游区向外界宣传，元阳县政府也积极发展旅游业，元阳旅游成为云南旅游业中的佼佼者。

在云南民族文化大省建设中，元阳梯田的自然生态文化和民族生态文化价值得到了重视，一批从事民族学、人类学、生态学的学者进入元阳梯田区域进行学术研究，在这些研究成果的支撑下，元阳梯田从一个单一的自然景观旅游项目，提升为一个自然景观与人文景观结合的复合旅游项目——元阳哈尼梯田文化成为向外宣传的品牌。

进入新世纪，元阳县的旅游经济发展很快，2001 年，到元阳旅游的游客为 8.21 万人，到 2005 年，这个数据上升到 24.10 万人，到 2010 年，元阳县全年旅游人数达到了 74.02 万人。从 2001 年到 2010 年，元阳旅游游客人数增长了 9 倍。旅游收入也随着游客的大幅度增长而不断提高。2001 年，元阳县旅游收入为 0.41 亿元，到 2005 年，达到 0.99 亿元。2006 年起，元阳旅游年收入迈入亿元大关，达 1.65 亿元，到 2010 年，这个数据增长至 6.7 亿元。从 2001 年到 2010 年不到十年的时间，元阳旅游收入增长了 16 倍，游客人均贡献值在这十年内也总体上呈现不断增长之势（见表 2-2）。

表 2-2　　2001—2010 年元阳县旅游人数、旅游收入和游客人均贡献值

年份	2001	2002	2003	2004	2005	2006	2007	2008	2009	2010
旅游人数（万人）	8.21	9.69	10.6	17.67	24.01	31.03	41.50	46.52	63.36	74.02
旅游收入（亿元）	0.41	0.21	0.46	0.72	0.99	1.65	2.79	3.1	4.75	6.7
游客人均贡献值（元）	499	216	433	407	412	531	672	667	749	905

资料来源：历年元阳县国民经济和社会发展计划执行情况报告。

元阳县委、县政府立足于对本县优势旅游资源的进一步认识，提出旅游产业带动发展战略，将打造"哈尼特色、5A 景区、中国一流、世界知名"的旅游景区作为建设目标，把旅游产业作为元阳县第一大支柱产业

加以培植和发展。在把元阳旅游业作为优势产业发展过程中，元阳县加强了旅游产业的总体规划和产业提升。先后编制了《红河州元阳县旅游发展规划》《元阳哈尼梯田旅游区总体规划》等9个专项规划，完成了《元阳县多依树至勐品建设项目可行性研究报告》《景区哈尼民俗文化旅游（六个）建设项目可行性研究报告》等可研报告。

云南红河哈尼梯田文化景观申报世界文化遗产，是元阳县发展旅游业的重大规划，为了实现这个重大规划，元阳县经过多年艰苦努力，于2013年6月22日最终申报成功。当时《云南日报》刊发的文章《红河哈尼梯田文化景观申遗的背后：13年不懈努力》[①]，详细罗列了元阳梯田申遗之路的主要过程，现摘录如下：

1999年，云南省社科院研究员史军超提出了哈尼梯田申报世界文化遗产的建议，引起红河州主要领导的重视。

2000年10月，红河州委、州政府决定哈尼梯田申报世界遗产，随即成立红河哈尼梯田申报世界遗产协调领导小组办公室，启动申遗工作。

2002年12月，云南省建设厅积极申请将红河哈尼梯田与三江并流一起列入中国申报世界遗产预备名单，编制上报了申遗规划和文本。

2006年12月，红河哈尼梯田再次入选中国世界文化遗产预备名单。

2007年11月，国家林业局正式批准"红河哈尼梯田湿地公园"为国家湿地公园。

2009年7月，云南省政府领导率队到国家文物局汇报申遗筹备工作，得到国家文物局认可。

2010年6月，红河"哈尼稻作梯田系统"被联合国粮农组织列为全球重要农业遗产。

2010年2月，云南省政府成立哈尼梯田申报世界文化遗产领导小组。

2011年6月，云南省政府致函国家文物局，请求将红河哈尼梯

---

① 余建民、孙晓云：《红河哈尼梯田文化景观申遗的背后：13年不懈努力》，《云南日报》2013年7月15日。

田列为中国 2013 年申报世界文化遗产提名项目。

2011 年 8 月，中共云南省委书记秦光荣致信时任国家文物局局长单霁翔，表明云南省委、省政府对红河哈尼梯田申遗的迫切愿望和坚定信心。

2011 年 9 月，国家文物局报经国务院同意，将红河哈尼梯田列为 2013 年中国政府申报的世界文化遗产项目。

2012 年 5 月，云南省政府与文化部、国家文物局在北京召开云南文化工作座谈会，李纪恒省长与蔡武部长、励小捷局长对申遗工作作出重要指示，要求确保申遗成功。

2012 年 5 月，国家文物局局长励小捷在高峰副省长陪同下对哈尼梯田进行实地考察，对遗产地保护和环境综合整治工作作出重要指示，加大申遗支持力度。

2012 年 7 月，哈尼梯田景观保护和环境整治工作基本结束，哈尼梯田的景观价值和环境风貌得到较好再现。

2012 年 9 月，国际古迹遗址理事会委派日本专家石川干子女士，赴红河哈尼梯田遗产地进行现场考察评估，对红河哈尼梯田景观价值和保护状况给予充分肯定。

2013 年 6 月 22 日，红河哈尼梯田文化景观在第 37 届世界遗产大会上通过审议，正式列入世界遗产名录。

世界遗产委员会是这样评价红河哈尼梯田文化景观的：红河哈尼文化景观位于云南南部，面积 16603 公顷，以从高耸的哀牢山沿着斜坡顺延到红河沿岸的壮丽梯田而著称。在过去的 1300 多年间，哈尼族人民发明了复杂的沟渠系统，将山上的水从草木丛生的山顶送至各级梯田。他们还创造出一个完整的农作体系，包含牛、鸭、鱼类和鳝类，并且支持了当地主要的谷物——红米的生产。当地居民崇拜日、月、山、河、森林以及其他自然现象（包括火在内）。他们居住在分布于山顶森林和梯田之间的 82 个村寨里，这些村寨以传统的茅草"蘑菇房"为特色。为梯田建立的弹性管理系统，建立在特殊且古老的社会和宗教结构基础上，体现出人与环境在视觉和生态上的高度和谐。

元阳哈尼梯田文化景观申遗的过程是漫长而曲折的，也正因为经历了十多年漫长曲折的申遗过程，元阳县政府部门和当地居民对哈尼梯田文化价值的认识也有了很大的提升。特别是大批从事民族学、人类学、生态学、景观学、历史学、经济学等多学科的中外学者以元阳梯田为研究对象所做的大量专业性研究工作，对元阳哈尼梯田生态文化进行深入的内涵挖掘和理论分析，为元阳哈尼梯田文化的资本化运作提供了坚实的理论支持，这也是今天元阳县能向外界呈现出一个具有吸引力和差异性文化内涵的生态景观的重要原因。

对哈尼梯田景观核心区进行改造，提升旅游景观区的景观质量和文化内涵，这既是申报世界遗产过程的需要，也是元阳县新千年以来旅游业发展过程中的一大亮点。元阳哈尼梯田主要有三大景区：坝达景区包括箐口、全福庄、麻栗坡、主鲁等连片14000多亩的梯田；老虎嘴景区包括勐品、洞铺、阿勐控、保山寨等近6000亩梯田；多依树景区包括多依树、爱春、大瓦遮等连片上万亩梯田。

位于哈尼梯田核心区的元阳县箐口村，于2001年被当地政府选中投资建设民俗生态村，并致力于使其成为元阳哈尼梯田文化面向世界的名片和品牌。元阳县政府对箐口村的民俗生态旅游村建设给予了两次大的项目支持。

第一次是2001年，箐口村被政府选中投资建设民俗生态村，政府对村寨的传统民居——蘑菇房进行了大规模的修缮和加固，主要对墙体、蘑菇顶、祭祀房等进行修复，保留原来的土基墙体和茅草蘑菇顶，并对村中道路也进行了相应的修复。相应的基层组织和民间组织也相继成立，2003年，箐口村成立箐口管理委员会，在元阳县旅游局组织建设下成立箐口村文艺队。

第二次是2009年，政府利用"一镇六村"连片式扶贫开发项目，加强箐口村的基础设施建设和产业培育。在基础设施方面：村内主街道、支道共建成2822.6平方米；村内排水沟建成506.1米（分下层为暗沟，主要排放生活污水等建成730.9米；上层为明沟，为梯田灌溉用水，也是一道景观）；旅游小道总长958米，面积1437平方米；文化广场两块，其中姜文房广场1285.2平方米，陈列馆广场1034平方米；完成入村公路建设一条800米（水泥预制块铺设），停车场一块710平方米。公益事业设施方面：修缮陈列馆二层楼一栋474平方米，姜文房一栋303.5平方米；建好水井5口和卫生公厕2个；建成哈尼族祭祀房一间10平方米。产业培植方面：建成猪厩81间共486平方米，牛厩35间共280平方米；已建成农家乐 3 户，推动民俗旅游发展；恢复传统民居特色 206 间，其中新建民居 50 户，主要体现哈尼族民居建筑风格和艺术。

下面是课题组在元阳县箐口村就建房问题和村里环境治理问题进行的实地调查采访：

访谈一：卢××（男，68 岁，务农）

家庭基本情况：小学毕业，育两个孩子，女儿 47 岁，已嫁。儿子 19 岁，在外打工，现有三口人。

建房问题：房子 2009 年盖的，当时政府补贴 1.5 万，给 20 吨水泥（折合人民币 7500 元）再加上 7500 块粉刷外墙。盖房总共是花了 4 万左右，借了亲戚朋友 1 万元。盖房都是亲戚朋友来帮工，没有请外地帮工，盖了五个月。

猪、牛圈问题：家里的猪、牛是养在村子里猪厩和牛厩里，这样统一管理比较好，只是距离家有点远，但是还是可以接受。

访谈二：李××（男，40 岁，米线摊旁边商店老板）

家庭基本情况：家里有四口人，一个女儿 16 岁，一个儿子 7 岁。

建房问题：房子是 2009 年盖的，政府补贴了 20 吨水泥，没有补贴现金。当时家里没有钱，比较困难，但是听说政府补贴，就抓紧把房子盖了，想着是能省就省。记得当时盖房子的有 80 家左右，我家是请了 2 个小工，4 个师傅，一天 40 块钱，盖起来花了 6 万块，找亲戚朋友借了 5 万左右。政府只是帮忙粉刷了外墙，盖了蘑菇顶。

访谈三：卢×（男，43 岁，户主，小学未毕业）

家庭基本情况：两位老人、夫妻两人、两个儿子、一个大哥（大哥离异）。还有大哥家的女儿。

建房问题：2004 年盖了两层新房，原因就是 2004 年家里的老房地下渗水，牛不好关，也无法住人，虽然没有钱，但还是找亲戚朋友借了一万多，加上自己存了点钱就把房子盖了。当时基本上都是亲戚过来帮工，只请了一个师傅，12 块钱一天，很便宜。所以总共花了两万块钱多一点。2007 年，因为家里人比较多，有点挤，粮仓也没有，所以就又加了一层，这一层就花了 38000 块，主要是亲戚朋友在那一段时间里盖房的比较多，帮忙的就少了，多是请外面的工人来盖的。后来 2012 年政府出钱盖了上面半层的蘑菇顶。我家可惜没有晚一点盖房子，不然就能赶上 2009 年的补贴了，可以少花一些钱。现在的门窗是政府前一段时间免费给换的，统一的木门、木窗。

可见，元阳箐口村在地方政府专项资金的支持下，以政府引导为主的民居、基础设施、村寨景观的改造得到村民积极参与，改造工作进展顺利，大大提升了箐口村的旅游景观质量。随着元阳箐口村民俗生态文化的复原和保护工作的有序开展，以及村寨基础设施建设的不断完善，箐口村的名气不断扩大，不断在各种大众媒体亮相，箐口成为来元阳看梯田的外地游客的必到之地。

2003 年，以箐口村为核心的元阳"红河哈尼梯田"被上海电视台誉为"中华风度"，被美国《国家地理杂志》评为"人工湿地典范"。2004 年，箐口被国家旅游局命名为"全国农业生态旅游示范点"，被云南大学确定为"哈尼民族文化研究基地"。2007 年，国家林业局正式批准红河哈尼梯田为国家湿地公园，成为云南省第一个国家级湿地公园。2009 年，云南省世博元阳梯田旅游有限公司接手管理箐口的旅游管理和开发事宜。2010 年，元阳梯田被联合国粮农组织评为世界重要农业遗产。2013 年在第 37 届世界遗产大会上哈尼梯田被成功列入世界遗产名录，成为我国第 45 处世界遗产。申遗世界文化遗产的过程使箐口这个原本封闭、沉默的哈尼族村寨也渐渐地进入了人们的视野，成为展示哈尼梯田及哈尼文化的重要窗口。

表 2 - 3、表 2 - 4 是箐口村 2004—2005 年接待外地游客的情况和领导视察次数的统计。从统计表可以看到，箐口村几乎每个月都有外地游客来旅游，每个月都有领导来视察，表明这个村寨不仅受到外地游客的追捧，而且也是上级政府高度重视、全力打造的精品旅游景区。

表 2 - 3　　　　2004 年 3—12 月箐口村游客数量和领导视察次数

月份	领导视察次数（次）	游客总人数（人）	国外游客（人）	国内游客（人）
3 月	3	1996	86	1910

续表

月份	领导视察次数 （次）	游客总人数 （人）	国外游客 （人）	国内游客 （人）
4 月	3	903	64	839
5 月	1	1583	43	1540
6 月	7	265	12	253
7 月	3	803	30	773
8 月	7	914	55	859
9 月	1	365	131	234
10 月	3	1097	86	1011
11 月	8	1073	120	953
12 月	8	556	30	526
总计	44	9555	657	8898

数据来源：据马翀炜主编《最后的蘑菇房——元阳县新街镇箐口村哈尼族村民日志》（中国社会科学出版社 2009 年版）整理得出。

表 2 - 4　　　　2005 年 1—10 月箐口村游客数量和领导视察次数

月份	领导视察次数 （次）	游客总人数 （人）	国外游客 （人）	国内游客 （人）
1 月	2	614	13	601
2 月	4	3935	312	3623
3 月	5	2920	269	2651
4 月	6	2930	308	2622
5 月	7	1603	184	1419
6 月	/	178	39	139
7 月	6	434	55	379
8 月	4	582	139	443
9 月	3	331	80	251
10 月	1	644	195	449

数据来源：据马翀炜主编《最后的蘑菇房——元阳县新街镇箐口村哈尼族村民日志》（中国社会科学出版社 2009 年版）整理得出。

三　元阳旅游业对相关产业的拉动作用

在旅游业逐渐成为元阳支柱性产业的同时，其对酒店、餐饮等相关服务产业及少数民族服饰、特产、旅游纪念品等相关工业产业的拉动作用也逐步显现出来。2003 年，元阳县旅游服务设施建设共投入资金 3400 万元，元梯大酒店、多彩酒店、东海大酒店等酒店相继竣工开业。截至 2003 年，元阳县共有宾馆酒店 25 家，其中三星级 1 家，二星级 2 家，一星级 3 家。2008 年，元阳县宾馆、饭店、招待所增至 86 家，其中县城（南沙）54 家，新街镇 34 家，攀枝花乡 2 家，床位数 3556 个。至此，元阳县共有旅游星级饭店 3 家，三星级 1 家，二星级 1 家，一星级 1 家，总床位数 696 个。

元阳县政府为提高游客接待水平，制定了以下酒店行业发展规划：（1）加快酒店业招商引资的步伐和力度，引进国内外连锁饭店参与区内饭店经营，鼓励发展主题酒店、经济型酒店和一些专题酒店。（2）优化区域内酒店档次结构，改变区内高星级酒店严重短缺的现状。（3）加快酒店产权制度改革，逐步建立现代酒店产权制度。（4）遵循市场发展和客源需求规律，调整住宿接待宾馆的空间布局。

四　元阳旅游业发展存在的问题

也要看到，元阳县旅游业在获得快速发展的同时，其存在的一些瓶颈制约仍然没有完全得到解决。这些问题若不尽快认识到并着力解决，将会影响到元阳旅游业今后的快速发展和产业升级。

（一）文化保护与旅游发展的矛盾在世界文化遗产申报成功后成为突出问题

红河哈尼梯田文化景观列入世界文化遗产保护名录，使元阳哈尼梯田文化不仅是元阳的，更是云南的、中国的乃至世界的文化遗产。世界文化遗产名录能为元阳带来更大的世界知名度，在给元阳带来更多的旅游经济收入的同时，也对元阳今后的旅游业发展规划提出新的要求。

随着哈尼梯田旅游的进一步升温，元阳县各地的农家乐、客栈也越来越多了，在各村寨梯田中旅游的游客也更多了。随之而来，在梯田景区里，垃圾随处可见、水资源污染、景区农田被规划为非生产用地等问题也逐渐呈现出来。元阳县人民作为世界文化遗产的持有者，如何保护好世界文化遗产，适度开发，注重生态环境保护等问题，也日益摆在了元阳各族人民面前，摆在了政府各职能部门面前。

处理好开发旅游与保护文化问题，在很大程度上需要协调保护与开发的利益矛盾，协调好部门与部门之间的矛盾，协调好集体与个体之间的矛盾。

(二) 梯田旅游资源地处偏远，交通通达条件差

交通便利是发展旅游业的基本条件。元阳县位于云南滇南山区，与中心城市联系公路现有两条：一是元阳—个旧—昆明，总里程 305 公里；二是元阳—建水—昆明，总里程 286 公里，因部分路段尚未完成高速公路改造，驾车行驶需 5—6 个小时。最近的开河高速出口到元阳只有一般省级公路连通，行车需两小时。从昆明到蒙自虽然有铁路火车可选择，但由于只发快客火车，从昆明到蒙自需 3—4 小时，且需要从蒙自转乘客运班车，蒙自火车站离元阳尚有 80 多公里的路程，十分不便。况且，红河州至今无民用机场，无法借助空中航线快速转运旅游者，极大地限制了游客的可进入性。

元阳县内的交通更落后，除南北贯通的 100 公里三级路面外，其余均为等外级土路。因此，公路通达度和路面等级问题，无法满足旅游业开发和发展的需求，严重制约了资源优势的发挥。表 2 – 5 是 2008 年县城通往各乡镇的道路情况及旅游风景区道路情况。

表 2 – 5　　　　　　　元阳县连接乡镇交通现状 (2008 年数据)

路线名称	连接乡镇	道路等级	长度 （km）	路基宽度 （m）	路面状况
大坪线	新街镇、嘎娘、上新城、小新街、逢春岭、大坪	四级	162	6.5	弹石路
大沙线	牛角街、沙拉托	四级	44	4.5	弹石路
马街线	马街	四级	12	4.5	弹石路
嘎五线	嘎娘	四级	33	4.5	砂石路
逢芒线	逢春岭	四级	28	4.5	弹石路
南芒线	逢春岭、小新街、上新城	四级	47	4.5	砂石路
尼芒线	逢春岭	四级	48	4.5	砂石路
黄沙线	黄茅岭、攀枝花、沙拉托	四级	31	4.5	砂石路
上蛮线	上新城	四级	30	4.5	水泥路
小绿线	小新街	四级	43	4.5	砂石路
俄扎线	俄扎	四级	22	4.5	弹石路
沙拉托线	沙拉托	四级	6	4.5	弹石路

资料来源：《红河州元阳县旅游发展规划 2009—2020》。

目前元阳梯田观光旅游以新街镇为集散中心，梯田景区旅游交通状况如表 2 – 6 所示。

表 2 - 6　　　　　新街镇至各梯田景区交通现状（2008 年数据）

景点名称	所在乡镇	长度（km）	路面状况
土戈寨、箐口	新街镇	5—7	沥青路面
全福庄	新街镇	13	沥青路面 10km 土路 3km
坝达、麻栗寨	新街镇	18	沥青路面 10km 土路 8km
多依树	新街镇	25	沥青路面 10km 土路 15km
勐品	攀枝花乡	19	沥青路面
宝山寨	攀枝花乡	21	沥青路面
牛角寨	牛角寨乡	28	沥青路面 10km 土路 18km
胜村	新街镇	20	沥青路面 10km 土路 10km
攀枝花乡政府	攀枝花乡	24	沥青路面

资料来源：《红河州元阳县旅游发展规划 2009—2020》。

同样作为世界文化遗产的云南丽江古城，其交通基础设施建设已相当完善。1995 年，丽江三义国际机场通航，使之前一直靠公路客运为主的丽江旅游业多了一条空中大通道，据统计，2004 年丽江全市旅客运输总量为 653.87 万人，其中公路运输量达到 565 万人，民航运输量为 88.87 万人，而到 2010 年，公路运输量翻了近三倍，达到 1616 万人，民航运输量也达到 221.77 万人的新高度。[1] 2009 年，大丽铁路（大理—丽江）通车，铁路运输让丽江旅游业的发展如虎添翼。丽江古城本身就是旅游目的地之一，除此以外，从丽江古城区到周边的多个旅游目的地的道路也多为二级公路，交通十分便利。

相比之下，从昆明或其他地区进入元阳目前只有公路客运，元阳县的旅游目的主要分布在距离县城较远的山寨之中，再加上前文所述县内交通基础条件的落后，交通通达条件差成为元阳旅游业快速发展的瓶颈。据统计，2008 年丽江古城区（县级区）年旅游接待人数达到 465.45 万人次，到 2010 年这一数字变成 770 万人次[2]；而元阳县 2010 年旅游接待人数为 74.02 万人，只有丽江古城的 1/10，显然与丽江相比，元阳旅游目的地的吸引力仍然较低。其中，很大的原因在于元阳交通及相关旅游基础设施的建设远远落后于丽江。

（三）区域经济发展水平低，景区开发建设滞后

元阳县区域经济发展水平低，地方财力大多靠国家财政补贴，既无力

---

① 数据源于丽江市政务网。
② 数据源于丽江市古城区政府网。

投入旅游基础设施建设，又缺乏外资投入的环境，导致景区建设滞后，有相当一部分景区资源处于原始自然状态，极大地限制了旅游业的纵深发展。目前，除游客在公路沿途观赏梯田自然风光外，相应的"吃、住、行、游、购、娱"一体化的旅游消费市场尚未形成，游客在心理和物质上无法满足，元阳旅游资源也无法创造额外旅游经济收益。与丽江古城区相比，后者旅游开发相对成熟，所创造的收益也有较大差别。2008 至 2010 年，丽江古城区旅游总收入年平均增长率达到 39.52%，截至 2010 年，丽江古城区旅游总收入达到 96 亿元[①]；与之相比，元阳旅游总收入 2008 年为 3.1 亿元，2010 年增长到 6.7 亿元，差距十分巨大。

（四）基础设施和配套服务设施不完善，无法满足游客差异化需求

元阳旅游业发展的基础设施建设还相对落后。如，因景区距离县城较远，从县城到景区的交通可达性差，且无直接连接景区的旅游车。游客只能在昆明组团，才能享受一条龙的旅游服务。自助旅游者，找车进入景区就十分困难，只能乘坐至周边乡镇的客运车辆或者在当地租车，给游客出行带来很大不便。一些景点观景设施形式单一、简陋，没有为游客提供必要的休息设施、餐饮设施及旅游厕所，且脏乱差现象严重。部分服务设施建筑外观形象难以与梯田景观相称，严重影响游客的感知印象。旅游服务人员也未经过专业训练，专业素质普遍偏低，既影响服务接待质量，又影响旅游地的形象塑造。

最近几年，世界文化遗产申报成功以及被批准为国家级 5A 风景区等一系列与旅游相关的荣誉接踵而至，但是也要看到，元阳旅游收入并没有在景区声誉增长之中喷井式增长，相反，与前些年比较，元阳的旅游收入增长速度起伏较大（见表 2-7），反映出元阳旅游业发展的不均衡性，蕴含着产业发展的危机。

表 2-7　　　　　　2001—2010 年元阳县旅游收入环比增长率

年份	2001	2002	2003	2004	2005	2006	2007	2008	2009	2010
旅游收入（亿元）	0.14	0.21	0.46	0.72	0.99	1.65	2.79	3.1	4.75	6.7
环比增长率（%）	—	50	119	57	38	67	69	11	53	41

数据来源：历年来元阳县国民经济社会发展统计提要。

———————

① 数据源于丽江市古城区政府网。

上述问题，只涉及元阳旅游发展中的一些具体问题。当前最应重视的问题是，在经济社会不断发展变化下，国际国内旅游消费需求已经发生了诸多变化，若不根据旅游消费需求变化及时调整元阳旅游产业，元阳旅游将面临严重的市场困境。面对旅游消费需求的多样化，如何在现有的旅游资源上推新和提升旅游景区景观文化和服务质量，采取切实措施解决相关问题，是元阳未来旅游业提升品质、创新发展之路。

第四节　农村经济与乡村发展新景象

元阳县是一个农业县，全县共有土地面积 2212.32 平方公里，其中有耕地 372316 亩，其他大部分土地是山林荒坡，城镇用地不到全县土地面积的 1%。2012 年，元阳县有农业人口 408518 人，非农业人口 26797 人。其中乡村户数 85255 户，乡村人口 392946 人，农村劳动力 236501 人。

一　农村经济发展的基本情况

以粮食为主的种植业生产，仍然是现今元阳农村家庭的主要生产活动，满足家庭基本粮食消费需求仍然是大多数农民的生产目标。

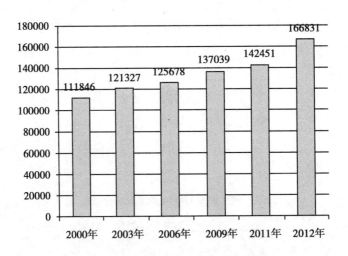

图 2 - 11　　元阳县近年来粮食产量统计（单位：吨）

数据来源：历年来元阳县国民经济社会发展统计提要。

从图 2 - 11 这个时间序列图可以看到，元阳县的粮食总产量呈现逐年增长态势，但是增长的幅度并不大，粮食产量保持在一个稳定小幅增长的状况。这一数据表明，元阳县作为一个山区农业县，农民的生产经营活动主要还是以生产口粮为主，粮食生产受市场影响较小，种多少、种什么还

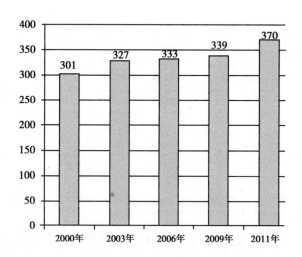

图2－12 元阳县农民人均有粮量统计（单位：公斤）

数据来源：历年来元阳县国民经济社会发展统计提要。

是以家庭消费需求为其主要考虑对象。图2－12对近年来元阳县农民人均有粮量进行了统计，2000年农民人均有粮301公斤，到2012年，这一数字上升到370公斤，12年间平均增长率仅为1.9%。而且按正常消耗来看，这部分人均有粮量除了满足农民口粮需求外，所剩无几。课题组在元阳县箐口村的实际田野采访情况，进一步印证了元阳县农民农业生产是以家庭消费为主的论断。如村民卢小华家，家里有田地四亩，主要种植水稻，供人、畜食用，一般不会出售，只有少数情况下，家里剩下一些粮食，才卖一两袋子。村民卢龙家，家里有七亩田，一年大约能打60袋谷子，一袋大约80公斤，苞谷收成不到100公斤。家里有一头牛、两头猪，稻谷刚刚够人吃，但是苞谷喂猪是不够的，需要去市场买，一年要买500多公斤。可见，种粮以保障家庭自足的心理仍然十分顽固地存在于大部分村民之中，成为一种固化的、稳定的社会心理状态。

虽然村民"有粮不慌"的心理十分顽固，但是，在最近十年来，随着市场经济的深入发展，云南边疆少数民族地区的农村也发生了明显的变化：生活在偏远山区的少数民族村民，也开始逐渐卷入商品经济大潮之中。反映在农作物生产方面，2000年以来，经济作物播种面积占农作物播种面积的比重在缓慢上升，近年来经济作物种植面积已经较为稳定地维

持在耕地总面积的 20% 左右（见表 2 - 8）。实际上，经济作物的种植远远不止于此，还有很多的荒山林地也开辟成了林果种植园。

表 2 - 8　　　　　　　粮食作物播种面积与经济作物播种面积比较　　　　（单位：亩）

年份	农作物播种面积	粮食作物播种面积	经济作物播种面积	经济作物播种面积所占比重（%）
2000	618573	470985	110326	17.84
2003	617330	455020	130836	21.19
2006	661809	469851	151474	22.89
2009	695516	486311	157958	22.71
2011	706242	517163	141539	20.04
2012	771121	567099	157574	20.43

数据来源：历年来元阳县国民经济社会发展统计提要。

　　农民积极参与经济作物生产，收入也有较大提高。反映在农村经济收入这一指标上，2012 年，全县各乡镇农村经济收入总计达 177569 万元，而在 2000 年，这一指标仅为 33410 万元，12 年提高了 5.3 倍。从图 2 - 13 农村经济收入增长趋势图看，农村经济总收入增长最快的年份是 2006 年之后，反映了国家对农村投入增加对地方经济的拉动效应是十分显著的。

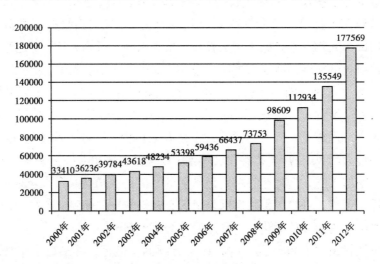

图 2 - 13　元阳县农村经济总收入情况统计（单位：万元）

数据来源：历年来元阳县国民经济社会发展统计提要。

二　新农村建设以来农村基础设施建设的推进

2006 年 1 月，《中共中央、国务院关于推进社会主义新农村建设的若干意见》下发，以"生产发展、生活宽裕、乡风文明、村容整洁、管理民主"为目标的社会主义新农村建设在全国全面开展，工业反哺农业、城市支持农村和"多予少取放活"的方针政策为农村发展注入了新的活力，边疆少数民族地区农村迎来了新的发展机遇。

农村基础设施建设是制约山区少数民族经济社会发展的瓶颈。在社会主义新农村建设中，农村基础设施建设被摆在了首要位置，得到了优先发展，其中最重要的就是乡村公路的修建。

中国东、中部农村已于 20 世纪末和 21 世纪初率先完成了公路"村村通"工程，其在促进农村经济发展、改善人民生活上所起的作用有目共睹。而在广大西部地区，由于财力所限、地形复杂等原因，完全达到公路"村村通"的目标依然很遥远。新农村建设开始前，元阳县除了省级干道外，只有少量连接乡镇的公路。2006 年，元阳县"从乡到村的道路只修通了 70%，还只是简陋的土路，一遇到下雨天就没法行走"[1]。复杂的道路情况严重影响了物资运输和人员往来，增加了交通成本，还影响了山区一些民生项目的建设。时任元阳县副县长卢艳芬举例说："国家曾经一次性划拨 3 万元，支持当地修建 80 平米的乡村医疗卫生室，但因为选址地点道路没通，砖头、水泥只能靠人和骡子用背篓用 5 个小时才能背上去。水泥一袋 18 元，而背一袋水泥要花 10 元人工费，因此没人愿意承包，项目迟迟难以竣工。"[2] 此外还有诸如农村安居工程、安全饮水工程、文化工程等的建设，皆因为交通建设的滞后而减缓了进度。

"要想富，先修路"仍然是破解元阳农村经济发展难题的首要之举。在中央到地方各级政府财政资金的大力支持下，元阳县农村公路建设速度大大加快，交通瓶颈制约不断破解。2005—2010 年，累计投资 11.34 亿元，新建、改建公路 39 条 682.74 公里，全县通车里程达 1864.9 公里，自然村通路率达 70.89%。投资 30.2 亿元、全长 125 公里的元绿二级公路，投资 5.6 亿元、全长 61 公里的红南二级公路，投资 1.57 亿元、全长

① 李珂：《新农村建设，来自第一线的声音——访全国人大代表、云南红河哈尼族彝族自治州元阳县副县长卢艳芬》，《绿色中国》2006 年第 7 期。

② 同上。

7.5公里的新街过境公路等省州确定的重点工程建设正在快速推进之中。上南、元坪等县乡交通要道实现了路面水泥化，完成新街、小新街等9个农村客运站建设。多依树至勐品旅游环线、马堵山电站右岸江边公路还建工程、大芒迷红河桥等工程稳步推进，全县交通条件得到了较大改善。

但也要看到，元阳县乡村公路虽然在行政村的通达率达到100%，畅通率也有保障。但自然村的通达率仍然只达到70%，而且自然村的道路以土路为多，"晴天一路灰，雨天一路泥"，路基软、道路狭窄、坡大弯多，通行十分困难，不少道路一到雨季就无法通行。对于生活在山区居住分散的广大少数民族村民而言，出行难的问题仍然是困扰他们生活和发展的重要问题。

靠天吃饭，抗御自然灾害能力弱，是山区经济的一大特征。为了改善这一困境，元阳县在加强山区水利设施建设方面下大力气。据统计，2005—2010年，元阳县累计完成水利项目投资3.05亿元，新增库塘蓄水474.5万立方米、灌溉面积1.47万亩，有效灌溉率达60%，比"十五"末增加4个百分点。建成了投资6722.48万元的肥香村水库和投资660.18万元的增益寨水库；总投资7898.32万元的纸厂水库已累计完成投资6213万元；完成了麻栗寨河、乌湾河、坝达河、杨系河等小流域水土保持综合治理工程，治理水土流失面积93.79平方公里；投入6375万元修复沟渠85条，投入5213.92万元实施农村饮水安全工程595件，解决了4.7万户22万人的饮水困难。

尽管如此，山区人民靠天吃饭的问题仍然难以根本扭转。2010年，元阳县出现了历史罕见的特大旱情，从1月到4月中旬，元阳县降水偏少，并延续2009年秋季以来的干旱成为百年一遇的特大干旱，给全县工农业造成严重的经济损失。截至当年4月中旬，因旱共有240083人受灾，造成14个乡镇119个行政村373个自然村的128223人、31587头大牲畜饮水困难，农作物受灾14602.63公顷，成灾8323.63公顷，绝收3235.62公顷，直接经济损失8382万元。

建设"村村通"，解决广大农民生活用电、生产用电，加强农村电网改造也是新农村基础设施建设的一个重要内容。2005—2010年，元阳县完成了三期农网改造、无电地区通电、城网改造等工程，新建、改建35千伏变电站4座，解决了12个乡镇65个自然村2309户的通电问题，实现了村村通电和城乡同网同价的目标。依法高效完成了马堵山水电站建设涉及的 303 户 1289 人的移民搬迁安置工作，确保电站按时下闸蓄水。图 2－14 反映了 2003—2012 年元阳县农村用电情况，由图可知，2012 年元阳县农村用电量与 2003 年相比翻了 3 倍，达到了 3661 万千瓦时，用电量的增加反映出农村机械化、电气化进程加快，也反映了农村农民生活质量的改善。目前，元阳农村小型农业机械的使用率在逐年增加，如村民购买拖拉机的家庭在不断增加，农户拥有碾米机、粉碎机、脱粒机等较为常见，拥有家用电器诸如电视、电冰箱、音响等也增长很快。

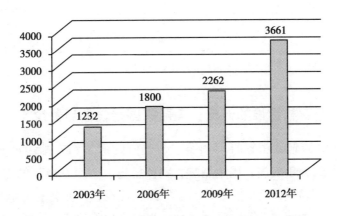

图 2－14　元阳县农村用电统计（单位：万千瓦时）

数据来源：历年来元阳县国民经济社会发展统计提要。

从经济发展来看，信息畅通对农民及时了解市场行情、减少经营风险、拓展市场有重要作用。但信息畅通在边疆少数民族地区的意义绝不仅仅是经济上降低交易成本，更为重要的是能够使广大边疆少数民族群众及时了解党和国家的政策方针、社会主义价值观等信息，增强民族团结、文化融合，增强边疆少数民族的国家认同，维护边疆稳定社会和谐。新农村建设以来，元阳县农村信息工程建设也取得了很大成效，目前广播人口覆盖率和电视人口覆盖率均达到了 95%（见表 2－9）。

表 2－9　　　　　　　元阳县广播电视人口覆盖率　　　　　　（单位:%）

年份	广播人口覆盖率	电视人口覆盖率
2000	77.05	87.25
2001	79.08	89.28
2002	—	—
2003	87.10	92.01

续表

年份	广播人口覆盖率	电视人口覆盖率
2004	87.10	92.01
2005	87.00	92.01
2006	89.03	92.50
2007	94.30	89.00
2008	94.30	89.00
2009	94.03	92.86
2010	94.42	93.33
2011	94.08	95.21
2012	94.28	95.40

数据来源：历年来元阳县国民经济社会发展统计提要。

三　新农村建设的升级：美丽家园建设的新景象

从 2013 年起，根据红河州委、州政府的部署和安排，元阳县按照"规划先行，分年实施，因地制宜，整体推进，全面发展"的工作思路，稳步推进"美丽家园"建设。"美丽家园"建设，是社会主义新农村建设的升级，"美丽家园"行动计划更加重视村容村貌的建设，更加重视人居环境的改善。

在"美丽村庄"建设中，元阳县提出了"三个注重"。

一是注重外引智力。按照"高起点、高标准、高品位"的要求，在完成全县 1124 个村庄规划的基础上，引进有丰富规划实践经验的专业机构进行重点规划。聘请海口规划院对元阳县城建设进行总体规划，聘请上海同济大学对新街梯田旅游小镇和全县旅游发展进行规划，聘请昆明理工大学对梯田核心区 7 个村庄的综合整治进行规划，聘请昆明市园林设计院对丫多新村、大沙坝村进行规划，总计投入规划资金 500 多万元，确保了规划的科学性、前瞻性。

二是注重内聚合力。整合全县各部门规划技术力量，抽调 6 名规划专业人员组成两个专项规划指导服务小组，深入村寨，实地察看村庄现状，掌握村庄基本情况，找准群众生产生活和村庄建设发展中存在的问题，积极征询群众规划意见，集纳民智，认真规划建设内容，制定具体技术方案，切实增强规划的客观性、可操作性。

三是注重挖掘文化。在民居户型规划上融入地方民族元素，针对哈尼族、彝族民居特点设计出 7 套户型，全面地展示了哈尼族、彝族民居的建筑风格和民居文化，从建筑设计上做到统一风格、统一外观、统一模式。在哈尼梯田核心区重点突出能够展示哈尼村落特色风貌的"蘑菇房"，着重还原哈尼民居的原生态风貌；在彝族聚居区突出彝族民居"青瓦、土墙"特色，体现彝族文化的原真性。在村庄规划上，按照"示范带动、典型引路、以点带面、整体推进"的要求，明确了"以点带面、点面结合、连片成带"的规划思路，以哈尼梯田核心区旅游环线为主，打造一批生态村、休闲村、特色村、旅游村、宜居村，强调古朴自然的秀美村庄与哈尼梯田传统风貌的遥相呼应、和谐一致，从规划的村庄整体外观上反映世居民族的地域特色，展示古老农耕文化和梯田文化的底蕴内涵。

元阳县提出了建设"美丽家园"的具体目标：力争到 2020 年建成特色民居 2.34 万户，做美村庄 676 个，做优集镇 14 个；建成 8 所标准化乡镇卫生院，18 所标准化村卫生室，6 个标准化乡级敬老院，32 个村级敬老院（居家养老服务中心），32 所标准化中小学（中学 15 所，小学 17 所），55 所村级幼儿园；新增城镇保障性住房 19.8 万平方米，完成棚户区改造 700 户。

元阳县在全面推进"美丽家园"行动计划中，紧密围绕县域人文历史风貌和民族文化特色，按照"先规划再建设"的原则，在摸清全县房、村、镇、城基本情况的基础上，全力推进房、村、镇、城规划编制工作。

2013 年，元阳县以哈尼梯田核心区为重点，以乡镇示范村为节点，结合乡村旅游、特色农业等产业发展，全力以赴推进"美丽家园"建设。全县共投入资金 3.98 亿元，其中整合危房拆除重建资金 4500 万元，公共设施建设资金 1.62 亿元，撬动群众投资 1.5 亿元。实施了 1500 户民房拆除重建，1292 户旧房改造提升；消除 B、C、D 级校舍 46936 平方米，完成了一批标准化学校、卫生院（室）、村级敬老院、保障性住房等公益性项目，打造了一批生态村、特色村、旅游村。

2014 年，初步整合建设资金 5580 万元，以"做特民居、做美村庄、做优集镇、做强县城"的要求，主要完成以下工作。

"做特民居"：在梯田核心区、公路沿线和产业聚居区，全年建成 3600 户具有乡村旅游特色、富有民族文化、民族风貌和地域特色文化的"特色民居"，计划拆除重建民居 1750 户，立面改造民居 1850 户。

"做美村庄"：按照"建筑美化、道路硬化、街道亮化、沟渠净化、村庄绿化"的要求，重点打造全福庄中寨、上马点、倮马点、核桃寨、胜村黄草岭、大沙坝、阿伙东7个示范样板村和全福庄大寨、多依树小寨、上广坪、阿党寨、小水井5个县级示范村。

"做优集镇"：围绕打造"生态集镇、特色集镇、旅游集镇、魅力集镇、宜居集镇、宜赏集镇"的目标，突出哈尼族、彝族等人居环境和建筑风貌，确保哈尼小镇年内竣工，力争启动攀枝花、胜村旅游小镇建设。

"做强县城"：围绕建设"国家级园林城市"、"红河州南部次区域中心城市"和"休闲度假胜地"三大目标，按照"西扩南延东伸"的城市发展布局，加快推进槟榔园片区、大象田片区、菱角塘片区及县城南片区开发建设，完成学府路、滨河路连通、槟榔大桥、民族商贸休闲广场工程及配套设施建设，继续实施城区绿化、美化、亮化工程，推进市镇路网建设，不断提升城市品位。

由此可见，再过几年，随着这些具体措施逐项完成，一个个美丽村庄将以崭新面貌呈现在元阳山乡大地，广大少数民族群众居住环境将得到很大改善，生活质量将得到有效提高。元阳，这个以"大地的雕塑——梯田"闻名的地方，将增添一道新的风景，那就是一个个有少数民族特色的美丽村庄以及生活在这里的村民恬静快乐的生活景致。

第五节　城乡居民生活水平的变化

21世纪以来，随着党中央加大反贫困力度，实施"富民兴边"工程，建设社会主义新农村等多项实边、惠民、富民政策，边疆少数民族群众最大的感受是他们的生活在一天天变得更好了，他们手中的收入增加了，家里的电器增多了，衣服穿得越来越漂亮了，日子过得越来越红火了。

一　城乡居民人均纯收入变化

作为一个农业县，农民人均收入的变化最能反映该县广大少数民族群众生活水平的变化。2000年，元阳县农民人均纯收入619元；2004年，农民人均纯收入增加到820元。新农村建设以来，农民收入增长加快，2006年已经达到1564元。近年来，农民人均纯收入增速加快，到2013年达到4034元。2006—2013年，元阳县农民纯收入年均增长率为22.56%（见图2-15），与全国同时期相比高了2.44个百分点（全国同时期年均增长率为20.12%）。

但也要看到，20世纪90年代，因农民收入水平低、贫困人口多而被

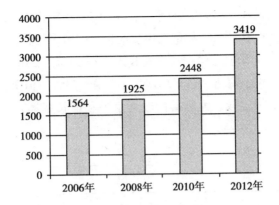

**图 2 - 15 新农村建设以来元阳县农民人均
纯收入变化情况**（单位：元）

数据来源：历年来元阳县国民经济社会发展统计提要。

列入国家级贫困县的元阳，广大少数民族群众收入水平偏低是一个长期积累的问题。虽然近些年来，元阳农民收入水平增长速度较高，但并没有从根本上解决农民收入水平偏低的问题。从横向比较，2012 年元阳县农民人均纯收入 3419 元，仅为云南省农民人均收入水平 5417 元的 63%，全国农民人均收入水平 7917 元的 43%，也就是说元阳县农民人均纯收入不及全国平均水平的一半（见图 2 - 16）。这个差距是十分巨大的，要缩小这一差距，需要付出更大的努力。

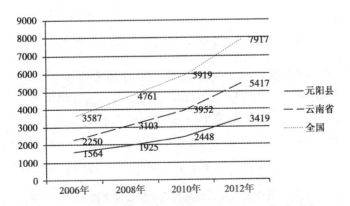

**图 2 - 16 2006 年以来元阳县农民人均纯收入与云南省、
全国的横向比较**（单位：元）

数据来源：历年来元阳县国民经济社会发展统计提要，《云南省统
计年鉴》和《中国统计年鉴》。

　　城镇经济的发展相对较好。新千年来，随着元阳县第二、三产业的不断发展，非农产业从业人员数量也稳步增长，城镇居民收入水平也在同步增加。2009 年，元阳县城镇居民人均收入为 6869 元，2012 年这一数据变为 16499 元，增长了两倍多，年均增长率为 46.73%。但是，与同时期云南省和全国水平相比较，元阳县的收入水平和增长率还是较低的（见图 2－17）。

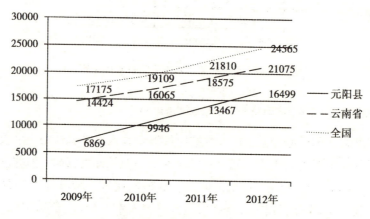

图 2－17　元阳城镇居民收入增长与云南省、
全国情况的比较（单位：元）

数据来源：历年来元阳县国民经济社会发展统计提要，《云南省统计年鉴》和《中国统计年鉴》。

二　农民消费水平的变化

　　随着收入的增加，农民生活消费支出也逐年增长，2000 年，元阳县农民生活消费支出为 737 元，2005 年为 801 元，2010 年为 1351 元，2012 年为 2131 元。广大农民生活消费增长显著地体现在 2005 年以后的最近八九年间，除特殊年份外大多数年份农民生活消费支出增长率在10% 以上，这也同样反映了国家农村发展政策和边疆政策的积极效应。

表 2－10　　　　　元阳县农民人均消费支出增长变化情况

年份	2005	2006	2007	2008	2009	2010	2011	2012
农民人均生活消费支出（元）	801	826	911	931	1495	1762	1951	2131
比上年增长（%）	—	3.1	10.3	2.2	60.6	17.9	10.7	9.2

数据来源：历年来元阳县国民经济社会发展统计提要。

但是，元阳县农户的抽样调查结果指向却不支持当地农民生活水平已经进入小康社会的结论。在 2010 年以 200 户农户为抽样调查的样本之中，仅有 1 户拥有洗衣机、28 户拥有电冰箱、1 户拥有微波炉、38 户拥有热水器、24 户拥有摩托车、150 户拥有移动电话、186 户拥有彩电、30 户拥有影碟机。其中部分家用电器的拥有量并不乐观。可以判断，元阳县广大农民的日常生活虽然已经解决了温饱问题，但是其消费水平仍然很低，大多数家庭尚无经济能力进一步提高自己的生活质量。

三　清新的农村时尚之风

在市场经济中，农村、农民的贫富分化也是一个显著的特点。在元阳，一些处于哈尼梯田文化景观核心区的农户旅游经济参与中收入水平有一定提高，在游客接待过程中也更多地受到现代化和外来文化的影响，他们的日常消费也开始模仿现代生活，呈现出一种追求时尚化的新趋势。

时尚一直被认为是现代化大都市的消费特色，是城里人独享的消费文化。事实并非如此，在元阳县哈尼族旅游文化村寨里，近年来在年轻的女性哈尼族民族传统服饰中，也悄然出现了流行与时尚之风。一些学者关注到了哈尼族民族服饰时尚流行与变化的特点，并从消费文化的角度对其进行了分析。[①] 这一现象表明，元阳县广大农民的消费生活已经开始从传统消费方式向现代消费模式转变，虽然这种转变是细微的、渐变的、局部的，但是，清新的农村时尚之风的出现，正是广大农民收入增长、追求更美好生活的表现。

云南大学马翀炜教授及其学生的研究成果表明：元阳县箐口村近年来，哈尼族村民的女性服饰尤其是青少年女性服饰表现出了显著的时尚变化特点，服饰文化的新变化正是现代与传统、世界与地方相遇的结果。传统哈尼服饰（包括男性和女性服饰）的服装式样和装饰绣纹都鲜有变化。男性多穿青蓝色对襟上衣和宽松的黑布裤子。传统哈尼女性服饰则具有地区、支系和年龄的差别。哈尼族分布较广、支系众多，不同地域不同支系的哈尼族的传统服饰具有各自不同的风格特征。当代哈尼服饰在保持传统的同时也在发生巨大的变化。箐口村哈尼服饰呈现出历史延续性和现代混搭性并存的特征。现代箐口的哈尼服饰延续了传统昂倮支系哈尼服饰的基

---

① 参见马翀炜、李晶晶《混搭：箐口村哈尼族服饰及时尚》，《学术探索》2012 年第 1 期。

本样式，并在此基础上表现出传统与现代的混搭、本民族服饰与他民族服饰和配饰等多种元素的融合的特征。

哈尼族青少年女性服饰时尚的地方性特点在服装元素、时间节律和空间传播等三个方面表现得尤为突出。这些哈尼服装主要由纹样、色彩和布料的变化及不同的搭配形成款式的变化从而形成时尚。哈尼服装时尚变化有其特定的时间节律和传播地域。就时间来说，每年的春节和苦扎扎（六月节）都会迎来新的哈尼服饰的时尚变化。就地域来看，时尚的哈尼服饰首先源自老县城新街镇的哈尼服装店，随后逐渐向箐口等周边村寨蔓延。

时尚的哈尼服装由新街镇哈尼服装缝纫店的裁缝通过传承传统哈尼服饰文化和借用哈尼族不同支系以及当地彝族的服饰纹样，并经过色彩、布料和款式的搭配设计出新的时尚。哈尼服装有原创生产者和仿制生产者。原创生产者生产的时尚的哈尼服装集设计、生产和销售为一体，通过时间上的领先性而获得较高的权益；仿制的生产者通过模仿原创生产者设计的新式样进行生产。他们生产的服装的价格要低很多。他们能被原创生产者容忍是因为他们的仿制也在为原创时尚培养潜在和忠实的消费者。而村民时尚消费的差异性直接表现了不同的家庭在社区中所占据的不同的经济地位。经济收入高的家庭的年轻女性总是时尚的第一拨消费者，并且总是时尚原创生产者的忠实顾客。较为贫困的家庭的年轻女性差不多总是在时尚要落潮时成为跟风者，她们也基本都是仿制生产者的顾客。

现代的哈尼时尚服饰的出现和发展体现了文化的创新性和延续性的统一。时尚哈尼服饰的生产和消费既是对传统文化的展示，又是对现实生活意义的肯定。

第六节　农村劳动力转移情况与特点

农村劳动力转移是改革开放以来中国农村所发生的一大变化。农村富裕劳动力走向城市，不仅为中国这一"世界工厂"提供了源源不断的廉价劳动力，广大农民也在打工经济中获得了更多经济收入和城市文化的熏陶。但是在云南边疆少数民族地区，农村劳动力转移却是一件不太容易之事。不少农村青壮年外出打工意愿弱，因而导致外出打工人员少，即便有农村青年外出打工，往往也务工时间短、收入低，务工收入对家庭经济收入的改善促进不大。为了增加农民收入，新千年以来，元阳县通过培训农村劳动力、增加其就业技能的形式鼓励农村富余劳力向外转移。经过一些年的探索，元阳县的农村劳动力培训和转移工作开始走向有序化、制度化。

2008 年以来，元阳县劳动和社会保障局开展农村劳动力资源调查和外出务工人员调查工作，在摸清农村劳动力资源状况的基础上，制定劳务输出工作方案，下达劳务输出指标，建立劳务输出考核机制，将开展劳务输出的各项工作措施落实到各乡镇，并与各乡镇签订劳务输出目标责任书。每年由劳动和社会保障局安排经费，组织教师和培训人员，到乡镇免费培训农村劳动者。培训项目根据市场需求调整，主要是农业种植、养殖培训和非农服务部门技能培训，以提供农村劳动者的农业经营技术水平和非农行业就业的适应能力。

以土锅寨村为例，在元阳县扶贫办的支持下，2008 年该村村委会动员广大村民参加农村劳动力技能培训。按规定，参加培训人员年龄在16—50 岁，免费培训工种有种植（茶艺、果树、花卉）、养殖（家畜、家禽）、餐厅、宾馆、客房服务员、中式烹调师、营业员、收银员、物业管理等。师资力量由云南省相关培训专业技术性强的教授、副教授和高级讲师组成，授课以班为单位，每班 60 人，达到学时的学员参加考试，分给学习补助费。通过考试的培训人员，根据用人单位要求，定向输送，另可自主择业、自己创业，以此为劳动者提供多渠道就业门路。

经过培训的农村劳动力，大多数会被与劳动和保障局挂钩的职业中介公司联系用人单位，集中输出。劳务输出中介公司是政府组织农村劳动力转移的主要依托平台。元阳县有两家劳务输出中介公司：元阳县尼农门人力资源服务有限公司、元阳县宏顺劳动力输出有限责任公司。在"尼农门"公司，可看到该公司劳务派遣流程（图 2 - 18）。

劳务输出中介公司规范的劳务输出程序，使农村青年外出务工前有较为系统的劳动技能培训，在外出务工时能够及时与城市用工单位对接，减少了农村青年到城市里寻找工作的时间成本和信息成本。若遇到农民工与用工单位出现纠纷，中介公司还提供协调和法律援助等服务，对引导和促进农村劳动力输出有不小帮助。

近些年来，劳动就业部门组织培训的农村劳动者和输送的外出务工人员数量在逐年增长，具体数据如表 2 - 11、表 2 - 12 所示。

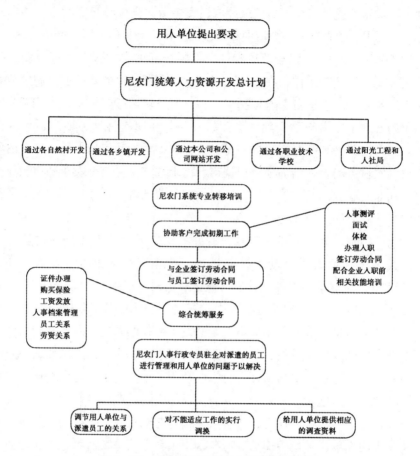

图 2 - 18　元阳县尼农门公司劳务派遣流程

表 2 - 11　　　　元阳县 2008—2013 年农村劳动力培训人数统计　　　（单位：人）

年份	2008	2009	2010	2011	2012	2013
培训人数	912	681	1745	2765	6214	1320

资料来源：元阳县劳动和社会保障就业局提供数据。

表 2 - 12　　　　元阳县 2008—2013 年农村劳动力转移人数统计　　　（单位：人）

年份	2008	2009	2010	2011	2012	2013
转移人数	11206	8850	1378	9032	5452	1320

资料来源：元阳县劳动和社会保障就业局提供数据。

　　这些数据只是由劳动和社会保障部门组织劳动培训后，通过职业介绍所等中介公司进行有组织的农村劳动力转移的数据。事实上，在元阳县山乡村寨，有很多农村青年自己走出山寨，走向外面的世界，去寻求新的生活。政府部门也意识到农村劳动力自发转移主要是靠亲朋好友带动的特征，也注重对"劳务输出带头人"激励。如在 2011 年的政府工作报告中，强调"继续实施带头人奖励政策，年内认定培养农村劳务输出带头人 1000 名，并制订跟踪服务方案，完成农村劳动力 1 万人，县乡有序转移 3000 人，能人带动和群众自发转移 5000 人，确保全县保持常年在外务工人员 5 万人以上，实现劳务收入 5 亿元以上"。

箐口村村民外出打工的情况大致可反映元阳县各村寨村民劳动力转移的一些特点。箐口村 2013 年有乡村户 220 户，人口 997 人，其中男性 491 人，女性 506 人；乡村劳动力资源数 616 人，其中男性 305 人，女性 311 人；乡村从业人员 580 人，男性 292 人，女性 288 人。长期以来，箐口村村民主要从事农业劳动，是以家庭为单位的小规模经营，主要是用于满足自身的需要。随着打工经济的兴起，一些村民也利用农闲时间外出打工补贴家用，一般外出时间不长，打零工的较多。旅游开发以前，村民长期外出打工的人数极少，一般是短期的流动工，主要是从事建筑行业，打工地比较近，多是在建水、个旧、蒙自。据外出打工的村民讲，这几个地方是他们寨子里打工人数最多的地方，去了可以相互照应，减少很多不必要的麻烦。

表 2 – 13　　　　箐口村从 2006—2013 年的外出务工情况统计　　　（单位：人）

年份	人口	劳动力	农业劳动力	外出打工	
				省内	省外
2006	875	674	586	22	0
2008	926	722	610	51	0
2013	997	616	580	78	26

说明：劳动力年龄范围为 16—60 岁，外出打工指的是外出六个月以上。2013 年，省内打工的 78 人包括乡外县内打工 27 人，县外省内打工 51 人。

资料来源：土戈寨村委会，云南数字乡村网。

箐口村 2006—2013 年外出务工情况统计表（见表 2 – 13）显示，相比于 2006 年，2013 年箐口村的外出务工情况创下了历史新高，有 104 人，占到了总劳动力的 16.9%，而且出现了 26 个在省外打工半年以上的村民（据田野调查，2013 年以前应该也有少量的村民在省外打工，由于人员少且打工时间达不到半年以上，不列入政府统计的范畴）。由此可见，外出务工现在已经成为元阳县农村青年的生计选择，甚至在不少农村青年生活之中，进城打工已经成为他们的生活方式了。

以下是笔者调查期间的个案，可以反映箐口村的打工情况：

个案1：卢卫，今年14岁，小学六年级毕业就跟着父母外出打工了。因为年纪很小，所以要父母要先带着他在外面待一两年，再让他出去独自闯。他父母一般是农忙时在家里种田，农闲的时候就出去打工，平时都是奶奶在打理田里的事情。父母现在主要是在个旧、蒙自跟着包工头盖房子，一个月3000多块钱，一年在外面能待10个月。他自己挣不得多少钱，主要是自己花销，不会给父母，像寨子里其他的年轻人很多不仅不寄钱回家，而且过年过节回来的时候，还要让父母给出去打工的路费钱。

个案2：李顺（男，19岁）。他初三读完出去打工的，当时身边的同学朋友很多都在外面打工，过年过节回来，大家一起聊天说外面的见闻，他就很羡慕，也出去打工了。现在才去了半年，先是去了蒙自。因为是年纪比较小，就去了舅舅工作的地方，在一个酒店当服务员，一个月1600块。刚出去到外面，见一些新鲜的事情就想尝试，去KTV唱歌、喝酒、赌博等，赚的钱自己不够花，一个月还要跟他妈要600块钱左右。他也没打算第一年就挣多少钱，主要就是见见世面。两个多月后，他的朋友就帮他找到了足疗店的工作，一个月2000元左右，也同样是边挣钱边花，不补贴家用。

个案3：张龙（男，65岁）。张龙夫妇有两个儿子，大儿子张上雨（35岁，初中毕业），小儿子张自华（32岁，初中毕业），现在跟着小儿子住。家里的主要收入就是儿子外出打工，他的两个儿子都在蒙自打工，帮人盖房子，他的大孙子（张上雨的大儿子），不好好读书，六年级毕业就去打工了，现在17岁，已经在昆明打工三年了，一年到头都不怎么回来。

箐口村村民选择外出打工，呈现出以下几个特点。

一是从年龄上来看，呈现低龄化的趋势。在箐口村的调查中，笔者访谈的20户村民中，最小的打工者只有14岁，大多数年轻人小学、初中未毕业就跟随父母出去打工。

二是从性别上来看，以青壮年男性居多，妇女一般在家务农，照看小孩，但也出现了夫妻双双出去打工的现象。

　　三是从距离上看，主要以省内打工居多，省外打工相比较少。在调查访谈中，越来越多的年轻人表示愿意去省外打工，由此带来的就是箐口村现在主要是老人和儿童在家，主要劳动力基本上是长期在外，一年回家一两次的现象比较普遍，有的年轻人也有长期不回家的。

　　四是从所从事的职业来看，由于受教育水平所限，只能从事体力劳动，中年男子一般是在建筑工地做工，而年轻人多在 KTV、酒店、足疗店、饰品店等当服务员。

　　这几个特点是从元阳县箐口村村民的田野调查收集到的资料中总结出来的，但这并不是一个特定村的特定规律，事实上，它反映了元阳县广大农村劳动力外出务工的基本特点。

　　总之，自新千年以来，元阳县经济发展走向已超越了 20 世纪八九十年代以农业经济为主导、旅游经济助推的模式，走向了一、二、三产业协同发展的方向。第二产业的快速发展和第三产业的稳定发展使三大产业三分天下，相互促进，产业结构优化。农村经济发展势头良好，农民收入增长较快，农村基础设施建设取得了良好成效。但元阳县域经济发展仍然存在不少问题，如特色优势产业旅游业如何顺应新的旅游消费需求升级发展问题值得重视，农业生产结构调整慢，传统农业向现代农业转型困难，地区差距、城乡差距仍然十分巨大等问题依然存在。新千年的头二十年，与全国人民同步进入小康社会的任务仍然十分艰巨。

第三章

社会结构与政治发展

英国社会学家 G. 邓肯·米切尔邀请 46 名英美等国社会学家所编撰的《新社会学词典》将"社会结构"界定为:"基本的社会关系,这种社会关系赋予社会以基本形态,并对组织上有可能发生的行动的进程加以限制。"① 一般而言,在人类学、社会学的视野中,社会结构通常被用来"泛指整体社会中要素或单位(例如行为、组织、制度、权力、财富)的相互关联及其模式。……唯物史观认为,社会的基本结构是社会的经济基础和上层建筑,在不同的生产资料所有制基础上建立起来的社会结构的性质是不同的,它从根本上决定了人与人的相互关系,在阶级社会中,社会各阶级、阶层之间的关系,成为社会结构的主要表现形式"。②

社会结构由若干个分结构组成,主要包括人口结构、家庭结构、就业结构、城乡结构、组织结构和社会阶层结构等,其中最为核心的是社会阶层结构。社会结构具有一定的稳定性和持久性,但也并非一成不变,它与特定社会的政治、经济、文化等因素有着密切的联系,相互制约、相互影响。新中国成立以来,随着政治结构和经济结构的不断调整,社会结构也发生了变化,或正在发生着重大的变迁。

关于政治发展的一般性内涵肇始于亨廷顿的理论框架,主要指权威的合理化、结构的分离和政治参与的扩大等三个方面。③ 在此基础上,俞可平提出:"政治发展是指为实现既定政治目标而推行的所有政治变革,它

---

① [英] G. 邓肯·米切尔:《新社会学词典》,蔡振扬译,上海译文出版社 1987 年版,第 331 页。

② 陈国强主编、石奕龙副主编:《简明文化人类学词典》,浙江人民出版社 1990 年版,第 287 页。

③ [美] 塞缪尔·亨廷顿:《变化社会中的政治秩序》,王冠华译,上海人民出版社 2008 年版,第 78 页。

是一个走向善治的过程。人们可以从不同的角度去理解政治发展，把它看成是政治现代化的过程，或者是政治民主化的过程，或者是建立法治国家的过程，或者是政治制度化的过程，或者是政治进步的过程。"① 值得借鉴的是，刘宁宁以"传统—现代"的分析框架，认为政治发展是人类政治生活的基本问题和政治进步的过程，以及政治体系从不发达状态走向发达状态、从传统走向现代的变迁过程，亦即政治现代化的过程。② 而对于少数民族地区而言，不可避免地要涉及"民族政治发展"的问题，金炳镐认为："社会主义民主政治的发展，对民族平等自治权利的实现、社会主义民族关系的发展，无疑是个有力的促进和保障。"③ 而所谓"民族政治发展"，指的是"民族共同体或民族的代表围绕公共权力形成的各种关系和开展的各种活动"。④ 周平指出："少数民族政治发展是作为统一国家政治体系内一个次级政治体系的少数民族政治体系，随着整个国家政治发展的进程，适应少数民族经济和社会的发展，从一种政治关系模式向另一种政治关系模式的转变。"⑤ 同其他政治领域一样，民族政治也总是处于不断发展和变化之中。少数民族地区的政治发展不仅是少数民族地区民主法制建设的重要标志和要求，而且也是经济取得较好发展的前提条件和力量保障。政治发展与经济发展、文化发展一样，已成为衡量少数民族及少数民族地区社会全面进步的重要因素。

新中国成立以来，中国社会经济生活发生了巨大的变化，社会结构也随之出现了重大的分化，社会异质性不断增强，社会互动关系进一步强化，社会结构功能更加复杂化，更能适应社会的发展。概而言之，中国社会正处于从农业社会向城镇社会、封闭半封闭社会向开放社会转变，也就是由发展中国家向现代化国家转变的过程之中。在持续的社会转型过程中，中国社会的政治结构也在发生不断的变化，同样处于一个法制化、民主化的政治发展过程之中。

2010 年年末，元阳县总人口 424284 人，世居哈尼、彝、汉、傣、苗、瑶、壮 7 个民族。汉族 48266 人，占 11.38%；少数民族 376018 人，

①　俞可平：《中国政治发展 30 年》，《文汇报》2008 年 12 月 15 日，第 10 版。
②　刘宁宁：《论中国特色社会主义政治发展道路》，《当代世界与社会主义》2007 年第 6 期。
③　金炳镐：《民族理论政策概论》，中央民族大学出版社 1994 年版，第 65 页。
④　周平：《民族政治学》，高等教育出版社 2003 年版，第 32 页。
⑤　周平：《中国少数民族政治分析》，云南大学出版社 2007 年版，第 202 页。

占 88.62%，其中：哈尼族 228765 人，占总人口的 53.92%；彝族 99520 人，占 23.46%；傣族 19224 人，占 4.53%；苗族 14803 人，占 3.49%；瑶族 9548 人，占 2.25%；壮族 3931 人，占 0.93%。由于少数民族人口在全县人口中占有较大比重，其中哈尼族和彝族更是自治地区的主体民族，因而元阳县的社会结构转型和政治发展过程在具有国家范畴内的普遍性的同时，也具有较强的地域性和民族性特征。

少数民族地区的政治发展与其社会结构具有密切的内在联系。少数民族地区的政治发展强调少数民族对政治领域的参与，保障少数民族政治生活中的各项权力。"少数民族的政治生活就是他们政治关系的具体展开，是政治关系的具体体现。"① 而这种政治关系显然是社会关系的一种表现形式，必然受到少数民族地区社会结构的制约，而少数民族地区的政治发展过程也必然对其社会结构的转型产生影响。

第一节　1949 年以来政治的结构性调整

1949 年中华人民共和国的成立，不啻为中国历史上一次重大的社会转型，中国社会由半封建半殖民地社会转型为新民主主义社会，实质上是从农业社会向工业社会、从专制社会向民主社会的转变，包括民族地区在内，全国社会政策、理论模式和公共管理范式发生了巨大变化。新中国成立初期，推动民族解放和实现民族平等是中央对少数民族地区社会发展进行政策支持的出发点，而少数民族地区的政治发展则是实现这一目标的重要内容。新中国成立以来，随着中国社会结构的变迁，元阳县的政治关系也发生了多次重要的调整。

一　元阳区域的历史变迁及土司制度的社会结构

唐代以前，红河地区各少数民族的先民，如哈尼族先祖"和泥"和彝族的先民"罗罗"等少数民族社会已经得到了很大的发展，建立了政权，并和中央保持着密切的关系。唐初，红河地区隶属南宁州都督，后在蒙氏南诏国统治时期，隶属通海都督。到了宋代，红河地区仍属宋朝属领的段氏大理国属下的通海节度。唐宋时期"南中"所属"三十七蛮部"

---

① 周平：《少数民族政治关系分析》，《云南社会科学》1998 年第 2 期。

中较大的伴奚落恐部、官桂思陀部、溪处部等属于哈尼族、彝族的部落，都在今红河哈尼族彝族自治州内，它们与内地有着密切的交往，并一直和唐宋中央政权保持着密切的关系。元朝统治时期，中央政府在红河各地区设立统治机构，以当地少数民族首领为土官，这一措施加大了对包括红河地区的云南边疆地区的控制，密切了少数民族地区和中央王朝的关系，客观上加深了少数民族地区与中原汉族在政治、文化、经济各方面的联系。明朝时中原王朝用兵云南，同时大量移民殖边，实行新的屯田制度，汉族大量进入少数民族地区，推动了民族交往，对当地民族地区的社会发展起到了直接的推动作用。清政府统治云南后，陆续把世系传承的土司改由中央委任的地方官员来进行统治，史称"改土归流"，红河北岸的哈尼族、彝族地区的土官逐渐被流管所代替，而号称江外"十八土司"所辖地区，"改土归流"无法彻底完成，土官大部分依旧保留下来。土司制度有的完整保留下来，有的作为残存形式依然存在。红河两岸不同的政治形态进一步加深了两岸社会发展的不平衡。[①]

　　明清之际，滇南地区最大的土司当属纳楼土司，辖"三江八里"，今元阳县大部分傣族、彝族、哈尼族地区为其治下。此外，元阳区域内还有纳更土巡检、稿吾土把总、猛弄、宗瓦、五亩、五邦、水塘、马龙等掌寨，同属临安府。土司衙门下设"里"，管若干个自然村，里下设"招坝"，管一村或属村，招坝下设"伙头"，负责村中的催粮派款等事务。民国初年，红河多数地区虽实行乡镇保甲制，但乡长仍委于土司，政权仍由当地土司控制。土司制度是封建统治者对西南等地少数民族采取的一种特殊的统治方式，其特点是不触动土司地区的社会经济结构，利用少数民族中的上层人物充当地方政权机构的首脑，建立起政治上的统治与隶属关系。[②] 各土司除向所属地方政府缴纳赋税之外，每三年还需入京进贡土特产品一次，这是土司对中央政府的经济义务，同时也是臣属封建王朝的一种象征。元明清王朝在土司地区积极兴办各类学校，不仅有效提高了土司地区的文化水平，还有力地推动了边疆与内地的文化交流。元明清时期土司地区的社会发生很大变化，既表现在外来移民不断进入土司地区并与当

---

　　① 参见金炳镐主编《中国民族自治州的民族关系》，中央民族大学出版社 2006 年版，第659—674 页。

　　② 徐铭：《明代凉山黑彝反抗土司的斗争》，《西南民族学院学报》（社会科学版）1986 年第 1 期。

地民族融合，也反映在土司地区的社会，在政治、经济、文化和民族关系等方面发生了明显的改变。① 就某一层面而言，红河南岸哈尼族地区的土司制度之所以得以长期保留，具有一定的合理性。方铁认为，土司制度大致实现了施治地区社会关系的有效整合，大致实现了蛮夷地区自然资源的合理分配，并在一定程度上对巩固国防起发挥了积极作用。② 然而，"土司制度的出现和推行有特定的历史条件，但终究是落后于整个历史时代的，特别是土司制度的世袭制带有明显的分裂割据倾向，不利于全国统一局面的巩固，不利于南疆的开发"。③ 随着社会变革的不断加剧和边疆地区的进步，土司制度保守、落后的一面渐趋明显，终将被历史所淘汰。

　　1949 年 12 月 21 日，中国人民解放军滇桂黔边区纵队武工队进入新街，宣告新街和平解放，结束了土司统治。1950 年 1 月，原建水、个旧、蒙自三县交接区域独立设治，建立新民县，后改称新民办事处，1951 年 5 月 7 日经政务院批准设元阳县，设 3 镇 5 乡，经多次调整、撤并，现元阳县设 2 镇 12 乡。

二　新政权的建立及向社会主义社会的过渡

　　1945 年 9 月，建水地下党组织派个旧文化小学教师舒仁明回新街建立工作据点，并建立起红河南岸少数民族地区第一所中学——红河中学，成立党支部，培养少数民族农民翻身会组织，进而建立有少数民族组成的江外独立营，在红河南岸配合解放军堵击国民党军残部。1950 年，元阳全境解放，同年 1 月 27 日，成立中国共产党新民县临时委员会和新民县人民政府，因与辽宁新民县同名，经政务院批准，于 1951 年 5 月 7 日改称元阳县，为元江之南之意。

　　1950 年 12 月，中共云南省委召开了少数民族工作会议，省委书记宋任穷在会上提出"民族工作宜缓不宜急，讲团结不讲斗争，反'左'不反'右'的方针"。1951 年 3 月，中央民族访问团云南分团第四队来访，宣传党的民族政策和统一战线政策。在中央访问团的帮助下，1951 年 4 月 17 日，共 442 名代表参加的全县各族各界人民代表会议召开，成立新民县民族民主联合政府，选举普照（彝族）为县长，罗家荣（傣族）、罗

---

① 方铁：《深化对土司制度的研究》，《云南师范大学学报》2014 年第 1 期。
② 方铁：《土司制度及其对南方少数民族的影响》，《中南民族大学学报》2012 年第 1 期。
③ 陈清权：《明清改土归流述略》，《湖南师院学报》1983 年第 3 期。

有发（哈尼族）、杨炳忠（彝族）为副县长，25 名政府委员中有哈尼族 7 人、彝族 6 人、汉族 6 人、傣族 2 人、壮族 2 人、瑶族 1 人、苗族 1 人，基本上各民族都有自己的代表参加。1951 年 5 月 17 日，元阳县各族各界代表会议协商委员会（列为政协元阳县第一届委员会）成立，有代表性的爱国民族上层都选为委员。同月，召开土司头人及民族上层人士座谈会，宣传党的民族政策。会后，先后写了 300 余封信，争取 60 多名土司头人与政府见面，团结了民族上层和各族人民。

1953 年 12 月，红河哈尼族自治区各族各界人民代表会议在元阳新街召开，于 1954 年 1 月 1 日成立红河哈尼族自治区人民政府，选举李和才（哈尼族）为自治区人民政府主席，选举普照、李呈祥（哈尼族）为副主席。1956 年正式成立了新街、牛角寨、新城、逢春岭、攀枝花、黄草岭、马街 7 个区人民政府和 75 个乡人民政府，培养、选拔了一大批当地少数民族干部到县、区、乡党政领导岗位工作，全县 669 名干部中，有少数民族干部 328 名，占全县干部总数的 49%，为元阳县的政权建设和经济建设奠定了坚实的干部基础。新政权建立之前，元阳县境内大量土地集中于土司、地主手中，雇佣长工或短工为其耕种土地，常年卖工度日的达 2460 余人，占总人口的 1.5%。或者是出租土地，租佃双方各取当年收获的 50%。1954 年 2 月红河哈尼族自治区第一届各族各界代表会议第三次会议召开，通过了《红河哈尼族自治区和平协商土地改革条例》，以"慎重稳进"的方针推进土地改革，并于同年年底顺利结束，废除了封建地主土地所有制，实现了农民的土地所有制，从此元阳的经济开始走上社会主义的发展道路。

对于 20 世纪 50 年代初期还处于原始社会末期，或已进入阶级社会，但阶级分化不明显、土地占有不集中、生产力低下的部分少数民族地区采取"直接过渡"的方式，即不进行土地改革，而以"团结、生产、进步"为长期工作方针，逐步消除落后因素，经过农业、手工业合作化的道路，使其直接地但却是逐步地过渡到社会主义，实现历史性的跨越。1954 年 6 月经中央批准，云南开始在边疆共计 66 万人口的民族地区采取一系列特殊政策措施，帮助这些地区建设社会主义。

红河部分地区在土地改革之前，存在着原始社会、奴隶社会、封建领主制度等社会形式，土地占有并不十分集中，民族内部阶级分化不明显，农民对土地的私有观念并不是很强烈，而是可以随意垦种，这类地区可以不经过土地改革，逐渐过渡到社会主义社会。经云南省委批准，于 1956 年 7—8 月和 1957 年 2 月先后在金平县、绿春县、元阳县、屏边县所辖的 37 个乡镇开展"直接过渡"工作，共涉及 11961 户、65766 人，包括哈尼族、苗族、彝族、拉祜族、瑶族、壮族、傣族、汉族等民族。[①] 元阳县共有 2 个乡 2 个村委会属于此类"民族直过区"，即上新城乡采山坪村委会和黄茅岭乡的普龙寨村委会，为元阳县苗族主要聚居区，共有苗族 1038 户 3041 人。上新城乡采山坪村在民国时期为纳更土司的一个保，1956 年成立采山坪苗族乡，当时有 413 户 2098 人。1956 年 7 月 26 日，中共元阳县委根据采山坪为土司统治、自然灾害和土匪袭扰频繁、社会发育程度低、阶级分化不明显、土地占有不集中的实际情况，确定采山坪乡不搞"土改"，逐渐开展互助合作，在发展中逐渐地、稳妥地消除原始落后因素，过渡到社会主义。根据采山坪高寒贫瘠的情况，元阳县委、县政府为帮助苗族群众发展生产，派出了 18 人的"采山坪'直过区'工作队"，先后赠送水牛 83 头、黄牛 35 头、骡马 6 匹、斧头 29 把、锄头 70 把、棉毡 24 床、土布 7.5 件、人民币 500 元，解决了部分贫困农户的生产生活困难。[②] 1956 年 12 月 15 日，采山坪乡人民委员会正式建立，实现了向社会主义的过渡。

1956 年，全国掀起了农村社会主义改造的热潮，元阳县也开展了生产资料私有制的社会主义改造。农业方面，把个体农民组织起来，创办农业合作社，至 1958 年年初，互助合作组织发展到 2331 个，入组入社农户 31930 户，占全县总农户 32646 户的 97.81%。对于个体手工业，采取组织手工业合作社的方式进行改造。对于私营工商业，鉴于 1958 年大部分个体工商户已停业的实际情况，只对县城有资本的 15 户私营工商业户采取公私合营的形式，全部纳入国营商业部门。[③] 至此，全县完成了生产资料所有制的变革，初步建立了社会主义的基本制度，全县转入了开始建设

---

① 参见中共红河州党史研究室《红河州民族"直过区"经济社会发展调研报告》，载中共云南省委党史研究室编《云南民族"直过区"经济社会发展研究资料汇编》，云南民族出版社 2006 年版，第 210 页。

② 元阳采山坪调研组：《元阳县采山坪村经济社会发展调研报告》，载中共云南省委党史研究室编《云南民族"直过区"经济社会发展研究资料汇编》，云南民族出版社 2006 年版，第 205 页。

③ 中共元阳县委党史研究室：《中共元阳地方史》（第一卷），德宏民族出版社 2010 年版，第 84 页。

社会主义的新时期。

1958 年到 1966 年 5 月，元阳县开展整风"反右"、"肃反"、"四清"等政治运动，以及"大跃进"和"人民公社化运动"。由于受"左"的思想影响，出现了不少冤假错案，而因违背客观经济发展规律，导致当时全县国民经济严重失调，也不同程度地挫伤了全县干部群众的积极性。1966 年 6 月 8—12 日，中共元阳县委召开扩大工作会议，传达学习省委关于贯彻社会主义"文化大革命"的指示。1966 年 7 月 3 日，"元阳县文化大革命领导小组"成立，元阳社会进入了十年动乱时期，直至 1976 年 10 月"文革"结束后，元阳县的经济社会文化才开始在徘徊中艰难前进。

三　改革开放与社会结构的再次转型

1978 年 12 月 18—22 日，中国共产党第十一届中央委员会第三次全体会议在北京举行，全会的中心议题是讨论把全党的工作重点转移到社会主义现代化建设上来，作出了实行改革开放的新决策。全会将《中共中央关于加快农业发展若干问题的决定（草案）》等文件发到各省、市、自治区讨论和试行。这个文件在经过修改和充实之后正式发布，接着一些重要的农业方面的文件相继制定和发布施行，有力地推动了农村改革的进程。计划经济向市场经济的转型，解放和发展了生产力，加快了中国社会经济走向现代化的步伐，同时也推动了社会结构其他发明由传统向现代的转变。

1978 年年初，元阳县小新街公社 90 个生产队中就有 33 个队出现包产到组的现象，首开红河州农村改革的先河。1978 年 11 月，中共元阳县委审时度势，派工作组到攀枝花公社保山大队攀枝花三队进行包产到户的农业生产责任制试点，引起各方的强烈争论。同年 12 月，试点工作结束后，元阳县委召开公社党委书记会议，通报试点工作情况。由于当时社会舆论对"包产到户"、"分田单干"的话题极为敏感，所以县委不能以一级党委的名义表态，而是时任县委书记罗德元以个人名义肯定试点工作的积极性，随后在新街、马街、嘎娘等公社推广攀枝花三队的经验。1978 年 12 月，中共元阳县委召开四级干部会议，传达贯彻中共中央《关于加强农业发展若干问题的决定》和《人民公社六十条》及中共云南省委的补充规定。会后，全县开展了落实农村各项经济政策的活动，农业生产责任制得以全面推广。至 1980 年，全县 1534 个生产队中达到 1069 个，

1981 年增加到 1509 个。由于自然条件优越，改革迟迟未动的 34 个坝区傣族生产队也于 1982 年相继跟进，至 1983 年年初，全县农村全面实行了以"包干到户"为基本形式的家庭联产承包责任制，并在后续的改革中不断得到稳定和完善。

"人民公社体制，在经济上剥夺农民的财产，使农民和生产资料分离，失去生产经营的自主权；在政治上剥夺农民的自由，把农民封闭在生产队的几百亩土地上。农村改革，把土地的使用权交还给农民，使其有了经营自主权，恢复了农户经营，而且劳动力也有了自主择业的自由，为日后形成巨大的劳动力市场准备了条件。有人称这次改革是第二次土改，又一次解放了农民。"① 这场由农村所引发的社会变革对随后中国历史进程的影响，超出了当时所有人的想象。随着我国在经济领域的改革不断深化，不可避免地带动了社会的整体变革。

第一，村改委与乡村政治结构调整。1984 年 4 月，元阳县改革政社合一体制，建区设乡，全县设 1 镇 15 区，区以下设 129 个乡，镇以下设 2 个居委会。1988 年 1 月，撤区建乡，城关镇和新街区合并为新街镇，区改为乡，乡以下设村公所，镇以下设办事处，这样，全县设 1 个镇、14 个乡、121 个村公所、12 个办事处。通过两次改革，实现了政社分开、党政分开，彻底废除了人民公社制度。2000 年 9 月，全县实施"村改委"工作，乡以下设村民委员会，镇以下城区设居民委员会。经过调整裁并，至 2005 年，全县设 2 个镇、12 个乡。"村改委"的实质意义在于进行村级体制改革，实行民主选举和村民自治，在基层人民政府的指导下，依照国家的法律、法规，进行自我管理、自我教育和自我服务，由村民处理自己的内部事务，其他组织和政府无权干涉。选举产生各村村民委员会，村委会主任、副主任、委员，设置村民小组，选举产生村民小组长。在换届选举之前，元阳县委都要召开动员培训会，并在选举过程中进行指导和监督。

第二，平反"摘帽"与社会阶层结构的变化。1979 年 2 月，元阳全县开展对地主、富农分子"摘帽"及其子女改变成分的工作，到 6 月底结束，全县地富分子摘帽 1032 人，地富子女改变成分 3984 人，改变出身7012 人。曾经被打入另册的这些所谓"坏分子"重新获得了作为一名

---

① 陆学艺：《农村第一步改革的回顾与思考》，《社会科学战线》2009 年第 1 期。

"群众"——普通公民的资格，拥有了平等的政治地位和相应的权利，其中的一部分人在随后的市场经济竞争中占得先机，获得了更好的生活条件和更为优越的社会地位，甚至进入了社会分层中的较高层级。与此同时，原先凭借良好的"出生"，在体制内获得较高政治地位的部分权重，在计划经济条件下安于"共同贫困"，难免在市场竞争中落于下风，其社会阶层未能得到提升，甚而有可能出现下降的情况。改革开放加快了我国社会结构的分化，农民阶级分化了，工人阶级也分化了，并产生了诸如私营企业主、个体工商户、经理人员等一批新的社会阶层。一些阶层的社会地位上升了，规模也扩大了，一些阶层的社会地位下降了。一个与现代社会相适应的社会阶层结构正在形成之中。①

第三，个体工商户的出现及经济结构的变化。在 1979 年，全县即已出现了 9 户个体工商户，至 1988 年增至 2000 多户，从业人员 3724 人，全县 70% 的村寨都有了商业网点。邓小平"南方谈话"之后，元阳县干部群众进一步摆脱了"姓社"、"姓资"的思想束缚，使个体经济得到更为迅速的发展，1993 年个体工商户发展到 2498 户，党的"十五大"之后，个体私营经济的发展进一步加速，至 2008 年 8 月，全县个体户达到 4419 户，私营企业发展到 152 户，总产值 11304 万元，占到全县工业总产值 28376 万元的 39.84%。2012 年，个体私营经济产值达到 31822 万元，非公经济占到全县 GDP 的 37%。这一过程和数据的背后，是一批具有较强经济实力和较高社会地位的私有业主正在崛起，他们在社会生活中占有越来越重要的话语权。但与此同时，元阳县多年来一直是国家级贫困县，2012 年人均 GDP 仅为 7054 元。那些或因资源匮乏，或受自然环境局限，或未能把握机遇的群众，则有可能逐渐失去社会竞争力，生活水平不升反降。劳动者收入的差距正出现不断扩大的趋势，元阳社会经济分层的特征也越来越明显。

第四，社会分工和就业结构的变化。1979 年元阳县农业人口为 278540 人，非农业人口为 6982 人；而 1980 年，农业人口为 281246 人，非农业人口为 11644 人，有了显著的增加。至 2010 年，元阳县农业人口 403261 人，非农业人口则为 21023 人，增速虽然缓慢，但呈现持续增加的趋势。这一方面说明农业人口占有较大比重，元阳县依然是一个农业

---

① 陆学艺：《中国社会结构的变化及发展趋势》，《云南民族大学学报》2006 年第 5 期。

县；另一方面也说明不断有新的劳动者加入到非农行业中，社会职业分工日趋明显。在元阳县少数民族农村，职业的分化也使村社内部出现了逐渐清晰的社会分层，如已实施梯田旅游开发的箐口哈尼族村，就有学者将村民分成了两大阶层（包括五个小阶层和两个过渡性群体），即中上层，包括乡镇级别管理人员阶层、村寨管理人员阶层、专业技术（含民间文化传承）人员阶层；下层，包括农业劳动人员阶层、非农业劳动人员阶层；过渡群体指个体工商户阶层、外出打工农民群体等。① 从传统的农业农村社会向工业化、城市化、现代化转型的过程中，必然有一个大量劳动力逐步转变为二、三产业从业人员，这是一般规律。中国由于长期实行计划经济，转变进行得非常漫长和曲折。② 元阳县社会就业结构的变化也正好印证了这一点。

第二节　民族区域自治制度的实践与完善

　　民族区域自治制度，是指在国家统一领导下，各少数民族聚居的地方实行区域自治，设立自治机关，行使自治权的制度。民族区域自治制度是我国的基本政治制度之一，是建设中国特色社会主义政治的重要内容。构建民族区域自治制度，是通过由少数民族聚居区实行区域自治的方式来保障少数民族的政治权利，实现各民族群众当家做主。民族区域自治制度对于实现民族团结、国家统一、社会进步具有重要的意义。③ 民族区域制度具有多方面的功能，包括政治功能、经济功能、社会功能，但其功能的发挥又受到多种条件的制约，包括自然条件和社会条件，法制条件、自治机关的状况等。④ 完善和发展民族区域自治制度，对推进社会主义政治文明，促进少数民族地区的政治发展具有重要的意义。

　　自元代以来，云南边疆少数民族地区普遍实行了土司制度，虽然明清之际西南地区大规模开展了改土归流，但直至新中国成立前，边境沿线澜

---

① 何作庆：《旅游开发中元阳县箐口哈尼族村社会阶层结构变迁研究报告》，《红河学院学报》2005 年第 5 期。

② 陆学艺：《中国社会结构的变化及发展趋势》，《云南民族大学学报》2006 年第 5 期。

③ 陈通明、杨生瑞：《完善和发展民族区域自治制度，推进社会主义政治文明》，《宁夏社会科学》2003 年第 6 期。

④ 参见吴仕民《论中国民族区域自治制度的功能》，载王铁志、沙伯力主编《国际视野中的民族区域自治》，民族出版社 2002 年版，第 32—40 页。

沧江以西、红河以南的少数民族地区仍旧长期保留着土司制度，各土司不仅在本地、本民族中享有很高的威望，而且继续保有地方行政管理权。各民族都多少不等地拥有本民族特有的社会组织和与之相关联的政治格局，因而确立民族区域自治，作为中国共产党解决国内民族问题的基本政策之一，成为解决云南边疆民族问题的根本途径。[1] 从 1951 年 2 月开始，云南边疆地区先后召开各族各界代表会议，经充分协商筹备，普遍建立了民族民主联合政府，正式确立了最初的民族自治机关。1951 年 5 月 12 日，全省第一个县级民族自治地方——峨山彝族自治区建立（1956 年改为峨山彝族自治县）；1953 年 1 月 24 日，全省第一个地区级民族自治地方——西双版纳傣族自治区建立（1956 年改为西双版纳傣族自治州）。1954—1958 年，先后建立怒江傈僳族自治州、大理白族自治州、迪庆藏族自治州、红河哈尼族彝族自治州、文山壮族苗族自治州、楚雄彝族自治州。至此，全省 8 个民族自治州全部建立。至 20 世纪 90 年代，共计建立 29 个自治县、150 个民族乡，自治地方国土面积占全省国土面积的 70.2%，25 个少数民族中有 18 个实行区域自治。

　　云南民族区域自治制度的实施取得了巨大的成就，加强了民族团结、巩固了祖国边防、加速了社会进步、推动了经济发展、促进了文化繁荣、改善了人民生活，[2] 这一制度仍在实践中不断完善。

一　从"红河哈尼族自治区"到"红河哈尼族彝族自治州"

　　1949 年前，国民政府设第五行政督察专员公署，辖建水、石屏、曲溪（今建水县曲江镇）、开远、个旧、蒙自、屏边、金平等十县和龙武设治局、河口对汛督办，第三行政区辖弥勒、泸西、路南（今石林县）等县。1949 年滇南人民行政公署在建水成立。1950 年 2 月改称蒙自区行政督察专员公署，3 月迁驻蒙自，12 月改称云南省人民政府蒙自区专员公署。1954 年，设立红河哈尼族自治区，驻元阳县新街，原属蒙自专区的元阳、红河、金平三县划入红河哈尼族自治区。1956 年设立六村（今绿春县）办事处（县级行政单位），作为红河哈尼族自治区的派出机关。

　　1953 年 12 月 25—31 日，红河哈尼族自治区第一届各族各界人民代

　　① 参见王文成《解放初期的云南边政与边疆民族区域自治的确立》，《中国边疆史地研究》1992 年第 4 期。

　　② 周平：《云南民族区域自治四十五年》，《思想战线》1994 年第 5 期。

表会议在元阳县城召开。1954 年 1 月 1 日，在元阳县城举行各族各界人民群众 1 万多人参加的庆祝大会，宣告红河哈尼族自治区建立。1954 年 6 月 26—30 日、1956 年 2 月 20—27 日，红河自治区第一届各族各界人民代表会议第二次、第三次会议分别在元阳县城召开，各族各界代表行施参政议政的权力。

红河地区各县的中共党委和人民政府，曾经大力领导和帮助各族人民发展农业生产，迅速改变了红河地区的面貌。人民政府先后发放了各种救济款、补助费及农业贷款 89.2 亿多元。国营贸易公司供应了锄头、镰刀、犁铧等各种农具约 35000 多件，促使他们迅速地恢复和发展了生产。其中仅元阳一县，即扩大耕地面积 47000 多亩。很多山区已改变了刀耕火种的落后生产方法。各族人民并在政府的领导下组织起来，扑灭了历史上常发生的虫灾、兽灾，保证了连年增产，并涌现出 400 多个生产模范和打兽英雄。据初步统计，1953 年红河地区各县的粮食总产量，已比 1949 年前增加了 70%—100%，当地各族人民的生活已有了改善。各地贸易公司 1953 年 10 月的售货量，已比前年同期增加了一倍以上。[1] 自治区建立了 190 所小学和 2 所中学，20800 个学生中，有 18000 多个是少数民族学生。全自治区建立了 30 个卫生医疗机构，有医务人员 100 多名，在金平县设立了一个疟疾防治站，全自治区接种牛痘 20 多万人次，并于 1953 年在区内基本消灭了天花。[2]

1957 年月 6 日，国务院第 57 次全体会议通过《关于设置红河哈尼族彝族自治州、撤销云南省蒙自专员公署、撤销红河哈尼族自治区的决定》，1957 年 11 月 13—18 日，红河州第一届人民代表大会第一次会议在蒙自县城召开，会议的主要议题之一就是共商建立红河哈尼族彝族自治州事宜，选举产生自治机关。1957 年 11 月 18 日，红河哈尼族彝族自治州宣布正式建立。

1985 年 3 月 11—16 日，红河州第五届人民代表大会第三次会议举行，会议期间各代表团讨论了《红河哈尼族彝族自治州自治条例》征求意见稿，提出修改晚上的意见。1986 年 6 月 27 日—7 月 5 日，红河州第五届人民代表大会第四次会议召开，审议通过《红河哈尼族彝族自治州自治条例》。根据红河州经济社会环境的变化，红河哈尼族彝族自治州第

---

①　新华社：《云南省红河哈尼族自治区介绍》，《人民日报》1954 年 1 月 6 日。
②　叶子健：《红河哈尼族自治区的三年》，《新华半月刊》1957 年第 3 期。

九届人民代表大会第二次会议对自治条例进行了修订，并经云南省第十届人民代表大会常务委员会第九次会议批准，于 2004 年 6 月 18 日正式颁布实施。自治条例明确规定，自治州的辖区为蒙自县、个旧市、开远市、建水县、石屏县、弥勒县、泸西县、元阳县、红河县、绿春县、屏边苗族自治县、河口瑶族自治县、金平苗族瑶族傣族自治县。哈尼族和彝族占较大人口比重的元阳县成为这两个民族联合自治的红河州的一个组成部分。

二　少数民族干部的选拔、培养与任用

在少数民族地区，做好少数民族干部的培养、选拔、任用工作，是推行民族区域自治、做好民族工作的关键。1978 年，中央组织部和国家民委召开了少数民族干部工作座谈会，制定了《关于少数民族地区干部工作的几点意见》，强调各地必须认真落实少数民族干部政策；1984《民族区域自治法》颁布实施，其中有许多法律条文对培养和配备少数民族干部作出了规定，使这项工作不断走向法制化；1993 年、2000 年、2005 年中央组织部、中央统战部、国家民委三次召开全国培养选拔少数民族干部工作座谈会，提出了新形势下培养选拔少数民族干部工作的指导思想、主要任务和政策措施。《红河哈尼族彝族自治州自治条例》第十六条规定，自治州人民代表大会常务委员会的组成人员中，哈尼族、彝族所占比例可略高于其人口比例，其他民族也应有一定名额。并且应当由哈尼族、彝族的公民担任主任或者副主任。第十七条规定，自治州人民政府州长，由哈尼族或者彝族的公民担任，在自治州人民政府的组成人员中，哈尼族、彝族所占比例可略高于其人口比例。同时，第六十七条还规定，自治州的自治机关根据社会主义建设的需要，从哈尼族、彝族和其他民族中培养各级干部、各种专业技术人才和技术工人。为了真正实现各民族共同控制和管理国家政权以及少数民族自主管理本民族、本地区内部事务的权利，自治条例明确规定把哈尼族、彝族等少数民族干部的培养、选拔、任用作为自治州党委、人大和政府的重要工作内容。

1953 年 12 月 25—31 日，红河哈尼族自治区第一届各族各界人民代表会议第一次会议在元阳县城举行，出席代表 415 人，其中女性代表 40 人，哈尼族代表 204 人，彝、苗、瑶、壮、回、拉祜等少数民族代表 153 人，汉族代表 58 人，列席人员 93 人。会议选出自治区人民政府委员会组成人员和自治区各族各界人民（代表会议）协商委员会组成人员。红河

自治区人民政府委员会组成人员 35 人，包括主席李呈祥（哈尼族），副主席普照（彝族）、许文安（哈尼族），委员 32 人；红河自治区各族各界人民（代表会议）协商委员会组成人员 41 人，包括主席李和才（哈尼族），副主席晁秀山、郭维藩（哈尼族）、杨炳忠（彝族）、普国梁（彝族），委员 36 人。红河哈尼族自治区建立后，中共蒙自地委、蒙自专署先后派调干部近千人前往支援，保证区内开展工作，帮助少数民族干部成长。区内各级人民政府组织当地民族干部 600 多人，分批到北京、重庆、昆明、蒙自等地培训，并就地做了大量的培训工作，1954 年年初，全区有少数民族干部 250 人，占干部总数的 17.5%；1957 年，少数民族干部增至 1581 人，占干部总数的 48.4%，经过土改和个别调整区划，全区建立 224 个乡，选拔、配备乡干部 515 人，其中少数民族干部 440 人，健全了基层政权组织。①

1957 年 11 月 17 日，中国人民政治协商会议红河哈尼族彝族自治州委员会成立，第一届委员 91 人中，包括哈尼族 20 人、彝族 15 人、瑶族 6 人、苗族 5 人、傣族 6 人、回族 4 人、壮族 3 人、拉祜族 1 人、汉族 31 人，少数民族委员占 67%；主席为黄天明（汉族），副主席为赵培宪（汉族）、李呈祥（哈尼族）、郭维蒲（哈尼族）、郭富才（彝族）、李光荣（瑶族）、林应祥（回族）、普国梁（彝族）、徐廷珍（汉族）、普照（彝族），② 9 个副主席中几乎包含了全州境内的主要民族。1957 年 11 月 13—18 日，红河州第一届人民代表大会第一次会议代表总数 423 人，其中妇女 83 人，哈尼族 110 人，彝族 123 人，苗、瑶、傣、壮、回、拉祜等少数民族 86 人，汉族 104 人。③ 这次会议还选举产生了自治州人民委员会成员 39 人，其中州长李和才（哈尼族，元江县人），副州长徐廷珍、郝鸿钧（汉族，河北沙河县人）、普照（彝族）、李呈祥（哈尼族，红河县人，思陀末代土司）、刘荣显（彝族）、熊国祥（苗族）、许文安（哈尼族）、杨炳忠（彝族），委员 30 人，红河州中级人民法院院长孔繁荣（彝族）。1983 年 4 月 7—14 日，红河州第五届人民代表大会第一次会议在个旧召开，实有代表 547 人，其中少数民族代表 340 人，占代表总数的

---

① 参见云南省红河哈尼族彝族自治州志编纂委员会《红河哈尼族彝族自治州志·卷六》，生活·读书·新知三联书店 1995 年版，第 148—151 页。

② 同上书，第 235、236 页。

③ 同上书，第 152 页。

62%，包括哈尼族 92 人、彝族 135 人，苗、瑶、傣、壮、回、拉祜、布依等少数民族代表 113 人①。

1958 年 5 月，元阳县第一届人民代表大会一次会议召开，出席代表 178 人，其中哈尼族 97 人、彝族 39 人、汉族 29 人、傣族 9 人、瑶族 8 人、苗族 7 人、壮族 5 人，会议选举杨炳忠（彝族）为县长，宋绪发、曹文义（哈尼族）为副县长，会议同意陆毅为县政协主席，曹文义、杨廷标为副主席。

原逢春岭哈尼族长工曹文义成长为元阳县长的经历极具代表性。曹文义于 1950 年加入了原边纵暂编 51 团团长龙状图所率的工作队，跟着部队征粮、组织农村基层农会，后留逢春岭区政府工作，在清匪斗争中曾任凹腰山总联防剿匪中队长。1954 年 4 月至 1955 年 7 月，曹文义被保送到云南民族学院，参加扫盲识字和政治学习。1955 年 5 月 25 日，曹文义加入了中国共产党。学习结束后，曹文义调到元阳县政府工作，带队完成了万莫乡（现南沙镇）的征粮工作，随后担任逢春岭区卡里卡乡土改工作组副组长、黄草岭区普甲乡土改工作组组长。1956 年年底土改结束后，曹文义被任命为黄草岭区区长。1957 年 5、6 月间，曹文义被选拔参加了省里组织的民族参观团，到全国十几个省市参观学习，这"是一次热爱祖国的教育，也是一次民族团结的教育"。② 参观结束后，曹文义仍回六区工作，在三秋工作、农田水利建设中有声有色地完成了各项任务，于 1958 年 5 月至 1963 年 10 月任元阳县副县长，并于 1963 年 10 月至 1967 年 3 月连任元阳县两任县长。

在元阳极富传奇色彩的哈尼族女英雄卢梅贝，1910 年出生于元阳县多沙村一个猎户家庭。1917 年 10 月，金平县猛丁土司地区首先爆发了起义。芭蕉河的苗族人民，在"苗王"马勃迈的号召下奋起反抗。金平、元阳、绿春以及越南北部的各族群众纷纷响应，一起汇聚到芭蕉河。年仅 17 岁的卢梅贝率领多沙等寨的哈尼族同胞也前往芭蕉河。"苗王"封卢梅贝为大将。11 月，元阳、猛弄、新街、多衣的哈尼、彝、苗、傣、汉等

---

① 云南省红河哈尼族彝族自治州志编纂委员会《红河哈尼彝族自治州志·卷六》，生活·读书·新知三联书店 1995 年版，第 161 页。

② 参见曹文义《一个哈尼族干部的自述》，载中国人民政治协商会议云南省委员会文史资料委员会编《云南文史资料选辑第四十四辑：云南民族工作回忆录（一）》，云南人民出版社 1993 年版，第 364—375 页。

族数千人到多沙寨聚合，以火枪、大刀、长矛、棍棒为武器，开始了武装起义。1919 年 4 月，义军在牛角寨与勾结在一起的土司、官军进行激战，终因敌我力量悬殊，武器不济，义军被迫突围。卢梅贝与官军展开白刃战，最后义军被冲散，起义遭到残酷镇压。卢梅贝领导的红河各族人民反封建土司、反新军阀的武装起义，持续了一年半的时间，经历了数十次战斗，沉重打击了云南封建土司和新军阀，在云南近代革命斗争史上写下了光辉的一页。起义失败后，在群众掩护下，卢梅贝隐居山林，后返回。1957 年 11 月，卢梅贝任政协红河州第一届委员；1958 年 8 月后，任元阳县第二、第三届委员；1961 年 10 月 2 日赴京参加国庆观礼，受到毛泽东主席等国家领导人的接见，各族群众崇敬这位反土司的哈尼族女英雄，尊称她为"多沙阿波"（"阿波"为哈尼语，即"爷爷"之意，这里是对卢梅贝的尊称）。[1]

至 1993 年年底，红河州有少数民族干部 26864 人，占全州干部总数的 36.72%，比 1985 年提高 9.4 个百分点；有少数民族专业技术人员16106 人，占全州专业技术人员 46968 人的 34.29%；县处级领导干部中，少数民族干部占 28.6%，比 1985 年提高 1.3 个百分点。同时，从 1985 年至 1993 年期间，全州共发展共产党员 25536 人，其中少数民族党员占 43.18%。[2]

2006 年，元阳县少数民族领导干部发展为 245 人，占领导干部的84.85%。全县 35 岁以下少数民族领导干部 87 人，占 35 岁以下领导干部总数的 75%。具有大专以上学历的领导干部 62 人，占领导干部总数的66.66%。[3] 干部培养力度不断加大，一批少数民族干部正逐渐成长起来。

据 2013 年年底统计，元阳县第十四届人民代表大会 175 名正式代表中，哈尼族 78 人、彝族 39 人、汉族 32 人、傣族 10 人、苗族 7 人、瑶族4 人、壮族 2 人、土家族 1 人，其中 2 人民族身份未填报。[4] 据现有数据可知，少数民族代表占代表总数的 81%。元阳县政协第十三届二次会议196 名委员中，哈尼族 76 人、彝族 47 人、汉族 48 人、傣族 15 人、苗族

① 云南省红河哈尼族彝族自治州志编纂委员会：《红河哈尼族彝族自治州志·卷七》，生活·读书·新知三联书店 1995 年版，第 152 页。

② 同上书，第 222 页。

③ 陈窝娘：《唱响民族工作主题歌》，中国人民政治协商会议元阳县委员会学习文史委员会编《元阳文史资料选辑》，第 331 页。

④ 《元阳县第十四届人民代表大会名册》，由元阳县人大办公室提供。

4 人、瑶族 3 人、壮族 3 人，少数民族委员所占比例达到 76%。① 另据 2013 年 11 月统计，在元阳县处级、副处级现职或享受处级、副处级待遇的 58 名干部中，哈尼族 20 人、汉族 20 人、彝族 14 人、傣族 3 人、苗族 1 人，少数民族共 38 人，占总数的 66%。在州直管、县属部门和乡镇的科级、副科级干部中，少数民族所占比例也达到了 67%。在干部的出生地中，大部分为元阳本地人，少部分来自红河州其他县市，极少数来自其他州、市或省外，也从一个侧面反映了区域自治的特点。

在村民自治的背景下，村委会在乡村经济发展中发挥着重要的作用，而村委会"村官"们的能力、经验、观念等，则是村委能否带领村民发家致富的关键。2014 年 4 月中旬，由中国村社发展促进会、云南省民委与昆明市福保村等联手开展的基层干部村官赴东中部名村挂职活动，第二批 30 多名来自红河哈尼族彝族自治州和普洱市，包括彝族、哈尼族、拉祜族、傣族等少数民族基层干部和村官，在为期两个月的时间里，分别到江苏、浙江、上海、北京、天津等东部省市的村委会挂职锻炼。时年 29 岁的元阳县新街镇新胜村委会主任钱光卫（彝族）被选派到到浙江省航民村挂职，担任村委会主任助理，参加航民村的一些会议，协助村委会主任处理村务工作，经过两个月的挂职锻炼，他看到了东西部农村的差距，对东部农村的发展理念以及具体的工作经验有了更多的了解。回到元阳后，他开始积极思考和探索带领新胜村村民发展致富的新路子。

在 2014 年 7 月由云南大学民族研究院民族学所在元阳县完成的一份关于"民族政策与政府管理"的问卷调查中，关于"当前民族干部政策的评价"，有 51% 的人（53 人）选择"好"，19% 的人（20 人）选择了"不好"，30% 的人（31 人）选择"不清楚"。同时，对于选择"好"的原因，居于前三位的分别是："贯彻民族区域自治制度"、"民族干部与其人口比例相称"、"对民族干部充分信任"。此外，有 91% 的受访者认为在少数民族地区工作的干部"很有必要"或"有必要"学习和掌握当地的民族语言，显然，掌握当地民族语言的少数民族干部更容易开展工作，也更能得到群众的认可。

红河州在加强民族团结的前提下，以提高干部队伍素质、选拔使用少数民族干部为发展自治州社会生产力的重要手段，培养了大批少数民族干

---

① 《政协元阳第十三届委员会委员名册》，由元阳县政协办公室提供。

部和专业技术人才，为促进民族团结、边疆稳定、社会和谐提供了有力的组织保证。

三　经济发展与民族地区社会进步

2005年5月，中共中央、国务院制定出台《关于进一步加强民族工作、促进少数民族和民族地区加快发展的决定》，把加快少数民族和民族地区经济社会发展、促进各民族共同繁荣发展作为新世纪新阶段民族工作的主要任务，把扶持民族地区发展教育事业、加强民族地区人才资源开发作为促进民族地区经济社会发展的重要手段和途径之一。由于历史、自然等方面的原因，红河州少数民族和民族地区仍然存在着基础薄弱、发展不足、贫困面大、贫困程度较深、南北发展不平衡等困难和问题。至2010年10月，全州贫困人口逾45万，其中80%以上为少数民族。民族区域自治的一个重要内容就是经济功能，促进自治地区的经济发展和社会繁荣、提高各民族群众的生产生活水平，只有采取各种宏观调控手段稳定宏观经济，促进社会经济发展，才能使民族自治地区的民族团结、社会稳定、边疆巩固得到重要的物质保证。《红河哈尼族彝族自治州自治条例》第五条规定："自治州的自治机关根据本地方的情况，在不违背宪法和法律的原则下，采取特殊政策和灵活措施加速经济、文化建设事业的发展。"第三十八条规定："自治州的自治机关加强旅游产业规划，加快旅游基础设施建设，完善旅游服务功能。发展具有民族特色的旅游项目和产品。发挥民族文化遗产、历史文化名城（名镇、名村）和自然景观、民族风情、边境口岸出境旅游等优势，促进旅游业的发展。"为此，中共红河州委、红河州人民政府发布了《关于进一步加强民族工作促进民族团结加快少数民族和民族地区科学发展的决定》，率先试行不接边的边疆三县——红河县、元阳县、屏边县列入"兴边富民行动"计划，并要求各县市、州级各部门结合实际，制定贯彻落实的具体措施。

（一）资源的保护与开发

元阳有被誉为"世界奇迹"的哈尼梯田①、可开发量达50.38万千瓦的水能资源、可规模化开采的十多种矿产资源等丰富、独特的资源优势。

---

①　元阳梯田是哈尼族和共居一山的其他6个民族共同开垦的，由于在申报世界文化遗产过程中的定位，当地政府将其统称为"哈尼梯田"。

然而，由于受各种因素制约，过去相当一段时期，该县产业发展艰难而缓慢，被形象地称为"水白流、地白种、景白看"，资源优势并没能转化为经济优势。

矿产资源。元阳县矿产资源储量丰富，已探明的矿种有 30 多种，其中金、铁、石膏、铅、锌矿较丰富。矿业已经成为全县重要的经济支柱。2007 年，矿业产值 10602.1 万元，占全县工业总产值的 37.36%，尤其黄金年产量可达到 1 吨，在红河州矿业格局中占有重要地位。但另一方面，元阳县内缺乏矿产品深度开发和深度加工的能力，多以销售矿产原料为主，矿产资源转化为财富的优势不够明显。为此，元阳县制定了《2007—2020 年元阳县矿产资源规划》方案，分析了全县矿产资源勘查、开发利用现状、具有的优势和存在的问题，提出了全县矿产资源勘查、开发利用布局、环境保护和矿山环境综合治理未来 5—7 年的发展任务和主要目标，制定了实现这些目标的具体措施，《规划》中提出"巩固和加强以金、富铁为主的贵金属、黑色金属综合开发格局，以此带动铜、铅、锌、宝玉石业的发展"，以期实现矿业的良性开发，带动全县社会经济的全面发展。

水电资源。元阳县属于红河流域和藤条江流域，县内主要河流有红河（元江中游段）、藤条江、乌拉河、金子河等 29 条，其中分布在红河流域的支流 18 条，藤条江流域支流 11 条。全县水资源总量 26.91 亿立方米（其中：径流量 20.81 亿立方米，地下水量 6.1 亿立方米），可利用水资源量 1.47 亿立方米。全县水能资源储量 61.8 万千瓦，可开发量 50 万千瓦，目前全县开发量不足 10%。城乡存在饮水困难，蓄用的水库、坝塘很少，农田、耕地缺乏有效灌溉，水资源利用率不高，用电紧缺需要引进，水电产业开发前景光明。早在 20 世纪 90 年代，就有研究者提出，元阳要脱贫致富，就必须开发利用蕴藏丰富的水资源。[①] 1959 年 11 月，元阳县在县城以西约 3 公里处的者那河兴建了县境内第一座水电站，装机容量 160 千瓦，于 1960 年 6 月建成投产，至此县内开始有了水力发电。1970 年 10 月动工兴建黄茅岭水电站，装机容量 2500 千瓦，于 1972 年 1 月投产发电。藤条江上也分别于 1979 年 9 月和 1983 年 10 月建成装机容量分别为 1250千瓦的发电机组。此外，由于元阳境内河流落差较大，适宜建设小水电站，从 1964 年至 1982 年共建设 248 座小电站。截至 2004 年年底，全县

---

① 李跃生：《元阳要脱贫，水利必先行——对元阳水资源利用情况的调查报告》，《红河州党校学报》1996 年第 1 期。

拥有水电站 8 座，总装机容量 1.471 万千瓦，仅占可开发装机容量的 6.88%，水电资源的开发利用仍有巨大的潜力。2010 年完成水电投资 5821.25 万元，新水电装机容量 1.26 万千瓦时，发电量达到 3.5 亿度。2012 年共完成水利水电建设投资 22065.26 万元，水资源的开发利用得到持续的发展。元阳水资源的开发利用，不仅可以满足全县生产生活的基本需求，还可借助"西电东送"的机遇，为全县人民带来巨大的财富。

　　旅游资源。红河州有哈尼梯田 36 万亩，其中元阳 19 万亩。红河哈尼梯田核心区由元阳的多依树、麻栗寨、牛角寨、猛品四个部分组成，总面积 95.9 平方公里；辐射区包括元阳县各乡镇片区和绿春县、红河县、金平县的部分地区，总面积 200 平方公里左右。2009 年，元阳县制定旅游发展规划，连片规划 25 个村建设，突出箐口、普高老寨、大鱼塘 3 个新村建设，以完善基础设施、恢复哈尼蘑菇房作为建设重点，打造民族文化生态旅游村。项目预计总投资 3814.65 万元，涉及 2 个乡镇 6 个村委会 25 个自然村，直接受益 2497 户 12539 人。同时，与云南世博集团签订了《元阳哈尼梯田项目合作开发框架协议》，共同出资 1200 万元组建了"云南世博元阳哈尼梯田开发有限责任公司"，解决就业岗位 40 个，其中元阳籍员工占 87.5%。[1] 2012 年 2 月 25 日，红河州第十届人民代表大会第五次会议审议通过了《云南省红河哈尼族彝族自治州梯田保护管理条例》，并经由 2012 年 5 月 31 日云南省第十一届人民代表大会常务委员会第三十一次会议审议批准，于 2012 年 7 月 1 日正式施行。该条例制定实施是"为了加强哈尼梯田的保护管理和开发利用，促进经济社会协调发展"。其中，元阳县境内坝达（箐口）、多依树、勐品（老虎嘴）片区被明确列为重点保护范区。为了实现哈尼梯田的可持续发展，除了多渠道筹集保护资金，专项用于哈尼梯田的保护管理之外，条例第十二条还规定，州、县各级政府应当制定有利于梯田可持续发展的产业政策，优先安排惠农资金，扶持、引导、帮助哈尼梯田重点保护区内的村民发展经济、增加收入。第十三条也规定，哈尼梯田重点保护区内的集体组织、当地居民在同等条件下，享有利用梯田资源从事旅游、专线运输、餐饮、住宿、民俗展示、文体娱乐等的优先经营权。条例的颁布实施在某种程度上为维护当地人的经济利益提供了重要的法律保障。2013 年 6 月 22 日，在柬埔寨金

---

　　[1]　林玮：《元阳：以哈尼梯田生态旅游开发构建新农村建设新模式》，《红河日报》2010 年 5 月 6 日。

边举行的第 37 届世界遗产大会投票通过中国云南哈尼梯田列入联合国教科文组织世界遗产名录。"世遗"的名号使元阳哈尼梯田迎来了更多的游客，必将为当地少数民族群众带来更大的财富。

（二）民族"直过区"的发展

元阳县"直过区"包括上新城乡采山坪村委会和黄茅岭乡普龙寨村委会的所有自然村，以及上新城乡兴隆街村委上火地、下火地和箭竹林村委会平安寨 3 个自然村，共 27 个自然村 1333 户 5765 人，世居苗、彝、汉三种民族。这些地区发展基础薄弱、发展步伐缓慢、产业培植差、农民增收难，是云南省民族地区扶贫攻坚的重点和难点。2010 年 10 月，元阳县委、县政府于 2010 年 10 月制定出台了《元阳县民族"直过区"经济社会振兴行动》，计划投资 2448 万元，实施 14 个大项目、196 个小项目，力争到"十二五"末，以实现"四通八有四达三个一"的扶持发展目标。"四通"即通路、通电、通广播电视、通电话。"八有"即有学校，有卫生室和兽医室，有安全的人畜饮水，有安居房，有村委会办公用房、支部活动室、文化室和科技培训场所，有整洁畅通的村内硬化道路，有稳定解决温饱的基本农田，有专业的经济合作协会。"四达"即农民人均有粮、人均纯收入和九年义务教育普及率分别达到国家扶贫开发纲要和"两基"攻坚计划的要求，特困少数民族干部人才使用数量达到与本民族人口比例相适应。"三个一"包括：一产业，即形成能长远增收的特色产业；一提高，即提高劳动者素质，实现每户至少有一个科技明白人或当家理财人、外出务工挣钱人、致富发展带头人；一加强，即加强以村党支部和村委会为核心的基层组织建设。在 2011 年，这一振兴行动由县民宗局负责实施，开展了道路交通、广播电视、教育设施、"三室"设施、水利设施、村内道路硬化等方面的工作，"直过区"少数民族生活水平、居住环境、社会事业、民主政治建设等都有了一定程度的提高、改善和发展。

（三）兴边富民行动

"兴边富民"即振兴边境、富裕边民。"兴边富民行动"由国家民委于 1999 年联合发改委、财政部等部门倡议发起，是全社会广泛参与的开发建设实践活动，是有计划、有组织进行的系统工程，其目的就是要加大对边境地区的投入，加大帮扶力度，使之尽快地发展起来，逐步跟上全国发展的步伐，促进边疆与内地的协调发展，最终达到富民、兴边、强国、睦邻的目标。红河州河口县、金平县、绿春县被列入"兴边富民行动"

计划。2000 年 2 月，红河州政府及相关各县政府分别成立领导小组，实施兴边富民行动。2009 年红河州红河县、元阳县、屏边县三个边疆县（云南省界定不属边境县的边疆县只有 7 个，此三县不是边境县，但是紧靠边境，也可称为边境二线县）被纳入州级"先行先试兴边富民行动"。

2009 年先行先试"兴边富民行动"项目资金安排 50 万元，实施三个项目。即：投资 26 万元实施新街镇箐口民族团结示范村建设、修建梯田观景长廊 691 米和扶持两家个体民族服饰加工，其中：申请州级先行先试"兴边富民行动"项目资金补助 20 万元、群众自筹 6 万元，使 196 户 963 人哈尼族群众受益；投资 25 万元实施南沙镇排沙村经济林果示范种植新培植红心蜜柚产业 100 亩，新植 7400 株红心蜜柚苗，其中：申请州级先行先试"兴边富民行动"项目资金补助 20 万元、自筹 5 万元，带动该村 127 户 547 名傣族群众及周围村寨各族群众发展红心蜜柚产业；投资 10 万元实施黄草岭乡行政接边地区农村实用技术及致富带头人培训，对 6 个行政接边村委会举办了 7 期茶叶、蔬菜、木薯、养猪等实用技术培训和 1 期致富带头人培训，共培训 1049 人（次），其中申请州级先行先试"兴边富民行动"项目资金补助 10 万元，使 3154 户 13562 名哈尼族群众受益，为该乡行政接边地区哈尼族群众增收致富打下较好的前期基础。

2009 年之后，元阳县的先行先试"兴边富民行动"持续进行，2011—2013 年，除项目资金外，还有项目补助金、各部门整合资金、群众自筹资金等来源，使元阳县得以继续改善乡村基础设施、提高农民专业技术能力、丰富群众文化娱乐活动、扶持特色农业发展，为改善少数民族群众生产生活条件、促进新农村建设和民族团结发挥着重要的作用。

在由云南大学民族研究院民族学所完成的同一份问卷中，从由不同政府层级完成的主要扶持政策的效果评价中可以看出，当地人对各种扶持措施相对较为满意，并持欢迎的态度。

表 3 – 1　　　　　　各层级政府扶持政策效果评价　　　　（单位：人）

政府层级	好	一般	不好	不好说	未填
中央政府	66	30	5	3	0
自治区政府或省政府	52	44	4	3	1
地市州政府	45	45	7	6	1

四　"民族区域自治制度"的专题实践

2010 年 5 月间,以红河州人大常委会副主任李光明为组长,州人大常委会民工委、州民委、州法制办、州教育局等部门为成员的执法检查组,到包括元阳在内的 7 个县市,以及包括元阳马街乡在内的 6 个乡镇,对贯彻实施《红河哈尼族彝族自治州自治条例》中少数民族干部队伍建设、民族教育、财政转移支付等三个重点方面的情况进行了执法检查。

元阳县民宗局主要负责民族区域制度的完善和实践工作,在 2013 年期间,该局首先围绕民族法制建设工作,开展各种培训工作,提高普法队伍的整体素质,采取法制宣传、"法律六进"、"送法下乡"、专项宣讲等活动形式,进行民族区域自治条例的宣传、教育和实践活动。其次,该局根据《红河哈尼族彝族自治州自治条例》先后制定出台《元阳县民族"直过区"经济社会振兴行动计划》《元阳县民族文化体育行动计划》《元阳县教育振兴行动计划》《关于进一步加强民族工作促进民族团结加快少数民族和民族地区科学发展的决定》和《云南省"3121"工程元阳县新街示范镇建设规划》等相关政策。再次,围绕前述规划开展专项民族工作。① 元阳县民族小学于 2011 年 11 月被列为县民族团结示范学校,在民族团结教育方面作了积极探索。学校在全校师生员工中开展马克思主义民族观、宗教观和党的民族宗教政策的宣传教育,在学生中开展"六爱三尊"(即爱党、爱祖国、爱家乡、爱学校、爱父母、爱自己,尊重师长、尊重同学、尊重民族习惯)活动和"五个一"(即要求学生会说一句民族语言、会画一幅少数民族题材的画、会唱一首民族歌曲、会跳一个民族舞蹈、会讲一个民族故事)活动。学校把民族团结教育活动纳入双周星期二下午 4∶30 至 5∶30 的活动课,开展体育、音乐、舞蹈、美术、语文、数学等 15 各兴趣小组活动,每个学期开设 9 个课时的民族团结教育活动。同时,学校结合实际,在授课过程中结合学生的年龄特点,开展绘画、手工、讲故事、民族知识竞赛、民族知识讲座、民族歌舞表演、演讲、运动会等活动,进行民族团结教育。

在红河哈尼族彝族自治州建州 50 余年以来,作为少数民族人口占较大比重的元阳县,在保障少数民族政治权力、扶持少数民族地区经济社会

---

① 元阳县民宗局:《关于开展坚持和完善民族区域自治制度的调研报告》,2014 年 3 月 4 日。

发展、消除民族隔阂、疏通民族关系等方面做出了积极的实践。

在由云南大学民族研究院民族学所完成的同一份问卷中，对于"本地区实行民族区域自治制度是否有利于当地的发展"一题，47 人选择"是"，9 人选择"否"，48 人选择"不清楚"。这一方面说明民族区域制度对于促进少数民族地区发展的意义得到了多数人的认可；另一方面也说明尚有一大部分人对于民族区域自治制度与自己生活的关系的认识较为模糊，该制度的宣传、实践、完善仍需要开展大量的工作。

第三节　乡村基层组织的建立与发展

乡村基层组织，包括设在镇（办事处）和村一级的各种组织，主要是指村级组织，包括基层政权、基层党组织和其他组织三个方面，主要有村党组织、村民委员会、村团支部、村妇代会、村民兵连及"两新"组织（"新的经济组织"和"新的社会组织"）。由此可知，农村基层组织涵盖了党在农村的全部工作。贺雪峰认为，农村基层组织构成了近代以来国家与农民关系的一个主要联结点，这个联结点的状况对于中国现代化进程具有相当关键的作用。只有适应具体的国家与农民之间联结需要的农村基层组织，才可能具有强大的基础能力。① 乡村基层组织在协调国家与农民关系、维护乡村社会稳定和谐、推动乡村民主政治建设、促进乡村经济发展等方面发挥着重要的作用。此外，乡村基层组织的建立和发展既是乡村社会结构调整的主要表现形式，同时也对乡村社会结构的变迁产生了重要的影响。1949 年新中国成立以来，中国的乡村基层组织发生了巨大的变迁，乡村民主政治以及乡村社会结构也在这种变迁中曲折发展，在现阶段已取得的发展成果的基础上，我国乡村民主政治仍处于不断深化改革的过程之中。

一　哈尼族政治结构的历史变迁

任何一种社会制度的建立都不是无中生有的，都必须建立在原有社会结构的基础之上，其未来发展变迁不可避免地受到原有基础的制约。在元阳县乡村基层组织的建立和发展过程中，哈尼族传统的乡村政治制度和社

---

① 贺雪峰：《论农村基层组织的结构与功能》，《天津行政学院学报》2010 年第 6 期。

会结构的影响不可忽视。

哈尼族学者白玉宝认为，从古代羌人族群中脱胎而出直至中华民国末期，哈尼族创制了最玛制度、鬼主制度和土司制度等社会组织形式。[①] 哈尼族从古羌人族群中脱胎并最终演化为"和夷"之后，开始形成了所谓"最玛制度"，这一社会结构中包括三个阶层，一是最玛阶层，即部落领袖；二是摩沛阶层，即宗教祭司；三是腊琦阶层，即社会生产生活中的各种能工巧匠。最玛制度作为哈尼族最初的政治制度，奠定了哈尼族社会制度的基本框架、运行机制和变迁方向。大致从唐代开始，哀牢山系及其他部分地区的哈尼族开始进入鬼主制度时期，其实质为奴隶制度。哀牢山系哈尼族的鬼主制度并没有得到充分发展，大小鬼主逐渐转型为封建领主，鬼主奴隶制逐渐被封建领主制取代。哀牢山系哈尼族地区在明代出现了一系列土司政权，其中即包括滇南地区最大的纳楼土司政权。中华民国时期，曾在哀牢山系南段推行乡镇保甲制度，但哈尼族土司政权在实质上仍被完整地保留下来，形成乡镇保甲制度与土司制度在同一辖区并立的局面。新中国成立以后，哀牢山系南段的哈尼族土司制度走到终点。上述三种哈尼族社会制度的合法性依据和权威性都建立在"神人一体"的信仰基础之上，具有血缘世系的特点，[②] 此外，也体现了哈尼族社会中显著的阶级结构特点。

中华民国时期，不少哈尼族土司在军政两界身居高位，如龙济光、龙觐光、龙健乾、龙鹏程、白日新等。在中华人民共和国成立之后，哈尼族土司中具有爱国立场的上层人士，成为中国共产党领导下的爱国统一战线的积极因素和团结对象，参与到新政权的建设过程中，被委以各种职务，如罗有发、龙庄图等被选为副县长，其他哈尼族上层人士也被选为政府委员或政协委员，他们在哈尼族社会和乡村政治生活中发挥着一定的影响力。

二　新中国成立后乡村基层组织的发展过程

1950 年 9 月，元阳全境解放；1950 年 1 月 27 日，成立中国共产党新民县临时委员会和新民县人民政府；1951 年 5 月 7 日改称元阳县。在新中国成立初期，云南省各地乡村基层政权基本保持原有的保甲制度或土司

---

① 参见白玉宝《哈尼族社会制度源流概述》，《玉溪师范学院学报》2012 年第 9 期。
② 白玉宝：《论神人一体的哈尼族连名谱系》，《玉溪师范学院学报》2012 年第 5 期。

制度，直至 1950 年 12 月 25 日云南省各族各界人民代表会议第一次会议在昆明召开，标志着云南各族人民当家做主的开始。

1950 年 10 月 14 日，云南省人民政府发出训令，要求从速建立乡人民政府。1951 年 1 月 27 日，云南省制定了《云南省建立乡村政权试行方案》，着重明确三点，一是云南省全境虽已解放并建立了人民民主专政，但封建势力还控制着农村，为此，各地应在 1951 年内结合减租退押运动，以农民协会为基础逐步巩固乡村政权；二是在开展减租退押运动时，不论已经建立的乡或正在建立的乡，均以农民代表会代行乡各界代表会的职权，暂不召开乡各界代表会；三是凡已建立起乡政权的地区，同时即行废除保甲制度。试行方案要求，从 1951 年下半年起，开始有计划、有步骤的建乡工作。1951 年 11 月，云南省人民政府颁发《云南省划乡建政及城关和场（镇）政权建设试行办法（草案）》，这是云南省基层政权建设的第一个地方性法规。至 1953 年年底，全省共设立 10067 个乡。至此，全省确立了省—地（市）—县—区—乡五级行政管理层次。①

1950 年 1 月 27 日，中共滇南地委决定建立新民县人民政府，全县设敦厚、永乐、团结、猛弄、筏石、纳更、稿吾、和邻 8 个乡，并代管三猛办事处。1951 年 4 月 17 日，新民县第一节各族各界代表大会召开，成立新民县民族民主联合政府，全县设 5 乡 3 镇，即团结乡、和邻乡、太和乡、猛弄乡、永乐乡和敦厚镇、纳更镇、稿吾镇。1956 年土改后设 7 个区，区名以驻地命名，一区为新街区、二区为牛角寨区、三区为新城区、四区为逢春岭区、五区为攀枝花区、六区位黄草岭区、七区为马街区，下设 75 个乡，均以驻地命名。1958 年 11 月，在"公社化"运动中，以区位单位建立人民公社，乡为管理区。1970 年全县 7 个区划为 13 个人民公社。1984 年 4 月，改革"政社合一"的体制，设区建乡，全县共设 15 个区，129 个乡。1985 年 7 月 11 日，新设龙塘乡。全县区设 15 个区、130 个乡、1 个区属镇、两个居民委员会。1988 年 1 月，撤区建乡，全县设 1 镇 14 乡。2000 年 9 月，实行"村改委"，全县设 2 个镇、13 个乡。后经过一系列调整合并，现元阳县设南沙镇、新街镇，胜村乡、牛角寨乡、沙拉托乡、嘎娘乡、上新城乡、小新街乡、逢春岭乡、大坪乡、攀枝花乡、黄茅岭乡、黄草岭乡、黄茅岭乡、俄扎乡、马街乡 2 镇 12 乡，下辖 133

---

① 参见贺光辉《人民民主政权在云南的确立》，《云南日报》2009 年 6 月 5 日。

个村委会、4 个社区居委会，形成了省—州（市）—县（市）—乡（镇）—村委会（居委会）的管理层级。

　　为实现"由村民群众依法办理自己的事情，发展农村基层民主，促进农村社会主义物质文明和精神文明建设"的目的，《中华人民共和国村民委员会组织法》经第九届全国人民代表大会常务委员会第五次会议讨论通过并于 1998 年 11 月 4 日公布施行。同时，为"加强和改进党的农村基层组织建设，加强和改善党对农村工作的领导，推动农村经济发展和社会进步，保证党在农村改革和发展目标的实现"，1999 年 2 月 13 日，《中国共产党农村基层组织工作条例》印发。1999 年 7 月 17 日，红河州人大常委会副主任徐国学一行 3 人到元阳专题调研《村民委员会组织法》贯彻落实情况，强调依法指导好农村村民委员会工作，依照宪法和法律，直接行使民主权利。1999 年 12 月 28 日，云南省第九届人民代表大会常务委员会第十三次会议公布实施《云南省实施〈中华人民共和国村民委员会组织法〉办法》。2000 年 7 月 11 日，根据省、州村级体制改革工作会议精神的要求，元阳县召开有 138 人参加的村级体制改革试点工作会议，7 月 12 日，在南沙镇进行村级改制试点工作，至 8 月结束。9 月，元阳全县开始实行"村改委"，至 11 月全面结束，全县产生 133 个村委会、4 个居委会，同时选举产生了村委会下属各村民小组（自然村）组长。2004 年 9 月 14 日，元阳县结合农村实际，制定了《村民自治章程》和《村规民约》，以实现村级民主管理的目的，并对村民的个体行为进行规范。至此，元阳县窗体底端乡村基层组织得到了完善。

三　乡村基层党组织建设个案分析

　　元阳县箐口村地处哈尼梯田的核心区，全村现有 240 户、998 人，其中哈尼族人口占到全村人口总数的 98%。箐口村党支部隶属新街镇土锅寨党总支，共有党员 28 人（因妇女外嫁党组织关系转出 2 人和超生党员 8 人，共 10 人未计算在内），其中男性 27 人，女性 1 人。在年龄结构上，60 岁及以上有 8 人，占总数的 28.58%；50—59 岁有 3 人，占总数的 10.71%；40—49 岁有 7 人，占总数的 25%；30—39 岁有 7 人，占总数的 25%；20—29 岁有 3 人，占总数的 10.71%。28 个党员都是哈尼族党员。通过以上数据可以看出，箐口村支部的党员存在着男党员多，女党员少；中年人较多，年轻党员较少；整体文化水平偏低的现象。

　　2012 年，村长李文光被动员入党。2013 年副村长李新明也光荣入党。这对加强党员与群众的密切联系、提高党员在人民群众中的地位有较大的作用。2012 年，在村委会、镇政府干部的动员下，时年 61 岁的村长李文光入了党，他认为："只有忠于国家、对人民负责、为人民做事的人才动员入党，不然入党也没用。""同时，要成为一个合格的党员""个人能力强，群众基础好，当然要积极服务群众，能做好模范带头作用的才可以"。

　　土锅寨总支书记李学 1969 年生，1997 入党。2002 年因为"会做事"被村民选举为村民副组长，兼任文艺队队长、箐口景区管委会主任。在职期间，让他颇感自豪的是自己一手培养起来的年轻党员高纯（女）。高纯 1990 年 12 月出生于元阳新街镇，毕业于大理医学院，2012 年来箐口村当村官一年，在村党总支的动员和培养下，于 2013 年光荣入党，现在在弥勒县当卫生员。李学认为年轻党员学历高，见识多，思想先进，考虑问题全面，能快速地发现问题和有效地解决问题，只有积极培养年轻的优秀党员，才能增加支部活力，更有效率地位群众解决问题，才利于党组织的建设和发展。

　　2014 年 4 月 14—18 日，省委组织部在云南农村干部学院举办了一期村党组织书记"服务型党组织建设"示范培训班，培训对象为全省各县（市、区）部分村级党组织书记，每个县 2 人，共 258 人参加。李学积极响应号召，按时参加培训，提升其政策理论，强化工作方法，增强服务意识。为深入贯彻党的"十八大"提出的建设学习型、服务型、创新型马克思主义执政党的战略任务，推进学习型党组织建设和群众路线教育实践活动的深入开展，按照州、县委学习型党组织建设工作领导小组的安排部署，经镇党委会议研究，成立了新街镇土锅寨村委会箐口学习型党员服务队工作领导小组。领导小组下设 1 个办公室，负责推进土锅寨村委会箐口学习型党员服务队工作。土锅寨村委会箐口学习型党员服务队下设政策法规宣传服务队，民间纠纷调解服务队，文体活动服务队，卫生环境服务队。

　　2014 年，土锅寨村委会开始针对 5 个分支部的每个党员都进行民主评议，分别测评党员的理想信念（20 分）、遵纪守法（15 分）、道德品行（10 分）、交纳党费（15 分）、参加组织生活（20 分）、完成党交给的任务情况（20 分），若党员总分在 80—100 分的评定为好；总分在 61—79

分的评定为一般；总分在 60 分以下评定为差。村委会和村小组积极转化不合格党员，针对测评结果中反映出来的问题，要深刻剖析根源，制定整改措施，总结经验，吸取教训，改进工作。

每年的"七一"建党节，箐口村党支部组织村里新老党员积极参加土锅寨党总支召开的党员支部大会，村支部每季度开一次组织生活会。此外，组织党员参加上级党组织的远程教育培训活动，定期对党员进行培训。据了解，党的远程教育规定的时间为一个月 8 小时，党员在一起看电视，内容主要是国家领导讲话，为党员普及计划生育知识和法制知识，等等。

箐口村党建工作从总体上讲，取得了一定成就，积累了一些经验，整体工作能得到平稳协调推进。但在经济不断发展和科技水平日趋进步的新形势下，箐口党组织建设也存在着一些亟待研究和解决的问题。

一是党员队伍结构不合理，党员的组织和培养方面存在不足。箐口支部党员年龄、性别结构严重失衡，中年和老年党员较多，年轻党员较少；老党员多，新党员少；男党员多，女党员相当少；整体文化水平偏低。在旅游开发和交通便利的条件下，具有一定知识和能力水平的大多数青年放弃在家务农，外出务工，只有在农忙时才回家务农，而且村内青壮年普遍入党意识不强，缺乏服务群众的先进思想。生计方式的改变导致发展年轻党员困难，无法及时补充新鲜血液，增强党组织的活力，无法尽快改善支部党员文化素质普遍偏低的现象，致使党员整体能力偏弱，带头作用发挥不够。根据调查，从 2014 年开始，党员的发展对象重点在 18 岁以上、45 岁以下，文化水平在初中以上，成熟一个发展一个，有助于党组织整体素质的提高。

二是党员发展程序不规范，组织程序流于形式。按照箐口村发展党员的要求，自愿入党的村民，必须在每年的"七一"建党节前就上交《入党积极分子考察情况登记表》，然后进入为期一个月的考察期，其间包括支部委员 5 个人进行考察。一个月后，全体党员开支部会议表决是否合格，过半数同意合格则考察通过予以名单公示，如果没有人反对，递交《入党申请书》《入党志愿书》。接着进入为期一年的考察期，同样需要开支部会议予以表决，若过半数同意合格予以通过，上报镇党委，同意后成为预备党员。预备党员需递交《入党转正申请书》，考察一年合格后预备党员在 7 月 1 日召开的党组织生活会上宣誓，佩戴党徽后成为正式党员。

三次考察合格的标准是申请入党的村民要积极支持和主动配合村民委员会和党支部工作，和村民保持良好的关系，不能出现违法犯纪的现象。但根据大多数党员描述，在实际发展党员的过程中，并未严格执行组织程序，有的党员干部是组织上要求其入党，并不是本人积极主动要求入党，影响了党员的纯洁性和先进性。

三是党支部组织生活不完善，党员学习教育工作重视不够。调查发现，党支部活动次数少、间隔周期长，而且部分党员组织纪律观念淡薄，年轻党员外出打工较多，流动性加快，一年四季基本上不能参加组织活动。只有每年的"七一"建党节，在家务农的少部分党员参加上级党总支召开的支部党员大会和每季度一次的组织生活会。除此之外，本级党支部平时几乎不组织党员学习政治理论和党员的教育培训，不注重提高党员思想素质；少数农村党员思想保守，掌握实用新知识、新技术不够，服务群众意识薄弱，没有同人民群众保持密切的联系，不愿为群众服务，是造成老百姓"办事难"的根本原因。这些现象严重影响和制约了基层党组织建设的顺利开展，造成了不利的局面。

四是党建资金缺乏，基础设施差，党员活动开展困难。箐口支部的办公室，桌椅和展示板基本配备齐全，但是在信息全球化的趋势下，用于开展党组织生活的打（复）印机早已损坏，电脑、投影仪、传真机、录像机等电子产品缺乏，不利于信息的无纸化传递，影响党建工作的开展。尽快配齐基础设备，有利于宣传和执行党的路线、方针、政策，便于开展党员活动，增加教育和培训党员的方式，提高党员的思想觉悟，跟上时代前进的步伐。由于村级集体经济比较薄弱，村支书、村长一年工资720元，村长一年工资为720元，而副村长一年工资才为560元。对于年龄在60岁以上的老党员每年只有240元的补助，而对于年轻党员则没有补贴。大多数村干部把主要精力放在处理工作事务上，没有更多的时间出外打工，生活贫困。正如现任村支书李文才，兼任村内农科员（平时协助农大老师和学生撒秧等）、会计两职。每个月收入来源为：书记工资为60元，农科员工资为50元，会计没工资，加上自己靠种地、养殖挣来的五六百元，合计700元左右。他说："我还是一心想把我们的村子搞起来，一心想把集体的利益搞起来。我任的职务那么多，但是上班的工资和福利与付出的劳动不成正比。"只有提高村里党员干部较低的收入水平，解决党员干部的后顾之忧，才能促使干部全心全意为人民服务，更高效有序地完成党组织的工作。

五是部分党员先进性发挥不够，基层党组织地位弱化。在箐口村，除了村民委员会和村民小组这一套政府组织管理体系以外，还有由摩批和咪谷两种神职人员组成的民间组织在村民的生产生活中扮演着重要的角色。摩批是哈尼族中的巫师，是哈尼文化的传承者和传播者。咪谷是哈尼族的祭司，是村民们行为规范的楷模，村寨精神生活的象征。他们分工明确，对村内团结、行医治病、执行习惯法等方面发挥了重要作用。随着社会文明程度的不断提高，外来文化的不断冲击，特别以市场经济为中心的社会思想理念已渗透到箐口村各个角落，这种变迁会对箐口村的民族传统宗教文化有怎样的影响，村民们又如何看待党组织和民间组织之间的关系？是同等对待还是区别对待呢？通过调查，有以下几种不同的看法：（1）箐口村的普通村民认为摩批和咪谷比党员重要，认为他们是哈尼人传统文化的传承者，在各种宗教祭祀活动中有着举足轻重的地位。由于党员的先进性表现不够，党员地位在哈尼村民的心目中远不及摩批和咪谷。（2）党员干部认为党组织和民间组织各有分管，党组织主要负责处理村民的日常生活中遇到的问题，而民间组织主要负责村内各种宗教祭祀活动。还不能形成统一的有机体。（3）摩批和咪谷两种神职人员的看法也有不同。例如，摩批李正林大爹说："1958 年，杀牛鬼蛇神，当时全国各地相当恨我们这类人，我们不能入党。现在政策好了，年纪也大了，也不想入党了。"李大爹甚至表示不太想让自己的孙子入党。而作为咪古的李小生大爹表示："现在的党员同志人都很好，对我们也很好，这两年政府也好，做了好多事情。"李小生大爹还希望儿子能在外地打工时多学习文化知识，争取回来就能入党。不同的人有不同的观点和看法，但以和谐为主题的哈尼族精神文化，还是主张人与自然、人与人的和谐，党组织与民间组织应互帮互助，共同推进箐口村的和谐发展。[①]

四 村"两委"与"明白人"、"带头人"

2013 年 3 月 28 日，云南省第十二届人民代表大会常务委员会第二次会议修订通过《云南省实施〈中华人民共和国村民委员会组织法〉办法》和《云南省村民委员会选举办法》，并于即日公布施行。相较于 1999 年

---

① 本节内容由云南民族大学民族学专业硕士研究生马司静协助调查完成。

通过的"办法"，新"办法"结合全省农村基层民主建设和农村经济社会发展实际，新增了村务监督委员会的组成和职责、村民代表会议职责，完善了民主选举、民主管理和民主监督等制度设计，完善了村委会工作经费保障制度。2013 年春季，红河州下属各县市均面临村"两委"换届。各地从 2013 年 1 月着手准备，3 月 12 日正式开始，于 5 月 25 日结束。

2013 年 1 月，元阳县成立了村"两委"换届选举工作领导小组及工作机构，14 个乡（镇）按规定要求也成立了领导小组及其办公室。在选举准备阶段，元阳县共组成 14 个调研组，深入 14 个乡（镇）134 个村委会和 1175 个村民小组，开展村"两委"换届选举工作专题调研。一是提前调查摸底，广泛听取选民的建议、意见；二是提前排查化解，元阳县组成 6 个矛盾纠纷排查化解小组，深入 14 个乡（镇）认真开展重点村、难点村的排查工作；三是提前财务审计，避免换届选举工作中因财务问题而引发矛盾隐患。此外，元阳县利用广播电视、手机短信、黑板报等形式开展宣传活动，调动选民参选的积极性。据统计，全县播出新闻报道 17 条，农村广播宣传 2248 次，手机短信 9 期，张贴标语 4375 条，印发宣传材料 6000 余份，制作板报、墙报 39 期，使村"两委"换届选举工作基本做到了家喻户晓。在选举过程中，从县、乡（镇）直机关单位抽调 532 名干部组成换届选举工作指导组，安排到全县 134 村委会指导换届选举工作，加强选举程序规范，从选民登记开始，到组织选举结束，每个环节都应遵循法律法规的要求和精神，在严格依法办事的前提下依法推进。

《中国共产党农村基层组织工作条例》第十一条规定："党的农村基层组织应当加强对经济工作的领导，坚持以经济建设为中心，深化农村改革，发展农村经济，增加农民收入，减轻农民负担，提高农民生活水平。"带头致富、带领群众致富，是新时期农村党员干部先进性的重要体现，元阳县采取各种措施培训农村党员干部队伍，提高党员队伍的致富能力。从 2004 年 3 月起，元阳县先后在全县 15 个乡镇选择 15 个行政村开展"十户一体"试点工作，10 月正式在全县广泛开展。所谓"十户一体"活动，即由一名党员（丧失劳动能力，还处于贫困状态的除外）联系 3 户致富群众，由这 3 户致富群众再联系 6 户困难群众，10 户为一体。对此，中组部、云南省委组织部和红河州委给予了充分肯定。中共红河州委发出通知，在全州广大农村开展"十户一体"连户帮带活动，推广元阳县的经验。

对于村干部的选拔培养工作，在尊重《村民委员会组织法》、保障村民享有选举与被选举权的前提下，元阳县按照优化结构、配强班子的原则，根据摸底调查及广大党员群众反馈推荐情况，建立了一批能力强、作风正的人才资源储备库。2013 年，全县各乡（镇）、村委会共储备村党组织、村民委员会、村务监督委员会、村团组织、村妇代会组织五类人才资源 1620 人。

为使基层组织建设得到进一步加强，党员的先锋模范作用得到充分发挥，党的执政基础不断巩固。红河州委决定从 2013 年起，在全州村"两委"领导班子成员中实施培养"明白人、带头人"工程。"明白人、带头人"应是讲政治、有文化、守法纪、重品德、懂技术、会经营的优秀村"两委"班子成员。"明白"的要求包括政治上明白、政策上明白、思路上明白、方法上明白、科技上明白、法律上明白；"带头"的要求包括带头学习提高、带头维护大局、带头推动发展、带头促进和谐、带头遵纪守法、带头保护生态。"明白人、带头人"家庭人均纯收入实现 3 万元以上，同时，发挥他们的引领示范作用，带动其他村"两委"领导班子成员逐年增收致富，带动周边 10 户以上农户致富。从 2013 年起，元阳县计划每年培养 100 名村"两委"班子成员成为"明白人、带头人"，力争三年达到 300 名，平均每个村委会两名左右。"明白人"、"带头人"每年要与乡镇党委、政府签订《年度目标管理责任书》，并根据《考核目标评分标准》进行综合考核。州级每年组织一次评比表彰，每年评选 52 名优秀"明白人、带头人"，由州财政安排 10 万元扶持其所在村委会发展村级集体经济。对年度考核为优秀的，州财政给予每人 1 万元的资金奖励。县级每年组织一次评比表彰，每年评选 10 名优秀"明白人、带头人"，由县财政安排 5 万元扶持其所在村委会发展村级集体经济。对年度考核为优秀的，县财政给予每人 5000 元的资金奖励。对连续三年考核为优秀并符合政策条件的，可优先定向考录公务员或公开选拔进乡镇党政领导班子。对考核为不称职的，取消"明白人、带头人"资格并在一定范围内通报。①

元阳县把推进民主政治建设作为实施民族"直过区"振兴行动计划的着力点，派驻农村经验丰富的乡镇领导和乡机关工作人员挂职指导农村

① 《中共元阳县委员会办公室关于在全县村"两委"班子成员中培养"明白人、带头人"的意见》（元办发［2013］145 号），2013 年 9 月 11 日。

党务工作，帮助制订党员干部培训、学习计划，指导开展创先争优、学习型党组织建设等活动，目前，"直过区"村"两委"班子成员、委员均为"直过区"群众，实现了村民自治、基层民主政治建设有序推进，党务、政务、村务公开制度不断完善，基层党组织战斗堡垒作用更加凸显，共青团、妇联等群团组织逐步完善。党的民族宗教政策得到切实贯彻落实，平等、团结、互助、和谐的社会主义民族关系更加牢固，呈现出民族团结、社会进步、经济发展的良好态势。

第四章

民族教育与语言文字

　　教育是人类共同体及其文化得以延续和发展的基本条件之一，语言文字则是人类文明发展至今得以区别于其他生物的重要标志。和中国其他地区一样，元阳县逐步完善了教育设施硬件建设，促进了师资力量的软件提升，也在各级政府的关心之下，在严格规范的国民教育体系之外开展了丰富多彩、形式多样的各类宣传教育活动。通过长期、稳定、规范的教育制度的推进和各类活动的开展，元阳县各少数民族的整体素质和文化水平有了长足的进步。

第一节　民族教育

　　元阳县内的各民族自有其包含在民族生活中的传统教育方式和教育文化。同时，民族教育在纳入国家的规范管理的同时，也体现了边疆多民族地区的特色。21 世纪以来，传统教育对少数民族人口的个人发展影响有所下降，但依然发挥着重要作用。

一　传统民族教育

　　与其他地区少数民族的情况很相似，元阳县的少数民族传统教育是伴随着他们长时期的生产生活形成的，与他们的特殊自然环境和相应的生计方式息息相关。通过对传统民族教育的回顾，我们能够理解该地区民族文化的特殊性。鉴于元阳县人口最多、分布最广的少数民族是哈尼族，因此少数民族传统教育当以详述哈尼族的情况为主。

　　元阳哈尼族的传统民族教育完全融合于其整体的文化传承之中。

　　首先，家族历史教育主要依靠家谱的传承过程。哈尼族家谱通常是口传的用于记忆哈尼族家族发展世系的一整套谱系，基本由父子联名制所贯串，即用父辈名字的末一二字作为子辈名字的前一二字。这种古老制度延续至今，描述了一个家庭乃至整个家族的历史更替，向来为哈尼族家庭所重视。依靠着口耳相传的方式，一名哈尼族男子，往往能滔滔不绝地把几十代先祖的名字背诵出来。这样，不同的人可以通过这样的方式追溯共同的祖先，在不同支系之间推断他们的亲属关系和辈分，以此确定个人的关系地位和相应的责任义务。这样，他们就能明确自己的社会位置以按此行事。虽然绝大多数联名制完全是按照父系家庭的血缘关系继承下来，但谱系当中那些以天地自然和女性确立的名称，如"奥玛"、"浩木然"、"塔婆"等反映了他们曾经所处的与自然异常亲近的社会状态和重视母系的历史遗痕。

其次是家庭教育体系。虽然哈尼族长辈对子女的教养负有责任而且形成了一定的习俗，但这些总体来说较为朴素的教养方式反映了他们相对质朴的思想道德与相对单纯的经济形态。教养体现在各个家庭的生活点滴之中，以口头教育为主，专门的教育开支与文体设施并不多，并无固定的形式。由于与主要的生计方式密切相关，那些通过共同参与展开的劳动和体力锻炼在儿童教育中占有重要地位。除此之外，该族世代传承的谚语、祖训、习惯法和道德准则，比如敬老、知礼节、尊重父母、勤劳勇敢和诚实善良等，常常通过言传身教的形式自然地灌输给下一代。除了小家庭和父系大家族中长辈之外，因"拜干亲"和"认舅舅"习俗的存在，孩子所拜的干亲和舅舅对他们的教育也负有一定的责任。与对男子进行劳动训练和民族文化传承相对，对女孩子的教育一般由母亲负责，一般都是日常家务活，如砍柴、准备食物、担水、煮饭、喂养家禽畜、保管农产品、纺织刺绣、缝补、养育后代等。

再次，从民族整体习俗的教育传承来看，有的风俗是在生活中自然习得的，比如"十月年"、"昂玛突"、"苦扎扎"、"新米节"等哈尼族特有的年节习俗，也包括在生产生活中总结出来的天文历法知识；有的风俗通过参与锻炼得以掌握，比如哈尼族的"传统武术"、"摔跤"、"打磨秋"、"荡秋千"等游艺民俗技艺；有的属于口头文学，包括神话、史诗、传说故事、歌谣和谚语，比如创世神话《烟本霍本》。歌谣中又有劳动歌、情歌、哭嫁歌、仪式歌、儿歌，比如《黑撮忙撮撮》等。谚语包括生产、生活经验、健康卫生和提倡正面的道德素养等方面的；有的属于艺术技艺，比如音乐、舞蹈和乐器、剪纸、刺绣、服饰等手工艺。很多手工艺品都依附和体现在生产生活用具上，没有专门的制作行当，带有极大的普遍性和全民性。

最后，有的知识和能力因为其占有者身份的特殊性，需要通过家传和师传的方式进行专门传授，比如"摩批"和"咪谷"掌握的文学、历史和宗教知识。摩批，又称为贝玛，即哈尼族祭司，是哈尼族的知识分子和主要文化传承者，能够主持祭仪和施药治病。咪谷是不固定的宗教仪式主祭人，一般在需要时，在符合条件的村寨男性成员中通过鸡骨卜确定。那些多样的占卜方式如鸡骨卜、鸡头卜、草卜、肝卜、米卜、蛋卜等，和其他宗教祭祀知识都在他们当中教授和继承。另外，哈尼族的医药体系形成于他们漫长的生存斗争过程中，医药知识也只能通过口授和示范的方式代代传承下来，与其宗教活动有着密切的关系。哈尼族医师一般兼有祭师和文化传承人的身份，医药知识的传承严格限制在亲属当中，不肯外传，也限制了其医药知识的交流与发展。①

元阳境内的彝、傣、苗、瑶等其他四个少数民族的传统教育，除了自身民族特有的民俗风情之外，有关生产劳动和道德品质方面的教育与哈尼族有很多相似之处。

传统教育是元阳各少数民族文化血脉传承的必要条件，在进入现代教育时代之后，它依然承担着民族成员的生活与生产劳作基本技能与习俗的养成功能，但现代教育打开了一扇使他们与其他少数民族同胞共同参与现代国家发展的新的大门。

二　现代民族教育

元阳县的现代民族教育主要依托于国家基本国民教育和其他各类标准化教育宣传的基础，在其中又体现出对少数民族文化的尊重和对少数民族人才的重视。在这里，我们首先通过概述部分展现主要情况和教育改革的一些基本进展，之后，通过基础教育、教育经费、教学机构和基础设施建设、教师、教育教学成果等方面着重反映体系化的国民教育方面的基本状况，并展现党校教育、国防教育、法制教育、老年大学、科技培训等各类非学历教育的情况。通过描述，我们发现，在国民教育部分，该地区在国

---

①　参见马居里、罗家云《哈尼族文化》，云南民族出版社 2000 年版，第 72—77 页。

家教育体制统一安排部署下，严格合理地执行了各项方针政策，也发挥了自己的积极性和主动性，在突出民族文化、关心照顾少数民族群众和因地制宜地完善具体教育措施等方面做出了成绩。另外，随着社会结构的变化和社会发展的需要，利用非学历教育，立体、全面地促进了所在地区各民族群众对于现代社会所需的各方面知识的完善，现代民族教育取得了良好的效果。

（一）概述

新中国成立以来，包括哈尼族等6个少数民族在内的元阳各族群众进入了国家统一规划管理的现代教育体系之中。尤其是1978年以后，在元阳县的教育领域，主要针对教育综合改革和"两基"工作两个方面开展工作，取得了累累硕果。学前、小学、中学、职业教育等国民教育的主要领域有了长足发展，同时当地政府还推进了老年大学、农村扫盲等方面的工作。在党校教育、法制教育等一系列教育宣传领域取得了良好效果。2012年，元阳县教育局遵循"办学为民、育人为本"的要求，继续认真落实《元阳县教育振兴行动计划》，遵循"内涵发展、人才强教，资源统筹、开放创新、均衡和谐"的发展方针，使全县教育事业呈现出欣欣向荣的发展景象。同时积极推进了教育综合改革。元阳县自1983年12月起设立了县教育局。1978以来教育被放在优先发展的战略地位。全县实施素质教育，增加教育投入，改善办学调节，优化育人环境，教育教学水平不断提高。学生入学率、巩固率、毕业率、普及率逐年上升，辍学率逐年下降。2000年基本实现普及六年义务教育，2004年基本扫除青壮年文盲，2006年基本实现普及九年义务教育。

2004年，县委、县政府制定出台了《关于大力促进民办教育发展的实施意见》，对民办教育的发展作出了中长期规划，制定了扶持政策和鼓励措施。在政策上民办教育与公办教育同等对待，给予优惠。对于企业投资办学、民办学校用地、税收等方面给予优惠政策。在保障国有资产不流失的前提下，积极鼓励联合办学。①

根据《中华人民共和国职业教育法》和《国务院关于大力推进职业教育改革与发展的决定》，2004年10月26日，县委、县政府下发了《关于进一步推进职业教育改革与发展的实施意见》，元阳职业教育的发展目

---

① 数据来源于元阳县教育局。

标是：大力发展中等职业教育，积极发展初等职业教育，健全完善职业、成教体系，逐步形成以中等职业教育为重点，初等职业教育为基础，成人职业与技术培训为补充的职业教育体系。因计划生育政策的效果逐步显现，再加上外出务工人数的不断增加，元阳县的小学入学适龄儿童的人数有所减少。[①] 另外，随着九年义务教育的普及，初中毕业生不断增多，对继续升入高中就学的要求增大，高中教学资源不足成了制约教育发展的"瓶颈"。至 2004 年，全县仅有元阳一中和育才中学开办高中，校点不足，高中师资紧缺。2004 年，县教育局出台了《关于变革"瓶颈"制约加快普通高中教育改革与发展的实施意见》。2005 年，在县城南沙镇征地183.45 亩，将元阳民族中学扩建为完全中学，更名元阳中学。

《国家、省、州中长期教育改革和发展规划纲要》及《元阳县教育事业发展"十二五"规划》自 2010 年开始实施。元阳县教育改革以此为指导，继续以"分类指导、梯度推进、重点突破、全面展开、循序渐进、协调发展"的工作思路推进。突出了教育的普惠性和公益性，深化教育综合改革，全面推进元阳县教育又好又快发展。其成绩主要体现在以下方面：一是贯彻落实规划纲要，科学发展教育事业；二是继续推进中小学人事制度改革，促进校长、教师队伍建设；三是以人为本，实施素质教育；四是实施阳光政府、责任政府、法治政府、效能政府 4 项制度；五是继续落实《元阳教育振兴行动计划》，推进元阳教育科学发展；六是落实"元阳励志奖学助学教育基金会实施细则"相关规定；七是认真落实国家义务教育政策，规范办学行为；八是落实各项惠民政策。

通过推进人事制度改革，发展民办和职业教育，整合教育资源，近年来元阳县的教改工作取得了令人比较满意的效果。

（二）国民教育

国民教育保障了各民族群众享有平等的教育机会，在现代国家发展中具备了参与共同发展的基本能力。在此部分，首先单独介绍其中最为重要的基础教育取得的一些成绩，进而通过教学经费、教育机构、教师、教学成果等几个方面综述县内国民教育发展的基本情况。

_____

① 蒋荣富：《农村小学教育教学现状分析与思考》，载元阳县民族事务委员会、元阳哈尼学学会《元阳民族研究：哈尼学论文集》（第二集），2000 年，第 162—167 页。

1. 基础教育

基础教育是元阳民族教育的根本保障，所以也是近年来该地区各部门最为重视的问题，其中主要是依据地方的"五年计划"，特别重视和实施了基本普及九年义务教育和基本扫除青壮年文盲的"两基"工作。元阳县近年的基础教育工作取得了各方面的成绩，但设定的目标还有待在具体实施中逐一落实；除此之外，还比较注重奖项和一些硬性指标的实现，体现民族地区教育特色不足；比较注重开展行动，但对行动的效果评估不足。

"两基"工作是我国推进义务教育法的重要举措和重要目标。1993年，云南省根据《中华人民共和国义务教育法》等全国性法律及《云南省实施〈中华人民共和国教育法〉办法》《红河哈尼族彝族自治州实施义务教育方案》，制定了《元阳县实施九年义务教育规划》。该《规划》提出，义务教育要坚持"积极发展，量力而行，因地制宜，讲求实效"的方针，遵循"积极创造条件，以条件定发展"的原则，按照不同的地区，分步骤实施。2000年后，国家因为实施西部大开发战略加大了对教育的投入，元阳县又对"两基"规划进行了几次调整，到2005年全县已基本实现"两基"目标。

表4－1　　　　　1998—2005年中小学校舍建设投入情况统计表

单位：个、平方米、万元

年度	建设项目	建筑面积	投资总额	其中专款投入				
				国家一期贫义工程款	国家二期贫义工程款	"两基"专款	希望工程款	农村寄宿制工程款
1998	35	18013	1138.05	96.57	—	661.14	245.9	—
1999	14	6645	487.6	139	—	235	50.5	—
2000	35	16016	968.8	403.6	—	391	54	—
2001	11	8713	542.84	—	242.3	77	55	—
2002	13	10616	749.74	—	285.1	109.5	93.1	—
2003	26	12898	978.29	—	176	471.41	102.2	—
2004	26	10716	884.65	—	235.4	300.43	161	—
2005	41	55549	4778.13	—	—	—	—	3986.07
合计	201	139166	10528.1	639.17	938.8	2245.48	761.7	3986.07

资料来源：元阳县地方志编纂委员会：《元阳县志1978—2005》，云南民族出版社2009年版，第508页。

2002—2005 年，全县 15 个乡镇分期分批实现"普九"，至此，全县已基本实现"两基"目标。按照元阳县教育"十二五"规划，教育部门近年的工作重点还包括以下方面：加强学籍管理工作，巩固基础教育普及程度；加强学前教育工作，促进学前教育的规范；加强常规管理工作，促进管理水平的提升；加强专项教育工作，促进学生素质的发展。学籍管理方面的主要工作包括规范程序促进步、控辍保学求严格、改进毕业管理、改进学生档案管理等四个方面。

专项教育工作包括：体、卫、艺工作。一是体育方面。促进校园课间体育活动和其他课外体育比赛，安排体育教师参加省教育厅组织的有氧舞蹈培训；培训组织并完成学生体质健康测试及数据上报工作。二是卫生和健康方面。切实保障了各中小学校、幼儿园的食品安全。学校全面推行公共场所禁烟，宣传过量饮酒危害，开展心理健康教育。将营养、慢性病和口腔卫生等慢性病防治知识纳入中小学健康教育教学计划。三是文艺方面。规划了一系列文艺展演活动，如乐之培优杯"中国梦·红土情·成才志"诗歌散文创作大赛和朗诵大赛等。全力推进语言文字教学：继2012 年民族小学评为"州级语言文字示范学校"后，第一幼儿园又被评为"州级语言文字示范学校"；特殊教育已纳入正轨；家庭健康教育：聘请红河州家庭教育中心的主讲教师到 10 所中小学幼儿园普及家庭教育知识；疾病预防：主要是针对艾滋病等进行宣传教育；普法工作：学习中央普法讲话精神，指导学校开展第二批"红河州依法治校示范单位"创建工作。教育系统"六五"普法和"四五"依法治理工作中期总结检查验收。

目前，各乡镇基础教育工作及办学标准已经纳入了规范化管理的轨道，使各民族越来越具备接受同等教育的条件。教育政策执行着力点，主要放在以农业技术教育推进科技推广方面和保障国民教育体系尤其是基础教育和义务教育方面。[①] 一方面积极举办各类季节培训活动；另一方面努力保障提高中小学教学条件与师资力量，最终达到入学率和受教育者的数量质量两方面的稳定与提高。各乡镇在 2005 年前后已经完全达到"两基"工作要求，通过了省级验收。经过多次调整，全县所有乡镇均设置

---

① 2012 年以前概况和数据来自于元阳县地方志编纂委员会《元阳县志 1978—2005》，云南民族出版社 2009 年版，第 42—77 页；2012 年的数据来自于元阳县地方志办公室《元阳年鉴·2013》，德宏民族出版社 2013 年版，第 52—88 页。

了适当数量的幼儿园和中小学。其中县政府所在地的南沙镇和新街镇两地经济比较发达，人口集中，基础教育设施较为齐全，相比之下，其他地区交通、通信较为不便，经济发展滞后，更需要加强现代教育发展并与各族群众的传统教育与文化发展更加密切地结合起来。

2. 教育经费

保障教育经费落实一直是各级政府重点关注的问题，但我国仍处于发展中国家阶段的现实又决定了政府财政拨款支持的有限性，因此利用好社会集资和其他多种筹资渠道，同时开源节流、严格管理合理支出，是保障少数民族教育成效的有效方法。

教育经费主要依靠财政拨款、教育费附加、社会捐（集）资、学生学杂费和勤工俭学收入等。财政拨款是教育经费的最主要来源。在各级政府的极力重视和国家经济的有力支持下，2014 年的财政拨款已达 4.71 亿元，是 20 世纪 70 年代末的 470 倍以上。另一部分属于征收，有教育附加费和学杂费。征收经费以学杂费收入为主，并通过学生勤工俭学加以补充。除此而外，社会捐（集）资也是很重要的来源。20 世纪 90 年代通过"希望工程"已收到社会捐资 1810 万元。2012 年，又有香港慈恩基金会、日电通讯有限公司等两家社会组织捐款资助元阳县建设 8 所希望小学的校舍，捐款金额 120 万人民币、90 万港币，助建总面积达 10640 平方米。大学生励志奖学金助学金资助 5.4 万元，27 名考取大专院校的大学新生获得资助。2012 年全县教育经费总投入 45093.9 万元，比上年增长 41.44%，其中国家财政性教育经费 44480.6 万元，占总经费的 98.64%。

教育经费支出分为个人部分和公用部分。个人部分包括教职员工工资、民师补助、离退休费、助学金和其他费用。公用部分包括公务业务费、设备购置费、修缮费及其他费用，还有一部分经费用于帮扶贫困生。严格控制学生辍学，提高农村义务教育普及程度是巩固提高"两基"成果的首要任务，是义务教育阶段促进城乡教育均衡发展的重要举措。2012 年，元阳县按时足额拨付了义务教育公用经费 3937.63 万元。落实"两免一补"等各项惠民政策。

经费投入的稳定和来源的多样化保障了教育事业的稳步前进，因为经济发展的不平衡性和生活环境的特性，少数民族学生往往又是教育经费的重点关注对象和重要受益者。

3. 教学机构和基础设施建设

2012 年，巩固和完善义务教育"以县为主"的管理体制。一方面加大投入改善办学条件。一是实施"校舍安全工程"。投入资金 5222 万元，新（重）建一批主体教学工程和附属设施。二是实施廉租住房项目工程。投入资金 1986 万元，新建了元阳一中、元阳高级中学等 8 所学校的廉租住房 11300 平方米，有效解决了教师住房难的问题。另一方面实施云南省"农村义务教育薄弱学校改造计划"（简称"薄改计划"）。2012 年，共投入资金 571 万元，配标准三中小学教学设备 95 套。"薄改计划"的实施，使实验教学和教育教学设备得到了即使配备和补充。2012 年，元阳县共有 302 个教学光盘播放点、187 个卫星地面接收站、27 个计算机教室、31 个多媒体教室，共有学生电脑 836 台，生机比为 75：1。

两个项目工程和一个改造计划的组织实施，改善了元阳县办学条件，促进了标准化学校建设。教学机构和基础设施的发展突飞猛进，很好地配合了教育发展的需要（见表 4－1）。

4. 教师

如果说教育机构和设施的改进是硬件保障，那么教师素质的提升从软件方面进一步提升了民族地区现代教育的水平。近 30 年来，教师待遇不断改善，人数不断增长，培训机会增加，管理日趋严格，水平逐渐提高。

全县 2003 年中小学教师人数为 2418 人，学校普遍建立了校长负责制，教师聘任制，优化了教师队伍，提高了教师教书育人的积极性，增强了办学的活力。2005 年，全县有幼儿及中小学教师 2822 人，教师数量基本达到"两基"攻坚的要求。2012 年全县共招聘教师 314 名，其中录取"特岗教师"181 人。教师数量不足、专业结构不合理等状况日趋缓解。[①]

一直以来，教育部门采取函授教育、自学考试、"三海选"培训等形式提高教师的业务能力，构建"和谐共生、竞争有序、多元发展、充满活力"的育人体系，教师学历合格率明显提高。通过开展多层次、多形式的学习培训，全县师资队伍整体素质和学校管理水平不断提高。近年来进一步加强了校本教研和片区教研，以"大校拉小校，强校扶弱校，城校带乡校"为导向，整合共享资源。积极组织教师参加各级研讨会，在讲座中增加知识。组织教师撰写教育科研论文，提高教育理论水平。2012

---

① 数据来源于元阳县教育局。

全年共有 97 篇教学论文获省级奖项。20 世纪 90 年代中期以来，元阳县有 20 余名教授荣获"红烟园丁奖"。

教师是教育活动的决定性因素，除了国家对教师的标准化考核要求之外，少数民族地区教师对于民族文化的了解和尊重将促进教育的实际效果，各级管理部门应注意鼓励教师增加对于地方性知识的学习，也应给予少数民族教师更多的优惠政策。

5. 教育教学成果

在以上条件的保障下，元阳县取得了不错的教学成果。1987—2005年，元阳县初考成绩均居红河州南部六县前列。1995—1999 年，高考成绩也属红河州南部六县前列，有 11 人获"红烟桃李奖"。2003 年，一中学生李阳龙被清华大学录取，成为元阳县第一个直接考入清华大学的学子，之后又有一些学生被包括清华大学在内的著名学府录取。同期全县中小学学生积极参加各级学科竞赛体育运动比赛，有数百人获国家级以下奖项。2012 年初中学业水平测试质量稳步提升，成绩在 800 分以上的优秀初中毕业生达 82 人；有 602 名考生（含三校生）参加普通高考，上线567 人，高考总上线率达 94.19%，元阳一中的哈尼族同学陈金勇荣获"红烟桃李奖"。2013—2014 年又有四名同学获得该奖项。从历年获奖同学来看，少数民族超过半数（见表 4-2）。

表 4-2　　　　1998—2014 年高中毕业生获"红烟桃李奖"名单

年度	姓名	民族	科类	录取学校
1998	邱炜远	彝族	理科	北京航空航天大学
1998	李映霞	哈尼族	文科	云南师范大学
1999	张晋恒	汉族	理科	云南大学
1999	张春燕	彝族	文科	云南财经大学
2000	李晓铭	哈尼族	文科	云南大学
2001	王永屏	汉族	理科	云南大学
2002	欧阳圣洁	汉族	理科	云南大学
2002	普想春	哈尼族	文科	云南大学
2003	李阳龙	汉族	理科	清华大学
2003	苏朝贵	哈尼族	理科	云南大学
2003	谢安林	汉族	文科	云南财经大学
2004	李志兴	哈尼族	文科	中国政法大学
2005	白　丽	傣族	理科	中央民族大学
2006	白建华	哈尼族	文科	云南大学
2007	杨　庆	汉族	文科	四川大学

年度	姓名	民族	科类	录取学校
2008	温丽芳	汉族	文科	浙江师范大学
2009	徐金华	哈尼族	理科	湖南大学
2010	李乔烨	哈尼族	理科	长安大学
2010	陈小梦	汉族	文科	西南民族大学
2012	陈金勇	哈尼族	理科	云南大学
2013	赵福勇	汉族	理科	昆明医科大学
2013	白小超	傣族	理科	云南大学
2014	李美琴	哈尼族	理科	上海财经大学
2014	唐晓靖	汉族	文科	云南大学

资料来源：元阳县教育局。

积极推进校园文化建设。根据地方情况，结合现实需求，针对防止毒品危害、防治艾滋病、合理利用网络资源、增进阅读、健康、交通安全等。2012 年，98% 的学校达到县级文明学校，6 所学校被评为州级文明学校，2 所学校被评为文明学校。县民族小学被评为"云南省德育先进集体"，牛角寨乡中学特岗数学教师朱为平获"云南特岗之星"殊荣。举行了数百次健康教育、家庭教育活动。提倡"阳光体育"，在所有学校开展了"中小学生每天一小时校园体育活动"后，学生体质得到明显加强，全县学生体质健康达标率为 96.12%。针对有民族文化和景观特色的地区推进与家乡文化相适应的艺术教育，在梯田核心景区 12 所学校的 239 个班级，开设《梯田申遗》课程，开展了"爱梯田爱家乡"等主题的文艺汇演。各学校还在"六一"等节假日举办书画展和歌咏比赛等文化活动，提高了学生感受、鉴赏和创造美的能力。全面实施以绿化、美化、生态化建设为重点的"绿色学校"创建工作，优化了育人环境。2012 年，元阳县民族小学被评为该县第一所省级"平安校园"，同时，元阳一中也在积极申报第二批"平安校园"。县教育局也成为该年度的"先进平安单位"。一批和谐校园、书香校园、生态校园、人文校园正逐步形成。

元阳教育振兴行动计划包括：第一，提高教师待遇，稳定教师队伍。对离乡镇人民政府驻地 5 公里以上的教学点，在村委会任教的教师每人每月补助 50 元，在村组任教教师每人每月补助 100 元。2012 年，县政府共下拨乡村教师补助费 93.005 万元，全县 14 个乡镇 116 所完小和 180 个村校点共 1401 名小学教师得到补助，对于保证教师扎根艰苦地区起到了积极作用。第二，鼓励教师提升学历。鼓励在职教师参加中高等教育的深造。对于取得毕业证书的按规定给予补助和晋薪，为提高教师综合素质发挥了积极作用。第三，实行教育教学管理制度和激励机制。落实《中小学校长考评奖励办法》等管理和激励制度。建立起从教师到校长都能进能出、能上能下、重能力、重实绩、重贡献的良性竞争机制。按照元阳励志奖学助学教育基金会实施细则和"章程"的规定，2012 年表彰奖励了解 273 名优秀教师、优秀班主任和先进教育工作者，发放奖金 14.3 万元。

落实义务教育经费保障机制和"两免一补"政策。2012 年，按时足额拨付教育经费 3937.63 万元。其中，拨给小学的经费共 2286.06 万元，补助 40483 人。免除了全县所有义务教育阶段学生的教科书费和杂费，发放寄宿制学生生活补助资金。建立"校财局管"的经费管理制度，坚决治理教育乱收费行为，切实保障适龄儿童和少年依法、公平接受义务教育。同时，积极争取社会资金帮助贫困学生入学并完成学业。通过营养餐改善计划，全县从 3 月 1 日起对农村义务教育阶段学校的学生每天配送一个鸡蛋、一袋牛奶、一块面包。又新建或修缮了一批中小学校食堂，按高标准配送学校食堂食品。2012 年，为 56700 名学生拨付了义务教育农村中小学营养改善专项资金 3370.26 万元。为家庭经济困难的 1119 名学生拨付普通高中学生资助金 145.7 万元，还借助生源地助学贷款 401.4050 万元，为 694 名大学生解决上学难的问题。

以上成果的取得，既体现了各级政府对教育的重视，也体现了教育系统为此作出的努力。

(三) 各类非学历教育

各类非学历教育是普及现代知识、帮助提高各民族素质的又一项重要工作。主要包括党校、共青团、关心下一代工作委员会、科学技术协会、县人大常委会教育科学文化卫生工作委员会、老年大学等机构为教育做出的贡献和法制、国防、成人、医务培训、农村扫盲以及其他方面的教育。

1. 中国共产党元阳县委党校。党校教育把党的基本方针政策更加深入系统地介绍到各族群众当中，加强了的党的威信，有助于各族群众更加紧密地团结在党的领导下参与国家发展。该校（以下简称县委党校）成立于 1961 年 7 月，之后经过发展成为"五块牌子，一套班子"的办学格局。到 2012 年，全县基本建成了惠及全县党员群众的党员干部现代远程教育网络，实现全县 14 个乡镇 138 个村（社区）都有党员干部现代远程教育站点的建设目标。同时，还通过县级部门联系村（居）委会、干部职工联系群众的方式，在各部门开展了"四群教育"活动。配合党和国家的重大活动开展教育宣传，举办了例如以"喜迎十八大"为主题的一系列教育活动。

2. 共青团教育。共青团的教育工作主要包括青少年思想教育、少先队工作和助学助教工作：通过"百人入团宣誓"、"成人仪式"等系列教育活动和"远离毒品、关爱生命"、"反对邪教、崇尚科学"等法制宣传教育活动，把做好青少年的思想政治工作同解决青少年的思想实际问题结合起来，培养"四有"新人。坚持以爱国主义教育为重点，以素质教育为核心，广泛开展"五讲五爱五心五自"活动和"民族精神代代传"、"雏鹰行动"系列活动。在利用网络资源协助希望工程筹集经费方面成绩尤为突出。共青团主要是协助做好了在青少年当中的爱国主义教育和其他支持各族青少年全面发展的工作。

3. 元阳县关心下一代工作委员会。2000 年，元阳县成立了关心下一代工作委员会（简称关工委），其主要职责是：对青少年学生进行爱国主义、集体主义、革命英雄主义教育，把青少年学生培养成为"四有"新人。实际上是借助老干部和其他社会力量辅助开展青少年教育的地方性机构。关工委虽非常设机构，但还是不断开展了思想品德及革命传统教育，资助贫困学生、捐赠图书、衣物、建材等活动，并动员社会力量支持和关心下一代的成长，为各族青少年教育做了很多辅助工作。

4. 元阳县科学技术协会。元阳县科学技术协会在 20 世纪末得到恢复，其主要工作从破除迷信、崇尚科学思想的宣传逐步转向目前的举办知识讲座和科普展览、推广农业科技、帮助民族群众发展多种经济等方面。此外，元阳县科学技术协会还负责开展农业技术职称评定工作。2012 年顺利完成农函大招生 1500 人培训工作，征订科技书籍，投入科普经费 15000 元。根据民族"直过区"办公室有关文件精神，开办民族直过区协会及会员培训。分别帮助了上新城乡采山坪村委会梨树协会、黄茅岭乡普龙寨橡胶协会、木薯协会等。科学技术协会是现代农业知识在各族群众生产生活中得以普及的有力推动者。

5. 元阳县人民代表大会教育科学文化卫生委员会。此委员会负责办理教育、科学、文化、卫生、计划生育等方面的议案、法案、质询和监督的日常工作。通过调查研究提出意见实施监督，着重在教育、科学发展战略、发展民族教育和先进技术推广等方面提出意见和建议。着重抓好情况的审议和监督，促进尊重知识、尊重人才、尊师重教及有关法律、法规的落实，对违法事件进行调查并提出处理意见。依法做好对口联系部门的代表评议和述职评议工作等，在县人大常委会审议通过相关民族教育工作的有关法案过程中起着重要的协助作用

6. 元阳县老年大学。针对人口老龄化和科学发展观的要求，启动和推广了如老年大学类似的有助于帮助各族老年人口适应社会发展的需求和丰富自身精神生活的机构。2004 年 10 月元阳县成立了老年大学，设于县教师进修学校。主要面向全县离退休干部，为"老有所学、老有所乐、老有所为"创造条件，为老年人再教育提供服务。

7. 法制教育。在现代国家中，各民族固然还保存着自己独特的乡规民约，但作为多民族国家中的成员，与他族的和谐共存更需要遵守国家法律法规，因此开展对各民族群众的法制教育非常重要。法制宣传、普法教育、依法治县和法律服务方面的教育工作由县司法行政部门负责开展。为提高全县公民的法制意识，促进社会稳定，保障国民经济持续、稳定发展，这些部门加大了法制宣传力度，在全县开展带来灵活多样的法制宣传活动。充分利用"法制宣传日"等活动开展法制宣传。通过法律咨询、图片展览、播放音像、发送法律书籍资料等形式开展宣传，解答群众的法律疑问，多次实施了"全民五年普法"教育，通过举办相关文艺演出等多种形式开展宣传。2005 年全县开展依法治理，推行执法责任制。在创建"民主法治示范村"活动中以新街镇①阿窝主哈尼族村为试点，进行法制宣传并开展重点建设。近年更通过多样化的形式，有针对性地推进普法工作。比如 2012 年 7—8 月，在全县 273 个单位组织开展了档案法制知识竞赛。

8. 国防教育。现代国家出现之后，国防安全就成为各民族幸福安定的生活和民族发展的重要保障，国防工作也依靠各民族群众的支持，因此国防教育也是民族教育的必要组成部分。国防教育面向全民，形势战备教育面向全体民兵，专题教育结合当年的训练任务在基干民兵中进行，其他教育利用军事训练、民兵整组、征兵工作、学生军训的时机进行。进入

---

① 据元阳县地方志编纂委员会《元阳县志 1978—2005》，云南民族出版社 2009 年版，仍记述为"胜村乡"，目前胜村乡已并入新街镇。

21世纪后，在原有教育形式基础上进一步利用了计算机、互联网等信息手段进行远程教育。除了之前一直坚持实施的以军训为主的中学生国防教育之外，2012年特别组织开展了人防教育宣传系列活动：通过防空警报试鸣、宣传标语、电视专题片、资料手册等方式多层次、多角度、全方位的人防宣传教育活动，营造了国防教育氛围，激发了爱国拥军热情，增强了国防意识和人防观念。

9. 成人教育。成人教育主要包括教师培训和医务人员培训。教育系统成人教育包括中小学教师的学历教育、非学历教育、履职晋级培训、继续教育等。成人教育为各民族群众提供了体系化教育之外的参与现代社会建设的必要竞争能力。

10. 医务人员培训。具备现代医疗知识的合格医务工作者能为各民族群众的健康提供良好的保障。多年来培养了大批合格的乡村医生和在职医务人员。

11. 扫盲教育。通过扫盲工作使各民族群众掌握基本的汉语文能力，能够帮助他们更平等地参与现代国家发展。在20世纪中后期为当地各族群众的扫盲脱盲做了大量工作也取得了巨大的成绩。经过21世纪初的继续努力各项指标均已达到国家扫盲标准。

12. 其他民族教育。由于我国对于少数民族的特别照顾，还有一些专门针对少数民族的教育措施。比如组织了少数民族干部培训，2012年选送21名少数民族干部到内地先进地区挂职锻炼，选送55名少数民族优秀学生到云南师大附中等学校深造，并补助考入二本以上大学的20名少数民族学生各2000元。利用民族节日活动等契机，通过各种方式宣传党的民族宗教政策，征订了《今日民族杂志》等刊物，编发《民族宗教政策知识问答》等宣传手册，深入民族村寨开展团结宣传活动，还组织了民族文化传承人、致富带头人等到外地考察。除了民族工作方面，还开展了防震减灾、安全生产、税收、民政、人口计生、残疾人文体等多方面的宣传教育活动。

元阳县现代民族教育发全离不开国家各级各类学校教育与培训宣传工作方面的努力。围绕教育综合改革和"两基"工作两个重点，通过促进教学机构和基础设施建设、教师素质提升、积极筹措教育经费，不但实现了扫盲目标，稳固了学校教育，更通过党政团群各方面的工作，通过多种教育、宣传方式，在主要方面取得了良好的效果。下面就要具体展现民族教育的主要措施及其在国民教育体系中的具体实施情况。

三　民族教育实施情况

这个部分将结合代表性的实例，重点介绍民族团结教育实施情况，在之后的学前、小学、中学、职业等不同阶段和类型分别展示元阳县的国民教育的具体发展情况。针对元阳县的多民族背景，当地教育部门依托学前、小学、中学和职业教育等不同阶段和方向，着力实施了民族团结教育，并根据地方自然条件、文化习俗在教学过程和内容上予以强调，在完成国家统一教育大纲的基础上，培养了大批地方民族人才。

（一）民族团结教育

民族团结教育是促进我国作为多民族国家的社会稳定，促进民族交融，维护各民族共同发展进步的重要教育措施，更是实践科学发展观的必然要求。元阳县开展民族团结教育的年级是小学三年级、五年级和初中的一年级，学生数为三年级 7100 人，五年级 6591 人，初一 4995 人。目前共有三所民族学校，分别是：元阳县民族小学、元阳县民族中学、元阳县民族职业高级中学。10 所云南省民族团教育结示范学校分别是：元阳县民族小学、元阳县民族中学、元阳县第一小学、元阳县第二小学、元阳县第一中学、元阳县民族职业高级中学、元阳县黄茅岭小学、元阳县攀枝花中心小学、元阳县胜村中学、元阳县高级中学。

其主要措施有三方面：一是在管理层面精心组织；二是将民族团结教育课程列入地方课程；三是以活动促教育。县教育局一直对民族团结教育高度重视，保持征订民族团结教材，开足开齐民族团结课程，定期召开会议，研究民族团结教育工作。各学校成立了以校长为组长，班主任为成员的"民族团结教育领导小组"，分管领导主要负责，全体师生共同接受教育，使民族团结教育活动落到了实处。各学校每学年开设民族团结教育课程 10 节，低年级以《民族常识》、中高年级以《中华大家庭》为教材，以课堂教学结合日常生活，充分发挥课堂教学的主阵地和主渠道作用。另外还通过各类活动促进民族团结：第一，通过各种渠道在师生中切实加强民族团结教育宣传。通过教师政治学习活动，组织教师专题培训，通过晨会时间，组织学生集中学习，深刻认识各民族共同团结奋斗共同繁荣发展的主题对促进民族关系和谐的重要作用。第二，举行升旗仪式。利用每月的第一个周一升旗仪式的时间，加强民族团结教育，使学生在国旗、国歌所代表的国家意识感召下，在中华民族团结一心的氛围中，接受实际教育。第三，各中队利用班会课围绕"民族团结"召开主题班队会。各中队在辅导员的带领下，积极参与，将民族团结思想渗透体现在同学们的精彩的表演中，进一步开展学生手拉手结对子活动。在此基础上，还通过校内主题班队会观摩比赛，使各班级的宣传亮点得以相互促进学习。

民族团结是维护祖国统一、促进各民族共同繁荣、关系国家前途命运的重大问题，让我国各民族大团结的优良传统代代相传，让各民族相互尊重、团结民族意识在少年儿童的心底扎下根，成为学校义不容辞的光荣任务。学生通过学习，增加了对各民族语言文字和生活习俗的了解。有些学生则通过讲述一些来自生活的，有趣的民族团结故事让大家更深刻地认识到各民族之间平等相待，和谐相处的必要性。学生们通过活动了解到我国多民族社会的基本状况，学习了解了自己所属民族的分布区域、人口数量、语言文字及主要的文化特点和风俗习惯等。使各民族之间有了进一步的了解，让各族学生更加深刻地认识到我国各民族共存共进共同发展的重要意义和美好前景。

（二）学前教育

应该说，对于元阳县这样的边疆少数民族地区来说，学前教育还处于发展的初级阶段。由于各民族有自己的传统幼儿教育方式，加上经济和自然地理条件等，幼儿园所基本上一直集中在县城和乡镇。

1. 学前教育概况

学前教育因为以地方管理为主，所以元阳县还就此方面确立了一些符合地方需要的主要工作。一是开展帮扶活动。开展示范园、一级园与其他园"手拉手"结对共建活动，促进园际之间的共同进步。二是坚持依法办园。全面落实《云南省教育厅转发教育部关于规范幼儿园保育教育工作防止和纠正"小学化"现象的通知》。三是科学规划。拟定《元阳县学前教育三年行动计划》。四是开展活动，促进幼儿园师生共同成长。

2. 学前教育实例——元阳县第一幼儿园

元阳县第一幼儿园的前身是新区幼儿园，创办于1997年8月，刚建立时还没有自己的场地，借用新区中学教室上课，当年有教师3人，有33名幼儿入园。1997年才更名为"元阳县第一幼儿园"。随着县城新区搬迁后的发展，居民和需要入园的幼儿数量也在增加。第二年的入园幼儿已有52人，教师也增加到8人。2000年以来规模设施、教师和入园幼儿人数不断增加，还分别获得过"青年文明号"学校、"文明幼儿园"等表彰。2014 年在园幼儿已增加到 591 人，少数民族学生占到 77%，其中有女孩 291 人，编为 15 个班。但因生源以城区为主，虽然是少数民族身份却已不太使用本族语言，因此并未开展双语教学和其他特别的民族文化教学。学前教育与其他教育阶段相比发展有限，但也取得了很大成绩，尤其是在教育理念和设施改进方面有了很大改变，其最大特点是服务集中，精品化。

（三）小学教育

小学教育阶段最能体现出元阳少数民族特色教育，如双语教学和民族团结教育等均被重点安排在这一阶段，同时有的学校还尝试提倡专门学习我国优秀传统道德，使民族文化与中华文化得到有机的结合。

1. 小学教育概况

20 世纪 70 年代以来小学校点数量一直在根据实际情况调整和缩减，但特别关注了少数民族地区的教学需求。在俄扎区的俄铺上寨等 21 个自然村开办过巡回教学点。考虑到哈尼族、彝族女孩子不愿与男孩同班同桌读书的特点，逢春岭区还在尼枯补等小学开设了 6 个女子教学班，招收242 名女生入学，使全区女孩入学率提高到 92.6%。[①] 此外，考虑到某些边远地区学生上学难依然存在，"逐步实行了邻近村寨联合办学，分散村寨巡回教学，开办早、午、晚班等，解决了边远山区适龄儿童入学难问题，基本做到了村有初小、乡有高小、区有中心小学，读初小不出村、读高小不出乡，学校办在家门口，娃娃读书不用愁"。[②] 这些都是我国政府多年以来对少数民族实施优惠政策和当地进行了耐心细致规划取得的良好效果。

到了 2001 年，全县统一实施六年制教育。2012 年，全县已有小学272 所，小学适龄儿童入学率 99.75%。

2. 小学教育实例——元阳县民族小学

元阳县民族小学创办于 1997 年 8 月，是县行政中心迁至南沙后新办

---

① 罗兴祥、陈窝娘：《如此发展下去，何日迈向小康：元阳县胜村乡多依树村公所猴子寨特困村的调查报告》，载元阳县民族事务委员会、元阳哈尼学学会《元阳民族研究：哈尼学论文集》（第二集），2000 年，第 122 页。

② 元阳县地方志编纂委员会：《元阳县志 1978—2005》，云南民族出版社 2009 年版，第511 页。

的一所全日制小学，时称新区小学。学校占地 16 亩，位于长青路北段，有教学楼 2 幢，建筑面积 4795 平方米。建校之初仅有 1 个教学班，学生 33 人，教师 2 人。后更名为元阳县民族小学，曾获"元阳县民族团结师范学校"、"州级文明学校"、"云南省民族团结教育先进集体"等表彰。在 21 世纪初多次初考中，学生成绩名列全县第一。2014 年，有汉族、傣族、哈尼族、彝族、壮族、回族、白族、苗族、拉祜族等民族学生就读，设 44 个班，学生 2178 人，其中少数民族学生占 80.2%。教职员工 117 人，其中小学高级教师 84 人，一级教师 19 人。教师学历合格率和学生入学率、巩固率、升学率多年保持在 100%。

民族团结教育课程：作为元阳县小学阶段民族教育的窗口学校，该校不但开设了地方课程（民族教育、三生教育、三项教育等），也非常重视民族团结教育课程。利用地方课程的时间，通过学习民族文化教材、讲述民族团结小故事；通过学科整合，在音乐课等其他课程中教授民族歌曲、舞蹈；通过主题班队会，宣传党的民族政策和民族英雄事迹。激发学生了解民族知识的兴趣，增强学生对民族文化的喜爱之情。在具体教学中，例如高年级使用的《中华大家庭》教材，通过对我国各民族基本文化习俗的介绍，使学生逐步了解我国少数民族的风貌和概况，通过转述故事、写广告语、猜图片等多样的形式加深学生的理解，取得了良好效果。但因为尚处于探索阶段，也存在认识不足、活动形式单一、实效性不强等有待改进的问题。

元阳县小学校点分散，山高谷深，有的地方条件异常艰苦，在教学中师生需要克服的困难最多，但小学教育却是目前义务教育的主要阶段，承担着大多数少数民族人口的基本文化知识培养的任务，教育部门在硬件设施的完善和师资力量的配备方面做了很多工作。这一阶段的最大特点是服务面广，作用关键，任务艰巨。

（四）中学教育

中学教育是在基础教育后继续深化培养少数民族人口的文化知识，并选拔推进其中优秀人才进入高等教育的重要过渡阶段。学校不断增加完善，从安全、经济等方面尽量帮助各民族群众就近解决了教育问题。

1. 中学教育概况

到 1999 年，元阳县 15 个乡镇都已设立了中学，实现了"读高中不出县，读初中不出乡"的目标。企业家刘攀文于 2002 年创办私立"育才中学"。截至 2012 年，全县已有初级中学 15 所，教职工 1103 人，其中专任教师 1101 人，合格率为 98.36%。初中在校生 19577 人，包含外来人口的初中毛入学率达 100.14%，上学年辍学率控制住 0.60%，完学率为 95.61%。高中阶段招生 1954 人（县内普高招生 1095 人，职高招生 162 人，省民族高中班招生 3 人，州民族高中班招生 44 人，县外高中、省州中专、职业高中、技校招生 650 人）。高中教育按"稳规模、精管理、求质量、上水平"的思路发展。继续推进"1650"工程，该年全县有普通高中 2 所，教职工 234 人，专任教师学历合格率 93.10%。在校学生 2673 人，高中阶段在校生 7005 人（其中：县普通高中 2673 人，职高 634 人，县外普通高中 1215 人，县外职高、中专、技校 2483 人）。

2005 年在各中学开设了计算机课。为实现"两基"，增加投入，建盖教学楼，增加多媒体教室、图书室、微机室、理化生物实验室等，改善了中学办学条件。1999—2002 年，随着信息技术教育的发展开展了计算机教学。2012 年，全县 578 人参加高考，有 546 人上线，上线率达 94.46%，比 2011 年的 91.85% 提高 2.61 个百分点。其中：一本上线 13 人，二本上线 88 人，三本上线 48 人。"三校生"参考人数 24 人，上线 21 人，上线率为 87.5%（见表 4－3）。

表 4－3　　　　元阳县 2012 年高考（一本）情况

姓名	性别	科类	民族	确认点	成绩	合成分	录取学校	录取专业
高敏	女	文科	汉族	元阳一中	518	538	云南师范大学	思想政治教育
龙鋆	女	文科	彝族	元阳一中	584	604	南京审计学院	金融学
许正忠	男	文科	哈尼族	元阳一中	519	539	昆明理工大学	英语
邓正明	男	文科	瑶族	元阳一中	501	521	云南民族大学	经济学类
李安	男	文科	彝族	元阳一中	520	540	昆明理工大学	法学
王丹蕾	女	理科	汉族	元阳一中	557	557	华东政法大学	国际经济法
罗美芬	女	理科	哈尼族	元阳一中	462	482	昆明理工大学	过程装备与控制工程
陈金勇	男	理科	汉族	元阳一中	515	535	华东理工大学	材料物理
盘有秀	女	理科	瑶族	元阳一中	449	469	石河子大学	工商管理
刀驰宇	男	理科	傣族	高级中学	318	338	重庆大学	体育教育
杨丰铭	男	理科	回族	高级中学	545	545	吉林大学	资源勘查工程
许梅	女	理科	哈尼族	元阳一中	449	469	大理学院	经济学

续表

姓名	性别	科类	民族	确认点	成绩	合成分	录取学校	录取专业
杨福保	男	理科	傣族	元阳一中	449	469	大理学院	临床医学（免费医学）
李明	男	理科	哈尼族	元阳一中	466	486	大理学院	临床医学（免费医学）

资料来源：元阳县地方志办公室：《元阳年鉴·2013》，德宏民族出版社 2013 年版，第 304 页。

2. 中学教育实例一——元阳县民族中学

元阳县民族中学坐落在元阳县行政中心所在地南沙镇，原称南沙中学。1971 年建立了万莫乡（现南沙镇下属一个自然村）附设初中班，后搬迁至南沙镇更名为南沙中学。20 世纪 90 年代末与新区中学合并为元阳县民族中学，随着学生数的剧增学校规模的不断扩大，校园和建筑面积不能满足学校发展的需求，2012 年 7 月元阳县民族中学搬迁至元阳高级中学，实行两校合并办学。

元阳民族中学现有教职工 150 人，其中专职教师 142 人，工勤人员 8 人，有 33 个教学班，在校学生总人数 1776 人（其中：少数民族学生 1345 人，占总人数的 75.7%），主要生源来自南沙镇适龄少年、县城部分干部职工子女和外来务工子女等。

元阳县民族中学成立以来，在县委、政府及上级主管部门的正确领导下，在社会各界的关心和支持下及全校师生的共同努力下，元阳县民族中学在前进的道路上取得了一个又一个可喜的成绩，特别在 2014 年的中考中，800 分以上人数达 20 人，超过了一直以来元阳县中考成绩独占鳌头的元阳一中，取得了元阳县民族中学有史以来的最高水平，受到了学生、家长及社会各界的一致好评，社会满意度不断提升，学校的影响力和区域文化辐射力不断扩大。

元阳县民族中学从严治校、科学管理，积极探索农村中学办学的新途径和新方法。教师多次参加州级、县级的各项教育教学比赛，并取得了较好的成绩，培养了一批年轻骨干教师。在实施素质教育的进程中，学校充分发挥课堂教学的主渠道作用，坚持"双基"并重，形成了以教师为主导、学生为主体、训练为主线、思维为核心、能力为目标的课堂教学模式，学生在德、智、体各方面得到全面的发展，力争在 2018 年建设成为一所在红河州内具有一定影响力的示范性学校。

3. 中学教育实例二——元阳县第一中学

元阳一中是目前县内唯一一所完全中学，于 1954 年创办于新街镇，这里就是素有"云雾山城"之称的哈尼梯田核心区。2014 年，初中部有 11 个班，高中部 34 个班，在校学生 2109 人，有教职员工 202 人，其中中学高级教师 61 人，一级教师 73 人。建校以来，县内各族青少年在这里得到良好教育并获得了全面发展，少数民族学生占 85%，仅从这一比例来看，该校同样也为培养少数民族学生起着重要的作用。与十年前相比，学生人数增加不多却增添了大量教学设施，能够为偏远地区的学生提供更多更好的住校学习条件。2005 年高考升学率上升至 67.4%，连续 8 年居红河州南部 6 县前茅。2003 年，学生李阳龙即以 570 分的高考成绩成为建校以来第一个考入清华大学的学子。2005 年，傣族学生白莉在高考中名列红河州南部六县理科第一名。2014 年哈尼族学生李美琴又以高分考取上海财经大学。历史上，元阳一中为地方培养了很多优秀人才，比如：北京大学经济学教授彝族人李绍荣、留学比利时获得博士学位并任教于云南大学的李海燕、中央民大博士杨梅、中国社科院研究员徐鲜梅等。该校在德育、文艺、体育方面也取得了突出的成绩。曾被省体委授予"云南省传统体育项目学校"称号，2003 年又被国家体育总局命名为"传统体育项目学校"。多次获得运动奖项并培养了国家级运动健将以下的运动员数十人。文艺方面成立了影评组、《绿野》文学社等机构，有州级以上作家协会的会员 20 多人。在语文教师李志恒的指导下，以编外生身份入校的 1996 届高中苗族学生刘万春的 8 篇诗作便先后在全国发表或获奖，在校期间即加入了"中国当代诗人学会"，1999 年作为唯一的县内代表获得红河州团委表彰。哈尼族学生陈文连续获得全国征文大奖，诗作被《人民文学》杂志社推荐到韶山参加永久展出。① 包括上述学生在内的有 406 篇作品先后在《黄河文学》《散文与诗歌》《中学生作文指导》《中学生优秀作文选》等刊物发表，其中：获国家级奖 108 篇，省级奖 64 篇。编辑出版了《元阳一中教师论文选》。在德育方面，元阳一中于 2000 年 12 月被授予省级"德育工作先进集体"称号。

中学教育的特点是地点集中，优势突出。虽然学生通常要离家住校学

---

① 李志恒：《浅谈语文教师的素质》，载元阳县彝族学会《元阳彝学》，2003 年，第 116—117 页。

习，但在学校的严格管理和教育之下，培养了独立精神，开阔了眼界，锻炼了交往能力，具备了一些必要的文化知识，为继续深造或建设家乡打好了基础。

（五）职业教育

20世纪六七十年代，元阳县已兴办过职业教育，到80年代，职业教育再次应运而生而且获得了很大发展。职业教育依据当地生产条件和民族文化特色，培育学生适应地方发展需要，是中等教育阶段的重要补充。

1. 职业教育概况

20世纪的职业教育以农业为主，还曾成功选育出高海拔地区高产水稻良种，但教育门类比较单一，学制较短。2002年，原有的唯一一所学校"元阳县民族职业技术学校"更名为"元阳县民族职业高级中学"，从20世纪80年代的三年制的三个教学班拓展为职业初、高中班，面向县内外招生，还允许毕业生参加高考，多元发展道路扩展了学生的选择也激活了职业教育。至2005年，初步建立起"三教"统筹的职业教育新格局，培养出了千余名毕业生。为元阳本地的社会发展进步提供了充足的人力资源。通过一些具体措施建立了"云南省劳动力转移培训示范基地"，还成立了元阳县职业教育工作机构和元阳县中华职业教育社。积极争取中信公司建设"生物组培室"等，职业教育基础更加稳固。2012全年培训2270人，合格率99.52%。组织中小学校长34人次赴上海、昆明等教育发达地区学习培训。组织骨干教师299人次赴昆明等地进行"国培计划"、"双语教学"等项目的培训。举办产业培植、短期技能和劳务输出培训10期，共计1530人次，劳务输出560人。同时有序开展了扫盲工作，2012年为全县239047青壮年人口举办了49个扫盲班，考试脱盲301人，非文盲率已达99.9%。举办乡村成人实用技术培训895期59675人次。

2. 职业教育实例——元阳民族职业高级中学

该校自1984年成立以来，几经易址，几度更名。2005年时，在校学生634人，教学班12个，教职工82人，其中专任教师72人。2012年9月与县委党校、教师进修学校合并为元阳县职业教育培训学校。为加快职业教育发展，县委、政府在南沙镇政府旧址后征地23亩，规划布局元阳县职业教育中心，将元阳民族职业高级中学由新街镇迁至南沙镇。学校目前有8个教学班，在校学生237人；教职工57人，其中文化课教师50人，专业课教师7人；开设旅游服务与管理、汽车运用与维修、现代农艺技术、畜牧兽医等专业。我校以农村实用技术培训为重点，派出专业教师到村委会、自然村授课，上门指导、播放科教片等形式，开展水稻、生猪饲养与管理、冬早蔬菜栽培等种植养殖技术推广与培训。每年到各乡（镇）村委会、自然村举办各类培训十余期，培训1000人次以上，极大地提高了科技助农效果。学校还以云南省贫困地区劳动力转移培训示范基地为基础，深入开展农村劳动力转移培训，每年培训5期，年培训和转移1000人以上。该校还面向市场进行校企联合，开展"订单式培养"以及再生稻等地方农村实用技术和技能培训，还承担了对全县公务员进行电子政务、普通话培训的工作，为元阳经济社会发展做出积极的贡献。以上一些方面特别符合少数民族地区的具体情况及地方需求。当然，由于特殊的地理环境和历史条件，该校也面临着一些困难：一是专业教师、双师型教师配备不足；二是校址新迁，硬件设施紧缺，汽车运用与维修、旅游服务与管理等专业一时难以开设；三是配套学生宿舍建设所需资金还不到位；四是招生存在一定困难。因此，当地的职业教育还有很大的提升空间。

　　与普通高中相比，职业学校的教学更加贴近地方经济和农业的需求，因而也更多地直接服务于地方，受到地方政府和群众的欢迎。职业教育的特点是特别集中，发展迅速，专业选择多样化。但也还存在着一定的发展空间，如需要开拓与地方性知识和民族文化结合更加紧密，与地方民族经济发展更加契合的专业，以及根据需要增加教学点和提高教学方式的灵活性。

　　通过了解各阶段教育和代表性教学机构的概况可以发现，民族团结教育得到及时充分的实施，促进了当地各民族之间的情感和他们对祖国各族文化的了解，使爱国团结思想深入人心；优秀的地方文化和中国传统文化在教学中得以提倡，促进了各民族文化多样性的保持和对祖国华夏文化的认同；各少数民族儿女在教学过程中获得了均等甚至优先的机会和奖励，体现了我国民族政策的优越性；通过职业教育，结合地方农林经济和文化特质，为地方培养了一大批建设家乡的有用人才。

四　元阳县教育发展的特点

　　元阳县在现代民族教育中，注重推进和实施一系列国家教育政策，关爱少数民族，并根据自身情况发展出了基本完善的教育体系和比较合理教育途径。针对包括少数民族人口在内的现代教育方面，主要体现出以下四个特点。

1. 严格贯彻落实国家政策

从"两基"到扫盲工作，从"两免一补"到民族团结课程，从"四群教育"到法制科普宣传，当地对于从宏观至微观，从物质到思想，从政治到民生的各项国家教育政策，均予以及时贯彻，做了大量细致的工作并达到了考核要求。

2. 基础设施建设成绩斐然

通过国家划拨，地方筹措和社会捐助，各中小学的校园、建筑、图书存量、教学设施等有极大的改善，教师人数、素质不断提高。一些服务社会的教育设施和资源不断拓展，如成人教育、职业进修、科普宣传等都具备了越来越好的条件。

3. 布局基本合理，体系较为完善

从基础教育部分来看，从县城到各乡镇都设立和逐步完善了小学中学校点的设立，目前近 300 所小学和教学点均匀分布在各乡镇，而且早在 1999 年就实现了"读高中不出县，读初中不出乡"，使各族学生获得了就近入读的便利，形成了学前、小学、中学、职业教育等衔接紧密的完善的教育体系。

4. 注重民族教育和培养少数民族人才

部分学校通过双语教学帮助学生更好地接受知识，通过民族团结课程帮助各族学生了解自己和他人的文化，促进族际沟通和团结爱国思想的传播。少数民族教师和学生获得了一定的政策优惠和照顾，同时也取得了优异的成绩。

总的来看，元阳县现代民族教育完全能够跟上全国其他地区和其他民族的步伐，而且也具有鲜明的地方特色。但由于元阳县境内民族结构复杂，各民族人口差异较大，在统一的教育政策和措施下，难以做到面面俱到。因此，元阳县一方面已经在统一的教育发展规划中体现出民族教育特色，但如何细化和分别处理不同民族的特色教育还有待摸索。

1. 民族团结教育的形式和内容有待拓展

目前，民族团结教育的形式仅限于课堂和学校活动，内容主要是宣传民族政策，分享一些出版物上的民族故事。这固然能够让学生了解我国民族基本情况和激发了他们爱国、爱兄弟民族的情感，但与地方和自身文化结合不够紧密。如能充分利用本地少数民族学生自身的文化经验，把生动

有趣的民族习俗、精湛独特的民族工艺和发生在身边的民族交往故事亲身描述和展示出来，在乡镇、校际和年级之间开展大中小型不同的交流活动，便能够拓宽民族团结教育的影响和强化活动的效果。

2. 职业教育和科普文化培训应更紧密地结合民族文化

职业教育和科技培训目前多数考虑到地方农林作物和经济产业的特色，开展了比如蚕桑、茶果等地方经济作物的培训工作，也针对民族风情特色开设了旅游等培训项目，但总的来说过于专注经济目的，与地方民族文化结合还不够紧密。如能真正利用哈尼族等五个地方少数民族的优秀文化，开展包括歌舞、刺绣、手工艺等方面的培训工作，并且解决好对应的就业和应用的问题，就能帮助各民族将自身文化很好地与生计发展结合起来，也避免了走国民体系应试教育之路不通后回乡又丧失生存技能的尴尬。在实际调查中，也有当地家长认为目前的那些民族文化传承者都未必能借此保证生计，因此调动其他部门和社会力量形成与地方教育和民族教育结合的民族文化生计链，也是将来民族地区教育尤其是职业教育应该考虑的问题。

3. 充分重视和利用传统民族文化教育

各民族原有的传统习俗教育中绝大部分是与中华民族传统美德相近的优秀道德品质的培养，也存在大量与实际生存环境密切关联的千百年形成的有效劳作技能与生产生活知识。在学校教育和社会教育致力于把各族儿女培养成合格国家公民的同时，如果同时提倡他们的家庭和村社发挥传统教育的作用，完善其生存技能与自身文化传统，使之成为"美美与共"的民族大家庭一分子，成为弘扬其民族优秀传统的继承人，只会更有利于各民族的相互尊敬相互团结，达到"天下大同"。

4. 对少数民族教师和学生的培养方向应有所调整

在实地调查中，有代表性的家长意见认为：目前初中等教育阶段的某种风气导致学生学业负担过重，但高等教育招考制度又存在某些教育发达地区的排他性选择，边疆少数民族地区考生仍然存在竞争劣势。在基础教育阶段，女童辍学问题严重，通常被归因于闭塞、落后、封建思想等，也存在着招工招考等方面偏重男性的实际问题。[①] 考虑到现有的基础教育并不能保障每一位受教育者都能够通过学校教育走向更高级的

---

① 饶凤春：《俄扎乡女童辍学情况调查》，载元阳县民族事务委员会、元阳哈尼学学会《元阳民族研究：哈尼学论文集》（第二集），2000年，第173—178页。

教育阶段，绝大多数完成中等教育和职业教育的学生将面临走向社会工作。从事现代职业和外出打工固然是一种选择，但外出者往往丧失了原有的民族文化特征，将不利于民族的团结稳定；回乡者又往往不具备农业生产技能和地方性知识。如果能够尊重实情结合民族文化传统，为发挥当地各民族女性优势的方面提供教育出路，比如提供有效的能够结合家乡资源和生计方式的职业教育，而不是片面强调平等强调走普通中高等教育道路，则有可能一定程度地解决女童辍学问题并为少数民族家庭带来实际利益。除此之外，有的本地教师已察觉到忽视学生生活经验和个性差异等带来的问题①，而在教师方面，某些一师一校点和山区小学还存在着教师工作与生产生活不分，负担偏重的问题，教研活动应该相应调整以适应他们的特点才能起到实际效果②。因此，赋予教师承担传承民族文化的责任与能力，给予学生学习继承民族文化和地方性生产技能的机会与成长的空间，让更多的教师愿意在民族地区教授民族文化，让更多的学生愿意学好本民族文化服务家乡，才能更好地使现代教育与民族地区发展的大计结合起来。

综上所述，除了注重国家现代教育，同时还应注意尊重民族文化传统，充分考虑实际情况，把地方文化和民族风俗中的可取部分有机地融合进现代民族教育的方方面面，元阳的少数民族教育将更加花繁叶茂，元阳的民族发展和民族团结将走向美好的未来。

第二节　语言文字

元阳地区的五个少数民族的语言文字迥异，其历史渊源、变迁和现状也各不相同。有的历史上语言文字皆备，如彝族；有的有语言无文字，文字为共和国成立后政府帮助创制，如哈尼族；有的传说文字丢失并学习汉文借用汉字，如傣族；有的本族内部支系的语言都有较大差异，如苗族；有的同时还能掌握几种他族语文，如瑶族。但无论是哪个民族，都把汉语文当作交流的重要工具，这本是促进各民族地区均衡发展的有利条件，但

---

① 罗土改：《推进素质教育促进边疆美术教育事业的发展》，载元阳县彝族学会《元阳彝学》，2003 年，第 118 页。

② 蒋荣富：《农村小学教育教学现状分析与思考》，载元阳县民族事务委员会、元阳哈尼学学会《元阳民族研究：哈尼学论文集》（第二集），2000 年，第 166 页。

民族文字推广和使用的范围有限，各民族的年青一代多多少少都存在着本族语言能力退化的情况，使我们不得不对他们的历史文化继承产生了一些担忧。

一　民族语文的使用

（一）哈尼族

哈尼语言自成一体，方言众多但相互沟通无碍，然而哈尼族一直没有自己创造的文字。新中国成立前有该民族知识分子曾借用汉字进行书面记录。[①] 新中国成立后，国家协助其创制了拼音式的哈尼文，以哈尼学会为主的不同部门近年在哈尼文出版和使用上做都了一些工作，但该文字的使用面依然不广。哈尼学会近年主要承担收集整理工作，自 2013 年 4 月开始已整理出一批未曾出版的有关哈尼族历史人物、传说、神话等，还专门收集了由"贝玛"掌握的与生活语完全不同的仪式语言。出版了译为汉语的《哈尼哈巴》，以及哈、彝、汉三语出版物《元阳风情》。

中华人民共和国成立后，1956 年中国科学院少数民族语调查第三工作队哈尼语组和云南省民委语文研究室哈尼语组进一步在原来的基础理论上对哈尼族作了普遍调查，1957 年，以云南省绿春县大寨哈尼语为标准音，创制了以拉丁字母为基础的拼音式的哈尼文。

哈尼族对本族语言有较强的心理认同感，普遍认为生活在城乡的哈尼族都应该讲哈尼话。那些因环境原因已不会讲哈尼话的哈尼人被认为是忘本，会遭到轻视。但是，随着哈尼族地区经济发展与外界联系逐步密切，根据不同年龄、性别、职业和使用场合，哈尼族对本族语言使用频率也有不同。对于当地哈尼人，按照年龄段来看，哈尼语使用情况是：10 岁前能够完全使用；10—18 岁经常使用；18—40 岁一般性使用；40—60 岁经常使用；60 岁以上几乎完全使用。当然，哈尼语的使用还取决于他们的交际对象，在家生产生活的人会经常性使用，而外出学习、打工、经商者的交谈对象多为其他各民族，多使用汉语言交流沟通，很少使用哈尼语。

1958 年 7 月在元阳举办四县民族工作队和部分教师参加的哈尼文师资培训班，学员 300 余人，结束后学员回到各县开展群众性扫盲活动，这

---

① 参见马居里、罗家云《哈尼族文化》，云南民族出版社 2000 年版，第 42—46 页；卢朝贵《哈尼地域文化》，德宏民族出版社 2011 年版，第 131—135 页。

是哈尼语文第一次在群众中试行，虽有5万多哈尼族青壮年脱盲，但复盲率也很高。新创制的哈尼文字有利于拼读，书写美观，便于学习使用，符合哈尼语音发展趋势等优点。创制之初，中央民族大学、云南民族学院、云南省少数民族语文指导工作委员会等有关部分为哈尼文的试行编写了课本读物，培养了一批哈尼文人才。但是，由于十年动乱，哈尼文试行工作被迫中断。1982年，又对部分字母的规范化做了更改，根据全日制的小学课本编写出哈汉语相结合的课本，在哈尼族居住地区的小学校做教材。哈尼语文工作又得到了恢复和发展，相应的机构逐步成立，编写哈尼文课本，举办哈尼文培训班，在学校实行哈尼文、汉文双语教学，利用哈尼文扫盲等，大力推进了哈尼文的教学和普及工作，取得了良好效果，从1984年至1993年在元阳等地多次举办哈尼文培训、扫盲班，共脱盲9622人，但在实际执行过程中有一定困难，因此哈尼文的试行推广在某种程度上还处于被动局面。

哈尼文传承可分为三个类型：一是高等院校进行正规培训，培养专业人才；二是培训中级师资班，多为扫盲、双语教学以及翻译、编译工作培养人才；三是小学初年级双语文教学，"先民后汉，民汉兼通"，为小学生学习汉语文作好过渡准备。但在2011年前，因为国家民委没有验收通过哈尼文语种为正式文字教材，国家语委也未承认哈尼文，导致无法获得学历文凭，再加上各地方也没有严格执行1984年国家民委下发的通过工资奖励鼓励在少数民族地区工作的机关干部、教师学习掌握两种以上语言的文件，红河州哈、汉语文双语教学点几乎已停办，双语教学总的来说不尽如人意。2011年起，通过云南省教委发文拨款支持带头试点，目前又有7所小学在元阳县开展了双语教学。

除了在学校教育中的努力，哈尼文出版物对于该文字的普及也做出了贡献。之前搜集整理出版的哈尼文读物比较有限，很多是政策性读物，如云南民族出版社2001年出版的（哈尼文）《江泽民"三个代表"重要思想》等。也有一些有助于普及生活、科技知识，对于一般文化水平的读者非常有用的读物，如云南民族出版社1991年出版的哈、汉文对照《知识宫》。但红河哈尼族彝族自治州民族研究所自2009年成立了"哈尼语编译室"，对哈尼族传统文化进行全面的搜集整理，文稿采用哈尼文记音、国际音标标音、字译、意译四行体，准备出版发行百卷哈尼族口碑古籍，供后世研究。2011年，红河州发出了《中共红河州委办公室红河州人民政府办公室关于规范使用哈尼、彝、汉三种文字标牌工作的通知》，按照红河州政府的要求，县委县政府以下的各级部门，以及一些商店、企业都按要求使用了哈尼文和汉文书写的机构名称等信息，使用统一材质，按照统一尺寸、格式制作。① 除了个别单位如军队系统的需报本系统核准外，共有 92 个单位制作了 217 块标牌，特殊单位如县红十字会制作为白底红字，按要求于 2011 年年底之前安装完毕。方便了各族群众，也促进了哈尼文的推广。相信哈尼文的普及使用将帮助哈尼族更好地参与到社会主义物质文明和精神文明的建设之中。

因人口比例关系，哈尼语在元阳县境内使用最广，但哈尼文的使用范围依然非常有限。

（二）其他少数民族

在元阳境内的其他四个少小民族中，只有彝族掌握了与其他地区彝族相似的彝文，傣文并未被这一地区的傣族掌握和继承下来，其余苗、瑶则为无文字民族。在元阳县民族宗教局下已成立了彝族学会，傣族学会正在筹建阶段，但两个学会关于语言文字方面的工作不多。仅彝学会主持出版了少量有关彝族叙事长诗和医药方面的出版物。

彝语属汉藏语系藏缅语族彝语支，彝文基本上只在"毕摩"中通过父子或师徒关系代代相传，在农闲或祭祀活动的时候进行教学。据资料记载和考证，傣文是从印度巴利文演变而来的。经过在傣族人民实际生活环境中的历史演变，逐渐形成了当今的傣族文字。由于迁徙等历史原因，古傣文在元阳境内的傣族中已经失传，现通行汉文。傣族人民历来重视读书学习文化，小孩一般在七八岁时就要送进学校读书，学习汉文。新中国成立后，傣族地区的现代文化教育事业有了进一步发展，几乎村村寨寨都办了新式学校，傣族聚居的南沙区还有了中学。傣族人民不仅有了自己的小学生、中学生，还有了大学生，傣族聚居的南沙区在 1986 年也成为元阳县第一个实现普及初等教育的市区。其余苗、瑶两个少数民族多数兼通汉语和哈尼语等，可以进行一些日常交流。但这几个民族目前还没有开展过专门的语言文字创制、调整与推进工作，只是在瑶族地区与哈尼族地区的

---

① 据红河州"三种文字"标牌办公室的通知：1. 标牌书写格式：为哈尼文、彝文占二分之一的区域，汉文占二分之一的区域。其中，在哈尼文、彝文占的二分之一区域内，两种文字各占二分之一均等比例。排列顺序为哈尼文、彝文、汉文。竖排书写时哈尼文、彝文、汉文从右到左排列，横排书写时哈尼文、彝文、汉文从上到下。

部分学校进行了双语教学试点。

二 双语教学

双语教学早在 20 世纪末已经逐步开展起来。1984 年起，在全县 96 所哈尼族聚居的小学中开设了 85 个哈尼文教学班，有学生 2883 人，采用哈尼语、汉语"双语"教学，1995 年 9 月，按照国家教委和省教育厅《关于认真做好调整中小学教材的紧急通知》精神，把《历史》《地理》课合并为《社会》课。双语教学是民族地区文化特色建设的重要举措之一，2011 年云南省教育厅为牛角寨新安所小学划拨了 3 万元双语教学启动资金，用于教师培训和购置设备。至 2014 年，全县共有 7 所小学开展双语教学（见表 4 - 4），其中 4 所教授哈尼语，3 所教授瑶语。牛角寨乡新安所小学属于省级双语教学试点学校，该校在三年级以上班级中每周轮流开设一次双语课程，共用一间专用教室，课程负责教师一人。所使用的哈尼语双语教材，其内容与普通教材同步。班级中也有个别其他民族的学生，因能够听懂哈尼语可以并班共学。该校还通过将民族舞蹈融入课间操活动促进民族文化教育。但学校也存在着对师资和电子白板、双语光盘、电脑等教学设备的需求。双语教学主要在民族语言使用频繁的地区开展，城镇小学并没有安排。因此可以发现双语教学的目的主要是通过少数民族语言促进学生对常规教学内容的理解，是一种辅助性的手段而不是为了传承和发展民族语言。如果能够结合当地文化特色编写一些适当的乡土教材，也为各学区的非主要少数民族学生单独办一些课程，也许还能取得更多有利于地方教育的效果。有的学者不仅看到幼儿双语教育的必要性，还提出了在高等教育阶段的少数民族院校入学考试中加试少数民族语言、在少数民族地区院校中要求选修少数民族语言等方法，体系化地推进双语教学的效用。[1]

表 4 - 4 　　　　　　　**2014 年元阳县开展双语教学学校**　　　　（单位：名）

学校名称	文种	学生数	教师数	备注
新街镇新寨小学	哈尼	193	4	—
牛角寨乡新安所小学	哈尼	258	4	云南省双语教学试点学校

---

[1] 李福军：《云南少数民族"民—汉"双语教育研究》，《楚雄师范学院学报》2011 年第 11 期。

续表

学校名称	文种	学生数	教师数	备注
上新城乡同春山小学	瑶文	285	4	—
大坪乡十八塘小学	瑶文	149	4	—
黄草岭乡树皮小学	哈尼	117	3	—
俄扎乡阿树小学	哈尼	48	2	—
马街乡瑶寨小学	瑶文	199	4	—

资料来源：元阳县教育局。

通过以自己熟悉的语言学习基本课程内容，双语教学在具体教学环节中比较有效地促进了低年级各民族学生自然地过渡到对国家统一教材内容的理解。

本地各少数民族在长期交往过程已形成了默契，彼此都能沟通或者掌握一些对方的语言，这些语言是在实际生活生产需要中习得的。但自从国家发展开始逐步深入地影响到这一地区，尤其是 21 世纪以来，云南汉语方言、普通话乃至外国语的影响通过各式媒体和现实交往深刻地影响了元阳地区。由于某种被片面理解的整体性国家发展思路的主导，"说普通话，写规范字"成为教学、生产、社会交往的要求和少数民族群众个人发展中实际上的必然选择，所以，保持和发扬少数民族语言文字的工作虽然有了国家扶持政策的帮助，依然效果不显著，仅仅在那些须借助文字彰显民族文化特色的极为有限的场所得到一定的推进。元阳县的少数民族语言文字正面临着"采借学习他人"与"维系自身特色"两方面要求的平衡问题。总而言之，当地各少数民族因为各自的语言、风俗等文化区别而具有鲜明的民族特色，但在同一地域长期的共生历史中，这并未阻隔他们的友好往来和交融。新中国成立后，国家非常关注少数民族语言文字对其发展的重要性，通过地方语文教学宣传，帮助其学习现代文化知识，帮助有的民族创制了文字并专门发行出版了书籍刊物，促进了知识传播与文化交流。虽然由于历史原因和当地情况的复杂性，语言文字工作的推进有限，但他们一方面保持了各自的语言文字特色，另一方面也掌握了汉语文和学习了其他民族的语文，并通过进入国民教育体系和参与各类非体系教育，掌握了新的知识，增进了相互了解，得以共同参与到祖国的现代化建设之中。

元阳县的各族人民，在教育和语言文字这两个领域，虽然还有必要将

各民族优秀文化传统与现代教育更加有机地结合起来，也需要在统一国家
的语言文字系统中合理保持和发扬自身特点，但总的来说，当地民族教育
主要体现了严格执行国家政策，按照国家统一部署，将民族教育和语言文
字工作与社会、政治、经济等其他方面的发展要求结合起来的要求，同时
也注意保持和展示了各少数民族一定的文化特色。教育和语言文字工作的
推进，为元阳社会经济发展插上了腾飞之翼，也为各民族在科学发展观的
指导下共圆中华民族之梦想奠定了基础。

第五章

宗教信仰与民族文化发展

　　源自传统，以自然崇拜、图腾崇拜、祖先崇拜以及其他地方神灵崇拜为核心的民间宗教，往往具有地域性、分散性、自发性、民间性的非制度化的特点。民间宗教往往与当地百姓的风俗习惯、日常生活密切融合在一起，它包含了丰富的历史文化因素，并且往往在现实生活中发挥着抚慰人心以及维持社会生活秩序的作用。

　　云南省红河哈尼族彝族自治州元阳县是一个多民族的地区。迄今为止，该县还保留着众多的民族民间宗教文化。这些民族民间宗教在民间的日常生活中依然发挥着维护社会秩序、安慰民众心理的作用。多年来，元阳县当地政府在引导民间宗教发展和积极运用这些文化资源为当地经济社会的发展所做的积极工作是十分有益的。2013 年 6 月 22 日红河哈尼梯田已经成功地进入联合国教科文组织世界文化遗产名录。保护传统的梯田文化，积极开展梯田旅游发展等工作，都需要作为哈尼梯田核心区的元阳县的当地政府不断结合本地实际，不断挖掘和整理元阳县多元的文化资源，为传承哈尼梯田传统文化，保护好梯田文化景观，并进而为"梯田文化"增加新的内容做出更大的努力。从元阳县政府的相关工作中，我们可以发现淡化民间宗教的迷信色彩，突出民间宗教维护民间社会秩序的功能；以支持开展"昂玛突"、"火把节"和"泼水节"三个代表性的民族节日为龙头，进而增进多民族间的文化交往。此外，还主要以民间宗教人士为主开展文化基站工作。这都是元阳县努力发挥正常的宗教生活对社会道德建设、繁荣民族文化、维护民族团结和社会稳定、促进社会交往的正面意义的积极工作。在这些工作中，民间宗教可能发挥的正面意义得到了有力的凸显。

第一节　元阳县民族民间宗教的基本情况

元阳县辖 12 个乡 2 个镇，136 个村（社）委会，世居哈尼、彝、汉、傣、苗、瑶、壮 7 个民族。元阳县境内的宗教有佛教、基督教和民族民间宗教。新街镇有观音寺和观音阁两座寺庙，马街乡和嘎娘乡各有基督教堂一座。全县有信仰佛教和基督教信教群众 5000 余人，占总人口比例很小，也较为分散，其影响也很小。这些宗教活动基本上按照国家的相关宗教法规政策正常进行。在当地真正有广泛的群众基础，影响面较广的是传统的民间宗教。

下面我们按民族分别来介绍这些民族民间宗教的基本情况。

一　哈尼族民间宗教的基本情况

在元阳县，哈尼族人口最多，其民间宗教信仰的影响力也是最大最广的。

哈尼族信奉万物有灵的民间宗教，祖先崇拜是其重要部分。哈尼人普遍认为宇宙间的日月星辰、风雨雷电、山川林木、鸟兽虫鱼都有灵魂，人的生老病死等也都受鬼神支配。因此，为了祈求风调雨顺、四季平安，百姓对各种神灵都要定期祭祀。在民间，主持祭祀活动的有"咪古"和"摩批"两类人士。"咪古"要由夫妇双全、品行端正，在群众中有一定威信的男性担任，一般由村民推举产生。"摩批"是神职人员，是哈尼族文化的传播者，代代相承。"摩批"看鸡卦占卜吉凶，念咒语驱鬼治病，主持各种祭祀活动，兼用草药治病，他们主持宗教仪式的内容都通过口传方式传给儿子或者徒弟，一般不传授女性。

过去，哈尼族的宗教活动非常多。有学者曾指出，"这些原始宗教活动，约占去人们全年四分之一左右的时间"。[①] 在元阳县，哈尼族的宗教信仰属于民间宗教，万物有灵是其基本理念。神灵崇拜、自然崇拜、祖先崇拜、鬼神崇拜是哈尼族崇拜的主要内容。求神保佑、招魂求安、驱邪避鬼是哈尼族宗教活动的主要目的。这些宗教活动大多在相对固定的时间内循环举行。

---

① 哈尼族简史编写组：《哈尼族简史》，云南人民出版社 1985 年版，第 110 页。

　　天地神灵是哈尼宗教信仰的崇拜对象之一，天神是他们信仰的最高神灵。他们称天神为"阿皮米烟"，是天地之间至高无上的神，它掌管世间的诸神，能辨别人间的真伪，惩治世间的一切邪恶势力。他们对天神的崇拜具体表现在处于"苦扎扎"节日期间的祭祀活动中。

　　哈尼族的自然崇拜活动则表现在对山、水、火、植物、动物的祭献方面。山神是保护神，哈尼人认为每座山都有神灵，它保护其辖区内的村寨人丁、庄稼以及六畜的兴旺。因此，每年阴历的三月属虎日，他们定期祭祀山神。

　　哈尼族对火神的崇拜以村社祭祀的形式出现。正月春季之后，村民选择属马日作为吉日，以狗、猪、白公鸡、公鸭等作为牺牲，一般到村寨西北方向的水沟边由摩批主持举行祭火神仪式。他们认为正月正值风干物燥之时，若不举行封火神仪式，火神会到处乱跑，导致火灾发生。

　　哈尼族对植物的崇拜是以树木代替神灵。这主要表现在祭祀山神、寨神、田神的祭祀活动中。他们认为村寨的保护神日夜坚守在寨头的一片丛林中，并以某一棵或某几棵固定的树木为寨神的象征，在树脚安置永久性的石板祭台，一年一度举行"昂玛突"杀牲祭献。他们对神树树种没有特殊的要求，只是一旦某一棵或某几棵树被确定为神树，无论大小均有神圣性。

　　哈尼族认为牛是人类梯田农耕的主要伙伴。因此，每年春耕大忙结束，即五月初五端阳节，他们要先慰劳牛，感谢其辛勤耕耘。狗是梯田稻谷的发现者，每年尝新节时，新米饭要先喂狗，感谢它给人类带来谷种。鸡是村寨保护神的象征，日夜伴随着咪古。咪古家中一般都要饲养一只红公鸡，每年到神林祭祀的时候由咪古怀抱前往。它不属于祭祀牺牲，祭祀完后又将其抱回家中精心饲养，日夜陪伴着咪古。如果这只公鸡出于某种原因死去，则要立即举行一定的仪式并另找一只公鸡代替，因为村寨里不能没有这只公鸡。这只象征寨神的公鸡日夜守护着村民的平安、保佑庄稼丰收、六畜兴旺。此外，哈尼族认为布谷鸟是人间的报春鸟，插秧之际以染色的糯米饭、鸡蛋黄在田边祭献。喜鹊是村寨周边的守护鸟，麻雀是屋檐的守护鸟，它们都是严禁被打猎的。在过去，对螃蟹、青蛙等象征水神的动物也要一年一度地定期杀牲祭祀。

　　哈尼人认为，人不仅有灵魂，而且灵魂不灭。这一观念是形成祖先崇拜的重要原因。他们称人的灵魂为"苏哈"，从婴儿降生之日起就依附于人的身上。婴儿降生啼哭三声，一是告诉天，二是告诉地，三是告诉村寨长老：一个有生命的灵魂来到世间。他们认为人除了具有七情六欲和会死亡的躯体之外，还有看不见摸不着的灵魂存在，即便是死亡，灵魂也不会消亡。例如，人们在梦中会见到已经故去的亲人与生前一模一样。灵魂的形象和本人是完全一样的，音容笑貌、性格爱好也都是相同的。虽然他们认为灵魂会离开躯体，变成无影无踪的鬼或者神，但是通过葬礼被送葬的老人，他们的躯体虽然远离，灵魂却留恋人间，不愿与躯体而去，并以神灵的独特方式随时过问人间的冷暖，于是形成祖先神。他们的灵魂平时在坟山等野外游荡，但到了年节时，又回到家中与家人过年节，而且他们的灵魂与天神一样，都守护着家人的安康、庄稼的丰收、六畜的兴旺。如果人们对其灵魂祭祀不周而让其感到不高兴时，它们就会惩罚人类，把生者的灵魂出卖给某种神灵，让人生病。因此，人们只能虔诚地祭献祖先神，形成频繁的家庭祭祀，并在屋内设置永久性的家庭神位——祖龛，哈尼语称为"候勾"。哈尼族的祖龛有两个：一是大神龛，是那些在家正常死亡的祖先的神位，它一般被安置在堂屋西北角的后山墙上；二是小神龛，是专为非正常死亡者（举行叫魂仪式之后可归祖位的神灵）设置的祭祀神位，一般安置在堂屋东南角墙体上或一楼到二楼楼梯口的下方。祭祀时先在大神龛上祭献磕头，然后到小神龛祭献。祭献小神龛的供品种类不变，但供品减半。

哈尼人认为，鬼是一种畸形的怪物，并且比人还多。远古时，据说魔鬼比鸡虱子还要多，最大的鬼头是"车斗阿窝"，它的头比堆尖的谷草屯还大，它的眼睛比石磨还大，它的鼻子比引水竹槽还要长，它的耳朵比簸箕还宽，它的嘴像没有扎紧的大口袋，它的牙像宽口薄刃斧头，它的皮肤像水冬瓜树皮……这是一幅典型的魔鬼形象。哈尼族认为人死之后也可能会变成鬼，但由于死亡的形式不同，鬼的性质也不同，因而出现善鬼和恶鬼之分。总体上，鬼可分为这样几类：不满3岁就夭折的婴儿变成的鬼一般不作祟于人，他们认为婴儿夭折就像树上未成熟的果子掉落下来一样，天真无邪、无忧无虑；4—16岁的少年死后变成的鬼一般也不害人；16岁以上未成家立业的人死后变成的鬼不和祖先灵魂在一起，四处游荡，甚至常作祟于同龄人；成家立业，有儿孙的60岁以上老人去世后变成鬼，是善良的鬼，一般保护家人，不去害人。他们通过丧礼活动演变成祖先神。非正常死亡的人，哈尼语称其为"沙师"，即恶鬼。它们对人间充满恶意，随时都有可能加害于人。因此，它们的灵魂一般不能归位于祖先神的行列。由于相信有上述不同形式的鬼的存在，哈尼族对鬼神产生了强烈的敬畏心理，并要进行不同形式的敬鬼和驱鬼仪式。

宗教祭祀组织。哈尼族的宗教祭祀组织由"咪古"和"摩批"组成。从历史上看，摩批萌芽于公元6世纪初的"祭司或氏族长"制，这是一种"在氏族、部落首领和原始宗教祭司"基础上形成的有着"政教合一"特征的鬼主制度。① 而咪古从老户中选取，最早也可能是"政教合一的村社领袖"。② 也就是说，摩批和咪古的起源可能是相同的。公元七八世纪间，已经出现了"和蛮大首领王罗祁"等大首领和大鬼主。③ 但很快，却由于彼此间的"经营损害"及"兵戈相防"，④ 以及"金齿百夷"的冲击而没有能形成统一的民族力量。元代"三十七部蛮"中强大的"罗槃国"的消亡是其中最为典型的例子。⑤ 随着后来的外族力量的长期介入和影响，特别是元朝以来土司制度在大部分哈尼族地区的建立，掌握地方政治和经济大权的土司，破坏了摩批或咪古原先拥有的政治权力，最终导致了他们与政治权力的脱离，即可能已世袭化了的"卡里斯马权威"从咪古或摩批身上被剥离。鬼主制度也由此消亡。⑥ 直到现在，元阳县各村寨的咪古，在每年"苦扎扎"时享有全村村民一定数量粮食的供奉，以及村民们依次敬酒表达尊敬的殊荣。

"咪古"是对村寨祭祀活动主持人的称呼。一个村寨的咪古团体，一般由一个大咪古同几个助手组成，大、小咪古之间并没有上下从属的等级关系。咪古组织成员中，除了大咪古有一定的报酬外，其余的几乎都没有报酬。他们不脱离生产劳动，只是在节日活动期间负责村寨节日祭祀活动，并可以在祭祀期间就地享受祭祀牺牲。一般而言，大咪古的报酬是村寨内每户人家提供的几公斤干谷子。近年来，有些村寨的咪古其余成员也有了一点点报酬。他们大都是村民推举产生的，任期不限。大咪古主持各

---

① 毛佑全：《论哈尼族"摩批"及其原始宗教信仰》，载《中国哈尼学》（第二辑），民族出版社2002年版，第102—106页。

② 哈尼族简史编写组：《哈尼族简史》，云南人民出版社1985年版，第107页。

③ 《新唐书·南蛮传下》。

④ 哈尼族简史编写组：《哈尼族简史》，云南人民出版社1985年版，第26页。

⑤ 黄绍文：《哈尼族地缘文化》，载李期博主编《第四届哈尼/阿卡文化学术讨论会论文集》，云南民族出版社2005年版，第287页。

⑥ 史军超主编：《哈尼族文化大观》，云南民族出版社1999年版，第492—493页。

项祭祀，小咪古负责把各种祭品准备好，按照顺序一一传递摆放，他的主要职责是协助大咪古主持各项祭祀活动。其他人员则负责祭祀用品的准备、搬运等具体事项。

咪古以及助手的产生有其选择的标准和体制。选择的标准一般是：一是妻子健在，儿女具备；二是历代祖先及家属未出现过非正常死亡的情况；三是为人正派，办事公道，不偷盗。达到上述标准并经村民公选以后，摩批以打鸡骨卦确定其能否胜任。一般要将一对鸡腿骨在神林中的祭祀地点周围埋一个晚上，第二天取出来打卦，如果打卦失败，即便是符合上述条件和标准，也要重新选人。打鸡卦是指，将鸡腿骨处理干净后积累起来保存好，需要时把表层刮干净，至骨层表面刮出一些小洞后，以削尖的小竹签插入其中，如果竹签斜插固定，说明打卦成功。如果竹签斜插不稳，说明打鸡骨卦失败。

"摩批"是哈尼族社会历史上的三种能人之一。这三种能人即头人、摩批和工匠。哈尼族有这样几句名言：头人不在城墙倒，摩批不在鬼为王，工匠不在田荒芜。摩批的主要工作就是驱鬼、退鬼，还有求神保佑，主持丧葬仪式等。摩批可被视为哈尼族的家族祭司与巫师。红河州每个哈尼族区域都有数量不等的几名大摩批，以及跟随他们的多名普通摩批。仅仅元阳县，目前就有大大小小摩批达 2000 多人。

摩批以家族为基本界限划分团体，在各自的团体中又有明显的等级区分。摩批分为几类，分别叫"仰批"（"斯批"，即大摩批，他们"至今仍为血缘氏族所专有"，主要职责是主持葬礼。在一定区域内，通常以拥有上代大摩批传下来的刀和布袋等为身份标志）和"翁批"（"洒批"或者"奥批"，中等阶层，不受地域和血缘限制）。[①] 其他还有一些可以叫做"收批"的（"尼玛"、"司娘"，即女巫，这类神职人员是否能列入摩批仍然值得讨论）。

从摩批所从事的村寨、家族、个人三个层面的祭祀活动来看，他们的宗教功能和作用可以分为：第一，参加全寨性的祭祀活动，通过占卜预言未来情况，如在"昂玛突"节（祭祀寨神）中的招魂，以及对整个村寨来年情况进行预测。在日常生活中，通过他们所掌握的知识来指导和安排生产。第二，主持家族性质的祭祀，包括主持和参与家族内命名礼、婚

---

① 毛佑全：《论哈尼族"摩批"及其原始宗教信仰》，载《中国哈尼学》（第二辑），民族出版社 2002 年版，第 102—106 页。

礼、丧礼，以及建房等各种仪式。第三，为个别家庭或个人进行的祈福、消灾、招魂、治病等带有巫术特征的活动。对于摩批自身来说，在以上活动中，最为隆重和复杂是第二种，即家族性质的活动，特别是丧礼。能否主持丧礼，是评定一个摩批级别的重要标志。摩批从第二种祭祀中获得的"报酬"，也远远高于其他两种活动。而在全寨性的祭祀活动中，摩批大多只是咪古的助手，仪式也较为简单，几乎没有"报酬"。为个别家庭和个人进行的祈福等，则只要是摩批，不分大小都能进行，收入情况视摩批的等级决定。①

摩批平时不脱离生产，祭祀的时候则是人神之间的媒介。摩批也带徒弟，但很多情况下是父子相传。一般而言，每个村寨的各个家族都有自己的摩批。如果在村中没有本家族的摩批，那么，在举行诸如葬礼一类十分重要的活动的时候就要回"老寨"去请属于自己家族的摩批。除了葬礼仪式必须由自己家族的摩批主持外，一些小型的家庭祭祀活动则可以请别的家族的摩批。而在主持丧礼祭祀的摩批中，除主持摩批外，一般还要有1—2名与他水平相当的摩批，他们共同负责关键的祭词和祭祀，其余具有徒弟身份的摩批则做一些琐碎的事情，诸如宰鸡、准备道具等。

咪古和摩批在祭祀活动中均为人神之间的媒介人，但他们在祭祀活动中的功能是不同的。咪古的功能是祈求神灵保佑人口安康、庄稼丰收、六畜兴旺，而摩批的功能则是驱鬼辟邪、招魂保安、预测吉凶等。摩批常以咒语恫吓鬼神滚开，以施过巫术的木刀、枪、野姜叶、黄泡刺拦于路口或门头上阻止鬼神进入村宅。他们在主持公祭时既有明确的分工，又有良好的合作关系。比如，"昂玛突"时，摩批先把寨神的灵魂招回神林或于咪古家中安顿，咪古再向寨神祭献。此外，像封火神、七月驱鬼送瘟神等公祭是由摩批来主持，但咪古及助手仍然一同前往，进行协助。

咪古公祭有一定的报酬，摩批公祭则无报酬，甚至连收徒弟也不计报酬。但是，摩批一旦被人请去主持叫魂、驱邪退鬼、消灾免难、求神平安、延年增寿、亡灵指路等仪式则一般是有报酬的，每次少则20—30元，多则50—100元，并且活动较为频繁。摩批收徒弟，在向其传授期间虽没有报酬，但是徒弟学到一定的时候要举行"突玛号"仪式，意为结典。届时，学徒要带1斗谷子、1升米、1卷布（大约2米）、1只红公鸡、

① 郑宇：《哈尼族宗教组织与双重性社会结构——以箐口村哈尼族"摩批—咪古"为例》，载《民族研究》2007年第4期。

50—100 元钱到摩批家中举行仪式。

从春节后开始，当地哈尼族主要有祭山神节、端午节、"苦扎扎"节、封火神、"昂玛突"节、尝新节、十月年、中秋节、"张党党"、"什汗普龙搅"、"等罗红"等民间宗教性节日。

哈尼族过春节的时间与汉族过春节的时间相同。其间举行的祭祀活动以家庭为单位。大年初一要进行两次祭祖活动。

封火神的哈尼语称作"米咪咪"。这是很多哈尼族村寨一年一度必须举行的祭祀活动。祭祀时间一般在正月属马日，当天全体村民不事农活。祭台有两个，一是咪古负责的祭台，二是摩批负责的祭台。

"昂玛突"是哈尼语的音译。"昂玛突"汉语意译为祭寨神。节日一般在阴历二月举行，其主要程序及内容包括叫寨魂、封寨门、清洗水井并进行祭祀、祭祀神林、"长街宴"等活动。昂玛突是哈尼族集祭神、祭祖、农耕祭祀为一体的一个传统节日。节日举行的日子是新一年即将开始播种之际。这时，泡着的谷种开始露出白芽，可以播撒了，秧田也已整墒完毕。节日期间，全体村民必须停止一切农事活动，在家里也不能做针线活。从昂玛突节日的传说来看，这个节日要虔诚地敬献神灵，让昂玛神灵来保佑大家。

祭山神，哈尼语称为"普去突"。祭山神是汉语的意译。这是元阳县多数地方的哈尼族一年一度必须举行的重要祭祀活动。祭山神节举行的时间一般是阴历三月第一个属虎日，节期为一天。

端午节是由汉族地区流传过来的节日，当地哈尼语称端午节为"昂含昂农奥"。

"苦扎扎"节日展示的是如下一些主要内容：翻新位于村脚的磨秋房（祭祀房）的茅草，做磨秋梁，咪古杀牛祭祀、分牛肉，祭祀磨秋柱，打磨秋，荡秋千等。

哈尼语称为"什汗普龙搅"的节日一般在阴历六月属虎日举行，地点是在寨脚磨秋场下方前往田间的道路边。这个节日意译为"七月驱鬼送瘟神"，由摩批主持。该仪式活动的意义是驱鬼送瘟神。

尝新节，又音译为"合什扎"，它一般在阴历八月举行。这段时间梯田里的稻谷都已经转黄，村民们选择属龙日，以家庭为单位过尝新节。元阳很多地方的哈尼族每两年举行一次祭田坝仪式。

中秋节与其他汉族地区的中秋节近似。十月年又音译为"车汗合威补"。在一些地方，这个节日是所有节日当中最为隆重的。节期三天，每年夏历十月的第一个属龙日至属马日举行。节日期间不推磨，不舂碓，不生产，不许把山上的青枝绿叶带回家。家家户户都要杀猪杀鸡，做汤圆，舂粑粑，敬天地，献祖宗。

许多地方的哈尼族把阴历十月作为新旧交替的月份。十月年是时岁交替的标志，其农耕意义是告知大家秋收大忙已结束，季节已转入冬季休耕状态。1949年以后，许多与汉族杂居的哈尼族，如位于元阳县境内的东部和西部地区，已经不再过"十月年"，而是盛行过春节。但地区边远、哈尼族较为集中的黄草岭、俄扎、沙拉托等地仍盛行过"十月年"。

其他宗教仪式活动中以叫魂仪式为最多。除了昂玛突仪式中有叫魂的内容外，元阳县哈尼族还有其他一些叫魂仪式。栽秧结束到农历六月期间，许多人家都会为家庭成员举行一次叫魂仪式。为身体虚弱者叫魂，由摩批主持。根据需要随时可以选择吉日叫魂。哈尼族在年内第一次听到布谷鸟、杜鹃的啼叫要举行叫魂仪式，否则年内将浑身无力气。人们在野外劳作或行走时不慎摔倒受到惊吓，并由此而引起身体不适或生病，便会请姑妈或摩批到掉魂的地方叫魂，回到家里的火塘边叫魂。

"哈塔则"是为经常出门在外的人举行，祝福其平安的仪式。该仪式由摩批主持，时间根据需要随时可以选择吉日，地点在村寨边或进村口道路旁。

"博热博扎"仪式是一种祈福乞寿仪式。这种仪式一般只有结婚生子的男人才能举行，大部分是过了60岁的人做这个仪式，如果中年人觉得有许多不顺的事情也可以举行。参加的人员包括摩批、咪古，舅舅或舅舅家的人，姑妈家的男性成员以及村民小组的领导。

解除斗气仪式。哈尼族30岁以下的青年人，与他人发生口角，甚至打架的时候，就要为其举行一种解除斗气的仪式。由摩批主持，地点多在村寨边。

解咒语仪式。如果有人患病，久治不愈，经巫婆预测，病人的灵魂被一个称作"羊默"的摄魂婆摄走而导致生病。这样的患者就会请摩批为其解咒。

丧礼中的宗教仪式活动。丧礼是哈尼族所有仪式中最为隆重和耗费最大的一种。葬礼一般由摩批主持。由摩批决定停放长短和出殡日期。丧葬仪式第一天的活动包括吃临终饭、接气、鸣枪报丧、净身穿寿服、制作棺木、请舅舅、献祭和守灵；第二天为报丧、奔丧、接待亲戚朋友、晚上歌手唱丧歌；第三天为"斯哈多"，包括摩批制作和布置祭祀用具、献祭、"摩批突"（摩批念诵）、晚上歌手唱丧歌；第四天为"勃扎"，包括全寨凑柴火、杀牛、分肉、献祭、接待奔丧队伍、"摩批突"（念指路经）、晚上歌手赛歌；第五天为"聪斯把"，包括挖墓穴、送摩批祖师、"阿威谢"（感谢舅舅）、送殡、妇女绕坟、入葬；第六天为亲戚朋友凑钱，全部人一起吃饭。十多天后，摩批进行"封洞"仪式（把丧礼中在墙壁上打通的洞封闭起来）后，整个丧礼才完全结束。

二　彝族民间宗教的基本情况

元阳县域内的彝族分为自称"尼苏"、"普拉"、"阿鲁"的三个支系。自称"尼苏"的彝族占彝族人口的95%以上。这里的彝族信奉自然崇拜和祖先崇拜，属民间宗教的范畴。其宗教人士是毕摩。也写作"呗耄"、"贝玛"。"毕摩"是彝语音译，"毕"为"念经"，"摩"为"有知识的长者"的意思。是一种专门替人礼赞、祈祷、祭祀的祭师。毕摩神通广大，学识渊博，主要职能有作毕、司祭、行医、占卜等活动；其文化职能是整理、规范、传授彝族文字，撰写和传抄包括宗教、哲学、伦理、历史、天文、医药、农药、工艺、礼俗、文字等典籍。毕摩在彝族人的生育、婚丧、疾病、节日、出猎、播种等生活事项中起着重要作用。毕摩既掌管神权，又把握文化；既司通神鬼，又指导人事。在彝族人民的心目中，毕摩是整个彝族社会中的知识分子，是彝族文化的维护者和传播者。元阳县彝族还认为毕摩在过去是"君、臣、师、匠"中的"师"。他们认为，三者在社会中非常重要，他们的社会职能分别是君魂施号令，臣魂来指挥，师魂有识见，匠魂管艺人。即君规划全局，臣判明是非，师主管祭祀，匠人主管手艺。民国初年，临安府设毕摩课，专管毕摩，举行考试，下分巡视。获一等者奖励祭盏、手杖、铜铃、经书；二等奖手杖、铜铃、经书；三等奖铜铃、经书；四等奖经书。元阳一带的彝族毕摩均到临安府应试。[①] 正是因为这一地区较早时期就受到当时政府的有效管理和支持，因此这里现在还保留有大量的彝文毕摩经。这里的彝文自右而左书写。在相当长的一段时间内，彝族文字仅有毕摩掌握。毕摩传承文字一般是父

---

① 参见元阳县民族事务委员会编《元阳民俗》，云南民族出版社1990年版，第47页。

传子，也有师传徒。

尽管现在毕摩的地位已不如过去重要，但由于"毕摩"通晓彝文和历史典故，是民间文化的传播者，同时还从事术占卜、祭祀、治病、祛灾等仪式活动，因此他们在社会上仍有较大的影响，也比较受人尊重。民间有"宁与毕摩成邻居，不与官家共一村"的说法。除了毕摩外，民间宗教人士还有"苏遮"。"苏遮"由女性充任，一般不懂彝文，常常以巫术为人驱鬼祛灾，在社会上也有较大的影响。一些名气很大的"苏遮"的影响力可以跨县。周边县的一些人，包括彝族和其他一些民族都会来找这些苏遮作禳解仪式。元阳彝族信奉多种神灵，民间祭祀活动也很多，常见的有祭山、祭树、祭鬼神等等，其中又以祭寨神最为隆重。这些活动都需要毕摩们主持。除此之外，建盖新房、搬迁新居等的一些仪式活动都要毕摩主持。

节日活动。当地彝族认为他们过去是使用十月太阳历的。即每年分为十个月，每月36天，每月以鼠日起头，十二属相循环三周，以猪日结束。一年360天，剩下五天或六天为过年日，不计入十个月内。过年都要祭祖。现在，彝族已经使用农历和公历。他们也记不清是什么时候改用农历的。一年中的节日活动有很多，其中许多节日都有需要毕摩出场的宗教仪式内容。

春节。彝族春节内容和汉族春节相似，但它也有自己的特点。三十晚上杀鸡祭祖，倒饭菜给门外的野鬼，舀饭给狗吃，因为狗从天神那讨回了五谷种子。等这些事做完，人才可以吃饭。初一献祭水神。初二、初三走亲串戚。祭祀山神节。这个节日一般在初八或三月初八举行，全寨或几个寨子一起来祭祀，一般由一位德高望重的老人主持。首先杀鸡鸭，祭祀水井神。午饭后，主持人带领村民到山上祭祀山神，毕摩在临时搭建的祭坛前念诵"求雨经"、"消灾经"。吃剩的饭菜平均每户分一份带回家祭祖，沿路高喊"雨水来了"、"雨来了"。

祭倮。也写作"祭龙"，"祭竜"。祭倮一般在二月属牛、属马或属羊日开始举行。祭倮的开支由村民凑齐。村民推举为人正派、办事公道、夫妻健在、儿女双全、无刀伤枪伤的男人做祭祀主持人。祭倮的第一天由毕摩念经文咒语，带领男扮女装的人手持木刀、木斧和铁链捆的扫把扫除村寨内的魔鬼。第二天在倮树林（神林）杀净黑的猪祭祀阿倮（神林里的神），然后在神林里聚餐。第三天，摆街心宴。

端午节。这个节日和汉族的端午节近似。

火把节。火把节是彝族所有节日中最为隆重的节日。当地彝族认为这个节日就是星回节。过去，彝族人过火把节"燃松炬照室及田间，每田水口处及荞麦地各上一鸡以求丰收。"关于火把节，当地有许多传说。节日期间除了点火把外，杀牛祭祖以及杀鸡叫魂和摔跤等内容是少不了的。六月二十四日白天，村寨杀牛或几家人、十几家人一起杀牛，然后平分牛肉。煮熟牛肉后祭祖。晚上杀鸡叫魂。天黑以后点火把，到田地里祈求丰收。烧起篝火，围火唱歌跳舞。第三天村民聚集在村边的草坪上摔跤比赛。

吃新米节。农历七月底八月初，全村一起修理田间道路。各家到自己的稻田里抽回几把谷子，唱"谷魂歌"回家。杀鸡祭祀祖宗、天地、水、土、仓和灶神等。

中秋节。彝族也叫日月节。这个节日和汉族的中秋节近似。

村民们在觉得日子过得不顺或遇到一些病痛的时候会请毕摩或苏遮来做禳解仪式。

此外，村里遇到火灾等一些不吉利的事情时会请毕摩念"消灾经"等。村寨中出现私生子，或者其他一些不吉利的事情时，毕摩带领众人在村寨中驱邪。

在婚姻缔结过程中，看男女属相是否相合也是必须要请毕摩来看的，婚期也要请毕摩定夺。在男方家举行婚礼前，要请毕摩朝四方和天空射五支箭，祛除各种鬼怪。此外，毕摩还要唱新人们应该如何好好过日子的古歌以及贺喜歌。

彝族的葬礼也是非常隆重的。葬礼中，要请毕摩念诵经文，为死者唱挽歌，并且为死者灵魂返回祖先故里唱指路经。

三　其他民族民间宗教的基本情况

傣族信奉多神崇拜和祖先崇拜，保留着万物有灵的信仰。傣族人普遍认为，天地间存在着强有力的天神、地神、寨神、树神、鬼神等等，对诸神都要定期祭祀，祈求保佑。

苗族信奉万物有灵，崇拜各种自然物，普遍供奉财神。民间宗教职业者称为"猫公"。"猫公"以巫术驱鬼除邪，兼用草药治病。"猫公"祭祀有一定的祭词和固定的调子。苗族较为普遍的宗教活动有"做牛鬼"、

"少老母猪贵"、"开财门"、"砍火星"、"吃会"等。苗族由于受万物有灵的宗教观念影响，在日常生活中有许多禁忌。如遇到人生病，或者天灾人祸，他们就要请"猫公"看卦、祭献鬼神、忌人忌日子等。如苗族忌人是将一顶帽子挂于门坊上，外人见到此状就不能进门；家中有长辈的，必须由长辈敬献，小辈不得给祖宗献饭；起房盖屋要择吉日破土，破土之日不能与主人属相相冲；妇女生孩子后的三天之内，忌外人穿草鞋进门，如果一旦误入，临走时要将所穿的草鞋留下，待三天之后才能去取；种包谷、土豆、荞子等都要择吉日下种，等等。

元阳县的瑶族信仰道教，并保留着一些原始宗教的内容。普遍崇拜三清、三元、功曹、社王、盘王、帝母、灶神、天师、地神、本境、家先及鲁班等。平时遇农事活动、起房盖屋等，都要翻书占卜或祭祀神灵，习惯以阴阳五行解释人生中的生老病死等现象。人死之后，都要请道公超度亡灵。民间的主要宗教活动有度戒、大斋、打扫寨子、祭龙等。

壮族多崇奉天神、地神、寨神、灶君、财神等，也有祭祀观音、关圣的。诸多神灵均无偶像，以供牌位、山石、树木为象征。主持民间祭祀活动的为"寨老"，寨老均由男性担任。

第二节　元阳县政府发展民族民间宗教文化的工作

1949 年以后，由于受到国家层面各种力量的影响，特别是由于政治的原因，元阳县哈尼族、彝族等少数民族的众多宗教仪式活动在 20 世纪 50 年代中后期到 70 年代末大都销声匿迹。各种宗教活动都被视为封建迷信而被取缔。像"苦扎扎"、"昂玛突"、"火把节"等一类的大型村寨层面的仪式活动都不再举行。只有一些保魂固魂、驱邪仪式还偶尔会偷偷地举行。80 年代初期，由于民族政策、民族文化等相关事项，这些宗教仪式逐步开始复兴。20 世纪 90 年代中后期以来，随着民族旅游开发的兴起和不断深入，许多宗教节日活动甚至开始成为旅游的一个个"项目"，从而使这些节日在形式上越来越受到重视，同时，其原有的文化意蕴也在发生变化。

元阳哈尼族宗教文化突然之间受到外界的重视从而发生更大的变化，是与哈尼梯田被外界认识以及哈尼梯田申报世界文化遗产等现代生活事项联系在一起的。

　　为了使民族旅游的内容更加丰富，当地政府也开始在他们选定的"民俗文化生态村"中组织民族歌舞表演队。哈尼族的"咪古"和"摩批"在各种传统节日活动和祭祀活动中，常常用说唱及舞蹈向神祈祷，祝福村寨平安，并以说唱和舞蹈传播生产活动经验、伦理道德和神话传说故事。文艺队请来的传授歌舞的师傅主要是摩批一类的人员。表演节目中的绝大部分内容原本都属于宗教文化范围。如箐口村在2001年组建文艺队的时候，县旅游局就从攀枝花乡洞铺村请来了名满元阳、红河、绿春、金平四县的大摩批朱小和。享有"摩批哈腊"头衔（"摩批"是祭司，"哈腊"是老虎，这表示他是哈尼祭司中资格最高的人）的朱小和，其名字不但为中国研究哈尼族的人类学家所熟悉，在日本、美国、荷兰、泰国、缅甸、越南和老挝人类学界也很有名，他演唱的几万行的哈尼族古歌《窝果策尼果》和迁徙史诗《哈尼阿培聪坡坡》可以说是哈尼民族历史文化的百科全书。请他来就是为了给文艺队增添哈尼族传统文化的内涵。此外，麻栗寨大摩批李主义也被请来了。

　　文艺队中表演的舞蹈在过去大都与祭祀活动有关。如在这些歌舞节目中，铓鼓舞是经常表演的。铓鼓舞也是哈尼族最有名的舞蹈。铓鼓舞用于那些祭祀自然神灵、祖先和祈求风调雨顺的节日仪式之中。棕扇舞是以棕榈叶为道具来跳的舞蹈。红河哈尼族把"奥玛"和"神树"共同视为神灵崇拜的对象。祭祀时，由妇女挥棕扇环歌，踏足起舞。过去，棕扇舞只用于丧祭礼仪，后来渐渐被施于喜庆场合。碗舞可以说是至今仍在村民中跳的舞蹈。很多哈尼族村寨在庆祝男孩出生的时候都要跳碗舞。文艺队每次都是以跳乐作舞作为演出的结束。乐作舞原先是哈尼人在守灵、送葬时跳的一种舞蹈，[1] 后经改编成为仅仅表现欢快的舞蹈。由此，展演中舞蹈的宗教文化意义被完全消解。

　　尽管这些表演不再具有多少宗教文化的含义，但是，毕竟在以往散落民间的、并不怎么能真正得到那些艺术研究法眼青睐的哈尼族歌舞也在这个时候成为"非物质文化遗产"，开始受到了前所未有的重视。

　　过去，在哈尼族地区，民族歌舞中的绝大部分都在与人生礼仪、节俗庆典相关的原始宗教活动中表现出来。而现在，随着人们生产生活方式的逐步转变，宗教活动的数量明显呈现出下降的趋势，越来越多的地方已经

---

① 哈尼族简史编写组：《哈尼族简史》，云南人民出版社1985年版，第130页。

不再有那么多的宗教活动，人们对宗教活动的热情也不再像从前那样深厚了。相应地，民族歌舞所获得的表演机会也越来越少。旅游业的发展实际上给了这些原本属于宗教文化的歌舞获得新生的机会。这些为了展演而出现的歌舞，不再是生活化的和仪式中的歌舞，它本身就意味着一种文化符号的建构活动。而这样的建构活动使那些歌舞无论从内容还是形式上看，都发生了变化。从这个意义上说，文艺表演又在一定的层面上保留了民间传统文化，尽管这些文化是变了形的。

民族文化旅游开发活动，通常就是一个将当地民族文化符号进行发明、移植而使一些独具特色的民族文化资源转化为文化产品进入主流社会、参与主流经济活动的过程。在此过程中，民族地区的经济增长有可能得到一定程度的实现，但社区与政府、内部与外部、传统与现代、村民与游客、神圣与世俗之间的各种紧张关系也会出现。从表面上看，这与世界范围内展开的全球化过程密切相关，从深层次上看，这些紧张关系又与文化符号建构过程中的那些对于人们的生产方式、交往方式和思维方式，以及相应的活动目的和活动方向具有规定作用的不同的文化图式间的冲突相关。①

2000 年，根据学者的建议，云南省红河州政府提出了红河哈尼梯田申报世界遗产的工作规划。随后，联合国教科文组织亚太地区负责人考察了哈尼梯田文化系统并给予了高度评价。2003 年元月联合国教科文组织派专员前往元阳进行考察。考察组认为哈尼梯田的独特性、完整性、重要性以及可持续性都符合世界遗产的相关规定。为进一步提高元阳的知名度，元阳县于 2004 年举行了展示元阳县独具特色的人文风光和民风民俗的梯田信封、明信片的首发仪式，并在云南省内全面发行。2004 年夏，中国政府在苏州第一次承办了联合国教科文组织世界遗产国际会议。尽管由于名额的限制，元阳梯田申报世界文化遗产没有取得成功，但以哈尼族为主的各族人民在长期的生产、生活中，利用当地独特的自然条件创造的农耕文明——梯田奇观以一种准世界文化遗产的符号形式引起了世人的关注。作为生产劳动对象的梯田也由此而被建构成了彰显"人与自然和谐相处"的"人类文化遗产"的文化符号。

从根本上说，人的各种行动都要受到物质生产的制约，它直接或间接

---

① 马翀炜：《文化符号的建构与解读——关于哈尼族民俗旅游开发的人类学考察》，《民族研究》2006 年第 5 期。

地总要与经济利益发生关联。不到十年前，梯田、蘑菇房等还是"落后"、"贫困"的象征，然而几年过去，梯田、蘑菇房等突然之间成为"物质文化遗产"，成为"人与自然和谐相处"的文化符号。这就是一个在全球化背景下，在经济利益诉求引导下的建构文化符号的结果。逐渐地，"非物质文化遗产"受到了越来越多的关注，地方性的民族宗教文化的诸多内容也越来越引起人们的重视。

近年来，元阳县在文化发展方面确立了以科学发展观为指导，立足元阳丰富的民族文化资源，优化资源配置，繁荣文化事业，发展文化产业，以优秀的文化产品和优质服务满足人民日益增长的精神文化需求。以促进元阳物质文明、政治文明和精神文明建设协调发展，促进和谐元阳建设为目标，开展了民族文化体育行动计划工作。这项工作包含民族文化产品采购行动、农村电影放映行动、民族文化体育传承基站建设行动、民族文化建设行动、文物保护行动、图书公益行动以及民族传统体育行动等内容。其中，民族文化体育传承基站建设行动和民族文化建设行动中的许多重要内容是与民族民间宗教文化相关的。

在元阳县 2009 年制定的具有很强创新意义的"民族文化体育行动计划"中，虽然将民族民间宗教理解为民俗文化而没有明确提到民间宗教，但这份计划却在实质上积极引导了民族民间宗教文化的健康发展。就发展民族民间宗教文化工作而言，元阳县当地政府积极推动了以下几方面的工作：一是重点支持"俄扎乡哈尼族长街宴"、"新街镇彝族火把节"和"南沙镇傣族泼水节"三大节日活动；二是建设国家级非物质文化遗产"哈尼哈巴"传承中心以及 30 个民族文化体育传承基站；三是挖掘整理彝族毕摩经及组织毕摩交流和培训，等等。

一　重点支持三大节日活动

选择哈尼族、彝族和傣族的节日来进行重点支持是有其合理性的。元阳县人口最多的少数民族是哈尼族和彝族，两个民族的人口数占该县总人口的近 80%。从历史和现实的情况来看，这两个民族的民间宗教文化影响面最广。县政府所在地过去居住的人群以傣族为主，因此，傣族的文化影响力也因地理上的优势而有了很大的提高。其他民族尽管也有许多与宗教文化相关的节日，但由于人口较少、分布较散，其节日影响较小，政府方面往往就只会根据具体情况给予一些支持。当然，哈尼族、彝族和傣族的节日非常多，政府部门暂时也无法对每一个节日都给予支持，而且这些节日又都是由各个村寨自己举行的，且很多节日举行的时间并不统一。所以，为了突出文化内涵最丰富，最能代表民族特色的节日文化建设，政府部门在十几年前就开始对"俄扎乡哈尼族长街宴"、"新街镇彝族火把节"和"南沙镇傣族泼水节"三大节日进行支持。目前，政府对每个节日活动提供5万元人民币的活动经费。

（一）"俄扎乡哈尼族长街宴"

俄扎乡政府所在地哈播村举行的"昂玛突"节庆活动在整个元阳县内是规模最大的。"昂玛突"期间举行的长街宴是村民自发组织的，不像邻县某些地方的长街宴是由政府组织、政府埋单的。俄扎乡政府将县里下拨的钱全部用于支持哈播村的长街宴，并且对于"昂玛突"的整个仪式活动不进行任何干预，仪式活动完全由该村的宗教人士咪古和摩批等人负责。乡政府主要负责对外宣传以及维持秩序等工作。

元阳县俄扎乡哈播村的"昂玛突"长街宴，是所有哈尼族村寨中自发组织的规模最大、过程较为完整、结构也较为鲜明的一个。它已经进入了云南省第一批非物质文化遗产保护名录，并成为哈播的重要旅游资源以及哈尼族的民族文化标志。哈播在每年一次的"昂玛突"第一天献祭寨神后，第二天和第三天便举行长街宴。村民们以家庭为单位，每户抬出一张桌子顺着狭长的街道依次摆放，形成近200桌、约1.5公里长，上万人参与的壮观景象。哈播村昂玛突节长街宴的主要内容包括：祭祀人员向每家平均分配祭祀寨神的"竜肉"；村民邀请各方客人一起共餐，感受哈尼族丰富的饮食文化；最后，在长街宴中，身着传统民族服饰的村民们唱起敬酒歌，一起跳起欢快的乐作舞等舞蹈。

哈播位于连接绿春县和元阳县两县的晋思线公路边。该村距离元阳县城南沙约130公里，距离绿春县城约30公里。全村分为上、下两寨，自称哈尼然。全村目前有410户，近2000人，主要姓氏有马氏、卢氏等。

哈播以竹而得村名，哈播之意即为"竹子"，处于哈尼梯田文化核心区域。哈播野生动物种类多样，药材、香料丰富，还有一定的金矿等矿藏，再加上目前作为乡政府驻地所带来的经济、文化、政治中心的有利优势，以及哈播人的经商传统，这都使哈播的经济社会情况在周围村寨中可以说是最好的。

总体来看，哈播的哈尼族传统文化至今仍是保存较全的。例如，以家庭为基本单位的梯田生产，仍是当地最主要的生产方式；作为哈尼族典型标志的"昂玛突"（祭寨神）、"苦扎扎"（即六月节）、"十月年"仍是他们最为重大的节日；大部分哈尼族村寨都存在咪古、摩批，他们仍是哈尼人传统宗教中最为重要的两种神职人员；当地的哈尼族语言仍得到较好的保留。过去的哈播，以一个重要的农村集市闻名于该区域。而现在，吸引国内外广大游客慕名前来的，则是它那在所有哈尼族村寨中自发的规模最大、过程较为鲜明、结构较为完整的"昂玛突"长街宴。

哈播举办"昂玛突"比其他村寨的要早很多。一般是在每年农历十一月的第一个属牛日开始，主要的献祭仪式和长街宴加起来共四天时间。其中，第一天为献祭财神、立寨门和封寨门、祭祀寨神、晚上表演歌舞；第二天为上寨摆长街宴；第三天为下寨摆长街宴；还有第四天的全寨"叫魂"。但如果包括之后三天休息时间的话，总时长便达到了七天。这段时间乃是上一年劳作的结束与下一年春耕开始的过渡。

哈播祭祀寨神的地方叫做"寨神林"，它位于寨头。除了祭祀的日子外，寨神林一般不准村民随便进入，更不允许牲畜进入里面踩踏，也不允许任何人砍伐。多年前，寨神林就用竹篱笆围墙围起来了。2003年的时候，村里有四五个家庭主动出资，全寨村民们共同修筑了砖石围墙，并在2005年的时候又加修了一次。

寨神林里象征寨神的神树，被村民们亲切地称为"昂玛阿波"，直译即寨神爷爷。"昂玛突"仪式活动有专门的主持者和另外几位祭祀人员。其中，最重要的是"大咪古"和小咪古、两名铓鼓手（主要负责向村民传达咪古的指示，并协助咪古完成各种事务）以及"摩批"（负责"昂玛突"中一些辅助性的仪式活动）。

节日前的准备工作主要包括打扫卫生，制作彩蛋和蛋笼，以及舂糯米粑粑等。"昂玛突"开始的第一天的过程包括咪古启用象征神灵的座位，摩批主持的辅助性的祛除仪式，咪古主持的献祭财神仪式，摩批主持的立寨门和封寨门仪式以及献祭寨神仪式，全寨平均分配献祭牺牲，每户家庭的献祭祖先仪式等内容。

第二天是"长街宴"。咪古为全体参加者祝福。当年有新生儿的家庭专门到咪古和摩批等人坐的第一桌来请求咪古的祝福和保佑。其他任何人也都可以来感谢咪古并得到他的祝福。由于哈播村人口较多，每家摆一张桌子则一条街都摆不完。哈播把摆长街宴变为两天来举行。据老人们说，多年以前，哈播的长街宴只过一天，后来由于哈播人丁兴旺、人口增多，一公里多的街道摆不下了，就只好分成上、下寨，长街宴也就相应改为上、下寨分两天来摆。并且上、下寨的村民需要互找对家，例如，上寨的马姓和下寨的卢姓相互结为对家，第一天为马姓摆宴席请卢姓一家，第二天则为卢姓摆宴席请马姓一家。这样的安排，既延长了节日的欢乐，也有利于增强寨子里村民之间的友好亲密关系。

作为哈尼族三大节日之一，融合了多种传统文化形态和要素的结晶，哈播的"昂玛突"特别是其中的长街宴，无论是在仪式的保留、规模的宏大、结构的鲜明和完整方面，还是在包融饮食文化、歌舞艺术、服饰文化、生态文化以及文化空间塑造等方面，都较为集中地表现了哈尼族传统民族文化的丰富性、多样性和独特性。

长街宴集中表现了哈尼族的独特饮食文化。仅仅从哈播长街宴中常见的菜肴来说，就有各种"粑粑果"、猪肉干巴、干鱼、青蛙干巴、牛肉干巴，以及油炸蜂蛹、生炸竹蛆、香巴虫煎鸡蛋。另外还有经过特殊加工的鹌鹑蛋、咸鸭蛋、鸟肉、江鳅、牛肝、猪肚、腊肉、排骨、炸豆腐、花生米、大虾、山魔芋、香米粑粑等各种美味，它们的制作方法主要是炸、炒、烤等。此外，还有哈尼豆豉、蘸水等特色佐料乃至焖锅酒、米酒等特色饮品……无论是从材料选择还是从具体的加工制作来说，它们都突出体现了哈尼族饮食文化的独特性。

除了饮食文化外，哈播长街宴中最为突出的，便是穿插于其间的欢乐的歌舞艺术。哈尼族民族特色的乐作舞、碗舞、撮泥鳅舞、撮鱼舞、木屐舞、手帕舞等，以及复杂多样的祭祀歌、哈巴酒歌、大合唱敬酒歌、月亮歌等，另外还有作为伴奏的三弦弹唱、吹树叶、吹"巴乌"、敲铓鼓、吹笛子等，都在长街宴中得到了丰富的表现。它们都是富有哈尼族民族特色的、充满感染力的艺术结晶。这些歌舞中的娱神、祈福、驱邪以及促进交流、融洽人们关系的功能都得到了较好的表达。

在服饰文化方面，节日期间，绝大部分村民，特别是女性都会身着美丽的民族传统服饰，并佩戴大量的精美饰品。从而为人们集中展示了不同性别、不同年龄阶段的哈尼族服饰文化。人们不仅可以从中感受哈尼族对于美和艺术的天赋，更可以从诸如服饰、银饰图案等艺术细节中，了解他们关于梯田生产、动植物知识等方面的传统民族文化。例如，妇女服饰与银饰中的许多图案，便是梯形图案与线条、水纹、鱼、青蛙等事物的抽象表现，这显然与哈尼族长期的梯田农业耕作方式、完善的水资源利用技术等有着紧密的关系。

此外，每个村寨因为要供奉寨神，都保留了大片的寨神林。这样的宗教观念，不仅表达了哈尼人对自然乃至宇宙的独特系统认识，体现了哈尼人与自然之间的和谐关系，而且还在事实上起到了保护森林、维护生态环境的重要作用。

哈尼族长街宴以其自身丰富多样的文化特征和社会功能产生了较大的影响，被誉为"世界上最长的宴席"，于 2001 年正式进入上海大世界吉尼斯世界纪录，并且还顺利进入了云南省第一批非物质文化遗产保护名录。随着知名度的增加，长街宴已经部分地从"昂玛突"中获得了一定的独立性，乃至成为整个哈尼族最为著名的文化标志之一了。

传统的民间宗教祭祀活动所蕴藏的文化价值很大。当地各级政府都对哈播长街宴给予了大力支持。早在 2005 年，俄扎乡政府就已确定每年为长街宴中的每一桌补助 50 元，为迎接来宾的村民每人每天补助 20 元，另外，还给晚上的文艺表演提供每支队伍 300 元的资助，代表政府对他们的关心和支持。实际上，乡政府资助昂玛突的投入近 10 万元，这些经费主要用于宣传、装饰、招待远方客人的饮食，以及邀请表演队等各项支出。

2007 年，哈播所属的俄扎乡乡政府在寨子里专门修建了一栋三层楼高的"哈播村文化活动室"，供村民们在这里开展日常文娱活动，活动室中也包括了党员组织生活活动室。为了增加昂玛突节日晚上的演出内容，除了本村的表演队表演外，乡政府还特地从周围的寨子请来了三支表演队。政府负责他们的吃住，并给他们每人一天 10 元的补助。这些节目都是村民自己编排的，内容以传统歌舞为主，也有一些歌颂祖国、歌颂党的节目。

当地政府的努力和投入得到了应有的回报。其一是密切了政府和村民的关系。村民最自豪的是他们的传统宗教文化活动得到了政府的关心和支持。相应地，当地政府在这些地方开展的各项工作也容易得到当地村民的理解和支持。其二，外宣工作成果显著。长街宴总是能吸引大量新闻媒体的关注。云南省电视台、上海电视台、红河州电视台、元阳电视台、《昆明日报》等，都派来了记者，对哈播长街宴的盛况进行报道。新闻媒体的宣传让哈播长街宴的名气和影响越来越大，游客也一年比一年多。参加哈播长街宴的还有许多国外的游客，如瑞士、日本、以色列、法国等国家的游客，以及中国台湾等地的旅行团。这大概也是少数民族文化得到政府保护和支持的最有力的证据，其效果远比一些空的宣传有力。其三，加强了这一地区的企业和政府以及村民的关系。近年来的哈播昂玛突节日，尤其是长街宴，受到了乡政府邀请的来自省、县、乡的各级政府、部门和企业等近百家单位的赞助，赞助金额大都会在七八万元。周边的企业在昂玛突期间也会给员工放假，本地哈尼族员工觉得他们的传统得到了尊重，而外来的工作人员则借此节日获得了理解当地文化的机会。企业的支持不仅有助于他们与当地政府关系的融洽，也有助于他们和当地百姓之间的相互理解。

必须强调的是，无论是县政府还是乡政府都非常尊重哈尼族传统文化，而且他们尽力地宣传和引导哈播长街宴，却未曾干涉或改变其中的传统文化内容。这是哈播"昂玛突"和长街宴得以保留民族文化特色、得以长久传承和延续的基本保证之一。

对于一般村民而言，这也是一举多得的好事。据哈播人说，他们都很欢迎外来游客。因为对于哈尼人而言，"长街宴"期间来的客人越多越好，客人来得越多，也就意味着来年哈尼人的生活会更加兴旺、更加红火。这不仅可以"增加福气"，还可以通过旅游业来带动当地经济发展，更重要的是，村民们也得到了政府的补助，"大家都高兴了，这当然是好事嘛"。

（二）"新街镇彝族火把节"

新街镇有彝族人口近 2.5 万人，是彝族人口最多的乡镇。火把节是当地彝族最为热闹的节日。从 20 世纪 90 年代开始，县政府就开始组织村民过火把节。现在，每年由县政府资助 5 万元经费，镇政府具体负责节日活动。由于来参加火把节的国内外游客较多，由某个村单独举办较为困难，加上村寨中的火把节原本就没有专人组织，于是，当地政府承担起了主办这个节日的任务。节日期间，身着节日盛装的彝族百姓从四面八方赶来，整个新街山城梯田广场挤满彝族、哈尼族、傣族、壮族以及其他民族的民众。此外，大量的游客也前来参加。政府相关机构负责维护秩序，准备各种应急预案。白天最精彩的是摔跤比赛，来自全镇 10 个村委会的几十名选手参加比赛。参赛选手有彝族、哈尼族、傣族，年龄最小的十几岁，最大的有 30 多岁。比赛采取单循环制，以获胜场次最多的为冠军。最有特色的是第一名的奖品———头壮牛，之后是电视机。镇领导为获胜者颁奖。有些年份则是斗牛表演。奖品情况也差不多。近几年来，在节日期间，当地还举行哈尼族、彝族、傣族、壮族原生态民歌大赛；以全镇 13 支正式授牌的农村文艺队为主的新农村文艺汇演；由元阳县哈尼梯田文化传习馆表演的开幕式、闭幕式等丰富多彩的文艺节目。

整个火把节期间，各种各样的商贸活动更加繁荣。新街镇的街道上成了以彝族为主，其他民族参加的各种饮食文化、服饰文化和歌舞文化的展台。前来参加的政府部门、部分企业和个人会为节日活动捐款。

从 2010 年元阳县文体局开展文化体育传承基站建设工作以来，每年的火把节又增添了新的内容。新街镇新街村委会的阿花寨于 2010 年成立文化体育基站。阿花寨是彝族尼苏人的村寨，尼苏人的阿噜（情歌）是非常优秀的民族文化。火把节活动中的表演，使尼苏人的阿噜第一次从窝棚和山坡上走向了舞台。阿噜是充满激情的恋歌，表达的是男女之间的爱慕之情。唱的内容都是让人有些害羞的，所以长期以来，它都没能在大庭广众之中得到展示。在文化基站工作开展之后，民间艺人也打破了旧有观念，开始在火把节期间表演阿噜。之所以能够在大众面前开口，是因为县民族文化部门领导反复告诉他们这些文化再不传承就可能消亡了，要珍惜，都是文化，没有什么好害羞的。事实上，现在能唱好这些阿噜的人也大都是 40 岁以上的中年人了。现在，火把节期间，有来自新街镇民族服饰文艺队、新街镇菲莫文艺队、新街镇石岩头寨文艺队、黄茅岭乡明星村文艺队、南沙镇元宝小区队、攀枝花乡马老贺上寨文艺队、马街乡大皮甲老年文艺队等 22 个队，220 名当地民间歌手踊跃参加。大家对于拿什么奖并不是非常关心，他们更高兴的是有上千名的中外观众在看他们的表演。

2014 年 7 月 21 日是农历的六月二十四。这一天也是新街镇举办彝族火把节的日子。尽管这天下雨，但新街镇举办火把节的广场上依然人山人海。21 日夜晚的烟花燃放吸引了众多的乡亲和游客。22 日节日正式开始。红河州、元阳县以及新街镇的相关领导出席了开幕式。开幕式之后的第一个节目是彝族毕摩表演叫魂，意喻丰收，幸福安康。接下来是元阳县文体局的文化传习馆的文艺队表演的彝族舞蹈，之后是来自十余个村寨表演队的舞蹈表演。主持人使用哈尼语、彝语以及汉语普通话三种语言来串联节目。绝大部分的节日是彝族的，哈尼族、傣族、壮族的歌手和舞蹈表演队也有许多节目参演。

每年必不可少的一个节日内容是摔跤比赛。参加者是不分民族的，县里的所有人都可以参加。最终获得冠军的可能是彝族人，也可能是其他民族的参赛者。无论是谁，获得冠军的都会得到大家的祝贺。民族间的相互理解和融洽关系在节日中得到了很大的加强。

除了县政府补贴的 5 万元之外，新街镇镇政府还得到了许多商家的赞助。这些商家都希望在节日期间能成为赞助商，能更好地为自己的产品打广告。他们都是主动找镇政府表达赞助的意愿的，这些赞助商大部分都是在元阳发展的公司。给予火把节赞助的当然也不限于彝族企业家，其他民族的企业家都会把参加这样的活动理解为对民族文化的支持，对政府开展保护民族文化活动的支持。一般来说，镇政府收赞助也是根据实际开销的情况，当他们觉得赞助的资金已经够开销了，就不再接受赞助了，会劝后面来的赞助商第二年再来。

（三）"南沙傣族泼水节"

泼水节又叫"浴佛节"。泼水节源于印度，是古代婆罗门教的一种仪式，之后被佛教所吸收。随着佛教传入中国傣族等地区，泼水节也作为一种宗教仪式进入中国。在历史发展的过程中，泼水节逐步具有很大的影响。同时，随着许多傣族等民族的本土文化的融入，泼水节也变得越来越民俗化。但无论如何，泼水节总与佛教有着密切的关系。

傣族并非全民信奉南传上座部佛教。红河流域以及金沙江流域的傣族基本不信佛教。或者说，从历史上看，南传上座部佛教并没能传入这一地区。因此，处于红河流域的元阳县傣族在历史上并不过泼水节。1990 年出版的由元阳县民委主编的《元阳民俗》一书介绍了元阳县傣族的节日和宗教。这一地区的傣族有从腊月二十四到正月初三的"关门节"；有正月第一个属鼠日或属龙日过的"开门节"；农历二月或三月的第一个属虎日过的"竜示"节；农历八月过的驱赶鬼神的"办来曼"节以及农历十月第一个属龙日过的"叫谷魂"节等，但就是没有"泼水节"。

20 世纪 90 年代初，元阳县县政府所在地新街镇出现了山体滑坡的趋势。当地政府拟将县政府从新街镇搬迁到南沙乡，即现在的政府所在地。当然，也有人认为当时提出搬迁还有其他更深层的理由，即南沙所在地同时紧邻个旧市和建水县的交界处，也是个旧通往红河县、绿春县的必经之地，交通的便利有利于当地社会经济的发展。为了使未来的县城所在地尽快提高知名度，也为了使当地的傣族群众能更好地配合政府的县城搬迁行动，县里的有关部门认为应该打造一个文化品牌。在一般人眼里，傣族总是和泼水节连在一起的，泼水节在云南乃至在中国都有很大名声。这一点还与各族人民十分敬爱的周恩来总理曾经和傣族人民一起欢度过泼水节有关。最后，当地政府决定引进这个节日。1992 年，在县政府的支持下，南沙乡政府主办了第一届泼水节。尽管当地傣族民众过去不过泼水节，并且不知道如何过泼水节，但由于他们和包括西双版纳及德宏等地的傣族具有共同的民族身份而较容易地认同并接受了这个引进的节日。"反正是泼水玩，打水战"。直到今天，元阳的泼水节也就是"泼水玩，打水仗"，并没有"浴佛"等重要内容。"放高升"和"放孔明灯"，这些在泼水节期间"很好玩"的东西也都被引进了。另外，拔河比赛也被加入到了泼水节中。

原先这一地区傣族的节日基本上是以村寨为单位的。泼水节的引进使这一地区的傣族有了一个可以共同欢度的节日，不同村寨的傣族民众之间有了一个加强交往的空间。区域性的交往及不同民族间的交往程度也得到了很大的提高。

仅以 2012 年 4 月 12 日在县文化广场举办的南沙泼水节晚会为例，就可以看到这些显著的影响。这台晚会被命名为"2012 年元阳·南沙泼水节暨傣历 1374 新年节迎宾晚会"。晚会表演的节目有凤舞龙飞（舞蹈）、闹春（舞蹈）、当我偷偷地想你（独唱）、幸福生活（舞蹈）、日落黄昏（独唱）、竹林慢舞（舞蹈）、蔑帽圆（舞蹈）、踩笼粑（舞蹈）、牵挂（独唱）、背水姑娘（舞蹈）、月光下的凤尾竹（独唱）、傣家姑娘（独唱）、孔雀公主（舞蹈）、傣家乐（舞蹈）、傣家姑娘（舞蹈）、有一个美丽的地方（独唱）、象脚鼓舞（舞蹈）等。表演的节目有傣族的、彝族的、哈尼族的，还有汉族的。参加表演的有来自元阳县、个旧市、石屏县、金平县、蒙自县以及元江县等地的演员。如第一个节目"凤舞龙飞"的表演者就是来自石屏县的因电影《花腰新娘》而声名鹊起的彝族女子舞龙队。

元阳县并不信奉南传上座部佛教的傣族民族不仅接受了这个"引进"的节日，而且还把这个节日办得越来越红火。随着梯田申遗工作的不断深入，旅游业在元阳县有了长足的发展，民族民间宗教文化也受到了政府的重视。所有这些加在一起，还激活了消失已久的一个傣、彝、汉多民族共同参加的祈雨仪式。下面是关于这个祈雨仪式的介绍。

历史上，南沙镇处于红河边的五亩、槟榔园、南沙、新寨、土老寨以及半山腰的石头寨区域，它们都属于建水县的土司管辖。五亩村的头人属于土司之下的掌寨，负责管理包括这些村寨在内的十几个村寨。

生活在这个地方的彝族、傣族、汉族之间因为居住地海拔的高低关系（傣族、汉族居山下，彝族居山上），生产劳动的时令不完全一样，不同民族之间存在着很好的协作关系。每一年，傣族水稻更早开始栽秧，较缺劳力。此时山上的彝族并没有开始栽秧，富裕的劳动力便下来帮着一起种田。等彝族开始栽秧的时候，部分傣族民众也会上去帮忙。秋收时的情况是，傣族、汉族在山下的谷子先成熟，山上的彝族会下来帮着收割。等彝族开始收割水稻时，一少部分傣族人和汉族人也以换工的形式上山帮助收割。傣族、汉族在山下的田要比山上彝族的多很多，于是作为回报，他们会将粮食分给彝族一部分。此外，由于河谷地带天气炎热，山下傣族、汉族人的耕牛在夏天的时候容易生病，这时它们便会被赶到半山腰，那个天气凉爽许多的石头寨的地界去，有时干脆就交由彝族人放养。这种关系又被称为"田亲家"、"牛亲家"。这些都为民族间的团结互助打下了一定的基础，此地的民族关系较为融洽。

春耕季节，水对于农业生产是十分重要的，有水无水决定了此地人民饥荒抑或丰收。于是每一年，山下五个寨子的傣族、汉族都会来到从山上流下来的麻栗河中段（离村子直线距离七八公里）的溶洞祈雨。半山腰彝族、汉族杂居的石头寨的寨主下到这里来帮助举行祈雨仪式。祈雨所用的祭祀猪由五亩的寨主购买，山下几个村的村民代表各自带着祭品来参加仪式。石头寨的寨主负责在溶洞内搭建简易的祭祀台并宰杀带来的猪。同时，他主持祭祀，祈祷的话就是请求上天下雨，祈求山里流出的水不干，山上的水可以流下去，可以让山下的傣族和汉族有足够的水来栽秧。

1949年以后，这些祭祀活动被当作封建迷信的东西，没有继续下去。1963年经历干旱以后，村民认为这是没有祈雨的结果。于是，在1964—1966年，他们连续三年祈雨，掌寨负责出资买猪祈雨。"文化大革命"开始以后，祈雨重新被当作封建迷信的东西，此时村民坚决不敢再继续这种活动。1982年开始推行联产承包责任制后，当地又遇到了干旱。当时村民请掌寨祈雨，但他们仍旧不敢做，石头寨也因为担心被说成是搞封建迷信活动而不敢做。槟榔园村人觉得不祈雨不行，于是自己去祈雨，但觉得效果不好。自那以后，祈雨活动一直未曾进行。人们也渐渐淡忘了祈雨这件事。

　　参加祈雨的掌寨后人告诉我们，20世纪90年代，元阳县的县城搬迁至南沙（五亩等村的所在地）。政府出于宣传的需要，引入了德宏、版纳等地的泼水节。泼水节浴佛，但此地傣族不信仰南传上座部佛教，当然没有这一内容。然而这里的傣族人民十分高兴，因为有了一个类似于火把节、"昂玛突"的属于自己的节日。尽管他们没有怎么弄清楚泼水节的真正含义，但因为它使本民族文化得到了彰显而对其欣然接受。泼水节最开始由政府组织，后来经常由傣族协会举办。

　　1995年，县城搬下来之后，村民的土地逐步变为城市用地，他们成了失地农民，因此祈雨就更没有多少意思了。然而近年来，随着元阳县提出申报梯田世界遗产工作的推动，哈尼族和彝族文化都在不断地被挖掘和强调。这使当地傣族民众觉得自己少了属于自己独特文化的东西，哪怕是泼水节也不是他们这里的傣族原来就有的。尤其是随着他们与外地傣族的联系增加，更加觉得他们的泼水节并没显示他们当地文化的特点。2009年，有人提出应该重视自己的文化，因为国家都很重视民族文化。于是大家开始请老人讲他们自己的传统文化，并且开始准备恢复祈雨仪式。老人回忆了一部分，然后他们又去找山上石头寨的人商量，慢慢地，双方最初支离破碎的记忆被逐渐拼凑了起来。从2010年开始，在麻栗河的溶洞里，山下五个寨子的人由五亩村的掌寨后人带领，献一头猪，山上石头寨后人负责主持祭祀。祈雨仪式恢复了。到今年，祈雨仪式已经举行了三次，而且每次都被定在了4月11日，泼水节正式开始的前一天。

　　祈雨仪式结束后，六个寨子中来参加仪式的人们一起野餐。等吃过饭，大家一起下到河里打水仗。石头寨的人站在上游向山下傣族及汉族人泼水，他们边用手撩水，边说"给你们水，给你们水，山下的水会很多的"。山下五个寨子的人退到石头寨地界之外，他们带着水回来了。

　　他们说，以后可以告诉外人，他们的泼水节其实是这么来的。他们的泼水节有自己的特点，和版纳、德宏那边的不一样。

　　为什么非得恢复这个祈雨仪式呢？参加仪式的人说，除了自己这个民族应该有属于自己的文化以外，也希望哈尼申报遗产成功之后，更多的游客可以来这里。游客除了在山上看哈尼族和彝族的梯田，也可以来山下领略他们傣族的丰富文化，说不定这个祈雨仪式今后也可以搞成一个旅游开发的重要项目。而且他们相信当地政府会支持自己的。"政府不是在提倡民族大团结、民族通婚吗？我们这个祈雨就是民族大团结。过去是封建迷信的东西，今天都可能就是原生态的。"

虽然当地政府拿出专款来支持的民族节日活动只有这三项，但这些节日对于其他民族节日起到了一定的引导作用。即节日活动应该是可以增强民族自信心和凝聚力的，节日活动应该具有扩大社会交往空间的作用以及促使社会经济和谐发展的积极意义。

二　民族文化传承中心与传承基站的建设

2008 年，元阳县哈尼族民间文学《哈尼哈巴》进入第二批国家级非物质文化遗产名录。《哈尼哈巴》是哈尼族的古歌，是在哈尼族社会生活中流传广泛、影响深远的民间歌谣，是有别于哈尼族山歌、情歌、儿歌等种类的庄重、典雅的一种古老歌唱调式。《哈尼哈吧》流传于红河哈尼族彝族自治州红河南岸元阳、红河、绿春、金平县以及建水县坡头乡、普雄乡等哈尼族聚居地区。其内容包括天文地理、哈尼历史、历法计算、四时节令、农事活动、商业经济、生老病死、宗教信仰、风俗习惯等哈尼族社会文化生活的方方面面。在表现形式上，以吟唱、吟诵为主要表现手段。所用语言为典雅的古哈尼语，现在的年轻人想要听懂都不容易。尽管有一些中老年人也会吟唱其中的一小部分，但民间宗教人士摩批才是最为重要的"哈巴"传承人。哈尼族有些文化遗产的传承是必须依靠这些民间宗教文化人士的。

2009 年以来，政府部门投入 8.5 万元在新街镇箐口村建设了 1 个"哈尼哈巴传承中心"。投入 6.3 万元在牛角寨乡果统村、攀枝花乡洞铺村、小新街乡嘎妈村、俄扎乡哈播村建设了 4 个"哈尼哈播传承基站"。此外，还有 24 个涵盖其他各个民族文化传承内容的传承基站，共 30 个。元阳县民俗"祭寨神林"于 2011 年被列入第三批国家级非物质文化遗产名录。现在，"祭寨神林"这一种带有更加明显的民族民间宗教内容的文化事项的传承主要在新街镇大鱼塘村传承基站展开相关活动。省级传承人卢文学本身也就是该村的宗教人士咪古。

箐口村"哈尼哈吧传承中心"的主要传承人李正林是村里的大摩批，1944 年生人，单独做各种摩批仪式已有 50 年。他现在已经是省级传承人。目前他收了 6 个徒弟。在县文化体育局领导的安排下，传承中心和传承基站的摩批等人经常汇聚，进行交流和传承等活动。

2009 年元阳县政府确定了建设 30 个民族文化体育基站，传承、弘扬民族民间传统文化体育，保护、抢救濒危民族民间传统文化体育，丰富群众文化生活的行动目标。元阳县民族和文化工作相关单位将文化基站视为农村文化工作的重要载体，也是群众文化设施网络中最基层的一个环节。这项工作的经费保障措施是这样的：每年向每个基站补助 0.5 万元，30个基站共计 15 万元；每个传承人每年补助 0.1 万元，扶持 50 人，共 5 万元。文化体育基站的建设加强了最基层的民族文化建设工作。文化体育基站的成立其实是对乡镇一级文化站建设夯实基础的重要步骤。在实现了乡乡有文化站的建设目标之后，文化体育基站建设将与具体的文化传承人挂钩，与具体的文化事项相连这便使这些基层文化工作落到了实处。此外由于政府很难做到对每一个民族的文化节日给予同样力度的支持，文化基站的建设事实上还起到了对那些影响面不是很大，但确实是有意义的文化事项的支持作用。

文化体育传承基站的建设并非专门针对民间宗教文化的传承与发展，但由于民间文化中相当大的一部分内容都是和民间宗教联系在一起的，甚至是难以分开的，所以文化体育基站工作有相当大的一部分内容就是积极引导民族民间宗教为经济社会发展以及和谐社会建设服务的。

下面是元阳县一份文化体育传承基站的具体实施方案。

元阳县攀枝花乡洞铺村传承基站实施方案

为充分挖掘、整理、保护和传承优秀的民族民间传统文化，促进元阳县民族传统文化进一步繁荣发展，根据《元阳县民族文化体育行动计划实施方案》关于民族文化传承基站建设行动的相关要求，根据当地实际，特制定本实施方案。

一　基本情况

洞铺村隶属元阳县攀枝花乡，地处该乡北边，现有农户 435 户，有乡村人口 2200 人，其中农业人口 2200 人，劳动力 1400 人。2009年全村经济总收入 428.9 万元，农民人均纯收入 1881 元。世居民族为哈尼族。

朱小和，男，哈尼族，现年 73 岁，系云南省红河州元阳县攀枝花乡洞铺村委会洞铺村人。

朱小和曾两次受邀到深圳民族村演出；两次到云南民族村配合有关专家整理哈尼贝玛文化的相关资料；2003 年被命名为云南民间艺

人；2007 年被命名为国家级民族民间艺人；他演唱的《哈尼哈巴》有着非常重要的历史、科学、文学艺术价值。

二　传承内容和主要任务

传承内容：《哈尼哈巴》2008 年成功申报国家级非物质文化遗产保护项目。哈尼哈巴哈尼语为哈尼古歌，是哈尼族社会生活中流传广泛，影响深远的民间歌谣，是有别于哈尼族山歌、情歌、儿歌等种类的庄重、典雅的一种古老歌唱调式。哈尼哈巴涉及哈尼族古代社会的生产劳动、宗教祭奠、人文规范、伦理、道德、婚嫁丧葬、吃穿用住、文学艺术等，是世世代代的梯田农耕生产生活为核心的哈尼人教化风俗、规范人生的百科全书，从目前已收集整理的哈尼哈巴资料中，哈尼古歌《窝果策尼果》《十二奴局》《木的兰地》可以说是哈尼哈巴的经典代表。

主要任务：以充分挖掘、整理、保护和传承优秀的民族民间传统文化，促进元阳县民族传统文化进一步繁荣发展为目的，通过搭建传承平台，引导该村现有代表性人员，充分发挥其技艺，并相互探讨研究，创新发展民族传统技艺。

三　传承实施步骤

2010 年上半年带新学徒 2—3 人，徒弟须初步掌握《哈尼哈巴》上篇；下半年学徒熟练掌握《哈尼哈巴》上篇，并逐步曾经学徒人数。

2011 年上半年学徒学习《哈尼哈巴》下篇；下半年学徒能熟练掌握《哈尼哈巴》下篇，并发展壮大传承人队伍。

四　预期目标

通过认真组织实施，每年在村内举办 2 次以上民族民间传统文化作品展演。打造独特的民族民间传统文化，形成"一村一品"的民族文化品牌格局，促进当地经济社会和谐发展。

五　牵头部门和负责人

牵头部门：县文化馆牵头，攀枝花乡文化站参加。

负责人：由县文化馆张继芝同志具体负责，攀枝花乡文化站全体人员参加。

六　相关要求

（一）牵头部门和负责人员必须严格按照方案组织实施。

（二）认真做好实施过程中的文字、图片、作品音像等资料的收集、整理和保存。

（三）加强请示汇报，定期向主管部门和领导汇报工作进展情况。

（四）及时总结经验，加强协作交流，推广好的作法。

从这份实施方案中，我们可以看到，文化传承工作是有可能落到实处的。洞铺村的朱小和还是有关哈尼族迁徙史《哈尼阿培聪坡坡》的演唱者。[①] 这位老人和其他的摩批一样，既在继续从事各种民族民间宗教仪式活动，同时又在从事民族文化的传承工作。

文化传承基站传承的文化覆盖面很广，有的是传承民歌、山歌的，如阿花寨的省级民间艺人李秀芬主要负责传承彝族尼苏人的阿噜（情歌）等。有的是传承歌舞的，如新街镇箐口村的李学负责传承铓、鼓、铜钱为一体的金钱舞，新街镇计且村的王金星则主要传承壮族的踩田舞等。

三　挖掘和整理民族传统宗教典籍

元阳县民族宗教局与文化体育局除了共同制订和开展文化体育传承基站工作之外，目前也正在进行挖掘和整理民族传统宗教典籍的工作。这些工作包括对口承的民间文学的整理和对毕摩经等一些民族文字书写的典籍的收集和整理。

相对来说，对彝族毕摩经的整理工作，其内容更为丰富。毕摩经是涉及天文地理、历法、历史、哲学、文学、艺术、教育以及宗教等内容的重要文化遗产。毕摩经是包括了祭祖类、丧葬类、敬神类、驱邪禳鬼类、占卜类等诸多种类的典籍。

目前，元阳县彝文古籍（毕摩经）登记在册进行整理和收藏的有120余册，收藏的彝文古籍以清代和民国时期的居多，其内容丰富多彩，涵盖了彝族社会生活的方方面面。元阳县彝文古籍登记表记录了彝文古籍收藏者的姓名，古籍名称以及内容简介，均用汉文、彝文登记。经过整理登记的古籍还可能根据需要进行出版，作为文化研究的重要资料。元阳县毕摩有50余人，在民宗局登记过的毕摩有30余人。据元阳县民宗局专门负责

---

① 参见朱小和演唱、史军超等翻译《哈尼阿培聪坡坡》，云南民族出版社1986年版。

毕摩经整理的人介绍，每年元阳会定期召集这些毕摩到县城南沙镇进行培训，培训期间县政府负责吃住，每天还发给参加培训的毕摩每人50元钱。这些活动的开展不仅对彝族民间宗教文化进行了挖掘整理，使这些民间宗教人士有了相互交流的机会，而且还使他们感受到了政府对他们的关心和帮助。

在县民宗局和文体局的帮助指导下，元阳县彝学会也在积极开展毕摩文化传承工作。2014年4月2日，由彝学会牵头在新街镇老峰寨举行了彝族毕摩文化传承基站挂牌仪式。参加仪式的不仅有云南省彝学会、红河州彝学会和元阳县彝学会的负责人，还有云南大学、云南民族大学、红河学院的学者。红河州文体局非物质文化遗产保护中心及县民宗局、文体局、新街镇的领导一起给基站授牌。除了新街镇彝族村寨的所有毕摩，其他乡镇的一些毕摩代表也来参加了这个仪式，并表演了一些仪式活动。此外，云南省彝学会还把云南省民委赠送的一些整理出版的有关彝族文化的书籍转赠给每一个毕摩。彝族村民还表演了许多歌舞。

第三节　引导民族民间宗教在社会经济发展中发挥积极作用

无疑，民族民间宗教文化的内容是十分繁杂的，民族宗教中一些迷信、反科学、阻碍社会发展的内容也都是存在的，并不应该提倡，对此问题要有充分的认识。但是，民族宗教对民族地区发展到底能起什么作用，到底应该怎样发挥其积极的作用，如何才能消除一些不良的作用等问题，是必须充分加以重视的。对于民族宗教中的复杂内容中到底哪些部分可以在社会的可持续发展发展中产生积极的作用等问题，是必须放到社会发展的大环境中才可以加以认识和评价的。

将发展仅仅视为经济增长的观点已不再为人们所接受。发展必须关注人的发展以及文化的发展。人类文化多样性存在的现实使发展也不可能只是在某一特定文化系统中的发展。主要受西方文化主导的现代工业化发展模式带来的问题很多，且已受到诸多的批判。人的可持续发展是现代世界发展中必须认真思考的问题。可持续发展所涉及的内容非常广泛，其意义也非常丰富。但一般而言，人与自然的和谐相处是十分重要的一个方面。文化多样性与生物多样性对于可持续发展是具有重要意义的。云南省的生物多样性是举世闻名的。这里既有自然地理等自然条件的原因，也有历史上逐步形成的文化多样性的原因。文化多样性的一个重要表现方面就在于不同的民族认识人与自然关系的理念是存在差异的。对于什么是有价值的以及怎样生活是有意义的理解的不同，对于各种有关自然和生活的知识构成不同，都会影响到这些不同的民族在处理认识资源以及合理利用资源方法方面的诸多差异，从而也在事实上为生物多样性的存在以及人与自然不同关系的存在铺下了坚实的基础。如果说人在世界上生存总要面对，也应该处理好的三个关系是人与自然的关系、我者与他者的关系以及人与自我关系（即内心平和）的话，那么民间宗教文化中的积极因素都有可能在这三方面起到积极的作用。

一　对民族民间宗教发展进行引导的必要性

中国历来是多文化、多民族的统一国家。在影响民族群体发展方向的诸因素中，除经济、政治因素外，民族文化在保持个体和群体身份稳定，引导价值观、伦理道德和社会秩序维持方面一直发挥着重要的作用。在这个意义上，民族民间宗教信仰既是中国民族文化传统的核心内容之一，也是国家进行文化建设的重要资源，宗教信仰在将来相当长的时间内还会是许多民族的重要文化基础。在面对复杂的民族民间宗教问题上，我们应当充分认识多民族地区民族民间宗教文化存在的长期性、复杂性，积极、严肃、认真地分析这些民族民间宗教文化中有益于因地制宜地建设和谐社会的文化内容或文化因素，挖掘其意义，并使之为经济社会发展服务。

民族民间宗教所包含的内容往往是精华与糟粕并存的。将传统视为社会发展的阻碍的观点当然是不正确的，但是，一提传统就认为什么都好的看法也是不可取的。对于民族民间宗教进行认真的调查分析，挖掘整理出有利于社会发展的因素，使其为现实的经济社会发展服务是必要的，同时也要对民间宗教中包含的一些迷信、不科学的内容予以剔除。如民间宗教文化中存在的大量自然崇拜的内容就应当得到尊重并应被赋予更多的科学内涵，使之能为人们更好地处理人与自然关系服务。如元阳县民间宗教中的有关神树崇拜的内容与近年来实施的退耕还林政策存在一定的契合性。有关森林和树木具有神性、有神灵的民间宗教看法未必是科学的，但这些信念却在历史发展中发挥了调适人与自然关系的作用，顺势引导，并辅之以一些新的科学地处理人与自然关系的现代科学知识，是有益于在这些地方开展保护森林、维护生态多样性的工作的。民间宗教中的祖先崇拜内容，在经过合理的引导之后是可以成为尊老爱幼中华民族美德的内容的。

充分认识民族民间宗教人士在乡村社会中的影响力，建立能够发挥他们在建设社会主义和谐社会中积极性的相关制度。很难预测民间宗教思想还会在乡村社会中保留多长时间，也很难预测这些民间宗教在社会中的作用不发生变化，但就目前情况来看，建立传统文化传承中心以及传统文化传承基站的方法是将民间宗教人士的活动更好地进行管理的有效的制度建设。这些更为积极的、制度化的工作是应该进行并不断完善的。

二　引导民族民间宗教工作的基本原则

在引导民族民间宗教发展的各种文化工作中，淡化宗教色彩、突出民俗特色是应该遵循的基本原则。提出这一点倒不完全是因为民族宗教活动的娱乐性和文化活动的经济价值在未来的发展中应该有比较重要的位置，而是为了避免将问题复杂化。一方面，这样的方法可以避免产生政府部门是在支持民间宗教活动的误会；另一方面，大部分民间社会并没有民间宗教这个概念，因而没有必要激起民间社会的一些人士来从宗教意义上理解这个问题。这样的做法可以使事实上存在的民间宗教问题不被"敏感化"。政府部门在处理这类问题中更加具有灵活性。淡化宗教色彩、突出民俗特色，更主要是从工作的形式和方法上来说的，这并不意味着政府相关部门就可以轻视这个问题。这种方法的一个不应忽视的方面就是要使政府相关部门也能够清醒地认识到民间宗教中确实存在一些迷信及不科学的内容，避免毫无辨别地将所有内容接受下来，甚至是加以弘扬。只要不出现明显的对民间宗教进行压制的情况，民间宗教本身并不会因为政府相关部门的淡化宗教色彩的工作方法受到太大的影响。社会的发展变化已经使许多民间宗教人士的影响力不可能再如过去一样重要，政府部门对民间宗教活动的引导及对民间宗教人士生活的关心其实使这些人士的影响力得到了某种程度的恢复。当这些民间宗教人士的影响力在一定程度上是来自政府相关部门工作的支撑的时候，这些民间宗教人士更有可能支持政府部门的工作。他们在维护社区内部秩序及维护良好的民族关系方面是可以继续发挥重要作用的。

在引导民族民间宗教文化活动中，应该引导宗教活动的组织者去欢迎其他民族的民众也来参与，应特别注意鼓励其他民族民众的参与。参与的程度和方式有时会受到一定的限制是可以理解的。但即使是表层的参与也都是值得肯定的。唯其如此，努力将民族宗教活动转变为突出传承民族优秀传统文化的平台以及加强不同民族交流的平台的目的才可能实现。

三　积极引导民族民间宗教发挥心理调适的功能

尽管社会的变迁发展以及科学的昌明都使得民间宗教不再具有在过往生活中的重要性，但社会的高速变化带来的许多心理不适应往往又都还需要这些传统民间宗教来进行调适。如随着外出打工人数的不断增加，为出远门的人专门举行的保佑仪式比之从前多了很多。特别是在春节过后，出外打工人员较多的时候，举行仪式的摩批都忙不过来。这些仪式中对外出者的安慰以及提醒出门在外不要学坏等内容是有明显的积极意义的。而这些出外打工的人群中大部分最终还是要回到村寨中的现实，使他们往往会在这些宗教文化中寻求慰藉和生命的意义。如在一些重大的祭祀活动中赶回家来参加，其实就是通过这些仪式过程来为自己寻找出外打工的意义。专门为老年人举行的祈福仪式随着村民收入的逐渐增加也在增加，这些仪式活动其实也是再次肯定作为这些文化中的老人生命历程的意义，使他们能获得心灵的平静。①

四　积极引导民族民间宗教发挥调适人与自然关系的作用

以元阳县当地政府支持的俄扎乡哈播村的昂玛突节日的长街宴活动为例。昂玛突这个祭寨神仪式活动本身就有祭祀寨神林的重要部分，就有对人与自然应当和谐相处的重要内容。2011年进入国家第三批非物质文化遗产名录的民俗"祭寨神林"的积极意义也正在于此。而这恰好是与当今社会所提倡的可持续发展的思想内涵相一致的。其他的许多祭山神、祭水神、祭谷魂、祭田坝等祭祀活动都包含了尊重自然的含义。关于民族民间宗教具有帮助人们处理好人与自然关系的相关理论研究已有大量的成果，在此也还需要再次强调。譬如如何保护森林的问题，尽管国家出台的各种保护森林的政策法规对于发展林业、水土保持、保持生物多样性起着主导性的作用，但当地百姓更自觉地进行森林保护及合理利用将使这些工作更加有效率。在一定的时期内，神林崇拜、山崇拜以及各种自然崇拜在

①　马翀炜：《福寿来自何方——箐口村哈尼族"博热博扎"宗教仪式的人类学分析》，载牟钟鉴主编《宗教与民族》，宗教文化出版社2007年版，第284—297页。

民众心里还会继续存在，这对于保护森林等工作是起到了十分重要的作用的。如果没有发自内心的对树、对森林以及对各种自然的敬畏之心，那么，在近年来由市场经济培养起来的对金钱追求的冲动就可能导致乱砍滥伐情况的发生，完全靠外在的强制性的力量来阻止是十分困难的。

红河哈尼梯田已经成功地申报为世界遗产，但在许多直接的经济利益诱惑面前，水田改旱地，不种水稻、种植香蕉的事情却时不时在发生。这里的土质缺少黏性的情况使一旦水田改旱地就很难再恢复成水田，因为放干水的田一旦再次灌水就极容易跨埂，后果是非常严重的。祭祀田坝仪式、新米节仪式中包含的一些民间宗教思想事实上对这些只是注重短期利益的行为又是有阻止作用的。合理地利用这些民间宗教对维护好哈尼梯田森林—村寨—梯田—河流四素同构的较为和谐的生态系统是有利的。从管理成本来说，这些方法也更为合算，并且还可以避免一些依靠罚款等惩治方法来解决问题所引起的不安定因素的产生。

五　积极引导民族民间宗教发挥调适社会关系的作用

元阳县山高坡陡，海拔变化很大，不同的民族生活在不同的地理空间中，逐步形成了一套合理的处理人与自然关系以及本民族与他民族和谐相处关系的文化体系。这些重要的文化理念又往往是与民间宗教联系在一起的。因此，发现并发扬传统民间宗教中有利于与其他民族和谐交往的因素就是十分有意义的。

在宗教性的节日活动中更加突出搭建不同地域不同民族之间交往的平台作用所具有的积极意义也是十分明显的。无论是新街镇彝族火把节，还是俄扎乡长街宴，都已经成为不同地域不同民族间的文化交往平台。就是那个"引进"并已被当地傣族接受的南沙傣族泼水节也早已起到了加强民族间理解和感情融合的作用。泼水节期间参加拔河比赛的不仅仅是傣族民众，还有大量的哈尼族、彝族、汉族以及其他民族的民众。泼水节晚会舞台上表演的演员是多民族的，舞台下观看的观众也是多民族的。参加泼水活动的也不只是傣族民众，而几乎是县城里所有的人。每一个参与到这一活动中的人都获得了极大的喜悦。

无论是民族民间宗教节日中的歌舞、饮食、服装展示，还是文化体育基站中的民族文化传承，它们都使传统文化有了展示的机会，使不同民族之间的相互理解得到进一步的加强。这不仅有可能激发民族的自豪感，也可能使这些文化能够发扬光大。哈播"昂玛突"长街宴不但表达了哈尼人祈求神灵护佑，促使村寨来年人丁昌盛、六畜兴旺、五谷丰登、吉祥发达等宗教观念，还传承了哈尼族传统宗教、饮食、服饰、歌舞、文学艺术、生态观念等传统文化，更在强化村寨凝聚力、向心力的过程中，让整个村寨团结为一个有机的整体。无论男女老少都穿上了民族的传统服饰。妇女和儿童打扮得如花朵一样漂亮，把平时舍不得穿的绣花衣服穿上，戴上亮闪闪的银饰……在哈播昂玛突节日当中，兴奋的村民们都摆好了自己家的丰盛菜肴。有各种猪肉干巴、整条的干鱼、青蛙干巴、牛肉干巴、油炸蜂蛹、生炸竹虫、香巴虫煎鸡蛋、鹌鹑蛋、咸鸭蛋、野鸟肉、江鳅、牛肝、猪肚、腊肉、火腿肠、排骨、炸豆腐、花生米、大虾、山魔芋、香米粑粑等各种菜肴。饮食文化在这里得到了很好的展示。这类节日活动还使不同民族之间的关系更加融洽，使村民与政府和当地企业的关系更加和谐。在哈播长街宴、新街火把节、南沙泼水节上，各种民族舞蹈都在节日中得到了充分的展现。各民族民众在参与这些不同的民族节日中加强了情感联系。

五亩等村的村民们对祈雨仪式的恢复表明，这个仪式已经不再是真的为了祈雨。因为没有了水田，人们不再需要那么多雨水了，何况他们还住在红河边，假若真的缺水，抽水机发挥的作用会更加直接。然而，他们依然要恢复这个仪式活动，可见祈雨仪式是当地民众民族自信心的一种表达，也是对政府重视民间民族宗教文化的一种积极回应，更是扩展和加强不同民族间社会文化交往空间的一种形式，是希望在未来的旅游经济发展中能找到属于自己的机会的一种诉求。

无论是 30 个文化传承基站的建立、文化事项传承人的确立、文化传承工作的开展，还是毕摩经的挖掘整理以及培训工作，都使相当一部分在民间有重要影响的民间宗教人士与当地政府部门建立了良好的关系。政府部门对他们传承的文化的尊重以及对他们生活的关心，不仅使他们在保存传统文化方面具有更高的积极性，而且也使他们在其他许多方面愿意支持政府的工作。这些民间宗教人士直到现在还都是乡村社会中极有影响力的人物，他们在维护一个地方的社会生活秩序方面发挥的作用是非常之大的。虽然他们并不经常直接参与那些正式的工作，但他们的配合所起到的作用也是十分重要的。更为重要的一点还在于，政府部门和乡村社会多了一条获取信息的重要路径。因为在这些工作中，农村的一些问题是能够较快地反映上来的。这些宗教人士也愿意和领导干部讲真心话。这对于化解社会矛盾都是十分有利的。

六　积极引导民族民间宗教发挥文化保护与文化创新的作用

近年来，元阳县在经济社会发展方面都取得了很大的进步。产业结构逐步趋于合理。文化建设迈上新台阶。除了红河哈尼梯田"申遗"成功之外，哈尼梯田还先后被列为国家湿地公园、全球重要农业文化遗产；成功承办了三届哈尼梯田文化旅游节和首届哈尼梯田大会元阳现场会；积极做好非物质文化传承和文物保护工作，成功申报了《哈尼四季生产调》《哈尼哈巴》以及《祭寨神林》等国家级非物质文化遗产保护名录；实施了《元阳县民族文化体育行动计划》，加快推进了"民族文化强县"建设。梯田旅游成为元阳县经济社会发展的一个重要支点，而梯田旅游的进一步发展又是依赖于民族文化的保护与创新的。民族民间宗教在此是可以发挥重要的作用的。

一般来说，没有文化的旅游景区的生命力是不长的。何况元阳发展旅游业的重要品牌就是当地各民族世世代代艰苦开发出的梯田以及森林—村寨—梯田—河流四素同构的景观，其本身就是文化的结晶。而要更好地发展旅游业，没有厚重的独具特色的民族文化更是不可能的。与梯田相关的文化中包含了太多的民间宗教文化内容，不去挖掘、整理和展示这些文化，那么，梯田旅游也必然是没有真正的文化含量的。近年来，元阳梯田旅游的不断发展其实也与包括民间宗教文化不断受到重视以及不断成为新的"看点"，成为不仅吸引眼球，而且还震撼人的心灵文化景观相关。

元阳县政府正力图把旅游业培植成支撑县域经济发展的首要支柱产业，政府部门提出到"十二五"末，力争全县旅游人数达150万人次，旅游门票收入达2亿元，旅游业总产值增至16亿元以上，年均增长19.7%的目标。要实现这些目标，当然有许许多多的工作要做，如进一步加强和完善基础设施建设，改变单一的观光旅游模式，力争实现旅游发展的升级换代等。但进一步发掘民间宗教文化的积极意义，充分开发和运用这些文化资源，展示这些传统文化的魅力也是必不可少的。

全球化时代的到来对包括民族民间宗教在内的诸多文化有可能产生同质化的影响，但另一方面，全球化也为多样性存在的文化提供了新的发展空间。发展在带来民族地区民众物质生活产生变化的同时，也带来了文化生活和精神生活的巨大变化。这些变化并非一定是趋同而逐渐单一化的，人之为人的重要特征之一就是人的创造性。不同的民族之间和国家之间过去存在的文化差异会改变，会在很多方面变得相似，甚至一致。但无论是从深度还是从广度上讲，多元的人类文化获得了前所未有的交流的现实情况又完全可能成为互相理解、吸取更多的文化养料，从而为进行更具创造性的创新获得新的机遇。因而，新的差异，新的多样性，即更高层面上的更具自觉性的为丰富整个人类文化的创造性完全可能被激发出来。人们警惕文化多样性的消失本身就是人们迈向新的创造性的重要一步。

　　真正意义上的可持续发展是面向未来的，是积极应对各种新情况并解决新问题的发展。现代生产生活方式存在着诸多的问题是不容置疑的。破坏生态，不顾污染的后果，不重视人与自然和谐相处、不重视社会和谐以及不重视人的内心平和，而一味追求经济增长，一味以某一文明作为所有文化的追求标准的做法显然是错误的。但回应这些问题并非简单地回到过去，不要改变。

　　文化的可持续发展不仅是文化的保护，而且还应该是新的文化创造。这些创造既可以是文化事业的发展，也可以是文化产业的开发，且这二者实际上往往又不是泾渭分明的。以国家级非物质文化遗产《哈尼哈巴》为例，若没有政府相关文化部门的介入，则很可能在较短的时间内消失，单纯地保护也因找不到具体的保护路径而往往成为空话。当传承中心建立，传承人有了一定的生活保障，且开始带徒弟进行传承活动之后，人们可以将其理解为文化事业的建设。当游客来到这些村落，见到这些建筑，看到这些文化传承的过程，欣赏到传唱的古歌，并有可能进一步加深对民族文化的理解的时候，说游客是在消费一种文化产品也没有什么不妥的。宗教人士摩批们现在的交流方式、传承方式等都不再是传统的形式，在事实上，都可以称作是一种创新。

　　诚然，随着民族地区社会发展的不断开放，如许多民族节日活动在形式上越来越受重视的同时，其原有的文化意蕴却在发生着变化。这种变化，既受到许多节日活动成为旅游"项目"的影响，也是基于村民的生产组织方式和生活方式正在以不同于此前任何时代的方式发生了变化。当宗教节庆活动失去了那些明显的内外之别的神圣意义之时，原本在乡间起到维护村寨集体利益、维护道德的一些朴素的思想、价值观有可能因此而失去。

　　然而，正如神圣与世俗不是截然对立的，在社会生活已经发生相当大的改变之后，原本具有神圣性的宗教节庆可能变得世俗化，甚至其中的某些内容还会蜕变为文化产品，这都是可能的，也未必有多大的问题。确实，在新的历史条件下，传统宗教仪式中的神圣意义本来就很难起到维护村寨集体利益、维护道德的作用，更何况就是集体利益或道德等本身，它们的内涵也在发生着变化。新的道德观、价值观的树立问题其实还是新的时代提出的，这需要人们付出更加艰辛的探索和努力才能解决，而且永远都不会是一劳永逸的解决。最起码，那些传统的宗教文化中包含的维护村寨集体利益、维护道德的朴素的思想、价值观要想继续发挥作用也只能不断地完善自身，不断地吸收新的人类文明成果。

　　正如文化从来都是处于流变之中的一样，民间宗教文化因其总是与日常生活紧密相关而同样也处于流变之中。民族地区的民间宗教文化特色各异，在现实生活中的作用也有大小之分，但无论如何，这些都是民族地区建设和谐社会的一部分文化基础，都应该在积极引导中加以利用。

第六章

婚姻家庭制度、婚姻习俗及伦理道德与变迁

在对元阳县各民族在传统婚姻家庭制度、婚恋习俗和伦理道德等方面的地方资料进行收集整理的基础上，我们对 21 世纪以来元阳县的婚姻家庭、道德伦理和婚俗变迁情况进行了多方实地调查研究，发现近些年来由于社会经济的发展，以及国家婚姻法、计划生育政策的实施和政府的宣传教育等方面的原因，当地各族群众在婚恋观、婚姻习俗、家庭结构及家庭伦理道德各方面都发生了明显的变化，并对当地的社会生活与发展产生了不同程度的影响。

第一节　概况

一　家庭人口呈现减少趋势

1978 年《中华人民共和国婚姻法》颁布，国家和地方政府提倡晚婚晚育，20 世纪 80 年代国家开始实施计划生育政策。根据《婚姻法》规定，城镇居民的晚婚年龄为女性 24 周岁，男性 26 周岁；农村居民为女性 23 周岁，男性 25 周岁。国家提倡一对夫妇生育一个子女，最多生育两个，生育间隔 3 年以上。元阳县根据多民族地区的特殊情况，制定了当地的生育政策：一般情况下一对夫妇（尤其是在国家机关和企事业单位工作的）只能生育一个子女；除农村的苗族村民可生育三个子女外，其他的农村少数民族村民一般也只可生育两个子女。

元阳县于 2004 年起开始贯彻执行《云南省农业人口独生子女家庭奖励规定》，2005 年全县领取《独生子女父母光荣证》的有 2019 户。全县

综合节育率 1979 年为 44.30%，2005 年提高到 83.10%。人口出生率由 1978 年的 34.11%，下降到 2005 年的 13.72%。人口自然增长率由 1978 年的 24.41%，下降到 2005 年的 5.91%。多胎生育率从 1982 年的 52.98%，下降到 2005 年的 0.23%。计划生育率从 1981 年 51.49%，达到 2005 年的 95.37%。1979 年，元阳全县人口有 288522 人，2005 年有 375823。与实行计划生育前相比，年均出生人口减少了 50%；全县少生了 91988 人。[1]

另据统计，至 2012 年末，元阳县总人口为 435315 人，其中育龄妇女 98857 人，已婚育龄妇女 82212 人，已采取各种避孕措施的有 67747 人，计划生育率 88.06%，优选节育率 81.4%。总出生人口 5563 人，计划内出生 4899 人，死亡 2646 人，自然增长 2917 人，出生率 13.44%，死亡率 6.39%，自然增长率 7.05%。[2]

国家计划生育政策和元阳地方政府制定的一系列生育政策，不仅对元阳县的人口出生率大幅下降具有直接的影响，而且给当地各民族传统的家庭结构带来了明显的改变。

表 6-1　　　　　　　　元阳县 2001—2012 年末户数与人口

时间 合计	总户数（户）	总人口（人）	乡村户数（户）	乡村人口（人）	总户均人口（人）	乡村户均人口（人）
2001 年	79428	361991	72017	343166	4.5574	4.7651
2004 年	81541	371489	74821	351646	4.5559	4.6998
2006 年	83189	380609	76818	357476	4.5752	4.6535
2008 年	88378	395694	80378	368933	4.4768	4.5900
2010 年	95603	424284	83213	385536	4.4380	4.6331
2012 年	102934	435315	85255	392946	4.2291	4.6091
2001—2012 年增减数	23506	73324	13238	49780	-0.3283	-0.156
增长率（%）	29.59	20.25	18.38	14.5	-7.76	-3.38

资料来源：根据《元阳县国民经济社会发展统计提要》（2000—2012 年）整理。

---

① 元阳县地方志编纂委员会：《元阳县志》，云南民族出版社 2009 年版，第 597 页。
② 元阳县地方志办公室：《元阳年鉴　2013》，德宏民族出版社 2013 年版，第 333 页。

从表6-1中可以看到：从2000年到2012年，元阳县的户均家庭人口呈现逐年下降的趋势；在这12年间，总人口的增长率明显低于总户数增长率9.34个百分点，户均人口也从4.5574人下降为4.2291人，减少了7.76%；另外，乡村人口的增长率低于总人口增长率约5.75个百分点，户均的下降率为3.38%，虽然低于全县总户均人口下降的比率，但也呈现出明显的下降趋势。

二　青壮年人口大量外出务工使常住家庭人口减少

21世纪以来，随着国家经济改革的深入和经济的快速发展，边远乡村地区和少数民族群众思想观念的改变，加之土地资源有限等原因，元阳乡村里的各族青壮年劳动者为追求生活条件的改善而走出乡村到外乡、外县、外省务工的日益增多。同时随着国家九年义务教育制度的普及，教育状况的改善，文化素质的提高，近年来元阳城乡各族群众子女接受初级中学教育的人员也不断增加，其文化素质和思想意识的提高，使这些人员外出流动工作的能力增强，各民族青壮年劳动力都有向外县、外省流动的情况。以元阳人口最多的民族哈尼族为例。据统计，2000年以后，哈尼族除从事种植业、养殖业外，充分发挥劳动力富余的优势，开展劳务输出。以胜村乡为例，2005年全乡总人口36288人，常年在外打工的逾万人，占总人口的28.3%，劳务收入成了哈尼族的主要经济来源。①

表6-2为2000—2012年所统计的元阳县劳动力指标，从中也可以反映出这种趋势。②

表6-2　　　　　　元阳县劳动力指标（2000—2012）

指标名称	2000年（人）	2001年（人）	2001年比2000年	
			增减（人）	百分比（%）
农村劳动力	194934	198615	3681	1.89
男劳动力	101632	104444	2812	2.77
女劳动力	93302	94171	869	0.93

---

① 元阳县地方志编纂委员会：《元阳县志》，云南民族出版社2009年版，第579—580页。

② 元阳县统计局：《元阳县国民经济社会发展统计提要》（2000—2012）。

续表

指标名称	2007 年（人）	2008 年（人）	2008 年比 2007 年	
			增减（人）	百分比（%）
农村劳动力	212222	215945	3723	1.75
男劳动力	114211	115375	1164	1.02
女劳动力	98011	100570	2559	2.61

指标名称	2009 年（人）	2010 年（人）	2010 年比 2009 年	
			增减（人）	百分比（%）
农村劳动力	215672	223833	8161	3.78
男劳动力	114918	120680	5762	5.01
女劳动力	100754	103153	2399	2.38

指标名称	2011 年（人）	2012 年（人）	2012 年比 2011 年	
			增减（人）	百分比（%）
农村劳动力	238798	236501	−2297	−0.96
男劳动力	133977	130917	−3060	−2.28
女劳动力	104821	105584	763	0.73

资料来源：整理自元阳县统计局《元阳县国民经济社会发展统计提要》（2000—2012）。

从表 6-2 中可以看出，2000—2012 年，元阳县农村劳动力的人口除了 2011—2012 年出现负增长外，其他年份都呈正增长。特别需要指出的是：2009—2010 年，元阳县的乡村劳动力突然有较大幅度的增长，到 2011 年和 2012 年又出现负增长。究其原因，应该与这一时期中国出现经济紧缩，全国范围都有农村外出劳动力大量返乡，即与当时的"民工返乡潮"有关，所以元阳县这段时期农村劳动力的突然增加主要是受国家经济环境的影响。而当 2012 年以后国家经济情况好转时，元阳县的农村劳动力又开始大量外出务工，甚至还比之前出去的人更多，因此元阳县在 2011—2012 年的统计中首次出现了劳动力负增长的情况。这也说明国家宏观经济发展情况对地方乡村劳动力流动的推拉作用。这种人口的大量外出流动不可避免地对乡村家庭的常住人口造成很大影响。即使现在农忙时有些年轻人也会返家帮忙，但是常年在外而无法回家的人员还是很多，加之不少当地农村的女青年嫁到外地，男性也有一些在外地成家的，使在农村家庭中的青壮年劳动力更为明显地减少，这已成为影响元阳家庭人口规模和家庭生活方式发生变化的重要因素。

三　家庭分工和分配方式的转变

随着社会经济的发展，元阳县传统的农村家庭经济分工及收入分配也发生了变化。传统上，水稻种植、玉米种植等农业生产是农村家庭的主要生产活动和主要经济来源。如今，由于家庭可拥有的农业生产土地资源有限，加之传统农业生产的经济收益较低，大量的农村青壮年劳动力开始外出务工。外出务工的收入成为现在农村家庭的重要经济来源，也使家庭常住人口减少。大量的青壮年外出务工，特别是男性青壮年劳动力常年在外务工，使农村家庭原来的分工发生了较大的变化。过去，一般是男子负责重体力劳动，妇女照管家务和子女。现在，这样的家庭性别分工发生了较大的变化，只要是留在家中的劳动力，无论男女，都要承担起家庭的体力劳动和照管家务和子女的责任。一般家庭收入分配也由传统大家庭中的家长支配变为小家庭支配，小家庭中夫妻财产共同支配。成年子女分家后，父母的赡养由与父母同住的子女主要负责，其他成年子女也会给予父母生活上和经济上的一些帮助；外出打工或工作的子女都要给留在家中的父母和其所照顾的孩子寄钱。

元阳县各族群众外出打工后家庭生活的变化情况，可以通过本课题组深入调查的哈尼族村寨箐口村的变化来说明。元阳县箐口村村民外出务工的家庭主要分为三类①，不同类型的家庭的分工变化也有些差异，其经济分配方式也有所不同。

第一种类型是丈夫外出打工。在箐口村，家中丈夫外出务工是最为常见的。他们有的选择在离家相对较近的省内打工，如个旧、蒙自、建水、昆明。选择的工作一般是在工地做搬运工或是泥浆师傅，也有餐馆酒店服务员，在工地工作按天结算，工资100—150元一天，在餐馆酒店工作按月拿工资，1500—2000元每月。这些工作不够稳定，时间安排富有弹性，薪水相对较低。有的选择到比较远的地方打工，如浙江、广州、上海等地。因为离家远，有的一年回家一次，有的两三年回家一次。在这些地方打工，工资相对较高，每月基本能拿到3000元左右。孩子和妈妈、爷爷、奶奶常年生活在一起，上学也在土锅寨小学和元阳七中等学校。因丈夫不在家，家中在农忙、过节时需要男性承担的重体力活，均由外出务工的丈

---

① 西南大学硕士研究生胡睿提供了有关箐口村哈尼族婚姻家庭、婚俗变迁等问题的调查情况。

夫将钱寄回家，让妻子和父母雇工帮忙。而家中的事务基本由妻子承担，父母也会尽全力帮忙。

第二种类型是夫妻一起出去打工。在箐口村，有一部分家庭是夫妻一起外出打工。有的夫妻选择在村子附近工作。夫妻一起打工者，丈夫选择的工作一般是在工地做搬运工或是瓦浆师傅，妻子多选择餐馆酒店服务员，也有在工地打工的。在工地工作男的100—150元一天，女的70—80元一天，工程结束，就可以休息或是另觅工作，这段时间夫妻一般会选择回家，看望父母和孩子。如果离家近，回家便宜，在过节、农忙时都会回家。平时的家务和照顾孩子的重任由父母承担。一部分外出务工的夫妻，到比较远的地方打工，如浙江、广州、上海等地。因为离家远，有的一年回家一次或是两三年回家一次。孩子和爷爷奶奶常年生活在一起，由爷爷奶奶照顾。家中在农忙、过节时，外出务工的夫妻将钱寄回家，让父母雇工帮忙。

第三种类型是子女外出打工。在箐口村，孩子的升学率不高，许多小孩上完初中就不再上学。为了谋生，很多小孩在十五六岁时就离开父母，开始外出打工。女孩多为饭店酒店的服务员或是在别人家当保姆，男孩倾向选择在修理厂或是工地工作。家里的农活和家务由父母和爷爷奶奶承担。

四　家庭结构和养老方式的变化

过去元阳当地的各族群众中普遍存在儿女成年结婚后即分家，一般有儿子的父母与年龄最小的儿子生活居住，并负责为其养老，其他儿子成家后独立生活的情况。家庭结构一般以几代同堂的大家庭为主。有女无儿的，可招赘养老；无儿无女的，可过继子女生活养老。现在不少青年人在成家后更多选择独立生活，尤以城镇家庭最为普遍，在农村中虽然还保留着一些子女婚后与父母同住的三世同堂的扩大式家庭，但由成年子女婚后组成独立小家庭的核心式家庭也较21世纪以前更为普遍。

虽然现在国家政策规定每月给予60岁以上的老人60元的生活补助，在农村里老人赡养还是主要由子女负责，所以养老基本还按照传统方式进行。但在计划生育政策实行后一对夫妻只能生育两个孩子，由谁赡养父母的选择余地缩小，加之现在不少中青年人在外面工作、学习和打工，有些人也在外地结婚生子，所以一般谁留在村中生活劳动，谁就与父母同住并负责养老。招赘上门的家庭也较过去有所增加。对于没有儿女的五保户，国家和村里也有相应的照顾政策。现在各民族的后辈对于老人还是很尊重，遵守各民族基本的传统礼节，即使分家和出嫁后的子女逢年过节都会回家看望父母，如果父母生病或者生活有困难也会相助。而由于很多家庭中的青壮年人都到外面打工，无法照顾父母，家里的农活和小孩多由留守的老人负担。

五　婚育观念的转变

（一）婚恋观

在 20 世纪 80 年代国家计划生育政策实行后出生的大部分人，进入 21 世纪后也在逐渐步入恋爱婚姻阶段，他们的婚恋观念和生活方式受到社会大环境的影响，与传统的方式相比有了很大的变化。过去元阳的各少数民族较少与外族、外地人结婚，现在年轻人大量外出学习打工，有一部分人就在外地成家，尤其是为数不少的农村女性嫁到外地。不同地区、不同民族之间的通婚已较为普遍。各族群众在对待婚姻的观念也有明显转变，传统婚姻仪式以在家中举办婚礼为标志，事实婚姻较为普遍。现在包括各少数民族在内的年轻人大多遵守国家婚姻法的规定，结婚时进行登记办理结婚证。但早婚早育还是在一定范围内存在，一些乡村的年轻人的结婚以举办婚礼仪式形成事实婚，并生育子女，待达到婚龄后再补办结婚证。

（二）离婚、再婚观

人们对待离婚和再婚的观念也不再像过去那样保守，尤其是在农村地区，过去大多传统离婚方式是由夫妻自己决定分手，如有纠纷由家族中的长辈主持解决。现在到民政部门办理离婚登记手续的逐渐增加，对有财产子女问题纠纷的还有些人会到法院进行诉讼解决。离婚后再婚以及复婚的人数也有较大增加。

从表 6 - 3 中可以看出近年来元阳县的婚姻状况：2012 年和 2013 年元阳县民政局实际登记结婚和初婚登记的人数大幅增加，这两年实际登记的结婚人数分别约为 2010 年的 2.44 倍和 2.94 倍，初婚登记的分别为 2010 年的 2.53 倍和 2.69 倍；再婚人数 2013 年为 2010 年的 1.83 倍；2013 年复婚人数约为 2010 年的 2.19 倍。

表 6 – 3　　　　　　　　　元阳县民政局婚姻登记情况表

项目 年度	全县 人口	结婚								离婚		
		结婚登记				结婚类别							
		补领证 （本）	申请 （人）	实登 （人）	未办理 （人）	初婚 （人）	再婚 （人）	复婚 （人）	补办	补领证 （本）	申请 （人）	实登 （人）
2010	424284	116	4026	3810	140	3494	284	32	116	—	462	384
2011	428758	124	3936	3844	92	3436	234	50	132	3	405	361
2012	435315	374	—	9318	—	8851	423	44	516	3	—	428
2013	440380	1112	—	11218	—	10626	522	70	1081	11	—	496

（三）生育观

过去，元阳县的各族群众存在多子多福和重男轻女的思想，生育时普遍多胎多育，并希望多生儿子。20 世纪 70 年代末这种情况开始发生改变，1978 年国家提出计划生育政策，提倡一对夫妇只生一个孩子，严格控制二胎，杜绝多胎。同年 11 月元阳县委根据该项国家政策下发了《关于转发〈计划生育工作条例〉的通知》，其中规定：农村青年晚婚年龄女 23 岁，男 24 岁，城镇青年晚婚年龄女 24 岁，男 25 岁；农村夫妇最多生育两个孩子，生育间隔三年以上。1979 年 3 月，元阳县委又做出规定：机关和农村生育二胎的都要间隔三年以上，但是执行有别。生育时要由计划生育部门办理生育证，凭生育证和出生证办理入户手续。1983 年，元阳县县委、县政府、县人大发联合下发《关于计划生育问题的补充规定》，明确规定：干部职工、城镇居民一对夫妇只能生育一个孩子；夫妇一方是苗族、瑶族的，可以生育二胎；对其他可生育二胎的特殊情况也做出了说明。1992 年，元阳县政府出台的《元阳县实施〈云南省计划生育条例〉暂行办法》中规定，除所列举的特殊情况外，非农业人口一对夫妻只生一个孩子，干部职工超生的开除公职，城镇个体工商户、城镇居民和农业人口超生的征收不同数额的计划外生育费。这些政策的实施至今已有 30 多年，元阳县不仅出生的人口有了大幅下降，在此期间出生的人也已逐步进入成家和生育阶段，人们的生育观念发生了很大改变。2002 年《中华人民共和国计划生育法》正式颁布实施，2004 年 5 月，云南省政府又出台了《云南省农业人口独生子女家庭奖励规定》，2005 年元阳县的农业人口领取《独生子女父母光荣证》的就达到 2019 户，占农村一孩人口的 22.4%。①

　　现在元阳大多数农村青年婚后遵守法律和政策规定生育，独生子女家庭日益增多，且生男生女都可以；另一方面越来越多的年轻人觉得多生孩子后经济负担重，培养教育子女的成本也越来越高，在农村中还存在所承包的土地有限，人口不断增加后也难以再得到分配等问题，所以很多青年人婚后也不愿意多生子女。这种生育观的转变对现在和将来元阳县的家庭人口和家庭结构都发生着深刻的影响。

六　伦理道德观念的变化

　　随着时代的进步，元阳各族群众在继承尊老爱幼等传统家庭伦理道德的同时，过去较为普遍存在的男尊女卑等观念有所改变，全社会提倡男女平等，家庭中妇女的地位有较大的提高和改善。21 世纪以来，元阳县妇联开展了各种妇女宣传、家庭教育和贷款资助工作，帮助农村各族妇女树立自我尊重意识，并提高生产技术水平和创业能力。如元阳县妇联实施"云岭巾帼先锋"工程，至 2006 年时已举办妇女科技培训班千余次，上万名妇女参加培训，1950 名妇女成为农村科技致富带头人，3570 多名妇女掌握了一到两门农村实用技术，有力推动了地方经济的发展；2007 年，元阳县的 137 个村中有 135 个村建立了"妇女之家"，作为"思想教育中心、科技培训中心和文化娱乐中心"，起到了宣传妇女和教育妇女的作用；2009 年，元阳县妇联启动对当地妇女的"免贷扶贫"工作，向 1914 名元阳各族妇女发放 11800 多万元的贷款，帮助她们解决就业和创业过程中遇到的困难和问题，使她们圆了就业、创业之梦。思想观念、技术水平、经济能力的提升使当地妇女更好地在社会生活中发挥作用，也使她们在家庭中更加受到尊重。近年来元阳县妇联还开展了"最美家庭"评选和创建"平安家庭"活动，也对增强家庭成员之间的尊老爱幼与团结和睦的意识起到了积极作用。

　　元阳各族群众在伦理道德方面还增添了许多时代特色，在积极发展经济、改善生活水平的社会环境下，普遍强调遵纪守法、勤劳致富、扶贫帮困、爱护环境等新的社会文明公德，元阳县的不少村子里也制定出了自己的村规民约和文明公约，将过去传统美德和家庭伦理观念与新时代条件下

---

　　①　元阳县地方志编纂委员会：《元阳县志》，云南民族出版社 2009 年版，第 591—597 页。

国家政策及政府所倡导的文明规范有机结合,并以成文形式总结出一系列新的社会伦理道德规范,通过向村民宣传教育,得到他们的认可和遵守。如元阳新街镇的壮族村聚起村在其村民文明公约里就规定了"孝敬父母,关心子女,不吵不闹,家庭和睦,勤俭持家,婚丧从简,婚姻大事,依法办理,优生优育,男女平等,保护环境"等村民应该遵守的家庭伦理和新的公共道德规范;在他们制定出的"十看十比"中,除了提倡尊老爱幼、孝敬父母、家庭和睦、勤俭持家、扶贫帮困、助人为乐等传统美德外,还增加了移风易俗、学法懂法、遵章守纪、重视教育、培养子女、科技致富、学习文化、庭院美化、环境卫生、节约能源能等树立社会文明新风尚的内容。

第二节　哈尼族的婚姻家庭及变化

哈尼族是元阳县人口最多的民族。元阳县境内的哈尼族支系较多,有"罗碧"、"罗缅"、"阿邬"、"豪尼"、"堕尼"、"白宏"、"阿松"等自称和他称。[①] 2013 年末,全县哈尼族人口为 240450 人,占全县总人口的54.6%。[②] 传统上,哈尼族的婚姻较为自由,不受等级观念限制,并有着自己独特的婚恋习俗,随着时代的变化,尤其是近年来元阳社会经济的发展,当地哈尼族的婚姻家庭生活和观念习俗也发生了很多变化。

一　婚姻家庭制度、婚恋习俗与变化

在中华人民共和国成立以前,哈尼族村寨有少量的一夫多妻的现象,现在哈尼族村寨实行一夫一妻制。过去,哈尼族婚姻遵循同姓不婚、同亲不嫁、寡妇可再嫁等规矩。在与外族通婚方面,多与汉族、彝族等通婚,与瑶族、傣族一般不通婚。现在可与各族通婚。

传统上,哈尼族未婚男女有社交自由,也有包办婚姻的习俗。哈尼族的男女青年自由恋爱时,可在路上、集市、祭祀等场所传递爱慕之情,通过对唱山歌相互接近,然后定下日子串山,男方向女方要镯头,女方也向男方要一件东西作为信物,说明物在人心实。如果在串山中找到合心人,把女子领回家,这种成亲称为"抢亲"或"偷婚"。在三种情况下可以抢

---

① 元阳县地方志编纂委员会:《元阳县志》,云南民族出版社 2009 年版,第 579—580 页。
② 元阳县民族宗教事务局:《元阳县 2013 年末分民族人口统计表》。

婚：双方自由恋爱婚期已定，其间一方因天灾人祸达不到结婚条件就抢婚；男女双方如自愿结合，但女方父母就是不同意则抢婚；第三种是本村姑娘历史上有不嫁外村的习俗，一旦与外村人相爱就进行抢婚以造成事实。但无论是自由恋爱还是包办婚事，都要派媒人到女方家说亲，得到女方父母同意后再去迎娶。说亲时男方要给女方家彩礼。举行婚礼时，姑娘在出嫁前的头一夜可邀约和自己恋爱过的小伙子和女伴到山上吃"惜别饭"。出嫁的当天，新娘子要躲到山里，让新郎和迎亲的人满山去找，找到后回到新娘家，姑娘要和家里人哭一场，表示依恋娘家。父母要给姑娘戴上手镯、耳环等首饰，由姑娘的哥哥背出门外即算出嫁。到了新郎家门口，要过一道"彩桥"，新人男左女右伸手掐断彩桥，跨过门槛，进入新房。第二天，送新娘的女伴返回村子。第三天，新娘返回娘家，背一包糯米饭和一只煮熟的小鸡或熟鸡蛋给她的哥哥，哈尼语叫"依垛额"。新娘可在娘家住两三天，等新郎来接她回去时才在男方家定居下来，这时才同房。过门后第四天，新郎新娘一起下田，先挖三块地，再挖三块新田，婚礼仪式才算正式结束。[①]

哈尼族过去曾有不落夫家的婚姻习俗。结婚的当天或第二天，新娘就返回娘家，以后便在夫家和婆家往返，住娘家多于住夫家，直到怀孕后才在夫家定居。[②]

现在的哈尼族一般都是自由恋爱，抢亲和偷婚现象基本消失。哈尼族不仅可与其他民族通婚，而且不受地区限制，即使远在外省的如上海、北京、河南、河北等都有女子嫁出去和男子娶进来的。出嫁前也不再吃"惜别饭"。谈婚论嫁时仍会请人说亲，男方给女方家一两万元钱作为礼金，并给女方买首饰等，而女方家也要买冰箱、电视、家具等作为陪嫁，有的经济条件好的还要倒贴一些钱，否则会觉得被认为是"卖女儿"。举办婚礼已不再完全是在家里举办，有一定经济基础的人家或在外面工作的人选择在县城或者镇上的饭店、酒店举办。农村多数仍在村中举办的婚礼并以较传统的方式举行，但形式上已经简化了许多。如哭嫁、躲婚、哥哥背新娘出门等仪式不再完全保留，婚后新娘就住在夫家。

现在农村的哈尼族大部分人结婚时按政策规定办理结婚证，当地仍有一些青年人没有达到结婚年龄就举办了婚礼，形成事实婚姻，生了小孩后

---

① 元阳县民族事务委员会：《元阳民俗》，云南民族出版社1990年版，第21—27页。
② 马理文：《元阳野史》，德宏民族出版社2011年版，第196页。

还是要去补办结婚证，因为以后孩子落户、入学都要有合法的结婚证明。

过去哈尼族妇女分娩时，男人不能在旁边。生下孩子后，男人将胎衣烧糊，在门背后打个洞埋起来。在第三天早上，生女孩的，孩子的父亲带一个男孩子到娘家报喜并要抱回一只公鸡，生男孩的则带一个女孩子去抱回一只母鸡。回家后杀鸡，请长者以父子连名的传统方式给孩子取名。这天还要蒸糯米饭、煮鸡蛋，在家门口将鸡蛋和糯米饭捏成团分给过路的人和孩子们吃。[①] 现在生孩子时大多数人是去医院或者卫生所，因为觉得那里安全卫生，同时也与准生证和出生证明制度相联系。生孩子的人家分糯米饭给人们吃的习俗现在仍有保留。

哈尼族过去严禁非婚生育，一旦出现非婚生育者，就会遭到拉猪抓鸡、罚钱罚粮等严厉惩罚，全村老少还要会聚一天，对非婚生育者举行严词谴责，并请摩批（巫师）主持打扫寨子的祭祀仪式，把非婚生育者赶出寨子。[②] 现在这种现象早已不复存在。

生育人口也不再如过去那样想生多少就生多少。按照元阳的计划生育政策，在农村哈尼族的夫妇可生育两个孩子，如有一方是在机关单位工作的夫妇只能生育一个孩子。因此元阳哈尼族的家庭人口比过去减少，家庭规模缩小，家庭结构以成年父母与子女组成的核心家庭及爷、孙、父母三代为主体的扩大式家庭较为普遍。

哈尼族人普遍沿袭父子连名制，但如果男性属于非正常死亡，则不能进入父子连名谱系。主要有两种情况：第一种是被水冲走、被猛兽吃掉或病死等非正常死亡；第二种是自杀死亡。[③] 父子连名即父名的第二个字为子名第一字，子名的第二字为孙名的第一字，如此排列下去。这个名不在社会上公开使用，只限在宗族内部使用。哈尼族有小名，但不常叫，男孩都叫阿朴，女孩都叫阿柏，日常称呼在嫁娶前为××家的阿朴，××家的阿柏（或然咪）；结婚后称××家的媳妇，××家的儿子；生孩子后称××的父亲，××的母亲；有孙子后称××的爷爷、××的奶奶。现在孩子进学校读书就由教师或家长取汉姓名字。哈尼族的哈尼姓和名分开，改汉姓后姓和名不分开。但汉姓名字只在学校和村外使用，在村里仍常使

① 元阳县民族事务委员会：《元阳民俗》，云南民族出版社1990年版，第27页。

② 元阳县志编纂委员会：《元阳县志》，贵州民族出版社1990年版，第631页。

③ 孙东波、李贵梅、王谦、杨凤英：《中国元阳县上新城哈尼族罗缅人文化实录》，云南人民出版社2011年版，第12页。

用××家的××。①

哈尼族传统上离婚自由，一般离婚后房屋、田产、牲畜、小孩都是男方的，女方提出离婚则要退回男方家给的礼钱，如果当时没钱退回，可在改嫁后用新嫁的男方家给的礼钱来退赔。但是如果重婚或丧妻再娶的男人，没有资格被选为各种活动的主持者，因为要保持村魂的纯洁美好。寡妇再嫁虽不受限制，但不得带走财产。男方生前有孩子的，女方改嫁后不得带走，要带也要经过原夫的亲属同意。夫妻不和要求离婚的，将一根木棍破开成两半，双方各拿一半即算离婚。一般则请本村的长者做公证人，当众宣布离婚，女方可分粮食，但是不得分财产。此后女方可以改嫁，男方也可再娶。② 现在哈尼族离婚也是自由的，但"越娶越光荣，越嫁越值钱的传统观念在改革开放后消失，现在婚姻多以一娶而终，一嫁从终，较稳固"。③ 如有家庭财产和子女归属纠纷的，也有的会到法院诉讼解决。一般还是相互协商解决，到民政部门登记办理离婚证，以便于处理将来的生活。有的没有办理登记结婚只是举办过传统婚礼就分手的人，双方自由协商后即可分开。

哈尼族传统上有女无儿的人家可以入赘上门的习俗，女婿入赘后负责家庭的劳动生产，为女方父母养老送终，并可继承女方家产，孩子随女方姓，也有的仍然随父姓，随女方姓的三代后可改回男方姓氏。新中国成立后，随着男女平等观念逐渐被接受，加之20世纪80年代开始实行计划生育政策，生育人口的性别不能选择，因此现在只有女孩的家庭也有所增加，招赘家庭的比例也较过去有所上升，招赘后生育孩子的姓名也可随夫姓。

二　家庭教育和家庭分工的变化

过去，在哈尼族家庭中，主要是由男人作主，年龄小的听年龄大的，家中大事小事则大家互相商量决定。子女长大婚嫁后，须分家另立门户，田地牲畜等财产也分出一份给儿子，女儿则无继承权。一般留在家中继承家产并侍奉父母的为幼子。女性在家中地位低于男性。女性不能与男性同

---

① 马理文：《元阳野史》，德宏民族出版社2011年版，第224页。
② 元阳县民族事务委员会：《元阳民俗》，云南民族出版社1990年版，第27页。
③ 马理文：《元阳野史》，德宏民族出版社2011年版，第195—199页。

桌吃饭。[①] 现在哈尼族家庭提倡男女平等，上述男尊女卑的传统习俗已有改变。

过去哈尼族男孩八九岁就要放牛、下田学犁地，跟着大人去撵山，学习弹三弦，做巴乌，学唱山歌、砍弯刀把，编织竹器。哈尼人说不到 30 岁，还不知道真正的生食和熟食，所以 30 岁以后才真正成为家庭中的主人。男子成年后负责撵山、做祭祀活动，还要负责生产劳动的安排管理，教育孩子直到独立生活。女子从四五岁起就要学习针线活计，六七岁开始上织布机学习织布，"不会织布当不得真女子"。女孩子还要到山上背柴、拿猪食叶，下田捉泥鳅，上山采集野菜瓜果多由女子负责，一年四季都有采集活动。女子 17 岁以前不算成熟，不能出嫁。[②]

现在哈尼族青少年不分男女都根据《中华人民共和国教育法》的规定普遍接受九年制义务教育。小孩子一般 7 岁起就开始入学至初中毕业，虽然他们在课余时间也会帮助家庭干一些家务活和农活，但是在青少年阶段的主要培养目的是学习科学文化知识。大部分毕业时已满 16—17 岁，基本成年，除一部分人继续上高中和大学外，很多人开始到外面打工，所以留在家中务农的年轻人较少。结婚时间一般也比过去晚，虽然农村仍然有早婚现象，但多数人还是 20 岁以后结婚，并依照国家婚姻法的规定领取结婚证。在结婚时也多会在家中举办较为传统的婚礼仪式。婚后夫妻双方或者一方仍会外出打工或工作，家庭中男女地位基本平等，经济收入共同使用和分配，有孩子后常留给父母照管直到上学。

三　伦理道德的继承与变化

哈尼族有着尊老爱幼的传统美德，对长辈十分恭敬。如不能在长辈面前高声谈笑、跷二郎腿。小辈见到长辈要起身让座，对长辈必须以辈分尊称，不能直呼其名。给长辈递东西时要用双手，转身时不能背对长者。年轻人与长辈一桌吃饭或喝酒时，不跷脚，不抱手。端碗喝酒不跷拇指；用筷子夹菜，不把拇指撑到两指之间，否则不敬，疑与长辈作对。倒开水时先端给年纪最大的人。晚辈接东西时要用双手。下地劳动时提水来要先给长辈喝。外人骑马路过村寨时，到寨子附近就要下马，表示对该村长者的

---

① 杨福全、段玉明、郭净：《云南少数民族概览》，云南人民出版社版 1999 年，第 145 页。
② 元阳县民族事务委员会：《元阳民俗》，云南民族出版社 1990 年版，第 10 页。

敬重。年轻妇女不能上长辈所睡觉的楼等。① 在待人接物方面也有规矩，如客人进家，主人要双手递给客人烟筒。客人用餐完毕，妇女要双手递上一瓢凉水给客人饮用。男女相遇，女人要主动让路，遇到长辈，也要主动让路，并让于路的下方。哈尼人热情友爱，谁家遇到天灾人祸，村里人都会主动帮忙，谁家起屋盖房，都会尽力相助，帮忙两三天。有人家里办丧事，邻居也会送来柴米油盐，分担困难。② 在哈尼族生活中还有很多禁忌，如在家庭里媳妇不得在公公和丈夫的兄长面前坐凳子，不能同桌吃饭；女子给客人传递食物用双手。③ 姑娘十七忌讳出嫁；男子十九忌讳娶妻；忌讳生双胞胎，生了要全村人搬家（或说将其扔出村外）；忌讳生六指、六趾的小孩；打雷时夫妻不能行房；不打小孩，不能在吃饭时拿筷子吓小孩；妇女不能坐在织布机上哭。④ 现在很多传统习俗有所改变，一家人都可以同桌吃饭，大多数禁忌也不再讲究。

哈尼族重视家庭团结和睦，兄弟之间有难同当。哈尼族恪守"树大分权，儿大分家"的习俗，儿子长大结婚后，就分家出去另立门户。哈尼人说："大儿子跟着爹妈走在路边"，意思是大儿子同父母一起劳动，养大其他弟妹，所以大儿子分家时得的地可以比其他儿子大一些。"阿爸阿妈爱小儿子，阿爷阿奶爱大孙子"，小儿子住老房子，因为老房子是上辈人留下的，认为是最好的。分家后父母随在哪个儿子家吃饭都可以，但是要回老房子来住，死也要死在老房子里，死后抬头抬脚装入棺材的也是大儿子和小儿子。分家后，杀鸡不管大小，都要请父母来吃，鸡肝最好的部分要留给长辈人吃。⑤ 现在哈尼族仍然遵守上述传统的尊老爱幼、家庭团结、邻里互助的美德以及儿子成年或结婚后分家的习俗，但男尊女卑的观念和习俗已经有所改变，妇女在家庭中的地位有很大提高。同时由于现在农村的哈尼族家庭中青壮年人及其子女外出打工、上学和在外地结婚的情况增多，家庭生活的联系不再如过去的大家庭那么紧密；受外界生活方式的影响，也不可能再严格遵守一些长幼尊卑的规矩。

---

① 元阳县民族事务委员会：《元阳民俗》，云南民族出版社 1990 年版，第 9 页。
② 元阳县志编纂委员会：《元阳县志》，贵州民族出版社 1990 年版，第 632 页。
③ 元阳县地方志编纂委员会：《元阳县志》，云南民族出版社 2009 年版，第 597 页。
④ 马理文编：《元阳野史》，德宏民族出版社 2011 年版，第 224 页。
⑤ 元阳县民族事务委员会：《元阳民俗》，云南民族出版社 1990 年版，第 4—5 页。

四　哈尼族婚姻家庭变化的具体表现

关于哈尼族的婚姻家庭的具体变化情况，我们通过元阳县新街镇箐口村哈尼族的婚姻家庭的变化来予以说明。[①]

（一）家庭结构的变化

箐口村共有 238 户人家，每户人口在 4—8 人，居住形式分为核心家庭和扩大式家庭。箐口村哈尼族遵循传统方式，家中如果有两个或是两个以上的儿子，父母会将祖上流传下来的老房子留给小儿子，其他儿子则是在结婚后平分家中财产，独立出去。若是家中只有一个儿子则不用分家，父母会一直和儿子居住在一起。在箐口村的核心家庭多为婚后分家独立的儿子和妻子孩子组成的家庭，有少数几个为父母去世，家中的小儿子和妻子孩子组成的核心家庭。

国家实行计划生育后，一对夫妻只允许生两个孩子，超生一个罚 2 万元，所以箐口村大多数家庭多为两个小孩，少数家庭生了三个小孩。而箐口村哈尼族的女儿在出嫁前和父母兄弟居住在一起，如若其他兄弟结婚分家出去，则和家中最小的兄弟居住在一起，直至出嫁。出嫁后的哈尼女孩居住在夫家，只有在结婚后回娘家时，可短时间居住 2—3 天；只有在生完孩子，回娘家坐月子时可长时间居住 4—6 个月。

箐口村青年劳动力常年在外打工者居多，远至上海、浙江、广州，近至云南昆明、蒙自、建水、个旧。远者一年或两年回一次家，近者回家较为方便，农忙时、过苦扎扎节、新年时都回家小住上一段时日。这样的家庭，已有小孩的人都会把孩子交给父母来带。所以，在箐口村，时常能看到一个或两个老人带着三四个孙子孙女生一起生活。

哈尼族是一个重视家庭的民族，他们有属于自己的亲属称谓，这些亲属称谓反映了家庭成员在家庭中的角色。爷爷叫"阿 bo"，奶奶叫"阿 pi"，爸爸叫"阿 die"，妈妈叫"阿 ma"，哥哥叫"阿 go"，姐姐叫"阿 jie"，舅舅叫"阿 wei"，侄女叫"zan mi"，侄儿叫"阿 san"，儿子叫"ran xue"，女儿叫"zan mi"，大妈叫"阿 ma cuo mo"，大爹叫"阿 da cuo mo"，上门女婿叫"阿 za du li"，姑姑叫"阿 niang"，姨妈叫"阿

---

①　胡睿：《2014 箐口村哈尼族婚姻家庭、婚俗变迁及伦理道德实地调查报告》，云南大学 2104 人类学/民族学暑期学校研究生田野调查。

men"，妻子叫"mi za"，伯伯叫"阿 ge da"。

箐口村哈尼族的家庭多为三代同堂。结婚时多为娶妻上门。全村招婿上门的人家只有两户，且上门女婿年龄都在 60 岁以上。在箐口村哈尼族，男性地位高，如非特殊情况，男性是不愿成为上门女婿的，一般特殊情况有以下几种：一是女方家里只有一个女孩，需要招婿上门照顾家庭，而男方家里有几个男孩，且这个男孩不是小儿子；二是女方家庭经济条件优越，而男方家庭困难。然而成为上门女婿会被其他人认为是没有能力的表现，从而被其他男性看低。

在箐口村，分家后除小儿子会继续和父母居住在一起，其他子女在娶妻或出嫁后大都会独立生活。也有少数会和父母生活在一起。笔者在进行入户调查时，就遇到大儿子和小儿子在婚后仍和父母居住在一起的情况。一般情况，父母和小儿子生活在一起，平时的衣食住行都由小儿子负责，生了小病也由小儿子负责带父母看医生和买药。但若治病需要花费大量的金钱，则是所有儿子都要负责拿钱给父母看病。父母去世操办仪式也是所有的儿子一起负责，女儿则是在自己的能力范围之内，给父母想拿多少就拿多少。

（二）婚俗变迁

随着时代的发展，箐口村哈尼族的结婚习俗也随着社会潮流发生改变。箐口村哈尼族现在的婚礼习俗既保留了传统的仪式，又加入了现代的元素，体现了从传统婚姻向现代婚姻转变的过程。

年轻一辈的哈尼族小伙子和小姑娘大多在十五六岁外出务工，在外面打工时与相识的人自由恋爱，不再像老一辈那样由父母包办，结婚之前双方都互不认识。虽然现在哈尼人不排斥同其他民族通婚，但一般哈尼人恋爱的对象仍旧会选择自己同民族的人，因为生活习惯、习俗以及语言大都相同，不会存在生活不便的情况。

1. 恋爱

箐口村哈尼人通过恋爱，确定双方是结婚对象后，男子则会将女子带回自己家，告诉父母自己想要结婚。男方父母会将两人的生辰拿到村里的贝玛处，请贝玛算一算两人是否相合。如果贝玛算出两人的属相生日十分相合，男方父母就会请男子的舅舅（如果没有舅舅则是其他亲戚）作为媒人到女方家说合两人的婚事。媒人到女方家是商谈彩礼的事情；在箐口村，彩礼就是现金。彩礼一般有 3000—20000 元，会作为抚养金赠送给女方的父母。女方父母会将钱分为两部分，一部分自己留着，一部分给女儿准备嫁妆或是直接转送给女儿。箐口村哈尼人女儿出嫁，一般会准备：脸盆、水壶、席子、床上用品、小型家用电器；一些条件好的家庭也会置办彩电、冰箱、家具之类的嫁妆。新娘的嫁妆没有固定送去夫家的日期，可以在举行婚礼之前或是在结婚当天，也可以在大年初三，从娘家背糯米粑粑到婆家之时带去嫁妆。

2. 婚礼

（1）拜谢老祖公

在举行正式婚礼之前，女子会到男方家拜老祖公认亲。下午 6 点，认亲仪式在男方家举行，男方家请来村中的贝玛主持仪式及家中的亲戚前来观礼。在门口一左一右放着两根金竹，中间用丝线连接起来，贝玛手捧一只公鸡站在楼下，准新郎新娘穿着哈尼民族服饰，面向贝玛，聆听贝玛背诵经文，这时新娘不能触碰任何东西。贝玛背诵完祝福的经文后，新郎先行拉开一根竹子，新娘再拉开另一根竹子，两人一起进门上楼。上楼梯时，新娘依旧不能触碰任何事物，包括楼梯扶手。上楼后，在房间某个方位放着一张小桌子，桌上放着一碗酒，一碗姜汤（有的不放），四碗肉，四碗米饭，四双筷子。新人行至桌前，朝这个方位磕三个头，此为拜谢老祖公。

（2）迎亲仪式

在迎亲时，箐口村哈尼族的传统习俗也发生了一些变化。在接送方式上，相比以前用人进行接送，现在流行用婚车进行接送。婚车一般是男方借来的亲戚朋友的车，少则 6—8 辆，多则十几辆，婚车数量要求双数，寓意成双成对，是对新人的美好祝福。在接送时间上，由原来的下午接送，变为早上接送，这一改变源于婚礼内容的变化。在迎亲之前，先要请贝玛或是家中老人算出最适宜结婚的日子，在结婚当天迎亲，迎亲时男方会叫上家中的舅舅或是姑姑，在邀请一些自己的朋友和家中的小辈，一起到女方家。到达女方家后，男方要通过女方家人设下的关卡，才能接出新娘。迎亲时，新娘不再沿袭哭嫁的习俗，有的新娘会因为离家的不舍而哭泣，但大多数新娘因为结婚对象是自己喜欢的人并对新生活充满期待，从而笑着出嫁。如果新娘家离男方家很远，女方则会提前在举办婚宴的酒店入住，新郎也会酒店来迎接新娘。

（3）婚礼仪式

现在结婚时的婚礼分为在酒店和寨子里举办两种情况。

①在酒店举行婚礼：现箐口村哈尼族一般会在新街镇的云梯大酒店或茶树广场酒店举办婚礼。8：30 左右新郎偕同新娘到新街镇上的照相馆梳妆打扮，新郎穿西服，新娘穿哈尼族服饰并带上提前租好的婚纱前往老虎嘴拍摄婚纱照。婚纱照一般拍摄四五个小时，拍摄完毕后，新郎会带着新娘在老虎嘴游玩一番。与此同时，新郎和新娘的家人朋友则在酒店帮忙布置现场，安排酒席事宜。中午一两点时，会有新郎雇来的文艺队表演歌舞。下午 4 点左右，婚车带着两位新人到举办婚礼的酒店。新郎穿西服，新娘穿婚纱，站在铺上红毯的酒店大门迎接到来的宾客。被邀请的宾客大部分是村子的人，还有小部分是新郎新娘在外上学工作时认识的同学、朋友和同事。宾客会在婚宴前 7—15 天收到酒店准备的免费请柬，要求高些的家庭也会自己准备请柬。收到请柬的宾客会根据婚宴举办的时间提前20—40 分钟到酒店。酒店门口有新人收礼金的地方，男方的亲戚朋友会将礼金挂在男方处，女方亦同。箐口村哈尼族挂礼金时会衡量亲疏关系，亲戚为 200—300 块，朋友为 50—100 块，不相熟的人为 20—50 块。

婚礼一般在下午 6 点正式开始，在门口先放鞭炮，以示热闹喜庆。新郎新娘一起入场后站在舞台上，由酒店提供的司仪的主持举行仪式。首先是新郎新娘发表结婚感言，并对到场的宾客表示感谢。接着，司仪会请上新人的父母讲话，最后则是交换戒指。仪式举办完毕后，新娘换上哈尼族传统服饰和新郎一起挨桌敬酒。在排座位时，也是有讲究的，主桌坐家里的老人父母，村中的老人。等敬酒到主桌时，新郎和新娘会向老人磕头，老人会将自己准备好的红包和祝福语一起送给新人。婚宴一般会持续至晚上 10 点左右，新郎和新娘也会住在酒店提供的新婚房。

②在寨子里举行婚礼：不同之处在于，酒席是由男方家自己准备，自家的亲戚和周围的邻居也会来帮忙。箐口村寨子里的婚礼一般会在村委会前的广场上举行。有些规模小一些的酒席，也会摆在自家门前的巷道。下午 6 点，婚宴的前奏以鞭炮的轰鸣开启，炸完鞭炮新郎身着西服、新娘身穿哈尼民族服饰挨桌敬酒，走到以老人为中心的一桌时，要一同向老人磕头，获得老人的祝福。婚宴结束后，如果气氛热烈，还有一些亲戚邻居会继续到男方家吃饭喝酒，一直持续到深夜。

个案 6-1：李小强，30 岁左右，父母双双去世，在文化局任职，现家中有妻子及一岁的儿子。一年前，在云梯大酒店举行了自己的婚礼。李小强在结婚前一个星期发请帖邀请了村里 80% 的人（未被邀请的人为家中暂无年轻人的老人）以及自己工作单位的同事朋友。结婚当天，李小强用8辆婚车将新娘及其家人迎接至举办婚礼的云梯大酒店。下午6点婚宴在酒店的餐饮部举行，因新娘当时已怀有6个月的身孕，结婚仪式简化，很多程序并未进行。婚宴结束后，夫妻两人住在了酒店提供的新房。夫妻两人在婚礼结束后，过了两天，才回家举行拜谢老祖宗的仪式。

3. 离婚

在箐口村，夫妻一般是不会选择离婚的，如若夫妻选择离婚，不管是男方提出还是女方提出，双方之间都要进行协商，并经过父母的同意。男方要还回女方带来的嫁妆，女方则要还回男方的彩礼。如果结婚时办了结婚证，离婚时要办离婚证。如无结婚证，为避免财产纠纷，之前会准备离婚协议书，请村里的摩批或是其他有威望的人来公证。

（三）生育习俗变化

箐口村哈尼族的生育习俗处于传统与现代之间，家中如有如母亲、婆婆、姑母等生育过后代的女性长辈，女子生育时也会采用传统的方式，在家由这些女性长辈接生。而那些外出务工，或是在外地工作过的妇女，更倾向于去医院生孩子。

孩子生出生当天，家里会请来贝玛为孩子背诵经文，同时贝玛还要杀一只鸡，如果生的是男孩就要杀一只公鸡，生女孩就杀一只母鸡。家里的老人也会根据孩子出生当天的属相，为孩子取一个哈尼名字，如"羊tuo"。孩子出生第13天时，家里会举办酒席，宴请全村人，客人们带上鸡蛋和小孩穿的衣服作为贺礼。在这之前，旁人是不能往这家串门的，怕带走小孩的福气。在箐口村满月酒和周岁宴并不是每一家都会办，这要取决于每家的情况。如果有一家曾办过满月酒，而且孩子很健康，满月酒的习俗就会延续下去，如果孩子不成活，这家以后就不会再举办满月酒。

生完孩子，产妇便开始坐月子，在箐口村，一般坐月子的时间短至三四个月，长至一年。坐月子期间，产妇不做任何重体力的活计，甚至是下地走动的时间都不多。在满两个月后，产妇也可选择回娘家坐月子，时间满了再回婆家。

（四）伦理道德变迁

1. 养老方式的变化

哈尼族是一个尊重老人的民族，长辈在晚辈心中具有很高的威望，尤其是父母。不管父母说了什么，孩子可以不执行但不可以同父母顶嘴，也不允许同父母大吵大闹。和长辈住在一起，好的房间要让给长辈住。吃饭的时候，上方的座位和好的菜要留给长辈。哈尼族尊重老人，因此也十分注重养老问题。现在箐口村的养老方式主要有以下两种。

（1）子女在家。在箐口村，有的老人子女都在身边，他们会遵循传统方式。家中如果有两个或是两个以上的儿子，父母会将祖上流传下来的老房子留给小儿子，其他儿子则是在结婚后平分家中财产，独立出去。若是家中只有一个儿子则不用分家，父母会一直和儿子居住在一起。分家后除小儿子会继续和父母居住在一起，其他子女在娶妻或出嫁后大都会独立生活。女儿在出嫁前和父母兄弟居住在一起，如若其他兄弟结婚分家出去，则和家中最小的兄弟居住在一起，直至出嫁。出嫁后的哈尼女孩居住在夫家，只有在结婚后，回娘家时，可短时间居住两三天。也有少数会和父母生活在一起。一般情况，父母和小儿子生活在一起，平时的衣食住行都由小儿子负责，生了小病也由小儿子负责带父母看医生和买药。但若治病需要花费大量的金钱，则所有儿子都要负责拿钱给父母看病。父母去世操办仪式也是所有的儿子一起负责，女儿则是在自己的能力范围之内给父母资助。

（2）子女外出打工。在箐口村，年轻劳动力大多在外务工。如果没有分家，父母就和在村子里的孩子一起住。如果已经分家，并且小儿子外出打工，父母就独自住在老房子里，小儿媳妇可以选择在家照顾父母，也可以和丈夫一起外出务工，将孩子留在家由爷爷奶奶照顾。笔者入户调查时，调查的家庭有70%都如此。子女外出打工又因离家远近，对老人的照顾又有所不同。

①在村子附近工作。一部分外出务工的人出于对家庭、老人、孩子、收入、消费、自身能力等综合因素的考虑，选择在村子附近或个旧、蒙自、建水、昆明工作。选择的工作一般是在工地做搬运工或是泥浆师傅，也有餐馆酒店服务员，男的100—150元一天，女的70—80元一天。工作不够稳定，时间安排富有弹性，薪水相对较低。因此，这些人可以在过年、过节、农忙时带钱回家或是回家帮忙，一个工作结束后还回家住上一段时间。老人有什么需求可以在较短时间内得到及时的满足，如去医院医治。

个案6-2：李玫，1982年生，同丈夫、婆婆及两个儿子生活在一起。

14 岁开始打工，因哥哥在开远打工，被接去开远替哥哥照顾孩子。15 岁去别人家当保姆，16 岁在酒店卖早点。后因在村里的文艺队工作，认识现在的丈夫，22 岁时同丈夫结婚。因丈夫是小儿子，所以婚后与婆婆住在一起。后世博公司承包箐口村开发工作，文艺队解散，便和丈夫一起外出打工。她在餐馆当服务员一个月 1500 元，丈夫在工地打工 100 元一天，婆婆在家照顾小孩，负责种地、养猪。平时夫妻把钱打在亲戚的银行卡上，亲戚去新街镇将钱取出带给婆婆。需要劳动力时，如果邻居没法帮忙，婆婆就用这些钱雇工。

②在远方工作。一部分外出务工的人，会到比较远的地方打工，如浙江、广州、上海等地。因为离家远，有的一年回家一次，更甚者两三年回家一次。孩子和爷爷奶奶常年生活在一起，上学也在土锅寨小学和元阳七中等学校。家中在农忙、过节时，外出务工的孩子将钱寄回家，让父母雇工帮忙。孩子生活学习的花费也是寄回家中。老人有什么需求只有自己满足自己，或是请邻居帮忙。

另外，随着国家养老保险制度的推进，箐口村也在不断地完善养老保险工作。村中老人年满 60 岁就可以领到政府发放的每月 60 元补贴，可为老人的生活减轻一点负担。

2. 邻里互助方式的变化

箐口村不再是传统的农业社区，外出务工人口越来越多，邻里间的互助方式也在发生改变。传统的邻里互助以换工为主，得到邻居帮助的家庭在别人有需要的时候，也要提供帮助。如有葬礼，村里的人按姓氏帮忙，箐口村的人口主要有李姓，李姓又分大李、小李，还有卢姓、张姓、高姓。如张姓人家举行葬礼，村里其他的张姓家庭需提供力所能及的帮助，当然其他交好的人家也可以主动帮忙，其他亦同。然而，随着外出务工人员越来越多，尤其以青壮年劳动力为主，因此每到农忙、过节等需要大量劳动时，没有足够的人手，邻里间也无法以换工的形式持续相助，这时雇工的现象兴起。

个案 6 - 3：李小生，59 岁，有两女一儿，现同妻子还有一个孙子、一个孙女住在一起。儿子李正刚，34 岁，和妻子一起在广州工作了 9 年，现在一家饼干店当一个小主管。两个孩子留在父母身边，儿子在土锅寨读小学四年级，女儿在元阳一中读初一。两夫妻一年只在过年时回家一次。农忙时，李小生用儿子寄回家的钱雇请工人。犁田 200 元一天；打谷子男

100 元一天，女 50 元一天；插秧 50 元一天；盖房子男 100—150 元一天，女 70—80 元一天，男子 100 元一天的包吃，女子不包吃。

（五）家庭劳动分工

在农村的劳动分工，村里并不是每一个青年劳动力都外出，也有外出后回村的，在村的人家庭劳动分工多为传统型：男主外，女主内。田里插秧、犁田、打谷是男人的事，割麦、拔草及家务主要是女人干。现有很多人外出打工，这些外出者的家庭分工的情况见综述部分。

第三节 彝族的婚姻家庭与变化

元阳境内的彝族多是从石屏、建水一带迁入，有尼苏、仆拉、阿鲁、姆基四种自称。分布较广，有大杂居小聚居的特点。主要居住在半山地区。2013 年，全县彝族人口 102831 人，占总人口的 23.35%。[①] 是元阳县人口第二多的民族。

一 传统婚姻制度与习俗

彝族的基本婚姻形态是一夫一妻制，有着严格的婚姻制度，同宗、同姓不通婚，三代内的表兄表妹不婚，严禁姐妹嫁兄弟，母女嫁父子。所以青年男女社交时先要了解对方的姓氏，即使距离相隔很远，如是同宗同姓也要中断恋爱关系，即使不得不结婚，族人也把他们视为牛马牲口，并要请贝玛杀鸡、鸭祭祀家屋，驱赶迷惑之神，告诫族人。[②]

彝族青年男社交自由。女子在十四五岁就学唱山歌、弹口弦、吹巴乌，参加社交活动。男子十五六岁就开始串山串寨，对山歌，结识伴侣。婚姻上有自由婚和媒妁婚两种。自由婚又叫"偷婚"。男女双方串山串寨恋爱后，许下终身，定下成亲的日子。男方备下衣物首饰等信物赠送女方，约定的婚期到时，男方就邀约亲友趁黑潜伏在女方所住的村边，等姑娘出现时就涌上去将她偷回男方家，即可视为成亲。女方家长得知后派人找上门，男方要置办酒席请求成全，女方家长一般都会同意，不同意的就拒不入席。

---

① 元阳县民族宗教事务局：《元阳县 2013 年末分民族人口统计表》。

② 元阳县民族事务委员会：《元阳民俗》，云南民族出版社 1990 年版，第 78 页。

媒妁婚有两种：一种是男女双方自由恋爱，请媒人提亲，征得双方父母同意后即可成亲，此情况为大多数，因此彝族的家庭婚姻关系较为稳定。二是双方无恋爱基础，由父母说媒，但女方家长要征求姑娘的意见，如她不同意，媒人会多次说媒。说媒时，姑娘当着媒人的面扫地、倒垃圾、甩空桶等则表示拒婚，媒人见状就不再登门。如定下婚期到了，男方因事外出不在，可由其弟代行婚礼，但不能同房。

姑娘出嫁前一夜，在亲戚或邻居家里邀约男女伙伴吃"火炒豆"作为告别。第二天一早，男方带着猪肉、鸡、酒、新衣来娶亲。娶亲队伍进女方家门时，村里的青年用锅底灰抹黑他们的脸表示欢迎。新郎拜新娘父母，拜毕，要给女婿增送红包，称为"磕头钱"。嫂子帮新娘打扮好，临走时，新娘向父母告别，唱《哭嫁歌》。家中兄弟将新娘背出，或是坐在长凳上抬出。新郎家请贝玛做婚礼主持人。新人到男方家门口时，贝玛边念祝词边向四方各射一支箭，意为两人不得悔婚。然后由新郎的姐姐或嫂子点着火把绕新人左右各三圈，为其驱邪并祝福新人健康幸福。新郎新娘牵手跨过门口的一堆火，意为将来日子红火（新郎将一床红毡披在新娘身上，拉着红毡一角牵新娘入堂屋）。进堂屋后，新人向新郎父母磕头，表示感谢养育之恩。贝玛念成亲经文，新人各抓起一只公鸡、母鸡掐死，表示谁反悔就像鸡一样不得好死。礼毕，新人陪亲友吃婚宴。在酒席上，新人要给父母敬酒，父母则要给儿子和媳妇取新名字，如给儿子取"金树"，媳妇就叫"银花"。然后新人给客人敬酒，客人赠礼钱并祝福新人。婚礼的第二、第三天回门。新人带上一只鸡、几斤肉和酒，回到新娘家看望其父母，吃过酒席后返回，至此新的家庭正式组成。[①]

彝族生育孩子习惯在门上挂一树枝，月子内忌外人出入。妇女生孩子多由婆婆或亲戚接生，生育后第二天，孩子的父亲要提着鸡、酒到舅舅家报喜，报喜后第五至七天，舅家要带着鸡、酒、背带、衣服等礼物来祝贺，并给孩子取名。

彝族可离婚，但离婚率很低，多因女方不能生育。离婚由家族中的族长、村中长老、村长主持，财产分割视婚姻长短和谁先提出而定。婚期在3—5年内的，如女方先提出离婚，女方只能带自己的衣物；如男方提出，女方还可带走部分粮食、牲畜家禽。但无论谁提出，田地、房子归男方，

---

① 元阳县志编纂委员会：《元阳县志》，贵州民族出版社1990年版，第637—638页。

子女归属视情况而定。

有女儿、没有儿子的彝族家庭可招女婿。彝族有过继的习俗，多为无儿无女者，本家族中儿多者过继来以便养老送终。彝族有收养习俗，如无儿无女者，或有一儿无女、有一女无儿。

无儿无女者去世后，遗产由家族中第一亲近者继承。彝族同姓不婚，同亲不嫁，哥亡弟可娶嫂，寡妇可再嫁。①

二　传统伦理道德

彝族以几代人同堂为乐，家中父亲起支配地位，家庭纠纷由父亲解决，兄弟分家由父亲裁决。父母去世，长兄为父。对年老的父母和年幼的弟妹，兄弟之间有共同赡养和抚养的义务。父子吵架，儿子不能动手。②

尊老爱幼是彝族的美德，遇见老人，小辈要先打招呼；小的要给长辈让座，等长辈坐下后小的才能落座；路遇老人要让路到路下方；不能在众人面前说长者的生理缺陷；在长者面前不能说难听的脏话。一个家庭和村寨，都把长寿老人视为夏天的一棵乘凉树，冬天的一塘火，一个村子以有几个长寿老人为荣，谁家有好吃的，都要送给长寿老人先吃，即使是无儿无女的老人也同样对待。彝族老人对儿童也很关心爱护，对顽皮的小孩耐心开导说服教育，做得好的夸奖鼓励。

彝族严禁村里有私生子，违者会遭抄家。彝族虽认为有私生子是最耻辱的事，但对私生子不残害，不歧视，不侮辱带有生理缺陷的人。

彝族谚语有"一生要平安，切莫抢霸他人妻"。破坏他人家庭在彝族看来是最不道德的行为，受到社会的谴责。彝族对家庭中的男人打妻子，不仅认为是不道德、没礼貌，而且是最没本事的人，也要受到众人的谴责。在家庭中，哥哥不能骂弟媳，即使弟媳做错了事，只能由嫂嫂或弟弟去说。分居的人家，也要共同赡养父母，不赡养老人会受到众人的谴责，族人会用强制措施让儿子保证老人的生活。对受灾难的人表示同情，伸出援手，对乞丐多少都要给一点。偷盗罪可耻，如果谁家的耕牛骡马被盗，全村人都会去追赶。③

---

① 马理文：《元阳野史》，德宏民族出版社 2011 年版，第 202—204 页。

② 元阳县志编纂委员会：《元阳县志》，贵州民族出版社 1990 年版，第 638 页。

③ 元阳县民族事务委员会：《元阳民俗》，云南民族出版社 1990 年版，第 55—56 页。

三　彝族婚姻家庭的变化情况

现在元阳彝族的婚姻习俗和家庭结构都有了很大变化。过去不与外族通婚，"1949 年以后逐渐与其他民族通婚，1980 年前多与县内人通婚，1980 年后逐渐远嫁，嫁外省的不计其数"。① 在家庭伦理道德方面，大部分传统习俗仍得到遵守，同时对歧视妇女的观念和习俗上有所改变。

以元阳县牛角寨乡良心寨村村委会为例说明婚姻家庭的变化情况。该村是元阳县内最大的彝族聚居村，现有 1032 户，4000 余人。其中的良心寨村民小组有 458 户，2060 人。

（一）婚恋方式和结婚仪式

现在的年轻人可与各民族通婚，自由恋爱。20 世纪 80 年代以后，抢婚、偷婚现象逐渐消失。对于有些身体残疾或长相不好而自由恋爱有困难的，父母也会替他们说媒、提亲。年轻人大多是通过读书、打工相互认识和恋爱。有些人的媳妇是从外地娶回来，但为数不多，本村女孩子嫁出去的相对多些，村里有四五个姑娘嫁到外省去，多是嫁到外村和外乡、外县。

婚礼的程序也简化了很多，有条件的会到县城办酒席请客，形式与汉族婚宴相近。大多数经济条件一般的还是在村中家里举办婚礼，宴请亲友吃饭。男女双方家都要举办婚宴。婚礼前男方要给男方家长一两万元的"吃奶费"，女方家则买冰箱、电视、洗衣机等家电作为陪嫁，男方还会给女方买首饰，传统衣服、胸前的银泡、头饰、腰饰等至少要有一样，全套购置的需一两万元。迎亲时一般不再请唢呐队而是请乡村文艺队来表演。迎亲时，早上男方带着猪、鸡、酒及生活用品去到女方家，进家门后用一只公鸡和一只母鸡献女方祖先牌位，新郎为新娘家长洗脚后向家长磕头，家长给新郎带有六或者八数字的红包，在家里吃饭后就要迎新娘回新郎家，此时一般不再唱哭嫁歌。在路上还是会请贝玛念经驱邪。仪式中男女双方都会请对婚礼仪式熟悉的人来主持，到新郎家时由男方家的姐妹拿稻草在新人身上前后绕三圈，新人跨在门口的火盆，进门后先向男方供奉在家中的祖先排位磕头，再向男方父母磕头，然后向男方舅舅磕头。然后新人在婚宴上敬亲友和客人，宴后新人入洞房。婚礼后男方父母不再为新

---

① 马理文：《元阳野史》，德宏民族出版社 2011 年版，第 202 页。

人取新名。婚后第三天新娘回娘家，带着一只大公鸡、两把面条及瓜子、糖果等，在娘家住一两天，也有的当天就回男方家。以后每逢过春节时，大年三十、正月初一必须在男方家过，正月初二、初三可在女方家过。

（二）生育方式

传统上生了孩子的人家就在房屋的门口挂上树枝，分别为男左女右，生男孩的挂在房门左边，生女孩的就挂在右边，现在农村很多彝族人家还有此习俗。过去基本是在家里生孩子，由婆婆接生，现在大部分到医院生，因为安全卫生，也可办理相关的出生证明，便于孩子今后的落户。出生后一个月也有些人会抱回娘家住一段时间。孩子一般由父母取名。

（三）离婚方式

过去彝族离婚的很少。现在离婚的相对多了些，该村里离婚的有五六对。以前离婚时会有村里的长老或长辈出面调解和主持。感情确实破裂的，谁先提出离婚的，谁赔的就多些，孩子一般归男方。现在离婚由双方协商处理，到民政局登记，极少数有财产子女纠纷的会到法院诉讼解决。

该村中彝族仍然遵守同姓不婚的习俗，认为会影响后代，如非要结婚必须要改个别的姓才可以。未婚先孕的不再受歧视和惩罚。有些达不到婚姻法规定的结婚年龄早婚早育的，只要举办过婚礼后就得到家长及村民认可而成为事实婚姻，等到了法定年龄再去补办结婚证，以免影响孩子的落户和将来的入学。

（四）家庭结构

该村子里现在家庭结构以三代同堂和两代同堂为主，个别家庭中有四世同堂，如村民李绍发家即为四世同堂的大家庭，李绍发家与奶奶、父母和兄弟一家共同组成拥有10位家庭成员的大家庭，图6-1为该户家庭谱系图。

彝族的家庭结构变化，我们还可以通过以下的个案6-4中看出来。

个案6-4：李强有（41岁，彝族），妻子李美琼（40岁，彝族），1994年结婚，1998年领结婚证，当时结婚花了800元礼钱，结婚总共花费7000余元。二人有女儿李燕飞（19岁）在外打工，儿子李亚飞（17岁）在镇上读中学。李强有一家现与父亲李泽扎（63岁，彝族）、后母李玉珍（57岁，彝族）一起生活。李强有是家中唯一的儿子，排行老二，家里还有四个姐妹，除一个妹妹嫁本村外，其他都嫁到外面。老大李美仙

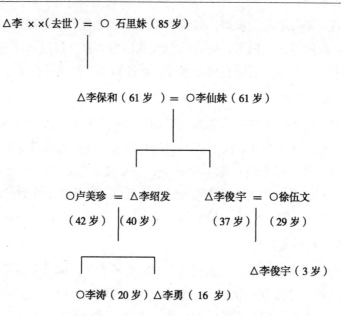

图 6 - 1　箐口村村民李绍发家的家庭结构

（43 岁，彝族）嫁给平寨的李文华（44 岁，彝族）；老三李美清（38 岁，彝族）嫁给本村的李万福（38 岁，彝族）；老四李美花（28 岁，彝族）嫁给靛塘大寨的李金荣（23 岁，彝族）；老五李晓丽（23 岁，彝族）嫁给靛塘小寨的张雄光（31 岁，汉族）。均为先领结婚证后举办婚礼。

（五）养老方式

家里有两个以上儿子的，在大儿子结婚有了小孩后会进行分家，如何分家由家中父亲说了算，父母一般会随小儿子生活，并由其负责养老。分家时根据具体情况，房屋、责任田都可划分，谁赡养老人谁分的财产就多一点，老人愿意与谁就和谁住，儿子、女儿都可赡养父母。如有女无儿的可招赘的习俗，现在该村也有十家招赘的。儿女皆无的可过继亲戚家的孩子，现在过继子女的本村没有，但是其他村的有。

第四节　汉族的婚姻家庭与变化

元阳境内的汉族主要是清代及民国年间由建水、石屏迁入，嘎娘、上新城、小新街一带的汉族则多由贵州迁入，有的家谱记载其来自南京应天府。汉族分布于全县各地，多集中于集镇地区，以县境东、西部居多，南部较少。现在多数汉族把责任田转包给少数民族农户耕种，脱离了农业，从事商业、服务业、运输业、建筑业、加工修理业等。[①] 2013 年全县汉族人口 48498 人，占总人口的 11.01%。[②] 元阳汉族在婚姻家庭方面与其他地区的汉族基本相似，但由于与元阳境内的少数民族长期杂居，也入乡随俗，受到其他民族婚姻文化的一些影响。

一　传统婚姻家庭习俗

元阳县境内的汉族严格奉行一夫一妻制，旧时少数富有人家和无子嗣的人家也有纳妾的。在直系亲属和旁系姑舅关系中禁止三代内通婚。无儿的可以招赘，上门女婿要负责赡养老人并照顾妻子家姐妹。新中国成立前，元阳汉族青年男女婚姻要听"父母之命，媒妁之言"，实行包办婚姻，新中国成立后，提倡婚姻自主。大多数青年男女通过平时的生产生活、赶集、对歌等相识，自由恋爱，等双方有所了解，建立了感情决定一起生活时，再告知父母同意后就可筹办婚礼。汉族婚礼一般要经过说媒、认亲、订婚、换柬、过礼、饯行、迎娶、拜堂、婚宴、闹洞房、回门等过程。[③]

二　汉族婚姻家庭的变化情况

进入 21 世纪以来，随着经济的不断发展、生活的改善，与其他地区的汉族一样，元阳汉族的婚礼仪式也已简化了很多，如说媒、认亲、换柬、饯行等程序基本消失，过礼的仪式简化，但是礼金却增加了不少，在婚礼中大操大办的风气也较盛，现大多要在外面的酒店、饭店请客，一场婚礼通常要花费数万元至十余万元不等。

另外，由于元阳的汉族大多在生活县城和乡镇，在山区除了有一些独立的村落外，大多与当地各民族杂居，并与各民族都有通婚，有嫁有娶，也有上门的。与其他民族通婚的一般入乡随俗，在婚姻和家庭生活方面中与所其生活少数民族习俗相融合。

个案 6－5：郭××（42 岁，汉族），从南沙镇到傣族村子乌湾村上门的汉族女婿，与妻子刀××（42 岁，傣族）原是中学同学。两人于 1998 年结婚，现有一儿一女。刀家有四姐妹，刀××是老三，其他三个

---

① 元阳县地方志编纂委员会：《元阳县志》，云南民族出版社 2009 年版，第 580 页。
② 元阳县民族宗教事务局：《元阳县 2013 年末分民族人口统计表》。
③ 元阳县政治协商委员会：《元阳民俗概览——汉族》，2013 年，第 145 页。

姐妹都已经嫁到外面，刀父已经过世，郭××做了上门女婿后，一家人与刀的母亲白××住一起。逢年过节其他几个姊妹会回来团聚。郭不仅承担整个家庭的主要劳动和责任，而且多年来还被选为村长，为该村傣族群众服务，受到村民尊敬。

另外元阳的汉族思想观念较其他民族更开放，乡村里的汉族青壮年人去外面打工或读书的人较其他民族更普遍，家中主要是留守老人和儿童的现象也更突出。但是汉族历来重视家庭和子女的教育，很多人不惜多花些钱也要让孩子到较好的学校读书，所以当地汉族子女上完初中后继续读高中和考上大学的人也较多，汉族的家庭经济也相对较为富裕。

个案6-6：何××（男，35岁）、李××（女，35岁）夫妇，家住距离南沙县城外一公里的楮皮寨，夫妻有一儿子（何×，11岁）。李××中学毕业后曾经在昆明、福建、广西等地打工，在外地与何××认识恋爱后，两人于2003年结婚，在男方家所在的楮皮寨举办了婚礼，婚后与男方家父母分开独立生活。两人结婚不久就一起到外地打工，但儿子出生后，为了便于照顾家庭和孩子就留在离自己家不远的南沙镇打工，平时由男方父母帮着照顾小孩。到儿子三岁时就送到南沙镇上的幼儿园，每学期交1200元学费，现在儿子上小学，虽然免交学费，每月仍需500元生活费，所以除打工外还做点小生意增加收入。

第五节　傣族婚姻家庭与变化

元阳县境内的傣族有傣傈、傣尤、傣尤傈三种自称，方言相通，服饰基本相同。县内的傣族主要分布于红河、排沙河、者那河、丫多河、藤条江沿岸的河谷地带。[①] 2013年，全县傣族人口19155人，占总人口的4.35%。[②]

一　传统婚姻习俗

傣族的婚姻形态是一夫一妻，青年男女社交自由，但恋爱必须征得父母同意。结婚须由媒人说媒，有的由父母包办。傣族严禁异族通婚，否则会遭到社会的谴责和歧视，新中国成立后这一禁律逐渐解除，异族通婚的

①　元阳县地方志编纂委员会：《元阳县志》，云南民族出版社2009年版，第581页。

②　元阳县民族宗教事务局：《元阳县2013年末分民族人口统计表》。

越来越多。过去傣族亲表兄妹允许通婚，傣语叫"拗靠芬很恩"，是收谷种回家的意思，如果是舅家的儿子娶了姑妈或姨娘家的姑娘，被认为是"亲上加亲"，更加器重，并在其他人同时提亲时要优先答应亲表兄弟婚配。傣族有男方到女方家上门的习俗，即招赘入门。如果上门的人家没有儿子，入赘者享有继承权。旧社会入赘的人社会地位很低，受歧视。①

传统傣族婚姻有三种情况：自主婚姻、包办婚姻和"偷婚"。

傣族青年男女，婚前社交比较自由，自由恋爱者经父母认可后请人说媒便可结为夫妻，有的则完全由父母包办，结婚的彩礼名目繁多，有钱、粮食、酒肉"饭包"、首饰等。因彩礼太多，贫穷人家办不起婚礼，就实行"偷婚"。还有一种情况就是男女双方自由恋爱受到双方父母或者单方父母的反对，就实施"偷婚"成家。"偷婚"时男女双方约定好时间和地点，女的假装出门干活，来到约定的地点，男的和同伴们便拥上来，将女的悄悄从小路带到男方家。但属于"偷婚"的都必须举行两次婚礼，即第一次是"偷婚"，第二次是"神伙央"（回门）。

第一次婚礼为"偷婚"，当天把女的"偷"到男方家后，有的男方家当天按正常婚礼举办，有的男方家请几个亲朋好友在夜间悄悄举行简单的结婚仪式。但只允许磕头跪拜祖宗，不磕头跪拜老人和父母，三天后男方家必须请媒人去告诉女方的家人。

第二次婚礼为"神伙央"，男方把女的"偷"回家后，生米已煮成熟饭，女方家大都会同意这门亲事，否则，一生一世不来往。"回门"婚礼按正常的傣族结婚规矩操办，请媒人商谈彩礼、"饭包"等。婚礼日期一般选在春节前后，如果男方家在第一次婚礼"偷婚"时按正常的傣族婚俗举办过婚礼，则婚礼只在女方家举办。没有举办过婚礼的，"回门"时的婚礼按正常的傣族婚俗同时在男女双方家举办。

娶亲这天，媒人带着新郎与陪婚的小伙子们和小姑娘们吹吹打打到女方家，并在女方家里行完娶亲的仪式。晚饭后，女方家人欢送男方娶亲队伍出门，用手掌拍拍接亲队伍的背，抹过锅底的油黑手抹抹接亲队伍的脸等。新娘娶到婆家后，新娘新郎举行拜堂仪式：一拜天地，二拜祖宗，三拜父母，四拜宾客，五夫妻对拜。婚后的第三天，新郎新娘行回娘家礼，行过礼后，当日返回婆家。

---

① 元阳县民族事务委员会：《元阳民俗》，云南民族出版社1990年版，第151—152页。

"赶冷"为傣语，即汉族俗称的"坐月子"的意思，红河流域、藤条江流域的傣族有一个特殊的习俗，不论什么季节，在婴儿生下后三天，第一次要用冷水洗澡，他们认为婴儿出生就要经得起冷暖的考验，冷水洗澡可以增强婴儿体质，增强抗病能力。随着时代的进步，现在这种习俗已不多见了。

孩子出生的第三天要取名。以最先进门的客人的姓氏给孩子取名，男孩冠以"艾"，女孩冠以"依"，后带一个表示姓氏组别的字，就是孩子的乳名。例如来的客人姓陶，男孩就叫"艾陶"，女孩就叫"依陶"，如果不知客人姓名，就按其族别取名，如客人是汉族男孩就叫"艾哈"，女孩就叫"依哈"；如不知客人姓名族别，男孩就叫"艾卡"，女孩就叫"依卡"。取名的另一种情况是，孩子生下后疾病多、有残疾、爱哭闹等，要认干爹取名。认干爹以后两家人今后也经常往来，互相帮助，保持干爹干儿的关系。

傣族妇女的第一个孩子不论男女都要请客贺新生。贺新生时，小孩由母亲抱着，围着吃饭桌——团拜，向长辈磕头。这时来祝贺的客人要给新生儿赠送礼品和说些祝福孩子的话语。外婆给孩子赠送背袋，表示外公外婆对外孙女的关怀。[①]

二　传统伦理道德

傣族人心地诚实，性格内向。不许偷盗，不欺诈，不凌弱，不占他婚，以和为贵。在日常生活中形成了许多清规戒律，如婚丧嫁娶要择日子。婚嫁时，忌鳏夫寡妇触摸新郎新娘的物品。男子居下，妇女不能居高或上梯子。男子用过的器物、工具，女子不能跨过。媳妇不得直接给公公传递物品，传递东西时把物品放在桌上或其他显眼的地方请公公自己去拿。在家中，公公不能进媳妇的房间，哥哥不能进弟媳的房间。男女相遇，女人必须让路，让于路的下方，否则会被认为是没规矩。[②]

三　现代变迁

现在傣族的婚姻家庭在保留一些传统习俗和伦理道德观念的同时，也有了许多变化。以元阳县最大的傣族村大顺寨为例，该村有 278 户，970

---

① 参见元阳县政治协商委员会《元阳民俗概览——傣族》，2013 年，第 224—232 页。
② 元阳县志编纂委员会：《元阳县志》，贵州民族出版社 1990 年版，第 645—646 页。

余人，基本上都是傣族，虽然保留了较多的傣族传统文化，但也发生了很大变化。

（一）婚姻方式

过去当地傣族结婚是以举办婚礼为标志，现在的年轻人结婚都要领结婚证，一般都会遵守《婚姻法》所规定的结婚年龄，很少有早婚的。偷婚的情况基本消失，年轻人多数自由恋爱、结婚，往往是通过在外面打工或读书相互认识对方。结婚对象也不再像过去那样要严格区分民族，而是各种民族都有。本村娶外来的媳妇不少于10家，来自屏边、石屏、文山、绿春、昆明的都有，嫁到外面的远至四川、湖南等地，招上门女婿有三五户。婚礼大多数还在家里举办，只有少数在外面工作或者家庭经济条件好的人家会在镇上的酒店办婚宴。过去结婚后新郎与新娘不能立刻就住在一起，当天晚上新娘要回娘家，有的少则一两年，多则五年后才在一起生活，农忙时男女双方方都会到对方家帮忙，但是不能住在一起。现在大多数年轻人结婚了就住在一起，只有少数回娘家住几天。生了第一个孩子满周岁时会请客，无论生的男女孩，娘家都要送新衣、米、钱等送来贺新生。结婚时接受过新郎送的糯米饭包的亲戚也会来送东西祝贺。这些习俗仍然保留着。

（二）离婚方式

傣族家庭较为稳定，现在村里离婚的也很少。离婚的原因多是因为无法生育或工作问题，离婚时双方协商后各自拿着属于自己的东西就可以分开，但现在也会去民政局办理离婚证。

（三）养老方式

村中还保持着傣族的尊老、敬老的传统美德，养老方面也基本是传统形式，家庭结构以三代同堂和两代同堂为主。有两个以上个儿子的，儿子长大或结婚分家后，老人一般与小儿子住，小儿子负责养老。分家时由家族的长辈或者家里的父亲出面主持，儿子可提出自己的意见，由长辈来裁判。分家后父母愿意与谁生活根据情况而定，有的父母各跟一个儿子家吃饭，住的时候仍在老屋。

个案6-7：罗鸿章，出生于1934年，现年80岁，是中学退休教师，他的妻子卢美华，现年76岁。罗鸿章与卢美华于1958年结婚，当时没有领结婚证，只是按传统习俗举办了婚礼，婚后五年才住在一起。现在老两

口与小儿子（罗为×，媳妇卢美金）及孙女孙子一家住在一起。大儿子
罗为民在红河县里的国家单位工作，与媳妇高琼芳、女儿罗宇林一家三口
住在红河；罗鸿章的女儿罗为兰嫁给了本寨的卢跃保，有一儿一女，与公
婆家住在一起。逢年过节，这些儿女会回来一起过节。

第六节　苗族的婚姻家庭与变化

元阳苗族多为清代中后期由文山、蒙自迁入，以"蒙"自称，分为
蒙冷、蒙多、蒙兜，习惯上又称为花苗、黑苗、白苗。2013 年苗族人口
为 15577 人，占全县人口的 3.54%。[①]

一　传统的婚姻家庭制度和习俗

苗族传统上实行一夫一妻制，1949 年前也有个别纳妾的。早婚比较
普遍，女的十四五岁，男的十六七岁就结婚。同姓不通婚。但是允许姑
表、姨表等近亲结合。婚姻的缔结有三种情况，包办婚、自由婚和
抢婚。[②]

包办婚：如某个小伙子看上某个姑娘，就请媒人去说媒，女方父母同
意后决定彩礼和完婚日期，办过酒席后就把姑娘领回家，因双方事先没有
交往，这种婚姻没有感情基础。

抢婚也叫拖婚，是苗族沿袭下来的最传统的结婚方式。苗族有句俗话
"哪个手长算哪个的"（但苗族只拖苗族，不拖其他民族）。如某男子看上
了哪家的姑娘，就邀约伙伴埋伏在姑娘出山下地的路上，把姑娘抢走。拖
婚分两种情况，一是事先得到女方父母同意，姑娘不喜欢男方，父母支持
男方将姑娘拖走。二是姑娘和父母都不同意婚事，男方看上女方就自行将
姑娘拖走，按苗族风俗，只要女方跨进男方家的门，即使不愿意，也只能
算同意。男方把姑娘拖回来后要请媒人到女方家商定彩礼和办酒席的时
间。如是第二种情况，女方父母可以抬高彩礼价，有的女方家人多势众还
会把姑娘抢回来。新中国成立后，包办婚和强迫婚的情况有减少，"拖
婚"现象也是履行礼数，苗族青年男女经过劳动、集会、赶集、串亲戚
等相互结识产生爱慕，双方约会定情后订下日子，等姑娘出门干活时，男

---

①　元阳县民族宗教事务局：《元阳县 2013 年末分民族人口统计表》。

②　元阳县民族事务委员会：《元阳民俗》，云南民族出版社 1990 年版，第 188—189 页。

方带着伙伴在半路上拖姑娘的手，姑娘就跟着男方到家里，在家门口男方也要拉一下姑娘的手，表示是把姑娘抢回来的，以后如男方嫌弃，女方说话可以占上风，男方就不能随便抛弃女方。这样自由恋爱的夫妻十分恩爱，婚姻稳定。[①]

苗族很重视第一个孩子，孩子出生后要向外公外婆报喜，出生第三天要为其"叫魂"并由长辈取名，叫魂时呼喊孩子的名字，祝福平安幸福。10—12天内，给孩子请"月客"，成为办"月米酒"。[②]

苗族的名字一般都取单名，在语法上把名置于姓之前，在姓和名之间，男的一般习惯加"小"字，女的加"不"字或"咪"字，意思是"小"。如"左陶"，译成汉名后，男的叫"陶小左"，女的则称为"陶咪左"等。长子的名字多叫"大"最小的儿子叫"走"、"呿"或"老呿"，最小的女儿叫"奏"，也有个别用复名的。苗族的名字大多是一些物件的名称，如："包惹"——石头，"咋"——甑子，"通"——桶，"雅"——锅等。[③]

苗族有招赘的习俗，分两种情况，一是家里没有儿子招赘来养老，男子入赘后一直住在女方家，给女方父母养老送终，也继承遗产；二是儿子年纪小，家中缺乏劳动力，招赘增加劳动力，等弟兄长大有劳动力后便分家立户，入赘所生的子女随父姓。

苗族的寡妇可以改嫁，但有"转房"的习俗，寡妇的小叔有娶嫡嫂的权利。如公婆要求寡妇转房，小叔也同意，则小叔向父母磕一个头，杀鸡请亲戚吃一餐饭，就可以同居了。如改嫁他姓，必须得到公婆的同意，公婆还可接受寡妇改嫁的礼银。

苗族一般早婚早育，40多岁就有孙儿，在没有丧失劳动力之前仍然要参加劳动。有儿子长大结婚的，就分家出去另立门户，老人与小儿子同住，小儿子负责赡养老人，继承遗产。无儿女的，丧失劳动力后常投靠本家或者由亲友接济生活。[④]

---

① 元阳县政治协商委员会：《元阳民俗概览——苗族》（内部出版），2013年，第264—265页。

② 元阳县志编纂委员会：《元阳县志》，贵州民族出版社1990年版，第651—652页。

③ 元阳县政治协商委员会：《元阳民俗概览——苗族》（内部出版），2013年，第241页。

④ 元阳县民族事务委员会编：《元阳民俗》，云南民族出版社1990年版，第194、196页。

二　苗族婚姻家庭的变化情况

苗族现在多是自由恋爱结婚，一般不拖婚，要经女方同意才拖婚，拖回去表示是男方先看上女方的，以后对女方不能嫌弃。拖回去后也要办婚礼，男方家宴请亲友（如果女方家不同意会到男方家把姑娘叫回去）。男方家会补送女方家几千元作为礼钱，女方家也要为姑娘准备衣服衣柜等作为嫁妆。也有男方看上哪家姑娘，就拿一套新衣服去女方家，如果女方收下就算同意。现在苗族中拖婚和早婚早育的现象仍然存在，有的女孩子还在上初中甚至小学就被拖婚成亲。

以采山坪村为例：该村为苗族村寨，整个村子里除了三家汉族外都是苗族。村里的年轻人结婚对象以拖婚较为普遍，但双方大多是相互认识的，女方如果被拖后确实不愿意的也会自己跑掉。如果女方愿意的也要男方象征性地拖一回，表示自己是被动嫁来的，以后在家不受男方的嫌弃和欺负。过去女方被拖到男方家后一般也就安心地在一起生活。现在，如果男人没本事，女人会自己跑掉。如该村的村民黑小洛（29 岁，苗族），于2005 年 20 岁时结婚。当时是拖了大寨的一位 15 岁的姑娘当媳妇，两人认识三天就拖回家。男方也请了两个媒人按传统方式办婚礼，杀鸡杀猪请客，给女方家送了两三千元礼钱，女方的爹妈则送了衣服衣柜作为嫁妆。结婚后三年后与父母兄弟分家，已有一个一岁半的女儿，2013 年媳妇嫌家里生活不好又跑掉了。

苗族结婚早，男的十七八岁，女的只有十五六岁就可以结婚，只要办了婚礼后就在一起生活。现在也是有很多因为不到法定结婚年龄就结婚的，常常等小孩已有几岁父母才达到婚龄，再去乡里县里补领结婚证。如黑小洛的兄弟黑小有（25 岁），2008 年 19 岁时结婚，也是拖来的媳妇，女方当时只有 15 岁，现在有个两岁的儿子，最近为了孩子落户问题才去办理结婚证。采山坪村有一半以上的已有事实婚姻的年轻人还没有领证。对没有办理结婚证就离婚的，自己分开就可以了。过去苗族离婚的少，有的是拖去后不愿意就自己跑了，现在还有一种情况就是男方没出息，家庭经济条件不好，女方嫌弃就跑了，即使有了孩子也会走掉，这种情况下往往没有办理离婚证。

元阳苗族近些年来婚姻习俗的变化情况还明显体现在彩礼和嫁妆方面。以熊二妹（女，57 岁，苗族）的家庭为例，其娘家在上新城乡兴隆村，17岁时就嫁到黄茅岭，当时丈夫20岁，在蒙自工作，婚后两人有三个儿子，老大在黄茅岭大山工作，老二开车、做生意，老三现在去外面打工。熊二妹1973年结婚时男方只拿了60元钱，她母亲给了一套新衣服和三套旧的苗族衣服就成亲了。她的三个儿子是自由恋爱，都娶了黄茅岭的苗族女孩为妻。她的大儿子1994年结婚时17岁，礼钱花了390元；1996年，二儿子18岁时结婚，礼钱花了1460元；三儿子2004年17岁时结婚，礼钱花了3260元。而最近几年苗族年轻人结婚时礼钱更增加了不少，有的已达上万元。

第七节　瑶族的婚姻家庭与变化

瑶族远古时期分布于广西、湖南，属于"武陵蛮"的一部分，明清时期迁入云南、贵州等地，部分迁入金平、元阳等县。有蓝靛瑶、花瑶之分，蓝靛瑶自称"秀门"、"吉门"，花瑶自称"本故尤勉"、"江董勉"。[1] 2013年，全县瑶族人口9677人，占总人口的2.2%。[2]

一　传统婚姻家庭制度和习俗

传统上瑶族实行一夫一妻制，一般不与外族通婚，纳妾现象较少。同宗五代不婚。青年男女社交自由，一般20多岁结婚，早婚较少，婚姻关系稳定。过去实行姑舅表婚，特别是舅父儿子有优先娶姑母女儿的权利，现在这种姑舅表婚已经打破，只要小伙子勤劳善良，父母都可以答应嫁女，不受舅父方面的干涉。

瑶族恋爱择偶的方式主要是对歌。对歌常在节日期间进行。村与村之间的青年男女互相邀约在家对歌，寻觅知音。对歌往往三四天，由邀请一方杀猪款待。对歌形式为一问一答，情投意合者互赠信物，有的则互咬对方手心手背表示爱慕，瑶族称为"血誓"。双方对歌中订下终身后，要禀报各自父母，男方请人说媒，把姑娘领回家中。过去有些婚事由父母包办，一般要经过物色对象、问亲、合婚、订亲的过程。瑶族提亲时媒人代表男方给女方父母送毛烟，称为"问烟"，如收下则表示同意婚事。随即请人翻瑶书，合八字，如果命相相合，男方就送几元钱为订婚礼钱，择吉

---

① 元阳县地方志编纂委员会：《元阳县志》，云南民族出版社2009年版，第582页。

② 元阳县民族宗教事务局：《元阳县2013年末分民族人口统计表》。

娶亲。

瑶族有招赘习俗，入赘人只需将半开一枚或人民币伍角交媒人送往即可，瑶族称此为"床铺钱"，送钱后入赘者就取得了合法的夫妻身份，所生孩子与父母同姓。妇女生孩子时产后一月忌外人进家。[1]

瑶族除真实姓名外，每个家庭都有一个代名，即这个家庭的代号，一般不向外族公开，但也非绝对保密。夫妻结婚生育第一个孩子后的第三天或者第七天，举行取新名仪式，不是为孩子而是为这户家庭取名，表示生了孩子后这家就真正成为一户家庭了，婚后不育者，不取代名。同属一个村寨的人家，代名不能雷同。外人不能当面呼叫主人家的代名，只能在背后称呼，否则就是不礼貌。

瑶族弟兄长大后便可分家，分家时要请"瑶老"参加，若只有一子，便留在老房，一般不分家另居。若有二子，则留最小的儿子在老房负担起为父母养老的主要责任，并在土地、生产工具等方面多继承父母的财产，其余由儿子们平分。弟兄分家后，在生产生活上仍有义务互相帮助。若家中无男嗣者，普遍招赘上门，不受社会歧视，享有岳父母的财产继承权，所生孩子随父姓。

瑶族（主要是蓝靛瑶）有晚婚晚育的习俗。认为结婚过早不利于父母和孩子的身心健康，不利当家理财，不利家庭稳定，不利享受青春年华的快乐生活等。因此在瑶族中早婚会受到众人的非议和耻笑。因提倡晚婚晚育的缘故，瑶族成为元阳县人口增长速度最慢的民族。[2]

维持瑶族家庭婚姻生活的是习惯法，未婚男女私通，私生子受歧视，多半悄悄处理。有夫之妇与有妇之夫通奸被发现，由"瑶老"出面罚款50—100元。瑶族离婚现象比较少，离异时必须由"瑶老"出面决断。离婚后的财产视不同情况而定，如是双方都同意离婚的，各自带走各自原有财产；如是男方要离，女方不同意，男方要付给女方谷子若干，女方不退男方彩礼；如是女方主动离婚，男方不同意，女方要退给男方全部或部分彩礼。[3]

---

① 元阳县志编纂委员会：《元阳县志》，贵州民族出版社 1990 年版，第 656—657 页。

② 元阳县民族事务委员会：《元阳民俗》，云南民族出版社 1990 年版，第 243—245 页。

③ 元阳县地方志编纂委员会：《元阳县志》，云南民族出版社 2009 年版，第 582 页。

二　瑶族的婚姻家庭变化情况

以元阳县上新城乡的中寨为例，来了解现在瑶族的婚姻家庭的基本情况。该村共有 119 户，527 人。村子位于上半山顶部，因为交通不便和传统观念的影响，保留了较为传统的瑶族文化习俗，但现在也受到外部新时代生活方式的许多影响。

据村民介绍，过去年轻人谈恋爱主要是通过串寨子、对山歌的方式进行，村里的瑶族青年过去只与本村或外村的瑶族恋爱结婚，很少与外面的其他民族通婚。恋爱后要结婚时还是要找媒人说亲。现在年轻人主要是通过赶街、打工和上学等方式相互认识，并且用手机、QQ、微信来谈恋爱。对山歌的习俗在 2006 年以后就没有了，但是有些青年人还是会用手机对歌来传情达意。现在谈婚论嫁时不用再说媒了，也与外村、外地的其他民族有通婚，但男方娶的基本上都是本村的瑶族，女方嫁的则多为苗族、汉族、彝族等。

度戒是瑶族最重要的人生礼仪，男子一般在 10—18 岁度戒，没有经过度戒的男孩子不算成人，不能谈恋爱和结婚。女子也要在 16—20 岁前戴高帽子，才算成年。至今这一瑶族最重要的传统还在村中保留着，村里的青年男子都要经过度戒才能谈恋爱。结婚也仍然多属晚婚，因为现在女孩子到元阳县城读书，18 岁回村里，19 岁谈恋爱，大多数要 20 多岁以后才结婚，至今村里的 18—20 岁的五六个年轻姑娘都不急着结婚。

村里年轻人没有超生的，主要是因为土地少，生多了孩子不够分，且家庭经济负担较重。

村里有招赘的习俗，当地有一种叫"抵主"的过继兼招赘方式，"抵主"即替代原来主人家的儿子。有的家庭儿子去世了，还留下儿媳妇，就招了个男的上门来抵儿子，与原儿媳妇结婚后一起生活并赡养老人。如该村村民邓则有的儿子去世后，找了本族中的邓文章来"抵主"，与原儿媳妇结婚，视他如儿子一样。

如有的家庭无儿无女的，可过继亲戚家的小孩。如本村王小三是五保户，没有结过婚，就将哥哥的女儿过继来一起生活。如过继的是男子的，度戒以前的过继可改姓随过继这家，度戒后过继的就要保留原来的姓。

村里仍遵守同姓不婚的传统观念，如果男女两人同姓，其中一个人要找人认亲改姓后才能结婚。现在大多数人还遵守五代以内不婚的传统，但也有极少数是表亲结婚的。过去夫妻中有婚外情的要受处罚，由村里的长老和村长调解并处罚，对有过错的一方罚款，现在由村里的调解委员会的村干部调解处理，罚款36元或360元，近年来村里处理过两起这样的事。过去离婚时双方自己商量，男的提出的要对女方有所补偿。离婚时要由瑶老出面主持，现在要离婚的可找村里的调解委员会调解，调解不了的可去乡政府办离婚证，如果仍然有纠纷的会到县法院诉讼解决。近年离婚的有四对，再婚的有一对。过去瑶族男尊女卑，女的不能上桌吃饭，现在家庭内男女平等，男女干活也一样。家庭中如有争吵纠纷，属于男的赌嫖引起的，到村委会解决，会受到村里的处罚；如果是一般的生活纠纷，就由夫妻自己协调解决。

个案6－8：李文德（男，48岁），曾有过多次婚姻。1987年与小新街的女子结婚，因家里亲戚多，田地多，吃不了苦，在一起20多天女方就走了；1987年他与黄茅岭大山的女子结婚，生有一儿一女，10年后女方领着女儿离婚走了，儿子留给李文德；1997年，李与黄茅岭的另一女子的自由恋爱结婚，生有一女，1999年女方带着女儿离开；2000年李又与一外面的女子结婚，生有一子，2001年女方到外面打工走了；2010年与本寨的姑娘结婚，因女方婚外情再次离婚。也正因为他的婚姻上遇到了多次失败，村里人还将他选为调解委员会组长，负责婚姻家庭纠纷调节工作。

第八节　壮族的婚姻家庭及变化

元阳境内的壮族由文山、蒙自迁入。有陡傣、布雅两个支系，自称"土佬"和"沙人"。① 2013年，全县壮族人口3946人，占总人口的0.9%。② 主要分布于元阳的四个乡镇，新街镇的聚起村、牛角寨的肥香村、攀枝花的阿木控、黄茅岭的毕茂和哥涛共五个壮族村寨，共有1364户。目前最大的壮族村寨是聚起村，其他依次是哥涛、毕茂、肥香村和阿木控。

---

① 元阳县地方志编纂委员会：《元阳县志》，云南民族出版社2009年版，第583页。
② 元阳县民族宗教事务局：《元阳县2013年末分民族人口统计表》。

一　传统家庭制度与婚姻习俗

壮族传统上实行一夫一妻制，族外婚现象普遍，多属媒妁婚。男女恋爱一般是通过对歌择偶，当地人称为"唱风流"或"赶风流"，也有称为"草林"的。男女青年虽恋爱自由，但要照例请媒人说媒。说媒时媒人至少需登门三次才能正式订婚，该习俗名为"吃小酒"。姑娘出嫁前夜，父母要准备酒席宴请姑娘的伙伴，伙伴们带上炒黄豆赠送姑娘表示祝贺，名为"吃炒豆"。晚饭后大家围在一起吃着炒豆长谈、对歌勉励，直到黎明。次日早上，新郎在媒人和陪婚人的陪同下，吹着唢呐到女方家婆亲。[1] 娶亲时，新郎要送猪肉、大米、糯米粑粑给女方家作为女方请客之用。这天要吃早、中、晚餐三餐。出门时新娘由她的哥哥背出门口，新郎出门时女方家的客人和村里的儿童要用豆渣砸他。新郎要随机应变，以不沾豆渣为有本事。当新娘到达新郎家门口时，一个中年人或老年人拿着一只小公鸡迎候并问答媒人，男孩倒酒给新娘和媒人喝，中年人在小公鸡脖子上划一刀后在拜访的桌子边上正反各绕三圈扔在地上，又用干草点燃在新娘身上正反绕三圈才让新娘进门。随后新郎要踩新娘的脚后跟，认为这样新娘就不会离开这个家庭，新娘则躲闪避让。接下来新娘由媒人带领给长辈抬洗脚水等。新婚的第一、第二天，伴女陪新娘同宿；第三天，由陪送的妹妹把新娘领回娘家"回门"。娶亲一两年仍未怀孕的女子都住在娘家，在农忙时才回到男方家帮忙。[2]

壮族有招赘的习俗，上门女婿视为亲生儿子，有继承权，为女方父母养老，老人去世后则可以返回自家定居。壮族招赘通常也要请媒人说媒。招赘时女方派媒人去说媒，说媒成功则女方到男方家娶亲，将男方领回后杀猪杀鸡请亲友。夫亡妻可改嫁，不受社会歧视。兄终弟及，有转房习俗。[3]

二　壮族的婚姻家庭变化情况

壮族是元阳县境内人口最少的民族。20 世纪 80 年代以前不与其他民族通婚。与其他地区的壮族不同，这里的壮族和外界交流比较少，壮族青

---

[1]　元阳县志编纂委员会：《元阳县志》，贵州民族出版社 1990 年版，第 660 页。
[2]　元阳县民族事务委员会：《元阳民俗》，云南民族出版社 1990 年，第 275—277 页。
[3]　元阳县志编纂委员会编：《元阳县志》，贵州民族出版社 1990 年版，第 660 页。

年人的交往只局限于元阳县境内的五个壮族村子中。三月三是壮族传统上最隆重的民族节日，其有民间歌舞表演、男女山歌对唱，打秋等群众活动，至今壮族青年男女还主要是通过三月三这样的大型民族节日活动进行相互交往。但受到社会生活环境和经济发展的影响，当地壮族青年的婚恋方式和家庭生活也有了不少变化。

以元阳县最大的壮族村子聚起村为例，至 2014 年 7 月，全村共 186 户，700 余人，村子位于半山腰，以种植反季蔬菜出名。

（一）结婚方式

20 世纪 80 年代以前该村主要是民族内部通婚，也可与其他村寨的壮族青年男女结婚，但大多数是婚嫁本村的。现在壮族也可与其他民族通婚，所以该村娶来的媳妇有汉族、哈尼族、傣族和彝族，但因与外面的人交流仍然较少，多数还是与本村人结婚。

个案 6 - 9：村民王红昌家，王红昌（42 岁，壮族），妻子是本村的蔡玉珍（40 岁，壮族），儿子王虎（22 岁），女儿王婷（18 岁）。王红昌的儿子王虎于 2013 年与蒙自的姑娘万丽萍（20 岁，汉族）结婚，礼钱花了一万六千元，为女方买一套壮族传统的新娘装花了三千多元，办婚宴等花了一万两千多元。据村民说如果娶的是本村的姑娘就不用花这么多，大家都是认识的，随便意思一下就可以了，娶外面的媳妇花费就多了。

村里有女无儿的可招上门女婿，本村招本村女婿上门的有两家，另有一家招了四川汉族上门。过去认为离婚可耻，现在观念转变，近年来离婚的有四对，都是本村人结婚后离婚的。

现在年轻人结婚都领结婚证。生育方面不再重男轻女，村里的年轻人没有超生的。过去生小孩时是在家里接生，客人要等孩子满月才能进门，门上挂荆刀草，分为男左女右，代表了太阳出和太阳落。满月后小孩要带回娘家。过去有踩生取名字的习俗，现在生孩子都是到医院或者卫生所生，大都是由父母在孩子落户前取好。

离婚时如无财产纠纷的可自由办理，孩子一般归男方。再婚时不再办婚礼，最多是请亲戚吃一顿饭。不可转房。寡妇可再嫁，鳏夫可再娶。有儿无女可招赘，如无儿女，可抱亲戚的孩子过继。

（二）养老方式

有两个以上儿子的，儿子成年结婚后分家，一般还是与小儿子住，现在村里的老人也可喜欢和谁住就和谁住。

个案 6－10：王有蔡（80 岁，女），于 1955 年 21 岁时结婚，嫁给本村的杨忠民（76 岁，壮族），当时是通过唱山歌自由恋爱而结婚，但也经过了双方父母同意，并请了媒人"吃小酒"，因为都是本村的人，没有要礼钱。二人婚后共有四个儿子，其中三个住在本村，一个在外面工作。四兄弟都已结婚并已分家，老二分到了老房子，给了老大 1000 块钱，老三、老四各 900 块钱。两位老人去年跟老大住，今年跟老二住。这个家庭仍为四世同堂，图 6－2 是其家庭谱系图。

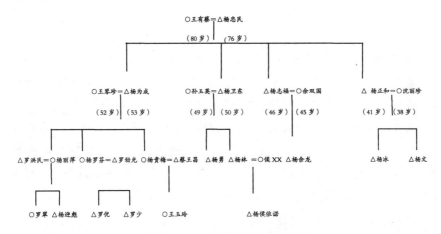

图 6－2　王有蔡家的家庭谱系

（三）伦理道德

壮族的婚姻较稳定，一是因为年轻人通过对山歌等交往，自由恋爱，感情基础较好；二是该民族人口少，所以特别珍惜婚姻家庭；三是因为壮族生活在半山腰，土地面积较大，气温环境较好，适宜农作物生长，加之壮族都很勤劳，所以经济上较为富裕，生活条件好，所以外嫁的人很少，婚姻也比较稳定。此外也与传统观念有关，现在当地壮族仍认为离婚是可耻的。

如今村民在继承传统的家庭伦理道德的同时，结合新时代社会生活的发展和国家政策要求，村里制定出了一整套文明公约和村规民约，其中既有对家庭成员尊老爱幼、孝敬老人、家庭和睦、勤俭持家等优良传统，也有遵纪守法、勤劳致富、优生优育、热心公益等指导村民遵守的行为与道德的新标准，从中可以看到鲜明的时代特色与传统文化的结合。

第七章

医疗卫生与科学技术

21 世纪以来，元阳县新型农村合作医疗制度得到迅速推广。以县级医院为龙头、乡镇卫生院为枢纽、村卫生室为基础的医疗服务网已经建成。该服务网基本满足了农村居民医疗卫生的需求，使当地农民得到了基本的医疗卫生保障。农民对新型农村合作医疗基本满意，获得了基本的医疗卫生服务。但是，人才缺乏，技术发展缓慢，医务人员学历和职称偏低，医务人员数量不足等问题也是较为突出的。完善新农合制度，提高医疗水平的工作还任重而道远。

元阳县在 21 世纪的科技工作中，结合当地实际，在哈尼梯田红米的种植及品牌创立、茶叶名优产品开发及品牌建设以及哈尼梯田稻、鱼、鸭共生立体种植养殖技术示范及"香蕉＋生猪＋有机肥"综合种植山地香蕉园等方面取得了较好的成绩。

第一节 21 世纪以来元阳县医疗卫生发展状况

2003 年，由政府组织、引导、支持，农民自愿参加，个人、集体和政府多方筹资，以大病统筹为主的农民医疗互助共济制度新型农村合作医疗制度（以下简称新农合）开始在全国推广。2006 年以后，元阳县新农合制度得到迅速的推广和普及，至 2013 年全县新型农村合作医疗参合人数达 381041 人，参合率达到 98.16%。① 元阳县农村三级医疗卫生网是以县级医院为龙头、乡镇卫生院为枢纽、村卫生室为基础的医疗卫生服务网，该服务网承担着直接为农民提供医疗卫生服务的功能，是农村医疗卫

---

① 本章有关医疗卫生的数据由元阳县卫生局提供。

生服务的主体。

一　元阳县医疗卫生现状

2013 年，元阳县共有医疗卫生单位 21 个，其中县级公立医院 2 个（县人民医院和县民族医院），妇幼保健院、疾病预防控制中心、卫生监督所、卫生进修学校各 1 个，中心卫生院 4 个，乡卫生院 11 个。现有职工 555 人，其中卫生技术人员 470 人，卫生技术人员学历结构为本科 81 人，专科 257 人，中专 101 人，高中及以下 30 人；职称结构情况为副主任医师 3 人，主治医师 57 人，主管护师 39 人，医师 94 人，护师 57 人，医士 52 人，护士 29 人，未定级 139 人，每千人口仅拥有卫生技术人员 1.1 人。有业务用房面积 55921 平方米，其中县级 38384 平方米，乡（镇）卫生院 17537 平方米。编制床位 567 张，实际开放 587 张，其中县级医院有床位 364 张，乡（镇）卫生院 223 张，每千人口病床拥有数 1.36 张。全县医疗设备以普通中小型为主，仅有 9 台价值 50 万元以上的大型设备，设备总值仅为 2600 万元。共有 138 个村卫生室，279 名乡村医生（女医生有 121 名）。5 个民营医院，卫生技术人员 160 人。个体诊所 61 个，从业人员 68 名，县、乡、村三级医疗卫生服务网络已基本形成。

新农合是我国农村卫生事业发展进场中的一项重大制度创新。在 21 世纪初，尽管党和国家在多次会议上提出发展农村合作医疗制度，强调加强农村卫生工作，但实际上并没有完全改善农村卫生工作状况。直到 2002 年，中共中央、国务院颁发《关于进一步加强农村卫生工作的决定》，2003 年 1 月，卫生部联合财政部和农业部等印发了《关于建立新型农村合作医疗制度的意见》，决定在全国各省市，选择 2—3 个县（市）先行试点，取得经验后再逐渐推广，从 2003 年开始至 2006 年底试点工作结束前，新型农村合作医疗制度在全国 1451 个县市、区得到开展实施，5.08 亿人受益，农民参加新型农村合作医疗比率达到 80.7%。[1] 2009 年中国做出深化医药卫生体制改革的重要战略部署，确立了新农合作为农村基本医疗保障制度的地位。在此期间，元阳县新农合制度得以建立和发展。

---

[1]　李中义、刘淑贤：《新型农村合作医疗中的道德风险分析及控制》，《经济经纬》2010 年第 5 期。

　　元阳县医疗卫生制度的变迁与国家各个时期的政策基本相一致，2006年以后，新农合制度得到迅速的推广和普及，农民得到了基本的医疗保障，但也依旧存在一些问题和矛盾。2012年，元阳县新型农村合作医疗参合人数达376821人，参合率达到97.74%，较2007年的82.04%提高了15.7个百分点。农民个人参合基金1884.105万元（其中：民政部门和相关部门为低保户、五保户、残疾人、村社干部、独生子女家庭等缴纳401.275万元），中央财政每人每年补助156元，共计5878.4076万元。省财政每人每年补助84元，共计3165.2964万元。全县共筹集合作医疗基金10927.809万元。目前中央补助基金到位5878.00万元，省级补助基金到位3165.00万元。

　　2012年，元阳县得到新农合减免补偿的参合人员共593659人次，发生医药费用共计17029.16万元。共支付合作医疗补偿资金11774.99万元，资金使用率占当年全县新农合可用基金总额11128.54万元（含利息201.43万元）的105.81%。其中，门诊减免546897人次，发生门诊医药总费用共1736.4万元，减免医药费用974.3万元，占8.27%，次均减免17.82元，达到门诊减免封顶线400元的有976人；住院补偿43874人次，发生住院医药总费用共15003.69万元，补偿医药费用10639.7万元，占90.36%，次均补偿22425.06元，达到住院补偿10万元封顶线的有10人；住院分娩补偿2888人次，补偿医药费用160.99万元。目前基金结存4742.18万元（含风险基金757.46万元）。

　　2013年1—12月，全县得到新农合减免补偿的参合人员共692142人次，共支付合作医疗资金10990.29万元，资金使用率83.90%。其中，门诊减免资金1639.69万元（含体检），住院补偿资金9090.26万元，住院正常分娩补偿资金260.34万元。达到住院10万元封顶线的有2人，达到门诊400元封顶线的有843人。

　　2013年，元阳县新农合财政补助提高到每人每年280元，个人缴费60元，新农合门诊统筹达到100%，新农合政策范围内住院费用报销比例达到77.31%以上，医疗费实际报销率达到65.73%，最高支付限额已达到10万元。参合农民有57万人次享受新农合资金补助，参合农民受益率149.47%。

　　近年来，卫生技术人员业务培训工作也得到了很大的加强。2013年，元阳县卫生局开展了多项业务培训工作，派出卫生技术人员参加短期业务培训共计52人次，其中省级培训6人次；州级培训28人次；县级培训18人次。选送业务骨干进修学习6人，其中到省级进修2人；州级进修2人；县级进修2人，骨干医师培训2人，主要进修科目包括临床骨干医师培训、妇产科、医学检验、影像、中医中药知识培训等。开展乡村医生业务知识培训共计279人次，中医药适宜技术培训5人次。组织全科医师转岗培训5人、中医类别全科医师转岗培训1人、中医县级临床技术骨干培训1人、中医县级急诊、急救培训26人，通过视频培训，共计4次共48人参加培训学习。组织医患沟通全员培训500人，组织执业（助理）医师资格报名考试培训124人，职称资格报名考试56人，所有参报人员均审核合格。通过各项培训，改善当地医务人员的专业结构，提高整体素质，提升了医务工作者的医疗服务能力。

（一）元阳县级医疗重点机构——元阳县人民医院

元阳县人民医院是全县的医疗业务技术指导中心，其前身是元阳县新区医院。始建于1997年4月，1999年12月确定为元阳县人民医院。医院自成立以来，得到了县委、县政府和省、州及各相关部门的大力支持，在医院全体医务人员的共同努力下，医院的各项医疗工作有了长足的进步。1999年，县医院外科仅能开展清创缝合术，现在可做上腹部、泌尿、骨科整形、颅内血肿清除引流术等手术；妇产科从仅能做产前检查、新法接生、人工流产等，到现在已能做子宫全切除术等手术；内科从诊治常见病、多发病到诊治各系统疑难病症，对各种中毒等急症的抢救成功率较高；检验科从仅能做三大常规到现在已能做生化、细菌培养、病理检验等项目；护理工作由建院时不分科护理到分科护理，从不分级护理到分级护理，从传统的功能制护理到以病人为中心的责任制护理，逐步使护理工作走向规范化、科学化。元阳县人民医院现已发展成为一所集医疗、教学、科研、康复、健康教育为一体的综合性二级甲等医院。

县人民医院占地面积14699.04平方米（22亩），业务用房21087平方米，固定资产总值6400万余元，编制病床300张，实际开放病床335张。医院设有6个职能部门：办公室、医务科、财务科、总务科、护理部和控感办；设有5个医技科室：检验科、功能科、放射科、供应室和药剂科；设有12个临床科室：急诊科、儿科、内科、感染科、妇产科、麻醉科、普外科、骨科、五官科、口腔科、中医科、康复科。

截至2014年10月，全院共有职工292人（其中在编职工174人，编外职工 118 人)。职工中大学本科学历 55 人、大专学历 121 人、中专 78 人、高中及以下 38 人。在编职工中有卫技人员 146 人,其中,医类 64 人:副高职 2 人,中职 16 人,初职 46 人;护理类 60 人:中职 23 人、初职 37 人(护师 24 人,护士 13 人);医技、药剂类 22 人:中职 2 人,初职 20 人(检验 5 人、影像 8 人、药剂 7 人)。其他技术人员 12 人,工勤人员 16 人。编外职工中医生 8 人,护士 66 人,医技、药技 4 人,后勤 4 人。

在政府的各种项目的支持下,元阳县人民医院医疗设备近年来有了明显的改善,主要有 GE 双排螺旋 CT 机及后处理工作站、飞利浦数字化摄影 DR 机、500MA 电视透视机、C 臂 X 光机;东芝 120 型全自动生化分析仪、全自动血球五分类计数仪、全自动化学发光生化免疫流水线;阿洛卡 α7 彩超、血气分析仪、全自动血凝仪、尿沉渣分析仪;电子胃镜、结肠镜、电子阴道镜等高档医疗设备。这些医疗设备对提高元阳县医院的诊断和治疗水平有明显的促进作用。

2013 年 1—11 月,元阳县人民医院共完成门诊、急诊诊疗人数 60522 人次,住院人数 10195 人次,出院人数的 10005 人次,出院者总住院日 67527 日,出院者平均住院日 6.75 日;开展各类手术 1302 台次;各类理疗人数 4480 人次,B 超检查 14416 人次(不含体检),心电图检查 6617 人次(不含体检);体外冲击波碎石治疗人次 458 人次;各种造影 909 人次、透视检查 1898 人次,DR 摄片 8674 人次,CT 检查 11225 人次,各类检验 157441 人次,病检 411 人次,各种培养 2084 人次;输血 101 人次;实现业务总收入 42487066.24 元。发生医疗支出 41224577.15 元。县医院承担县内各种健康体检工作。1—11 月共完成机关、企事业单位职工健康体检、工作调动体检等各类体检 2460 人次。

元阳县人民医院的护理服务工作是以改革护理服务模式为切入点,实施临床护士对患者的责任制整体护理;坚持以全面履行护理职责为落脚点,深化专业内涵建设,提升临床护理质量;坚持以加强科学管理为关键点,充分调动护士队伍积极性,建立推进优质护理服务的长效机制。按照“改模式、重临床、建机制”的工作原则,促进护理工作适应公立医院改革与发展的需要,适应人民群众健康需求日益增长的需要。最终达到“患者满意、社会满意、政府满意”的目的。元阳县人民医院“普外科、骨外科、内科”三个护理病区于 2013 年 9 月 24—25 日已经通过专家组验收，其他临床科室护理单元按照优质护理服务标准，坚持优质护理责任制管理，为下一步争创优质护理单元工作奠定基础。

为确保医疗质量和医疗安全，医院按照二级甲等医院的标准，修订和完善了各项医疗管理制度，抓好质量教育和质量考核。以"三基"为重点，进行多层次的业务训练。组织中层以上业务骨干到上级医院考察学习，请专家讲课，组织多层次的教育，切实提高医务人员的基础理论、基本知识和基本操作水平，使全院医护人员都能熟练地掌握急救技术和应急方法。并在有计划地更新补充常规仪器设备的基础上，注重先进医疗设备引进，放射科投资190万余元购置DR一台，先进设备的引进将为患者诊断、检查提供质量保证，确保了临床医技的需要，使设施与服务水平与广大患者需求相适应。

（二）对元阳县人民医院住院病人的随机访谈

个案7-1：调查时间，2014年11月11日上午10点30分；地点，骨科病房；病人余某某，13岁，小新街人，汉族，男；访谈对象，余某某的爸爸，36岁。

余某某的爸爸说："儿子在公路上与小伙伴玩的时候摔跤导致脚骨折裂，已经住院11天了，昨天还有点发热，今天没有发热，好多了。对医生的治疗较满意。进来医院时是交了2000元。参加了新农合，现在还不知道能报多少。家有5口人，有一个老人，2个孩子，打工收入每年1万—2万元。这个儿子以前住院也报账，每次住院还是花几千（元），前几年住院费报销得少点，这几年报销得多点。"

个案7-2：调查时间，2014年11月11日下午3点30分；地点，内科病房；访谈对象，病人陈某某，女，70岁，哈尼族，新城乡同春山村人。

病人自述："因为感冒、发烧、头痛住院治疗，现在已经好点了。血压正常，新农合能报80%。我家小妹刚从这里出院，阑尾炎，交了1500元，住了11天，今天出院只退了80元。我们认为合作医疗还是很好的，村里大多人都参加合作医疗，每家每户从低保补助里扣90元。家里共有8个人，5亩多土地，2亩山地3亩水田，种玉米、红米，还种点菜。我们交了1000元住院费。家里年轻人有时间就打工补贴家用，生活还是困难的。从南沙区我们村坐车要半个小时能到县医院。住院前已经在乡卫生院打针4天了，没治好才到县医院来的。本村乡村医生不会打针，能力差，连儿童预防针都不会打，村民看病的地方应该弄干净点，里面堆了很多牛猪粪，我们村里开大会都反对现任村医继续当村医，全村 200 户人只有 4 户不反对。这个情况已经反映到乡级、县级卫生机构，希望尽快得到解决。现在社会好了，乡村医生应该要照顾好百姓，要会看病打针开药才行么。乡卫生院还是可以的，我们住了 4 天花了 200 元左右。低保补贴每年每户有 1200 元左右，是按人口平均分配的"。

个案 7-3：调查时间，2014 年 11 月 10 日下午 4 点；地点，内科病房；病人郝某某，女，69 岁，傣族，左肺下叶感染住院；访谈对象，病人的孙子，24 岁，男，南沙乡南沙村排山人。

病人的孙子说："奶奶因咳嗽、发烧，昨天下午来县医院住院的，现在好多了。奶奶先在南沙卫生室打了 3 天吊针没好转才来县人民医院治疗的。昨天交了 1000 元，体检 120 元。平时奶奶身体很好，还可以下地干活。每年的这段时间都要来住院一次，可能是气候变化引起的，突然发病，两三天就会很严重。每次住院 5—7 天，花费两三千。我们对农村合作医疗挺满意的，每年收费 90 元从低保里直接扣除。家里有 5 口人，有7—8 亩田，种香蕉今年每斤 3 元，价格还好。种蔬菜卖每亩 4 万元收入。家里年均农业收入 6 万元左右。我去广东东莞虎口的实木家具工厂工作了6 年，刚去时工资不高，现在可以拿到 5000 元/月，亲戚是那个厂的班长。哥哥也出去打了 3 年的工。哥哥 26 岁，还没结婚，我们村很多人到这个年龄都还未结婚，主要是我们村里爱喝酒，不想找哈尼族，而村里傣族姑娘大多都出去打工了。"

从这些随机访谈中可以看到，患者对新农合制度是比较满意的。在有了这些制度的保障下，他们基本上都能够支付医疗费用。也可以看到，一些乡村卫生室的情况还不能令人满意。

（三）元阳县人民医院医务工作者的随机访谈

个案 7-4：调查时间，2014 年 11 月 10 日上午 10 点 30 分；地点，县人民医院长办公室；访谈对象，县人民医院袁院长。

袁院长说："2009 年以后，国家实施了发展西部医疗卫生项目的政策，政府对县人民医院给予了大量的资金支持。2010 年 8 月新盖综合楼和新住院大楼。这些都很好。但也存在一些问题。如高水平的医院医务人员招不进来。由于元阳县地处边疆，夏天气温高达 47℃—48℃，环境条件差等原因，好多人都不愿意来，进来医院的医生也想着调出去，留不住人。今年政府公开招考医院招来了6个都是大专生，本科生都招不进来。

"我们这里的医生去昆明所有大医院进修都不需要交钱，对口的帮扶医院是解放军四十三医院和五十九医院，进修时间长的一年，短的半年。进院2年以上的医务工作者都能轮转去昆明进修，职工在职学习主要是看科室需要。现在整个元阳县有5个副主任医师，民族医院1个，疾病控制中心1个，我们医院3个。我们这里高职少的主要原因是：医生除了刚建院时抽调过来的十多个是老医生外，大部分是年轻的，而年龄大的由于气温影响、家庭异地等原因大多调往个旧市人民医院、开远市人民医院、红河州人民医院了。调过去也都作为当地医院的骨干。

"从2010年开始，新盖综合楼和新住院大楼后，环境改善，医院各方面因素提高，人员调动相对减少。以前是送去进修回来以后就调走了，本来我们送去的时候都是有目的的，希望他们进修回来可以把科室建立好，提高医疗水平。"

个案7-5：调查时间，2014年11月10日下午4点30分；地点，元阳县人民医副院长办公室；访谈对象，元阳县人民医院主管医务的白副院长。

白副院长说："我院医院人员高级职称少，主要是医院起步晚，招进来的人比较年轻，50岁以上只有十来个人，80%的中级职称都是35岁以下的年轻人，他们是这几年新招进来的。医院人才流失严重，2006年，红河州医改，45岁就可以内退了，医生内退后就跑去其他医院工作。我们这里条件相对落后，留不住人。现在医院条件已经改善了很多，待遇相对以前提升了不少。职工工资结构财政拨款只占36%，其余为绩效工资。这要医院自己支付。现医务人员平均工资为每月3500—3600元，临时招聘人员每月2500元。今年我们床位使用率能达到86.7%，现在我们对职工只提供工资，不提供住房。2004年单位有一批福利房、集资建房，现在都没有了。"

"医务人员短时间进修由各科室自己决定，只要人员能正常轮转上班我们都安排他们进修。医务人员到州级、省级医院进修后，业务提高，学分够了可以参加职称晋升。今年短期培训126人次，进修半年以上的有10人。长期进修每次都会带回来一两项新的技术。治疗技术也有很大提高。关于新农合的报销，县政府定的次均费用为2800元。这个问题在骨科遇到困难，骨科的手术和使用的钢板等医用材料费用很高，限制到医的发展，现在到医院看病 1000 元以上是很正常的，随便一个常规检查就能达到。骨科的一个病人需要用很多病人费用额度才能把其超过的部分持平起来。我们也觉得这个规定不合理，应该按病种来定标准就科学了。元阳县地处边疆地区，各方面的条件比较差，要招高学历的人才很困难，没有人才引进的名额，如硕士、博士必须要政府批准。我们今年去招医学院毕业的大学本科生，直接给其编制，都没有人愿意来，现我们医院全日制本科学历只有 11 人。"

从这些随机访谈中可以看到，虽然元阳县医疗卫生设施得到了很大的改善，医务人员的水平得到了很大的提高，但实事求是地说，元阳县医疗卫生条件还不能完全满足人民群众的需要，也依然存在诸多的问题。结合我们的更加深入的调查，可以将县医院目前存在的问题概括如下。

1. 人才缺乏，技术发展缓慢，医务人员学历和职称偏低，医务人员数量不足。随着医院急诊科和儿科的成立，医院专业技术人员严重不足，职工只有加班加点，超负荷服务，忙于应付日常医疗工作，继续医学教育计划难以落实，人才缺乏，导致医院技术发展滞后，部分学科建设缺乏带头人，专科特色无法开展，这些因素影响了医院作为全县医疗技术指导中心的工作。

2. 个别医务人员医德观念淡薄，尽管医院长期把行风建设作为一项重要工作来抓，建立了制度和措施，但仍有个别职工由于不加强学习，思想觉悟低，责任心不强，不时存在推诿问题的现象，影响了医院声誉和医疗服务质量。因此，在今后的工作中，需要强化职业道德教育，加大对医德医风的管理力度，促进行风建设工作。

3. 医患之间的沟通还需进一步改善。由于元阳县少数民族人口占绝大多数，一些老年病人不能很好地使用汉语，在与医务人员交流过程中存在一定困难，沟通交流不畅是会影响医护工作的效率的。

二　乡卫生院：三级医疗卫生网的枢纽

乡镇卫生院是三级医疗卫生的枢纽。21 世纪以来，乡镇卫生院有了良好的发展，这里以马街乡卫生院为例分析元阳县乡卫生院的基本情况。

（一）马街乡卫生院概况

马街乡位于元阳西部，地处东经 102°31′—102°46′、北纬 23°11′—23°18′，东与新街、南沙两镇接壤，南与牛角寨乡相连，西邻红河县，北与建水县、石屏县隔红河相望。乡镇府所在地距县城南沙镇 26 公里。国土面积 246 平方公里。全乡辖马街、啊路嘎、木梳贾、瑶寨、登云、鸠妈、丫多、麒麟台、红土寨、乌湾 10 个村委会，86 个村民小组。全乡耕地总面积 29678 亩，其中水田 15136 亩，旱地 14526 亩，人均耕地 1.12 亩；土地详查面积 368381.58 亩。世居哈尼、彝、傣、瑶、汉 5 个民族。少数民族占总人口的 80%。2013 年人均收入 5447 元。

2014 年，马街乡卫生院现有正式职工 16 人（男 5 人，女 11 人），其中主治医师 3 人，助理 1 人，主管护师 1 人，护师 1 人，护士 3 人。文化程度：大专以上 13 人，中专 3 人。年龄 30 岁以下 8 人，31—40 岁 4 人，40—50 岁 2 人，50—60 岁有 2 人。有业务用房面积 1250 平方米，固定资产 50 万元，设 10 张病床，设备有 B 超、半自动生化分析仪、尿液分析仪、心电图机、电动洗胃吸痰器等。全乡共有 10 个卫生室，25 个乡村医生，其中女村医 10 人，男 15 人。

（二）马街乡卫生院的医疗卫生工作

马街乡卫生院是元阳县三级医疗卫生网的一个枢纽机构。该卫生院有效地连接县医院和村卫生室，承担着全乡的基本医疗服务和公共卫生服务双重责任。2014 年共为 10 村居民建立纸质健康档案及电子信息录入档案 27016 份，并按照规定录入居民健康档案系统。并以妇女、儿童、老年人、精神病、慢性病人等人群为重点。2014 年卫生院举办各类知识讲座 10 期，健康咨询活动 5 期。发放各类宣传材料 15500 余份。设置健康教育宣传栏 2 个，每个不低于 2 平方米，并更换内容 20 次。

2014 年，对马街乡 0—6 岁的 349 名儿童建立《儿童保健卡》，建卡率达 100%，活产数 349 人并对辖区内 329 名新生儿完成访视 3 次；为 0—6 岁儿童建立《儿童保健手册》，掌握辖区内儿童数量及分布，设立儿童保健科，配备专职人员；对辖区内 0—6 岁儿童开展健康管理 2601 人，管理率 95%。1 岁以内每年健康检查 4 次，第二年和第三年每年至少 2 次。

2014 年，全乡孕产妇住院分娩 347 人，住院分娩率达 95% 以上，高危孕产妇 21 人，高危孕产妇住院分娩率 100%，管理率达 100%，对辖区内的 317 名孕妇建立《孕产妇保健手册》，管理率达到 90% 以上，孕产妇的孕期保健不少于 5 次的有 317 人，产后访视不少于 3 次的有 291 人。对 328 人产妇进行 2 次产后访视和 1 次产后健康检查，了解产后恢复情况并对产后常见问题进行指导。开展计划生育技术、卫生保健和母乳喂养方面的指导和咨询妇女病普查 324 人，查出妇科病 28 人，发病率 7.4%，宫颈糜烂 28 例。2014 年 5 月 13 日，孕产妇高危筛查 29 人次，高危 1 人，双胎 1 对，正常胎位 27 人。

马街乡卫生院承担辖区内老年人的健康管理、儿童的预防接种管理及其他健康医疗卫生指导工作。卫生院对 65 岁以上的 2604 名常住居民进行健康管理工作，并按照服务规范进行每年一次老年人健康体检及健康指导管理。辖区内预防接种管理的和实施，2014 年对马街乡居住满 3 个月的 0—6 岁儿童 349 名建立预防接种证和 17 名儿童进行临时接种，根据国家免疫规划疫苗免疫程序，对适龄儿童进行常规接种，对适龄儿童进行常规免疫接种 9119 针次，接种率达 90% 以上。对辖区内 35 岁以上居民进行高血压和 II 型糖尿病筛查 3500 多人次，对 1082 名原发性高血压患者和 448 名 II 型糖尿病患者按照服务规范提供三次面对面随访工作及健康指导，并对 773 名 35 岁以上门诊首诊病人进行了免费测血压。目前全乡共有艾滋病病人 69 例，管理 69 例。宣传防艾知识 6 期。发放艾滋病防治资料 2000 余份。

马街乡有在家居住的 107 名重性精神疾病患者，乡卫生院为他们建立健康档案，并对于纳入健康管理档案的患者，每年至少随访 4 次，管理率达 100%。目前乡镇卫生院信息化平台管理工作稳步推进，已使用电子处方、电子病历及电子发票等。

2014 年马街乡新农合参合率达 95% 以上，1—10 月新农合减免情况为：全乡门诊共减免 28561 次，共计 86.37 万元，减免金额为 58.5 万元，其中乡卫生院门诊补偿为 6000 人次，总金额为 12.62 万元，减免 6.3 万元。住院 750 人次，总金额为 67.22 万元，减免 57.97 万元。县级及县级以上住院 30 人次，总金额 8.06 万元，减免 4.72 万元；村卫生室门诊 25000 人次，总金额为 78.75 万元，减免 44.33 万元，基本达到小病不出村，有效缓解了当地人民群众看病难看病贵和因病致贫、因病返贫的状况。卫生院 1—10 月业务收入为 78 万余元。

自 2013 年 6 月 1 日起，马街乡卫生院和 10 个村卫生室全部配备使用基本药物，正规配送企业配送，实行网上采购并实行零差率销售。并把国家基本药物目录和云南省新增药品目录下发到卫生院各科室和 10 村卫生室，加强基本药物培训学习。2014 年来无药品事故发生，并逐步改善了以药养医的发展模式。1—10 月全乡基本药物上网采购 120 余万元，已超额完成全年任务。

2014 年召开全乡医疗改革培训会 2 次，组织全乡村卫生室人员和卫生从业人员进行学习，共进行业务讲座 10 次。利用公示栏，公示卫生院主要的诊疗项目和收费标准、药品价格，卫生院的诊疗流程、便民措施，以及国家的惠民政策，方便群众对卫生事业的了解。公布监督电话，设立意见箱，畅通群众监督渠道。对群众反映的问题及时处理，及时反馈。经过全院职工的共同努力，上半年未发现患者投诉卫生院医务人员和医疗争议事件。

（三）马街乡卫生院调研个案

个案 7 - 6：调查时间，2014 年 11 月 12 日上午 10 点 30 分；地点，马街乡卫生院；访谈对象，乡卫生院马院长。

马街乡卫生院马院长带调查组成员查看了乡卫生院的门诊室、药房、化验室、B 超室和病房，给调查组成员详细讲述了马街乡农村医疗卫生现状、常见疾病和存在问题和困难。

> 马街乡卫生院编职有 28 人，实际有 16 人。16 人中女 11 人，男 5 人。医生 6 人（内科主治 2 人，妇产科 1 人，执业医生 3 人），护士 7 人，会计 2 人，新农合专干 1 人。3 个中专生（会计 1 人，内科主治 2 人），本科 4 人（昆明医科大学进修本科三年，带薪，学费自付，临床医学专业），其余为大专生，医生除 2 个汉族外，大多为哈尼族、彝族。

> 马街乡有 10 个村委会，86 个村民小组，共 31266 人。其中三分之二一年四季在外务工。乡卫生院有十张病床，去年有 900 多人住院。大都做些轻伤缝合手术、接生，没有麻醉医生。每月接生三四个小孩。很多本地人去外面打工就在外面生孩子了。常见病主要有：上呼吸道感染、气管炎、急慢性气管炎、高血压等。马街乡高血压发病不太明显。常来卫生院的村民主要是马街村、登云村、阿隆嘎村、鸠妈村四个村的村民，其他村都有公路直达元进县城，绕过我们乡直接去县人民医院看病。

> 马街乡共有乡村医生 25 名，5 个中专毕业，2 个高中毕业，其余都是初中生，平均年龄 50 岁左右。男 10 名，女 15 名。我们每年都

把乡村医生召集起来在卫生院有针对性地进行5—6次培训，内容涉及临床诊断、急救、专业知识培训等。个别乡村医生还可以到州上进行培训，由专项项目出钱。乡村医生工作主要是所在乡村的医疗卫生保健工作。如预防疾病、接种疫苗、传染病监管、65岁以上老人一年一次常规体检、儿童体检、高血压、糖尿病病人寻访等工作。乡村医生可以打针输液，村民患小病在村卫生室看就可以了，需要住院、不会处理的到我们乡卫生院看病。乡村医生收入情况是：1. 国家补助，坝区医生每人每月300元，山区每人每月500元，我们乡卫生院所在地山区村医的补贴是500元；2. 基本药物批零差补助，根据每个人的售药情况按10%补助，基本每人每月可有300元收入；3. 服务区管理费，按服务区人口数每人每年1.2元计算。平均每人每月可达1500元；4. 村医对高血压、糖尿病人、生小孩的寻访保健可年收入4000元左右。总之，每位乡村医生年收入至少也在1.4万元以上。

现在主要的问题是：乡村医生知识结构老化，有的60岁以上还继续做，国家没有给他们买任何保险。没有其他经济来源。他们不愿意退出来，而是继续而占用岗位。这些都不利于整个卫生事业的发展。国家没有出台正式乡村医生管理的文件，只要他们还愿意做，我们就没有办法解聘。希望国家出台文件解决，规范管理。或是给他们买保险，让60岁以上的退下来，注入学历稍高点的人才。

我们乡卫生院目前存在的问题：1. 人才招聘不进来。我们卫生院国家给编制28个，实际我们现在只有16个医务人员，有2个还快要退休了。这个问题的产生主要是政府招考时设置文凭要求过高，而文凭高的又不愿意来。我们主治医生的收入每月2800元左右，普通医生2500左右，工资较低。现在我们工作量很大，不发加班费、补助、工作人员一整天都在上班。2. 我们人手欠缺，有些工作都无法正常进行。如：医疗系统电脑处方、电脑收费，速度慢，系统是好的，但工作效率低，街子天忙时病人就不满意了。现在人手不够用，护士兼职发药、医生兼职收费，员工多有怨言，积极性不高。3. 编制缺乏，医务人员无法安排到上级医院进行半年以上的进修。国家出台的政策很好，但我们人手不够，许多得不到实施。如：现在政府给我们配置了B超机、心电图机、洗胃机、X光机、化验设备。但都没有专业人员操作，而且很多设备一年用不到几次。2013年，卫生院配有救护车，无专门的司机，我们请人来开车要院里负责支付工资。2008年我们新盖了综合楼以后作为医务楼和住院楼。现在我们才可以把闲置的老住院楼（已经是危房了）作为职工宿舍。

新农合报账情况。村民到乡、村级看门诊可以当场减免50%，县级医院门诊不报销。乡卫生院住院可报销90%，县级可报80%，州级医院可报65%。省级医院55%，重大疾病报销70%—80%。2014年村民缴合作医疗费每人每年62元，2015年要缴90元每人。大多数人都愿意缴纳，现参合率能达95%以上。当地去打工的村民可以把外地住院费清单和药单带回来本地报账。住院治疗记录全国联网可以核实。住院起付线乡级50元，县级200元，州级600元。住院超过起付线的部分可以按比例报销。每年同一种病只需出一次性付线即可。

在马街乡卫生院病房，我们访谈了住院病人朱某，女，51岁，哈尼族，马街乡登云村人。她自述："主要症状是感冒、咳嗽、头疼、头晕恶心、难过无力。一个星期前就生病了，在登云村村卫生室那里打了两天的吊针，花费了20多元钱没治好，今天才来乡卫生院看病的。"她说登云村有3个乡村医生，服务态度有好的也有不好的，看病人贫富情况而定。平时村医很多时间不在村卫生室，他们在的时候我们才去看病。乡村医生医术不高，看小病可还以，大病连检查仪器也没有，应该改变了。有的村医已经60多岁，医疗技术达不到要求。村里已经建了村卫生室，国家也给他们每月500元的补助，希望三个乡村医生就应该在一起统一看病，统一管理，统一收费好好干。

朱某的家人说当地村民对村医收费价格不太满意，三个村医各干个的（即单干），他们在自己家里面看病。农村合作医疗是好的，登云村已收2015年每人应缴90块参合费，缴费率已经达到90%以上，村民是很愿意参加合作医疗的。

个案7-7：调查时间，2014年11月12日中午12点30分；地点，马街乡下属的马街村卫生室；访谈对象，马街村卫生室村医李纯，女，35岁，哈尼族。

马街村卫生室是村医李纯自己家的房间，她是卫校中专毕业，这里以前是药店，2007年开始做乡村医生。李纯说：

我是中专学历，2000年毕业于广西某卫校妇幼专业。毕业后先开了一段时间的药店，后来做了乡村医生，目前对这个工作还是满意的。做村医每年收入有四五万元，好一点可以达到七八万元。

附近村子的村民常来看病买药。村民的常见疾病主要是：感冒、伤风、拉肚子、妇科病、关节炎、高血压、糖尿病等。自己管理着村里高血压病人117人，2—3个月会去村里寻访为他们量血压。村民赶街时也会自己找来量血压。血压、血糖我们都是免费为他们测的。自己的服务区有5个村小组有2000人左右。一年寻访4次，高血压、糖尿病人女性居多，主要是这边女性保健意识比男性强，检查较多。我每天接诊20—30位病人，输液每天2—5人。赶街的日子忙点每天输液十多个，买药的人也比较多，从早上8点一直到下午3点左右。去村子里寻访病人时，村里面的人都挺配合的。给儿童打预防针、婴幼儿体检等。做产检主要是到卫生院，我们就是帮她们看看哪里不舒服，让其到乡医院做B超检查。创伤缝合我们不做，都让病人去卫生院，因为乡卫生院距她的诊所只有500多米。

元阳县卫生局的领导认为马街乡卫生院的情况在元阳县是具有代表性的。虽然每个乡镇卫生院都有自己的一些特殊情况，但从总体上看，医生的学历偏低，医疗水平还不够高，工作条件还不算很好等，是制约医疗卫生工作发展的主要问题。

三　村级医疗卫生室：以新街镇土锅寨卫生室和全福庄卫生室为例

这里以元阳县新街镇全福庄村级卫生室为例介绍村级卫生室的医疗卫生工作。

（一）新街镇土锅寨卫生室

从20世纪80年代初开始，政府卫生机构开始给土锅寨村的儿童注射疫苗，但不是每年都进行。过去，土锅寨没有设置专门的卫生机构。土锅寨卫生室已经建立。但是，在我们调研期间，无论是工作日还是休息日，村卫生室的门一直没有开过。根据村民反映，该村卫生室少有人在。该村卫生室配有两名乡村医生，其中一名是村子里原来的兽医，后来经过一些培训开始做乡村医生。另外一名叫李某，这名女医生不会看病，主要负责土锅寨村委会的疫苗接种。他们在村卫生室主要只负责打各项疫苗，村民看病更多的是去附近新街镇具有新农合合作点的医院或私人诊所。从我们的调研可以看出，虽然元阳县建立起三级医疗卫生服务网络，但是土锅寨村卫生室明显并没有能够发挥村卫生室的功能。

土锅寨基本实现了全民参保。但这也是经历了一个长期宣传的过程的。通过和村小组主任的交流，会发现从宣传新农合医疗到真正全部村民愿意主动参保这样的一个过程是比较长久的。通过对村干部和一些村民的访谈，了解到该村关于新农合的相关问题。

个案7－8：调查组成员对某村小组组长的访谈。

村小组主任说："我们村的新农合很早之前就实施啦，只是这几年政策更好一些。进行宣传的方式是通过村子里的广播嘛。倒没有挨家挨户地去宣传，一户知道其他邻居就知道了。新农合开始的时候，有人不愿意办新农合医疗证，由于要交钱，村子里的人也不理解，就不愿意主动来办证，只有一些村民先办了，去医院看病可以报账了，才慢慢地有人愿意主动来找，来问参加合作医疗的事。一般都是有村民去看病了然后告诉大家知道之后，全村人慢慢地都愿意办这个证。每人每年上缴60元，生病就可以去医院看病报账。这个需要村民自己去办，生病的人就自己去了嘛，具体怎么办理我也不是很了解。"

以上是和村干部的交流情况，以下是和村民的交流情况。

个案7－9：访谈地点，张某家；访谈时间，2014年7月19日下3点；访谈对象，张某。

张某刚满60岁。共有三个弟弟，四个妹妹，他是老大。对于生病去哪里看病，张某说："新街镇有医生，一些原来的赤脚医生在镇上开私人诊所，村民如果遇到小病就去那里看，遇到大病的话去民族医院看病，现在新农合可以报账，但是具体报多少也不是很明白。如果在民族医院仍然看不好的，就要去个旧市人民医院看病了。我自己很久没有看病了，也不生病，所以对这个不是很了解。"

另一个村民长期在外做生意，趁着他回家探亲，我们对他进行了调查。他认为从低保里扣一部分钱这个办法是可以的。对于生病的村民，就医就可以进行报账。他还提到，没有新农合的时候，村里妇女生孩子都是在家里生，会接生的人帮忙生孩子，由于很多不卫生，技术不够好，死亡率比较高；而现在好很多了，有了新农合，村里的妇女生孩子都去医院了，死亡率就低了。

许多村民都认为新农合还是比较不错的，比较惠民，能够满足村民很多实际的需求。但是具体怎么办却也存在诸多疑惑，不是很了解。

个案 7-10：访谈地点，卢某某家；访谈时间，2014 年 7 月 20 日上午 8 点，访谈对象，卢某某。

卢某某，男，68 岁。卢某某的妻子有腿疾，原来在和政府有合作关系的新农合合作医疗点康华医院做过手术，把那个肿块通过手术取掉了。在 2014 年 6 月去元阳县民族医院检查，于 2014 年 6 月 18 日—2014 年 7 月 2 日在医院住院，共花人民币 3624.38 元，农合统筹资金为 3216.04 元，实际花费 408.34 元。从卢某某提供给我们的病人出院证明上来看，诊断情况为膀胱炎、腰椎病、双肾结石，给予的是抗炎对症支持治疗，并未对膝盖有任何方面的诊断。也就是和卢某某说的一样，膝盖并没有治好，还是会痛，医生也并没有能够诊断出是什么原因。卢某某也想着带着妻子去个旧市做检查，但是家里没人照顾，并且顾及钱的问题，大爹说个旧市报账比例小，花费比较大，家里承担不起医药费。并且在个旧市的医院，需要出院之后拿着出院证明去民政局报账，家里没有那么多钱去看病。

关于获取新政策信息的渠道，卢某某说都是通过听广播的方式来了解。关于办新农合医疗证，每人每年上缴 60 元就可以到村里的村委会领取证件。据卢某某介绍，村口的村卫生室开一天不开一天，基本不会去那里看病，都是去就近的新街镇看病。

（二）新街镇全福庄卫生室

全福庄卫生室的条件比土锅寨卫生室的好许多。卫生室有一间诊室，有一间输液室、注射室以及一间药品储存室。卫生人员有两名，分别是卢永卿医生和他的妻子李美琼医生。卢永卿医生在 2011 年时被元阳县推荐评选"最美乡村医生"。2011 年 3 月 8 日—3 月 18 日参加"红十字天使计划民族地区乡村医生培训"。根据卢医生提供的数据，在就诊方面，每个月大概有 500 人左右来卫生室看病，而公共卫生服务这方面，主要是负责各种疫苗和随访，随访主要就是帮上年纪的老人量三高：高血压、高血糖、高血脂。

卢永卿是元阳县全福庄卫生室的乡村医生，42 岁。他的老父亲就是一位赤脚医生，卢永卿 1990 年开始在红河元阳职校乡医班学习。三年的学习时间，使卢医生掌握了基本的医学知识。1993 年，他怀着对军人的向往，踏上了从军路。在西藏部队服役的五年时间里做过侦察兵和卫生员。1998 年 10 月，卢永卿离开部队重返家乡，开始从事乡村医生的事业。据卢医生说，他决定从事医生工作一方面是因为他要继承父亲的工作，而另一个更加重要的原因是其父当时亲曾患眼角膜炎，去医院看病医生建议要两只眼睛都需要整个切除，他坚持自己寻求方法要治好老父亲的眼睛，通过对眼科医疗知识的学习，在卢医生的坚持下，医院只切除了一只，老父亲保留了左眼的视力。

卢医生的妻子李美琼，也是一名乡村医生。从医后，卢医生也注重对于李医生医学知识的培养，李医生参加了很多做医生的培训，并读了中医中等专科学校医学专业的函授班，尤其是在临床这一方面，在医治病人方面给予卢医生很大的帮助。他们由于态度好，医术不错，在村民中备受好评。

卢医生认为去部队当兵的那 5 年，带给他巨大的人生财富，无论是做人做事，还是行医治病，都有帮助。特别做卫生员的经历，对于后面的从医生涯帮助很大。当兵时候做卫生员学到的知识是他在其他培训和生活中学不到的，卢医生告诉说："虽然作为部队的卫生员，所需要掌握的大部分医学知识是相通的，但更能锻炼一个人的是应变能力。战地救护、外伤包扎都是一名合格的卫生员需要掌握的，而外伤处理和抢救经历对我一生都受益匪浅。在部队，突发事件比较多，卫生员比较少，需要自己独立完成一些救护和医治，也就锻炼了个人的能力。"

1998 年的时候，全福庄还没有卫生室，更没有农村合作医疗点，有的只是一些简单的医疗工具。那几年的日子是辛苦的，有村民生病了，卢医生就亲自去家里给乡亲们看病。先排除看病地点不好等客观条件的困扰。村民对医生信任的建立过程也是需要花费时间和精力的。卢医生告诉我们，除了一些感冒、发热，一些村民生病了会去医院里用机器拍片子，或者做 B 超等，然后去找卢医生看病，大多数情况下卢医生能诊断出病况，和大医院的诊断结果相差不大，这使卢医生名气越来越大，乡亲们也愿意来找卢医生看病。

1999 年 11 月，对于卢医生来讲是一个新的开始，那就是得到国家政策以及政府的支持，在全福庄建立了卫生室。当时条件艰苦，卫生室是简单的土基房，但至少也有一个可以为乡亲们定点看病的地方，那时也还有了一些药品的支持。

　　2007年，对于卢医生亦是一个重要的年份，对于云南省的农民也是一个重要的时间。云南省的新型农村合作医疗（以下简称新农合）是在昆明市嵩明县进行试点的。2007年1月新型农村合作医疗在元阳县开始实施，随着新农合的开始，一项一项惠民政策接踵而至，报销比例一年比一年上升。到目前为止，卢医生这里的合作点，本村人每次看病可以报销60%，住院能够报销90%，且是当场减免。村民如果是去到县里，就只能报销80%。许多人喜欢找卢医生看病，是有道理的。卢医生不仅看病看得好，还从不乱收费。他坚持不多收老百姓一分钱，遇到村子里特别穷的病人，卢医生有时还不收钱。

　　和所有的新生事物一样，新农合的实施一开始并不顺利，卢医生感慨地说："你是不知道呀，刚开始的两年确实非常辛苦，血压器放在那里，没有老百姓愿意来量，新农合的医疗本放在那里，没有老百姓愿意来办，老百姓觉得什么都是国家说的算，贵也是、便宜也是，反正都是政府包揽，并不理解政府各个部门的职能，更加不理解新农合的惠民。"全福庄及附近的村民，大部分都是哈尼族和彝族，有着属于本民族的民族风俗，老百姓认为半夜生病，不能摸黑外出，不然会沾染不干净的东西，白天会病得更加严重，刚出生的新生儿13天之内不能见外人，不然会生病不健康等，这些观念也为卢医生开展医疗卫生工作带来了许多的困扰。为了能够使工作开展下去，卢医生经常做老百姓的思想工作，一家一家地走访，一个一个地去普及政策和医疗卫生知识。现在老百姓认识提高了不少，思想也解放了一些，半夜生病也会赶紧来卫生室了。

　　乡村医生需要给村子里的老百姓量三高：血压、血糖、血脂。按照国家规定，每一年村民需要量四次，基本上一个季度一次，老百姓健康保健意识比较弱，认为量这些比较烦，觉得太多了。卢医生利用自身休息时间去到村子里走访，到处去量三高，百姓就打趣叫卢医生为"血压医生"。"血压医生"不仅叫出了卢医生的辛苦付出和坚持，更是叫出了乡亲们对卢医生的亲切。说起随访，卢医生特别强调自己有技巧，后来我们了解到这些技巧受到上级的夸奖，并逐渐开始推广到其他的村卫生室。卢医生将这些技巧总结为如下几点：（1）利用农村民俗进行随访。利用农村办喜丧事的时间（平时太忙），人相对比较聚集，就帮助村民量血压等。（2）注重保护隐私。农村患有疾病的村民总觉得是件特别丢脸的事情，不愿去看病，不愿多提，而卢医生深深了解这一点，但凡他去随访，都是以朋友的身份和村民聊天，并很注意回避他人。（3）用心记。听卢医生介绍，周围村子里有哪些人有特殊的病例，卢医生总是记得清清楚楚，再去随访的时候，遇到特别的病例，就会采取一些特别的随访方式，不会当众人去谈这些隐疾。（4）和病患者建立感情。卢医生告说，他经常和患有疾病的患者在一起吃饭，在乡亲家即使是病人，也是像对待朋友一样，很多难以启齿的病人，比如患有肝炎、艾滋病的病人也都愿意和卢医生交流，卢医生并没有用有色眼镜去看待这些病人，而是站在一名医者的角度，使他能够为患者诊治。

　　除了随访，就是对村民宣传和打疫苗了，尤其是儿童疫苗有很多，比如乙肝、甲肝等。一旦卫生院有指标，比如每个村子有 200 个孩子，就要给这 200 个孩子打疫苗。但是老百姓不愿意打呀，认为自己小时候不吃药不打针照样活得好好的。老百姓认为，小孩打了针还是一样会感冒、拉肚子、发烧，表示不理解。卢医生只能给老百姓进一步做思想工作，告诉他们打预防针不是包治百病，而是预防什么打什么针。小孩子少打一种针水，就多了许多得病的可能性。有时候，乡村的老师也还会认为不必那么多疫苗。卢医生总结说，来打疫苗的有两种人：一种是相对比较能够了解疫苗的村民，认为打了对孩子有好处；另一种是什么都不懂的村民，认为只要打了对孩子没有坏处就愿意打。最不好劝说的就是半懂不懂的村民，不愿意打就是不愿意打，需要费很大的工夫去劝说。除了老百姓的不理解，疫苗的保存也是一个大问题，疫苗保存本来就很难，温度高于 8 度就失效了，条件又差，没有冰箱。卢医生只有背着带有冰块的背篓去一家一家地打疫苗，坚持完成这些工作。去年卫生院才发了冰箱，能够更好地保存疫苗。随着人们意识的转变，现在的村民还是会比较主动来打疫苗了，有时还会请医生先帮他们家打。村里只要广播了，就主动来找卢医生打疫苗。现在就不需要每家每户地去劝说，不过还是有比较顽固的村民，卢医生还是会抽时间去对这部分村民进行劝说，工作量相对以前已经小很多了。卢医生笑着告诉我们："现在比较好的就是学校里也会帮忙宣传，有些小孩子都会自己跑来打疫苗。"

　　2011 年 3 月 8—18 日，卢医生被提名为"最美乡村医生"，到北京接受"红十字天使计划民族地区乡村医生培训"，对于卢医生来说，这是一件值得骄傲和收获颇多的培训。培训的医生主要来自北京协和医院，培训的内容主要是紧急救护，利用模型进行培训等。其他的内容也培训，比如内科、外科以及一些法律知识等。卢医生说在此次培训当中，他受益最大的就是紧急救护，学到了很多东西。卢医生是个善于思考和总结的人，他讲了这样的一件事情，北京协和医院的医生在做培训的时候讲述过一个案例：有一个农村村寨，当地有一个专门看病的乡村医生，有一个小孩子生病专门找他看病，后来等到孩子长大，到了20多岁，去城市里打工，有一次生病的时候医生说你小时候可能打过激素。小孩就回到寨子里找老医生，说小时候只在这里打过针，没有在别处打，要是有激素的话也是这个老医生打的。后来就开始和这个老医生打官司。听起来很简单的一件事情对卢医生促动很大。卢医生坚持按上级的要求办事。如有些村卫生室的医生为了应付上级检查，一个早上就可以把疫苗本填满，完成指标，而卢医生坚持打一针、记一针。他说："要对病人负责，也是对自己负责啊，人呀，要做踏踏实实的事，实事求是，不能为了一时的检查，违背做人的原则。"

从新街镇两个村卫生室的情况可以看到，无论是医疗设施的配置，还是医务人员的水平和工作态度都存在很大的差距。在未来的工作中，村级医疗单位工作的加强是必须的。

综上所述，元阳县依靠县、乡、村三级卫生保健网的运行，基本满足了农村居民医疗卫生的需求，使当地农民得到了基本的医疗卫生保障。农民对新型农村合作医疗基本满意，获得了基本的医疗卫生服务。但是，完善新农合制度、提高医疗水平的工作还任重而道远。

第二节　21世纪以来科技发展状况

21世纪元阳县科技工作从当地农业产业发展的实际出发，主要做了科技与农户相结合，推行山地立体种植、养殖技术、农业科技品牌的创立和科技示范及推广等工作。由于采取农业专业合作社运营方式，元阳当地农业科技含量显著提高，农民的收入也相应增加。21世纪元阳县的科技主要有以下四方面的农业科技成果：第一，优化了当地传统的红米种植技术，创立了元阳的知名农产品牌"梯田红米"，并按照"公司+专业合作社+基地+农户"的种植生产经营模式，成立了元阳县哈尼梯田有机红米专业合作社，使梯田红米实行规模化的生产和营销，提高了农民种田的积极性；第二，高附加值名优茶开发及品牌建设示范，如名优茶"梯田秀峰"茶品牌的创建及推广；第三，开展了哈尼梯田稻、鱼、鸭共生立体种植养殖示范及应用工作；第四，"香蕉＋生猪＋有机肥"综合种植山地香蕉园的示范及应用。随着元阳县农业科技品牌的创立和山地立体种植养殖示范及运用提高了当地农民的收入，促进了经济社会与生态的协调发展。

一　哈尼梯田红米的种植及品牌创立

（一）元阳红米生产历史

唐朝初期，哈尼族在红河南部哀牢山定居后开垦了大量梯田，种植红米稻，历时1300多年。据《元阳县农牧志》《元阳县志》记载，县内种植水稻134种，红米多、白米少，种植的红米的品种主要有大红谷、红小谷、红早谷等。梯田红米是哈尼族的主食，玉米、荞子、小红米、木薯等杂粮是补充食物。哈尼族历经千难万苦，开山造田，使哀牢群峰变成数千亩甚至上万亩的连片的哈尼梯田。根据哈尼族口传史诗，元阳梯田红米发源地在元阳县马街乡乌湾禄蓬村。

在哈尼族的农耕中，水稻的耕种占据重要位置。哈尼人花费大量的时间和精力来精耕细作。从每年农历九月收割稻谷，到次年春耕栽插前，梯田进入冬耕、垒埂、铲埂壁、翻犁谷茬田、泡水养田、施放农家肥等种植周期，插秧前梯田耕作必须二犁二耙，插秧时还要进行一犁一耙，修整田埂堤，插秧后要薅草，谷子快成熟时要把几蔸谷子的谷秆捆绑在一起，防止稻谷倒伏。可以说哈尼人的一生，是在繁忙的农耕生产劳动中度过的。

梯田红米是哈尼族栽种的常规稻谷品种，接近于野生稻谷，米皮棕红色。红米饭的做法是头天晚上睡觉前将第二天要吃的米浸泡在水里，第二天早上淘洗干净后，捞进筲箕中控干水分，倒进甑中蒸至半熟之后，倒入大木盆中浇热水搅拌均匀，浇进去的热水被米饭吸收后，将米饭装入甑中再蒸，蒸熟后即可食用。这种俗称生蒸饭的食品，具有清香、耐饿的特点。除此之外，哈尼梯田红米还可以煮烤等制作方法做成饭食用。

哈尼梯田红米含有丰富的淀粉与植物蛋白质。红米富有众多的营养素，其中以铁质元素最丰富，故有补血及预防贫血的功效。红米稻生长期较长，产量低，但因米质好，市场较为广阔，其价格比白米高。元阳县气候条件好，环境优质，海拔800—1700米适宜哈尼梯田红米种植的区域面积有 20 多万亩，具备产业化开发的条件。

（二）梯田红米栽培技术

元阳县梯田红米的著名品牌是"红阳 3 号品系"，该品种是由红河州农科所在元阳县海拔 1600 米的棕披寨育种基点用大粒香 12 号与高山早谷杂交，经 6 年采用系统法选育而成。该品系具有高产、抗寒、抗稻瘟病、耐贫瘠性强等优点，适宜于云南边疆民族贫困山区群众现行粗放栽培管理和喜食红米的习惯要求。积极扩大示范种植面积，可以有效促进边疆山区水稻产量的大幅度提高。

红阳 3 号品系于 2000 年在元阳阿花寨村李自发农户田繁殖示范 2.53 亩，平均亩产 632 公斤，比对照种红脚老梗亩增 235 公斤，增产 59.2%。2001 年在元阳、红河、金平、绿春不同生态稻区进行品比试验，平均亩产 512.4 公斤，比对照亩增 146.5 公斤，增产 40%。产量居 6 个供试品种（系）首位，2002 年继续试验，平均亩产 498.6 公斤，比对照亩增 138.4 公斤，增产 38.4%，产量仍居首位。2002 年在元阳县、红河县、绿春县示范 530 亩，最高亩产 683.5 公斤，平均亩产 506.3 公斤，比当地主栽地方品种红脚谷等亩增 148.5 公斤，增产 41.5%。2002 示范 2580 亩，最高亩产 642.3 公斤，平均亩产 482.6 公斤，比对照亩增 152.3 公斤，增产 46.1%。2003 年扩大示范 5628 亩，最高亩产 625.8 公斤，平均亩产 468.3 公斤，比对照种亩增 140.9 公斤，增产 43%。其中，在海拔 1720 米的元阳小水井村普正德农户田试种 0.52 亩，折合亩产 490.8 公斤，比当地主栽种月亮谷亩增 113.6 公斤，增产 30.1%，该品系经三年在边疆不同生态稻区进行试验示范均获大幅度增产效果，适宜在边疆海拔 1300—1700 米稻区推广种植。[①]

红阳 3 号品系株高 110 厘米左右，穗长 20—23 厘米，穗粒数 130—150 粒，结实率 80%—90%，千粒重 32 克，红米，易脱粒，米质中上，食味较好。株形紧凑，剑叶挺立，叶色深绿、叶片稍卷，叶鞘、叶缘、叶尖紫色，成熟青枝腊杠。根系发达，茎秆粗壮，抗倒能力强，需肥少，耐贫瘠性强。适应性广、抗寒性强。全生育期 170 天左右。

培育壮秧一般要选择北风向阳田块作秧田，亩施腐熟农家肥 1000—2000 公斤作底肥。采用湿润育秧或拱架式薄膜育秧，亩播种量 25—30 公

---

① 本章有关科技方面的数据由元阳县科技局提供。

斤，小秧生长至2.5—3叶期亩施尿素10—15公斤作断奶肥，秧龄达40—45天移栽。插植密度应视田块肥力而定，肥田宜稀、瘦田宜密，肥田亩插3万丛，株行距4×5寸；中下等肥力田亩插4万丛，株行距3×5寸，单本植。亩基本苗25万，有效穗16—18万左右，产量可达500—600公斤。一般亩施25—30公斤普钙作底肥，移栽后15—20天亩施10—15公斤尿素，即可促进秧苗正常生长，圆杆打苞期秧苗叶片转黄，宜亩施3—5公斤尿素作穗肥，抽穗扬花期宜喷施磷酸二氢钾1—2次，有利提高结实率，增加粒重。严格水浆管理，前期浅水促早发，适时晒田，控制无效分蘖，后期保持干湿交替。若遇稻飞虱、螟虫为害，应及时采用对口农药防治。

（三）元阳红米产业发展现状及品牌的建立

元阳梯田红米产自联合国粮农组织全球重要农业文化遗产地元阳哈尼梯田核心区，一般种植在海拔1400—1800米的元阳哈尼梯田高山区域，是千百年来哈尼祖先传统稻米种植文化和耕作的结晶。梯田红米栽种至今已有1300多年的历史，是世界上不可多得的原种群、原产地、原生态加工的高品质粮食。元阳梯田红米生长期为180—210天左右，一年只产一季。耕种时采用古老的耕种方式，引高山泉水，同时把农家肥、高山绿肥冲灌到层层梯田中，人工耕耘锄草，三犁三耙。传统的元阳梯田红米不耐肥，施化肥农药后反而会出现不能扬花灌浆的情况，且容易发生稻瘟病等病害。因此，梯田红米必然是绿色食品。

元阳梯田红米的外皮有丰富的营养价值，一般不做精加工，最好食用脱壳后的红糙米。全粒红糙米适宜煮粥，在食用方法上梯田红米可以煮饭、熬粥、做米糊、做菜等。元阳梯田红米色泽红润鲜亮，米粒细长，珍稀的传统老品种米粒更细小，煮熟红米饭香浓郁，口感松软可口，咀嚼回味之中伴有纯纯甘甜，冷不回生，实为非常美味的优质营养食用大米。它具有抗衰老、降血糖、降血脂、强劲筋骨、延年益寿、补血补钙、提高人体免疫力的作用。

梯田红米在北京市理化分析测试中心检验，测试结果如下表所示。

样品名称	梯田红米	商标	梯田印象
样品数量	1600g	样品状态	红色固体
样品生产日期	2014年5月25日	样品检测日期	2014年6月24日

续表

测试结果					
检验项目	检测结果	检验项目	检测结果	检验项目	检测结果
锌	16.4mg/kg	天冬氨酸 Asp	0.65%	蛋氨酸 Met	0.14%
镁	7.00mg/kg	苏氨酸 Thr	0.26%	异亮氨酸 Ile	0.28%
硒	<0.020mg/kg	丝氨酸 Ser	0.38%	亮氨酸 Leu	0.67%
蛋白质	8.68g/100g	谷氨酸 Glu	1.54%	酪氨酸 Tyr	0.40%
粗纤维	0.5%	甘氨酸 Gly	0.34%	苯丙氨酸 Phe	0.53%
碳水化合物	78.4%	丙氨酸 Ala	0.47%	赖氨酸 Lys	0.25%
		缬氨酸 Val	0.47%	组氨酸 His	0.16%
		精氨酸 Arg	0.57%	脯氨酸 Pro	0.36%

资料来源：元阳县科技局。

元阳梯田红米经科学检测，其钙、铁、锌、硒、铜、镁、钾等微量元素和常量元素极为丰富，特别是镁含量每100克可高达150毫克，为普通大米的2—3倍，钙含量每100克可达12.8毫克，是普通大米的3倍。元阳梯田红米的蛋白质、氨基酸、维生素、纤维素含量也远远高于普通大米。人体所不能合成的8种氨基酸中，元阳梯田红米就有7种，堪称大米的精品。

2010年，元阳县龙泰粮业有限公司通过无公害农产品认证，产地规模1000亩，注册了"元梯红"牌商标。2013年7月，元阳县粮食购销有限公司组织申报无公害农产品，已通过州级部门审核，等待现场检查及产品检验，产地规模20000亩。2011年、2012年该公司还注册了"阿波红呢"、"梯田印象"牌商标。通过参加昆明国际农业博览会、广交会以及哈尼梯田成功申遗大会等，梯田红米吸引了大量外地客商，得到人们的青睐和关注，进一步了扩大哈尼梯田红米的知名度。2013年，两家公司基地生产元阳梯田红米1500吨，全部销往昆明、北京、上海、广州等全国各地，商品化率达100%。

目前，元阳县已经注册了"元梯红"、"阿波红呢"、"梯田印象"等多个梯田红米商标。2013年，元阳梯田红米荣获第九届中国昆明泛亚国际农业博览会优质产品金奖，2014年元阳梯田红米被评为"云南六大名米"。

（四）元阳县哈尼梯田有机红米专业合作社建立及运作

元阳县气候条件好，环境优质，海拔800—1700米适宜哈尼梯田红米种植的区域面积有 20 多万亩，具备产业化开发优势。2013 年，元阳县粮食购销有限公司按照"公司＋专业合作社＋基地＋农户"的种植生产经营模式，成立了"元阳县哈尼梯田有机红米专业合作社"。通过合作社与种植户签订产购合同，向种植户发放优质良种、对种植户进行培训等方式，积极鼓励和引导农户种植梯田红米。合作社还从事梯田红米种植和梯田红米品种提纯复壮工作。该专业合作社社员从成立之初的 103 人发展到在的 3500 余人，社员主要分布在新街镇、牛角寨乡、攀枝花乡、沙拉托。

合作社以"公司＋专业合作社＋基地＋社员"的经营模式，紧紧围绕"企业增效、社员增收"的目标，以建立优质梯田红米基地为主，发展哈尼梯田有机红米专业合作社社员，加强社员红米种植技术培训，引进先进的稻米加工技术工艺和设备，对优质红米水稻进行精深加工，通过提高稻米加工技术水平和质量档次，打造"元梯红"品牌，为元阳县优质红米水稻生产及产业化开发作示范。在小新街及周边乡镇海拔 800—1400 米的红米水稻适种区推广优质梯田红米水稻种植 5427 亩。并建成面积 1000 亩的优质红米水稻高产种植示范区一个，单产达 400 公斤。同时创建优质红米水稻种植示范村 3 个，示范户 120 户，培训农民 1300 人次。公司相关工作人员按照元阳县哈尼梯田有机红米专业合作社与农户签订的红米稻购销保护价协议，入村入户收购红米稻，促进了公司对红米稻种植农户红谷产品的顺利收购。

2014 年合作社总社员有 3360 户，社员种植红米稻面积达 7000 余亩，其中，籽种提纯复壮 550 亩，用于 2015 年的红米稻种植籽种可满足种植 40000 亩水田，属于无公害粮食产品。2014 年合作社社员种植的红米销售额预计 800 余万元，户均增收 1000 元以上。通过合作社这个平台，提升农民的组织化程度，由粗放、分散、单一、传统的方式向集约化、现代化发展，积极拓展红米的销售市场渠道。2014 年 8 月 12 日，合作社与中石化签订了梯田红米购销协议，截至 9 月 2 日，向中石化供应梯田红米 6 吨。

目前元阳县粮食局联合县农业局对种植区合作社农户进行幼苗、移栽、施肥等环节进行集中培训，提高群众科学化种植的水平。元阳县境内有 6 万—7 万亩的哈尼梯田分布在海拔 1400—1700 米，适宜种植梯田红米，这给合作社的发展提供了稳定的原料基地。哈尼梯田申遗成功，进一步提升哈尼梯田及产品的知名度。从山地哈尼梯田生产出的独特梯田红米将伴随哈尼梯田旅游业的发展让更多的人了解、认识和消费，这将为哈尼梯田红米的销售带来巨大的市场。稳定梯田红谷原料基地和巨大的市场需求，将有力地推动梯田红米产业的发展，促进传统农业的转型升级，进一步提升元阳传统农业的质量，有利益促农、企业增收，提升人民生活质量。梯田红米继承了传统农业优势和种植模式，提高了产值，使当地人民看到了在传统农业中的致富之路。与以往种植的品种相比，种植梯田红米每亩增收 800—1000 元以上，在不改变种植模式的前提下实现增收，使广大人民群众信心更足，致富道路更宽，生活更加富裕。企业销售 1 吨红米利润 12000 元以上，实现农户和企业双赢。

目前，元阳县内有元阳县龙泰粮食有限责任公司和元阳县粮食购销有限公司收购、加工和销售梯田红米。元阳龙泰粮食有限责任公司由于产品原材料来源受限，年生产量约为 160 吨，产品远销蒙自、昆明、广东、上海等地，2014 年又有北京、重庆客商到公司订货，但由于没有稳定的原料，公司不敢与客商签订大订单，只能零星销售。龙泰公司生产产品约 8 个月可以加工、销售结束。元阳粮食购销有限公司 2013 年收购红谷 580 吨，加工成红米约为 348 吨，销售总收入约为 340 万元，预计三年后，年生产能力可达 1000 吨，实现年销售总收入 1500 万元。公司生产的哈尼梯田红谷米远销北京、昆明、广州、上海等大中小城市，供不应求，市场前景良好。

梯田红米以其丰富营养、原生态的品质赢得了广大消费者的认同，呈现出了"云南红米出红河，优质红米在元阳"的良好效应。销售渠道的通畅促进了产品的规模化、产业化发展道路，加快了品牌化发展之路。

红河州委、红河州人民政府《关于加速关于加速推进南部山区综合开发的决定》和《元阳县农业产业发展规划（2013—2020）》，以调整优化元阳梯田红米区域化布局为主线，以农业增效、农民增收为目标，以市场需求为导向，以推进元阳梯田红米产业化经营为重点，以科技进步和科技创新为动力，依托资源优势，走"龙头企业＋专业合作社＋基地"的联营方式，创有机红米品牌，做大做强元阳梯田红米产业。

2015 年，社员种植面积预计 1 万亩，红米销售额 2000 万以上。同时，合作社计划到 2017 年发展社员 1 万余人，社员种植红米稻 5 万亩，社员销售红米稻收入 1 亿元以上，社员户均增收 5000 元以上。计划到2020 年，在元阳县新街、牛角寨、沙拉托、嘎娘、上新城、小新街、逢春岭、大坪、攀枝花、黄草岭、黄茅岭、俄扎、马街 13 个乡镇，海拔 800—1700 米的红米种植适宜区，发展元阳梯田红米 20 万亩。规划种植区域海拔 1400—1500 米 58898 亩，1500—1900 米 146702 亩，预计新增粮食产量 5620.8 万公斤，增加经济收入 33724.8 万元。

二 元阳县茶叶名优产品开发及品牌建设

元阳县是红河州的主产茶区之一，目前茶园面积达 3.1 万亩，主要分布在新街、沙拉托、牛角寨、黄草岭等 10 个乡镇，已建有 66 个初制茶厂和 7 个精制茶加工厂。茶叶是元阳山区农民的主要经济收入来源，茶叶产业的健康发展，对元阳中半山区经济社会发展发挥着重要作用。

（一）茶叶优良品种选育试验及推广种植

21 世纪初期，由于元阳县茶叶开发起步晚，加工工艺和技术水平很低，更无省内外知名品牌支撑，茶叶单位面积产量、产值、效益都很低。以 2004 年为例，亩产干茶仅 25.13 公斤，亩产值仅 167.74 元，每公斤干毛茶 6.68 元，茶叶生产效益低下，影响了茶农种茶的积极性。与省内外名优茶产品每公斤几十元甚至几百元的高产值、高效益形成了巨大反差，严重制约了元阳县茶叶产业的发展。

2003 年，云南省科技厅和红河州科技局支持，华中农业大学作为技术依托的省、州级重点科技研究项目，项目总经费 350 万元（省科技厅资助 30 万元，申请到州科技局专项资金 100 万元，企业自筹 220 万元）。项目由县科技局、牛角寨乡良心寨茶场和华中农业大学共同承担实施，实施地点是牛角寨乡良心寨茶场，实施时限是 2003—2006 年。

县科技局和良心寨茶场从"浙江瞿州绿峰茶叶机械厂"引进名优茶加工设备 24 台（套），在华中农业大学茶叶博士生导师倪德江教授的指导下，进行低产茶园改造和名优品牌茶研发，2003 年研发成功"梯田秀峰"（现更名为"红河秀峰"）、"真香茶"两个名优品牌茶。"梯田秀峰"茶 2005 年和 2006 年获得国际名优茶评比银奖，2006 年获得红河州科技进步二等奖，2007 年获得红河州著名商标。

为振兴茶产业，元阳县委、县政府把茶叶列为全县的经济支柱产业之一，并用 3—5 年时间将茶园发展到 5 万亩，通过加强茶园科学管理、提高鲜叶质量和产量、引进名优茶加工设备和工艺技术、创建名优茶品牌、增加茶产品附加值，使茶叶总产量达 5 万担、总产值 5000 万元以上；同时，加强营销工作，扩大名优茶产品的知名度和市场占有率。并确定牛角寨乡良心寨茶厂为中心的"梯田秀峰"开发基地。

通过研发出"梯田秀峰"、"元阳真香茶"两个品牌茶，生产出的"梯田秀峰"每公斤售价达 740 元，"元阳真香茶"每公斤售价达 400 元，制作"梯田秀峰"茶的鲜叶收购价 30 元/公斤，"真香茶"原料 18 元/公斤，使当地农民的收入有了显著的提高。

2006 年，茶农仅名优茶鲜叶收入就达 30 余万元，比 2005 年增收 20 多万元。而且"梯田秀峰"茶在第五、第六届国际名茶评比中荣获银奖，"无公害名优茶开发及品牌建设"示范项目 2006 年获州政府科技进步二等奖，2007 年又研发了"梯田秀峰"极品茶，每公斤售价是 6440 元，2008 年生产"梯田秀峰"茶 4972 公斤，实现产值 380 万元，比上年同期增长 1896 公斤，增收 140 万元；元阳"真香茶"生产 750 公斤，实现产值 30 万元，同比上年增长 175 公斤，增收 7 万元；达到财政增收、企业增效、农民致富的目的。

华中农大倪德江教授在牛角寨乡良心寨茶厂开展茶叶良种选育（包括本地即云南大叶茶优良变异单株选育和外引小叶种茶良种选育）和茶叶栽培技术研究。对筛选出的红河州本地群体种和省外中小叶茶树良种进行适宜性研究，选育出适宜于本地区发展的茶树良种，为名优茶的开发打基础，为边疆茶叶的持续、健康发展提供科技支撑。目前，累计投入科技项目资金 40 余万元，在全州主产茶区选育本地优良变异单株 780 株，培育茶叶良种无性繁殖苗 4.5 万株，建设良种示范园 50 亩；引进国内小叶种茶优良品种 10 个，培育"福云 6 号"、"福鼎大白毫"、"雪芽 100 号"等外地良种 124000 株。

（二）茶叶的科学种植与加工

名优茶的开发，首先是抓好原料基地的建设，原料的好坏决定了名优茶的发展。2003 年，以良心寨子茶厂为试点，经过 5 年的努力，2007 年全县共改造了 2 万多亩低产茶园，为名优茶的开发奠定了坚实的基础。为提高茶树品质，首先从培育良种入手。良种选育采取地方良种选育与外地良种引进相结合。2004 年先后从贵州、福建等地引进"福鼎大白、福鼎大豪、福云 6 号、铁观音，龙井 43 号、黄旦、迎霜、梅占、乌牛早"等 10 个品种 3 万株，建立了 50 亩良种母本园，为下一步发展新植茶园、达到良种良法、开发新品名优茶、提高经济效益提供了很好的条件。

以元阳良心寨茶厂为试点，通过抓样板、树典型，以其显著的经济和社会效益，带动全县、全州名优茶的发展。在良心寨茶厂的基础上，2005年5月，元阳县树皮茶场和沙拉托富寨茶场购置了两套名优茶设备；8月，屏边县大深沟茶场和红河县阿姆山茶厂也购置了名优茶加工设备，并投入生产。

茶叶的机械化加工，通过对比试验，引进了滚筒连续杀青机、揉捻机、做形机、整形平台烘焙机、烘干机等名茶机械，保证了从生产到销售环节的名茶质量。此外，还根据大叶种芽叶比较肥大的特性，研制鲜叶摊青设备，取得较好效果。同时制定了名优茶的制作和加工标准，实行标准化生产。已经制定出"梯田秀峰"、"元阳真香"、"云雾茶"标准。对"梯田秀峰"、"元阳真香"茶包装设计进行专利申请，并于2005年8月10日获得外观设计专利证书。外观设计专利的申请，有利于杜绝假冒伪劣产品的出现，保证了名茶质量。鉴于茶区生态条件良好的实际，项目示范点推行名茶的无公害生产和有机茶生产，目前已获得中国农业科学院茶叶研究所的有机茶认证，为今后名茶出口打下了基础。

元阳县科技局通过新产品的宣传扩大名茶的知名度。主要采取以下五方面的措施：一是召开品茶会，邀请政府部门、有关企业以及新闻单位参加，以茶艺的形式现场展示所开发的新产品，并通过媒体进行宣传报道；二是召开成果推荐会，推荐新成果，激发全州开发名茶的热情；三是在新老县城以及梯田风景区以悬挂横幅的方式展开宣传；四是在县电视台播放"元阳名茶专题片"，每年进行茶事活动时都及时进行宣传报道；五是参加各种交易会，通过参加名优茶评比扩大名茶的知名度。2005年6月参加杭州第五届国际名茶评比中"梯田秀峰茶"获得国际名茶评比银奖。

好茶只有得到市场的认可才能转变为效益，元阳县科技局非常重视名茶市场的建设，在巩固云雾茶市场的基础上，重点开拓名优茶市场。在2004年老县城和新县城设立2个茶叶门市部的基础上，2005年在本县的代销点扩大到10个。通过宣传工作，一方面从2003年起在昆明建立1个茶叶专卖店；另一方面州政府有关部门也开始在元阳购买名茶。2004年、2005年生产的茶叶呈供不应求的局面，特别是开发的"梯田秀峰"茶和"元阳真香"茶市场潜力发展空间大。

（三）茶叶技术培训与新技术的推广应用

近年来县科技局开展了课堂讲解，车间、田间现场示范，推广先进的采摘技术。针对山区农习惯于粗放采茶的方式，首先是让茶农更新观念，提早开园。其次是技术员到茶园现场指导茶农采摘，在鲜叶收购时向茶农讲解鲜叶质量标准，并反复强调鲜叶质量对制茶品质的影响。通过技术培训，良心寨茶厂的茶农不仅掌握了"梯田秀峰"茶和"元阳真香"茶的采摘技术，而且"云雾茶"的采摘质量也有大幅度的提高。近年来，已有300多名茶农接受了鲜叶采摘技术培训，他们不仅对名茶的认识有了进一步了解，基本接受了"提早开园、及时采摘、细嫩采"的名优茶采摘理念，而且生产效益明显增加，2004年、2005年茶农卖鲜叶的收入分别达到15万元和20万元，与2002年相比分别增加1倍和1.5倍，种茶、管茶的积极性明显提高。

县科技局重点培训县茶技站5名技术骨干、良心寨茶厂8名工人和树皮茶场、富寨茶厂10名技术员。经过培训，他们熟练掌握了上述几种茶的加工工艺和质量标准，并能单独制作；于2004年10月21—22日在绿春、元阳召开全州的茶叶工作会议，县科技局一方面在会议上就红河茶叶的现状和发展思路作了阐述，另一方面现场示范低产茶园改造、名优茶车间的建设以及名优茶加工技术，取得了较好的效果。采取"请进来、走出去"的形式引入外省茶叶的生产经验。在每年底，县科技局都要邀请湖北、浙江有关茶叶企业的经理到元阳交流茶叶生产和经营经验。如湖北保康县荆山锦茶有限公司的吕先奎经理曾两次到良心寨茶厂交流名茶开发、包装设计、市场开拓经验。为了及时让干部群众掌握先进省份的茶叶发展经验，华中农业大学有关专家于2004年6月11—22日带领元阳县政府、人大、科技、农业以及乡镇领导6人到湖北竹溪、恩施、宣恩、武汉，浙江衢州、杭州以及上海考察茶叶生产和贸易情况，学习先进产茶省的茶业发展经验。这种方法有力地促进了领导干部、茶厂法人思想观念的转变，推动了产业的发展。

2012年，全县有茶园面积35089亩，主要分布在九个乡（镇），涉及茶农户约8000户。其中属于集体的茶园有29392亩，私人的茶园有5697亩；千亩以上的连片基地有3个，500亩以上的连片基地有3个，100亩以上的连片基地60个；茶叶年产量约1000吨，产值达1000多万元。全县建有66个初制茶厂，固定资产达12777万元，其中有元阳县多阔茶叶有限责任公司、元阳县沙拉托乡精制茶厂、元阳县沙拉托乡漫江河茶厂、元阳县茶树良种厂、元阳县水卜龙茶厂这5家茶叶企业获得了QS认证；

主要产品有"红河秀峰"、"真香茶"、"云雾茶"等品牌的成品绿茶，辅以生产晒青毛茶。2012年，全县茶叶产量达825吨，产值1100万元。

2014年全县茶叶产量达860吨，产值1300万元；与2013年茶叶产量853吨、产值1264万元相比，产量增0.8%，产值增2.8%。2014年名优茶3200公斤，产值144万元。与2013年名优茶3100公斤、产值124万元相比较，产量增加3.2%、产值增加16.1%。全县各初制茶厂主要生产炒青茶、晒青茶。部分茶厂生产一些名优茶，其价格上涨幅度较大，每公斤鲜叶收购价达到50元/公斤。成品名优茶300—600元/公斤，毛茶价格12—30元/公斤，云雾茶（成品）的价格为35—65元/公斤。2014的茶叶鲜叶、劳动力成本大幅度提高，茶厂效益受到影响。晒青茶产品主要由县内的中间商收购后，销往普洱、勐海等地，炒青茶大部分由县内的几家精制加工单位收购，再加工成云雾茶销售。产品主要在红河州地区销售，目前，各个茶厂的库存不多，基本上已经全部销售完。

目前，元阳县低产茶园改造技术和名优茶开发技术成果已向全县推广，并辐射到红河州"南部五县"，相继开发出五个秀峰系列名优绿茶——绿春县"黄连山秀峰"、红河县"姊妹山秀峰"、屏边县"大围山秀峰"、金平县"蝴蝶谷秀峰"，全州主产茶区掀起了名优茶开发热潮。

综上所述，茶的科学种植在元阳县取得良好的社会、经济、生态效益。元阳名茶效应带动茶叶产业的发展，当地茶农对茶叶的科学种植有了进一步的认识，基本接受了"提早开园、及时采摘、细嫩采"的名优茶采摘理念，种茶和管茶的积极性明显提高。通过名优茶的开发来促进茶园管理水平的提高，防止水土流失，节约燃料，抑制山区林木的乱伐现象。此外，无公害茶和有机茶等名优茶基地的建设，减少了化学农药的施用，阻止了环境的农药污染，也确保了消费者的身体健康。

三　哈尼梯田稻、鱼、鸭共生立体种植养殖技术示范及推广

21世纪开元之年，元阳县开展了300亩"稻田养鱼工程示范村"项目，项目要求亩产鲜鱼70公斤，稻谷增产5%。按照项目要求，结合元阳县实际，县水利站在认真总结历年稻田养鱼经验的基础上，将胜村乡爱春村委会定为示范村。爱春村委会，辖6个自然村，352户，人口2487人，现有耕地面积1846亩，其中水田有916亩，旱地885亩，人均耕地面积0.74亩，属人多地少的冷凉山区，海拔1800米。2000年人均有粮

213 公斤，人均纯收入 524 元。经济收入来源主要是以劳务输出为主，农牧渔收入为辅，农田的综合利用处于探索试验阶段。为确保项目的顺利实施，元阳县水利工作站认真贯彻全县渔业工作会议精神，以提高渔业经济效益和确保农民增收为核心，把渔业作为农业结构调整的一大措施来抓。在项目下达后，及时成立相应的项目实施领导小组，组织技术人员驻村入户，进行广泛的宣传动员，并将自行编制"元阳县实施稻田养鱼工程宣传提要"译成哈尼语、彝语录音带在重点村寨反复播放和放映稻田养鱼科技录像。共培训 9 期，受训人数达 740 余人（次），其中妇女有 139 人（次），占 18.8%。

加强稻鱼工程的建设，严把鱼种投放关。改造加高田埂，使田埂高达 0.5 米，采用高埂深沟，沟凼结合、塘田结合等高标准稻田工程精养方式，开挖鱼沟、鱼凼面积占稻田面积的 10%，沟宽 0.7 米，深 0.5 米以上，凼深 1 米以上，有条件的还采用砖石支砌，建成永久性稻鱼工程。根据田块的大小开成"井"、"口"、"十"、"田"字等形状，稻田水位保证在 0.3 米以上，为鱼类生长创造良好的生长环境。严把鱼种质量关，亩投放不低于 15 公斤，养殖周期不低于 8 个月，并适时补充饲料与加强田间管理。

根据《渔业法》的有关条款，结合当地村规民约，制定了"元阳县稻鱼工程及扶贫工程项目中期管理办法"，并将《办法》通过村民会议宣讲并广泛张贴在过往人员比较集中的路口、墙壁上，受宣传人数达 1900 人（次），有效地防止了偷、毒、电鱼或人为破坏养鱼设施等现象，起到了显著效果。组织农民群营群管，搭建投料台，重施农家肥，适时查看稻、鱼生长情况，做好稻谷的病虫害防治和鱼病防治工作。

"稻田养鱼工程示范村"项目涉及爱春村委会 4 个村民小组 83 户农户，参加人数达 534 人，其中劳动力 278 人。通过县、乡、村干部共同努力，完成示范面积 307 亩，占完成任务数的 102.3%。优质建鲤鱼苗种为主，于 2000 年 6 月 6—7 日投放鱼种 4605 公斤，投放时个体平均尾重 30 克，经过 143 天的精心饲养管理，于 10 月 26 日抽样测产 9.1 亩稻田，平均亩产鲜鱼 72 公斤，亩产稻谷 210 公斤，水稻单产比 2000 年 200 公斤增 10 公斤，增 5%。307 亩稻田总产鲜鱼 22104 公斤，总产稻谷 64470 公斤。

稻田养鱼的经济效益主要体现在两个方面：一是水稻增产；二是获得鱼产品。通过 307 亩的"稻鱼工程项目"的实施，取得了较好的经济效益，经测产，总产鲜鱼22104公斤，按当地现行市场价为20元/公斤，总产值达44.2万元，平均单产72公斤，亩产值1440元。水稻平均单产210公斤，总产64470公斤，单产比2000年增10公斤，增5%，按当地综合价1.4元/公斤计算，亩产值294元，总产值达90258元，亩增产值14元。稻鱼合计亩增产值1454元。效益分析：扣除鱼种款每亩218元，饵料327元（饵料以米糠、酒糟、包谷面等为主），开挖鱼沟、鱼凼工钱60元，每亩纯收入849元，仅此一项在参加项目实施的农户中，人均增收488元。

一年后，在广大干部群众的共同努力下，项目实施取得了一定的经验和成绩，使农业增产增收新技术得到推广应用并落到了实处，农村劳动者的科技意识得到增强，收入明显提高，达到了科技扶贫的目的。但纵观结果，仍存在农业基础设施薄弱，水利设施不完善，抵抗洪涝自然灾害的能力弱，农民的科技意识和商品意识比较淡薄、接受科技知识慢，投入不足，养殖周期短，品种单一等问题。

近几年来元阳县通过"稻鱼工程项目示范村"的实施，为元阳县发展稻田养鱼提供了科学示范，使广大农民群众认识到发展农村经济必须依靠科学技术，扩大了影响，真正起到了典型引路的目的。为解决好梯田养鱼的优质鱼种问题，促进梯田区农民增收致富，提升哈尼梯田旅游内涵，2010年向省科技厅申报《元阳县哈尼梯田养鱼良种繁良示范与应用》项目，2011年项目获得省科技厅批准立项。该项目于2012年12月前在元阳县南沙镇菱角塘村，建成占地总面积300亩的"哈尼梯田养鱼良种繁育示范与应用"基地。项目建成后，具备年孵化鱼苗2亿尾以上，生产优质鱼种（20—30克/尾）8000万尾以上，鱼苗供给元阳县建设5万亩"水线梯田养鱼景观"，辐射带动绿春、红河、金平哈尼梯田养鱼10万亩以上。目前，400万元项目经费已拨付到位，元阳县科技局正积极配合云南世博元阳哈尼梯田旅游开发有限公司做好相关的项目推进工作。

2013年，元阳县科技局依托自有专利技术，建立实现稻、鱼、鸭立体种植、养殖示范基地，通过稻、鱼、鸭共生立体种植养殖模式示范推广，逐步改变以往梯田种植结构单一的经营模式，根据农作物与动物之间特定的共生、共容及互补的习性，加大生物多样性种植养殖，降低农民对化肥、农药的过分依赖，充分发挥哈尼梯田湿地功能，节本增效，突破梯田产业结构单一、土地使用效率低下的"瓶颈"，提高梯田利用率和产出效益。一是建成长体鱼类繁育场一个，收集野生长体无鳞鱼类进行驯化繁殖及养殖试验示范；二是建设蛋鸭养殖棚 200 平方米，引进优质蛋鸭 2000 只，进行梯田蛋鸭养殖示范；三是建设 500 平方米蝇蛆养殖厂房，为鱼鸭养殖提供高蛋白饲料；四是开展技术培训两期，培训群众 100 人次，培养泥鳅、鲶鱼繁殖、养殖技术人员 3—5 名。

稻鱼工程项目的实施丰富了当地居民的菜篮子，缓解了城乡居民吃鱼难的问题，提高了稻田的经济收入，转移了一部分农村剩余劳动力。稻田通过加高加固田埂，开挖沟溜，不仅加固和改善了稻田的环境，鱼大量吃掉水中的昆虫，减少了昆虫数量，从而美化了农村环境，使稻田生态系统得到进一步的改善。

稻田养鱼能有效利用土地资源，提高农民的经济效益，保持了水产品市场的有效供给，改善了人们的食物结构，缓解了群众吃鱼难的问题。稻田养鱼具有减少田间杂草、提高土壤肥力、改良土壤透性、降低水稻病虫害、提高水温的作用，收效好，水稻根系发达，分蘖快，促早熟，肥田净地、省工省肥，减少病虫害，鱼稻互利。当年投入，当年见效，减少化肥使用量等特点。

"稻、鱼、鸭"立体种植、养殖示范基地的建设，通过稻、鱼、鸭共生立体种植养殖模式示范推广，逐步改变以往梯田种植结构单一的经营模式，根据作物与动物之间特定的共生、共容及互补的习性，加大生物多样性种植养殖，降低农民对化肥、农药的过分依赖，充分发挥哈尼梯田湿地功能，节本增效，突破梯田产业结构单一、土地使用效率低下的"瓶颈"，提高梯田利用率和产出效益。因此，种养结合的生态模式能使稻田生态系统物质循环和能量循环向有利的方向发展，从而获得较好的生态效益和社会效益。

四　"香蕉＋生猪＋有机肥"综合种植山地香蕉园

元阳县农民栽培香蕉的历史较为悠久，历史上就有零星种植，品种主要有红河蕉、河口蕉等地方品种。1956 年后，群众自发陆续从广东、广西等地引种，逐步得到推广发展。到 1976 年出现第一次生产高峰，种植面积达上万亩规模。但因缺乏科学管理种植，病虫害严重，使香蕉受到影响而衰退。直到 1986 年后，在"七五"期间被国家农业部列为优质香蕉商品生产基地后，得到大力扶持，使香蕉产业又一次得到发展，特别是

1990年引入香蕉试管苗试种成功后，产业提升较快。主要布局在县境北部红河流域沿岸及其支流海拔1000米以下的马街乡、南沙镇、上新城乡、新街镇、小新街乡、逢春岭乡、大坪乡等乡镇低热河谷地区。

2000年以后，通过引进外资、土地流转等方式，带动发展南部藤条江流域、乌拉河流域沿线海拔1000米以下黄草岭乡、黄茅岭乡、俄扎乡等乡镇低热河谷地带，使香蕉产业得到较快的发展。繁殖材料由传统的吸芽苗种植转变为试管二级苗种植，目前全县主栽品种为威廉斯系列和巴西蕉系列两个品种系。在发展规模上，已由过去的自发零星种植发展到香蕉种植大户、专业户、"公司＋基地＋农户"等生产模式。

目前，元阳县香蕉产业发展较快，2014年连片种植基地有：逢春岭新寨五台坡香蕉基地1300亩，小新街乡新农村芦山新农村香蕉示范种植基地1100亩、黄茅岭乡石门村委会天泰香蕉科技种植基地2500亩、马街乡丫多河水库1300亩等。据不完全统计，元阳县适宜种植香蕉的面积可达10余万亩，截至2014年9月，全县香蕉总种植面积达6.69万亩，总产量达87828吨、总产值达26348万元。香蕉是元阳县热区主要水果之一，产品远销省内外大中城市，已成为元阳县一项农业增效、农民增收的重要支柱产业。

自2009年以来，元阳县科技局扶持元阳县元甲农业开发有限公司进行马街大皮甲香蕉基地节水滴灌及规模化养猪粪污综合利用产业化示范基地，建立4000亩"香蕉＋生猪＋有机肥"高效生产模式的山地蕉园，年产优质香蕉1万吨，产值3000万元，出栏优质生猪5000头，年产值1000万元，制定出高效生产山地蕉园综合利用废弃物生产有机肥技术规程，建立了一套适宜山地蕉园节水节肥的灌溉技术与水肥共施标准。

元阳县元甲农业开发有限公司成立于2009年2月，是以农业生产为主的民营企业。公司以香蕉生产种植和规模化养猪为发展主业，在元阳县者那河流域马街乡大皮甲村建有总面积为6000亩的香蕉种植基地，积极开展"种养结合山地蕉园废弃物综合利用"示范建设。

现已建成总面积为8100平方米的生猪养殖示范区。建有产房7栋，产床90套；妊娠母猪舍2栋79间，限位栏120栏；保育舍88套；空怀母猪舍2栋29间；种公猪舍16栏；肥猪舍4栋，粪污处理池6个2060立方米。饲料仓库、兽医室等管理用房配套设施556平方米；引进DLY、托配克、苏钟等种母猪360头，种公猪9头。通过自繁自养，2013年出栏肥猪 5000 余头。

同时，利用饲养生猪所产 5000 余吨粪尿，通过"收集—过滤—EM 菌发酵—再过滤—混合—放入施用池—进入香蕉滴灌系统"的生产模式，建立了"香蕉＋生猪＋有机肥"高效生产模式山地香蕉示范园 3620 亩，种植香蕉 40 万株。

2013 年基地生产优质有机香蕉 7050 吨，产品远销到陕西、山西、重庆、北京、东北三省等大中城市，产品供不应求。通过这一生产模式的应用，解决了香蕉基地有机肥的需求问题，每年为公司节约购买农家肥料资金 70 余万元。粪污通过滴灌后，改良土壤、培肥土质、增加有机质，提高了香蕉品质和产量，减少了化肥施用量。割除的香蕉嫩茎芽、品质不达标的香蕉用来喂猪，节约饲料消耗，降低了生产成本。

另外，公司还组织了当地 56 户农户组成立山地鸡养殖专业合作社，采取"补饲＋自由"采食放养模式，充分利用蚯蚓和蚂蚱等香蕉林地虫子为鸡的主要饲料来源，发展生态鸡养殖。通过这种方式饲养出来的鸡肉质细嫩、味道鲜美，深受广大消费者喜爱，售价达 40—60 元/公斤。合作社共有 12 个养殖点，年出栏山地鸡 20000 余只，实现产值 120 万余元。实现了农户增收节支、生物防治病虫草害、降低农药使用成本、生产生态农产品的良好综合效益。今后，公司将进一步扩大生猪养殖规模，存栏能繁母猪达到 500 头以上，年出栏肥猪 10000 头；扩大香蕉种植面积 2000 亩。为使蕉园废弃物得到充分利用，探索郎德鹅、肉牛等养殖，并充分利用畜禽粪尿补充香蕉种植所需有机肥。

目前该基地的建设目标共分三个阶段完成（2014—2017 年），一是建立 6000 亩"香蕉＋有机肥＋生猪"高效生产模式的山地蕉园，年产优质香蕉 1.2 万吨，产值 3000 万元，出栏优质生猪 10000 头，年产值 1200 万元，打造两个商品品牌；二是制定高效生产山地蕉园综合利用废弃物生产有机肥技术规程一套；三是建立一套适宜山地蕉园节水节肥灌溉技术与水肥共施标准；四是高效生产山地蕉园有机质平均提高 0.5%，水土流失减少 30%，化学肥料、农药使用量分别减少 15% 和 10%，废水利用率平均提高 15%。现第一阶段元阳县科技局的主要工作是项目申报、上报、论证和开展"香蕉＋有机肥＋生猪"高效生产示范基地前期基础建设。目前前期工作已基本完成，正着手有机肥发酵试验的工作。

山地蕉园废弃物综合利用研究与示范以有机肥为纽带，合理利用农业废弃物资源，着力解决山地蕉园土壤改良与香蕉生产中缺乏有机肥的瓶颈问题，将循环农业的关键技术和香蕉生产系统作为一个完整的体系进行研究。实现以养殖业促进种植业、环保、绿色、生态的综合发展。通过三年的努力，将基地建成红河州南部山区综合开发"种养结合、循环利用、带动一方、富民一片"的特色现代农业科技示范园，这对发展元阳山地生态农业具有重要意义。

元阳县把推进医疗卫生建设和科技改革作为实施民族振兴行动计划的民心工程。积极响应我国农村卫生事业发展进程中的重大制度创新，即新农合政策。积极发展农村合作医疗制度，建设和完善农村三级医疗卫生网。目前，元阳县各族人民得到了基本的医疗保障，但依旧存在一些问题和矛盾，如人才缺乏、技术发展缓慢、医务人数量不足等，需要有进一步的改善。21世纪以来元阳县科技工作从当地农业产业发展的实际出发，做到科技与农户相结合，推行山地立体种植、养殖技术、农业科技品牌的创立和科技示范及推广工作，并采取农业专业合作社运营方式，使当地农业科技含量显著提高，并提高了当地农民的收入，促进了经济、社会、生态的协调发展。

第八章

民族文学与艺术

元阳县是一个多民族和谐共居的地方。元阳县的密林大川、山腰河谷，为进入这块土地上的不同民族提供了满足不同生计基础及文化需求的自然地理环境。县境之内的哈尼、彝、汉、傣、苗、瑶、壮 7 个世居民族，在长期的生产互助、生活往来之中，创造了源远流长的梯田农耕文明以及蔚为壮观的梯田文化景观，同时创造了各具特色而又相互交融的民族文学与民族艺术。

元阳县境内的 7 个主要民族大致说来按海拔高低分层而居。海拔144—600 米的河谷平坝区，多为傣族居住；600—1000 米的半山峡谷区，多为壮族居住；1000—1400 米的高山下半山腰，多为彝族居住；1400—2000 米的高山上半山腰，多为哈尼族居住；2000 米以上的高寒山区，多为苗族、瑶族居住；汉族多居住在城镇和公路沿线。历史上元阳县各族人民创造了丰富多彩的民族文学和民族艺术，世代传承，百花齐放。自2013 年 6 月哈尼梯田申报世界文化景观遗产成功后，地方政府与全县各族人民努力推进民族文学与艺术的挖掘与发展，使元阳瑰丽的民族文学与艺术在全球化浪潮中国得到保护与传承。

第一节　民族民间文学

一　哈尼族民间文学

元阳县的哈尼族遍布全县 14 个乡镇。元阳县的哈尼族支系较多，按其自称或他称，主要有艾罗、果宏、腊咪、罗比、罗美、多尼、阿梭、哈备、老邬等分支。

　　哈尼族不仅是元阳县人口最多的民族，也是元阳县最古老的世居民族之一。哈尼族没有全民普遍使用的传统民族文字，也正因此哈尼人保留和传承了浩如烟海的口头文学。元阳哈尼族的民间文学形式多样、内容丰富，深刻地记录和表达了哈尼人的理想与追求。这些民间文学以口耳承传的方式生生不息，流传至今。按照表达特点来分，元阳哈尼族的口头文学大致可分为歌唱体与讲述体两大类。

　　（一）歌唱体口传文学

　　哈尼人的歌唱体口传文学以韵文的形式进行表达，唱词丰富、音韵和谐，其中又包括"哈巴"和"阿茨"两种。

　　1. 哈巴

　　哈巴，按语意可释为"古歌"或"赞歌"，常在节日庆典、起房盖屋、娶亲嫁女、丧葬祭祀和朋友聚会等社交场合的餐桌旁演唱，所以有的地方也称为"酒歌"。演唱哈巴的行为，哈尼语称作"哈巴惹"或"哈巴咿"，"惹"、"咿"均为吟唱之意。哈巴演唱在哈尼民间是一种体现学识的庄重之举，所唱内容包括人类起源、民族历史、四时节令、农事活动、民情风俗、传说故事、处世哲理、信仰崇拜等。唱腔流派众多，风格庄重典雅。哈巴最基本的演唱方式是餐桌前坐唱，主唱开腔，一领众合。主唱歌手每告一段落，听众就一致帮腔给歌手助兴。主唱的歌手可以是一位、两位或多位，多为知识渊博的中老年人，男女均可。元阳哈尼族中普遍流传的哈巴有《窝果策尼果》《四季生产调》《哈尼阿培聪坡坡》《十二奴局》《斯检奴检》等。

　　《窝果策尼果》意为"古歌十二调"，"窝果"是哈尼哈巴术语，相当于汉文化中的"篇章"或"曲目"；"策尼果"即"十二章"、"十二曲"。《窝果策尼果》连续演唱下来耗时七天七夜，展现了哈尼族先民对自然景观、人类自身和历史演化的朴素认识，历代哈尼族人民也是依循它来教化风俗、规范人生的。

　　其内容涉及哈尼族各种风俗礼仪、典章制度的源起，分为上下篇。上篇总名《烟本霍本》，意为"神的古今"，叙述宇宙之初，天地万物的诞生、神与人的诞生、畜牧与农耕的开始。《烟本霍本》共12章：《烟本霍本》（神的诞生）、《俄色密色》（造天造地）、《查牛色》（杀查牛补天地）、《毕蝶、凯蝶、则蝶》（人、庄稼、牲畜的来源）、《俄妥奴祖》（雷神降火）、《雪紫查勒》（采集狩猎）、《湘窝本》（开田种谷）、《普祖代祖》（安寨定居）、《厄朵朵》（洪水泛滥）、《塔婆罗牛》（塔婆编牛）、《嵯祝俄都玛佐》（遮天大树王）、《虎玛达作》（年轮树）。下篇总名《窝本霍本》，即"人间的古今"，共八章：《直瑟爵》（头人、贝玛、工匠）、《艾玛突》（祭寨神）、《奇虎窝玛策尼窝》（十二月风俗歌）、《然密克玛色》（嫁姑娘讨媳妇）、《诗窝纳窝本》（丧葬的起源）、《苏雪本》（说唱歌舞的起源）、《虎珀拉珀卜》（翻年歌）、《砸罗多罗》（祝福歌）。下篇叙述以头人、贝玛、工匠为三种能人的哈尼传统社会结构的确立，传统祭祀以及各种风俗礼仪、婚丧嫁娶规矩的确立，歌舞艺术、金属冶锻、棉花烟草种植、集市贸易等的出现。各路歌之间没有严格的先后次序，可以根据场合和需要选唱其中有关部分。

《四季生产调》是元阳哈尼哈巴中的农事节令歌，有的哈尼人习惯称"胡佩拉佩卜"，有的哈尼人习惯称"伙及拉及"。哈尼先民积累的大量关于对自然、动植物、生产生活的丰富技能和经验形成一套完整的农业生产生活和民间文化知识体系，经过总结提炼，以"哈巴"形式代代传承，使哈尼族农耕生产、生活文化一直延续至今。《四季生产调》从一年的岁首十月逐月演唱节令的更替、物候的变迁和哈尼人在本月应当从事哪些重要农事活动，进行何种相关的祭典，等等，一直唱到年末岁尾。有的直接铺陈一年四季的农事活动和节令更替，有的在此基础上大加演绎，不但吟唱每个月份中应当进行的生产劳动，而且以种种优美的神话传说解释节令和农作的由来。元阳哈尼族流传的主要版本分为引子、冬季三月、春季三月、夏季三月、秋季三月五个部分，完整再现了哈尼族的劳动生产程序和生活风俗画面，传授系统的哈尼族梯田农耕生产技术和独特生活习俗，是一部完整的哈尼族生产生活教科书。引子强调了传承古歌、传授传统知识的重要性，其余部分按季节顺序讲述梯田农耕中泡田、打埂、育种、撒秧、插秧、拔秧、栽秧、薅秧、打谷子、背谷子、入仓等过程及相关的民俗活动。其中也包括了与农耕活动相应的天文历法和自然物候变化规律，用通俗易懂的语言描绘了哈尼族喜庆丰收的"十月年"，并对年轻人进行人生礼仪教育。

《哈尼阿培聪坡坡》是元阳县哈尼人广为流传的迁徙史诗，《哈尼阿培聪坡坡》意为"哈尼先祖的迁徙"，一般分为七个部分——《远古的虎尼虎那高山》《从什虽湖到嘎鲁嘎则》《惹罗普楚》《好地诺玛阿美》《色厄作娘》《谷哈咪查》《森林密密的红河两岸》。全诗两万多行，系统吟诵了哈尼祖先曲折而漫长的迁徙历史，是哈尼族众多史诗中结构最完整、篇幅最长、影响最大的一部。《哈尼阿培聪坡坡》开篇讲述了天地起源：天神造好天，地神造好地，一起杀死神牛，牛的双眼变成了太阳、月亮，牛骨变成了哈尼先祖发祥的"虎尼虎那"高山。始祖母"塔婆"生出了瑶、蒙古、苗、彝、哈尼、汉、傣、壮等 21 种人。之后，史诗叙述了牧业、农业和历法的起源，并把知识的起源归于向动物学习。此外，史诗还叙述了哈尼先民的原始生活：用火、盖房、狩猎、制作弓箭、捕鱼；虎尼虎那到什虽湖、嘎鲁嘎则、惹罗普楚的游迁，以及哈尼的建寨习俗。史诗的后半部分叙述了哈尼人举族大迁徙中的争战，由衷地吟颂了民族的千古英雄。在"诺玛阿美"之前的几次大迁徙，都是自然原因，物资短缺、火灾或瘟疫，此后的迁徙则是由于人为战争。哈尼将诺玛阿美建成富饶之地，腊伯人设法住进诺玛阿美，分去哈尼的财产，还想把哈尼赶走。在保卫家园的战争中，弱不敌强的哈尼挥泪离开了诺玛阿美。经过色厄休整，跋涉到谷哈。热情的蒲尼头人留下哈尼，占着先入为主盘剥哈尼。见哈尼日渐强大，蒲尼头人与哈尼头人联姻，然后蓄谋夺走哈尼祭祖神山，挑起谷哈之战。反复多次恶战后，为求得生存、不受奴役，哈尼头人选择向红河南岸哀牢山区迁徙。

《十二奴局》与《窝果策尼果》相似，"奴局"是哈尼语，相当于汉族文体中的"篇"、"章"，"十二奴局"即"十二路歌"的意思。每个"奴局"之内又包含若干个有联系而又可以独立存在和演唱内容，哈尼民间有"十二奴局，七十二个哈巴"的说法。"十二奴局"演唱内容涉及哈尼族先民对于宇宙自然、人类发展、族群历史、历法计算、四时节令、农事活动等方面的认识和理解。分为开天辟地、天翻地覆、杀鱼取种、砍树计日、火的起源、三种能人、建寨定居、生儿育女、祖先迁徙、孝敬父母、觉车赶街、四季生产 12 个部分。"十二奴局"之间没有严格的先后次序，每个部分既可独立存在，又可连接起来演唱。

《斯检奴检》与《四季生产调》一样是哈尼人的农时节令叙事长诗。哈尼语"斯检奴检"的本意为"草木苏醒"，揭示了哈尼人以物候观节令的历法特征。"斯检奴检"中以早期创世史诗所叙述的历法内容为基础，详细地概况了动物、植物的特点，吸收了汉族的数字记月，对节令的变迁掌握更为准确，总结了诸如如何选择牛种、如何打理秧田等生产技术知识。"斯检奴检"是哈尼人生产生活知识的积累，对哈尼人农耕生产有积极的指导意义。

2. 阿茨

阿茨，即山歌、情歌，多在山野村外相对私密的场合演唱，主题比较自由活泼。"茨"有"玩耍"、"动情"之意，故"阿茨"字面意思为"情深意长时的呼唤或高声放歌"，通常译为"情歌"、"山歌"。歌唱"阿茨"的行为被称作"阿茨咕"。"咕"有叫喊、呼唤的意思，因为常常要在山野里和对手相距较远的情况下大声歌唱所致。阿茨以爱情表达为主题，在哈尼民间被认为一种"害羞的歌"，不能随便在家里或村落中当着父母兄长或有血缘关系的亲友哼唱。否则，村民棍棒打之、石头砸之，视为不明是非、不懂规矩之人。或在山野劳作之时，或趁夜深人静之时，青年男女以歌相乐、以歌相叙，传情达意、互表爱慕，可以对唱、可以混合唱；有时，情歌也是孤身独处时的思念和寄托，可以独自歌唱。所有的阿茨没有固定的调子，歌由心生、即兴而歌。

哈尼人在与日月山河相伴的日子里，创造了比高山还要深沉、比太阳还要热烈、比星星还要繁多、比流水还要绵长的情歌。元阳一带哈尼族中广为流传的情歌有《采茶情歌》《栽秧情歌》《真心相爱苦也甜》《不是知己不愿嫁》《同甘共苦把家安》《不是有情人不过一辈子》《烈火焚烧不分开》等。

（二）讲述体口传文学

元阳一带哈尼人的讲述体口头文学以散文的形式自由表达，包括相对较长的"烟嘎"、短小精悍的"朵阿玛"等。

烟嘎，即"祖先传下来的具有一定人物、情节、主题的叙事"，其中包括神话、传说、故事、叙事长诗等体裁。或者在田间地头的闲暇时刻，或者在夜晚时分的火塘边，爷爷奶奶或阿爸阿妈，娓娓道来。

《神的诞生》讲远古时候金鱼娘"咪吾艾西阿玛"如何扇出蓝蓝的天，如何扫出黄黄的地；《神和人的家谱》说的是天神俄玛如何立下规矩与礼节，传下神与人的谱系，人、鬼、神的时代结束，开始人归人、鬼归鬼、神归神的时代；《三个世界》讲三位大神造天、九位大神造地，于是天有了、地有了、万物有了、人类有了，天上、地上和水里，三个世界有了自己的主人；《太阳和月亮》《日食和月食》讲的是约罗和约微是如何变成太阳和月亮，日食和月食是怎样产生；《俄妥努筑与仲墨依》讲仲墨依是如何与恶神俄妥努筑斗智斗勇，洪水中兄妹如何凭借葫芦躲过灾难传下人种；《天地人》讲的是人种神侯簸与娜倮以及佐罗、佐卑兄妹如何传人种……

　　《塔婆取种》讲了人间五谷六畜、金银珠宝的来历；《猎神》追溯敬献猎神的规矩是怎么来的；《一娘生的亲兄弟》告诉后人"火塘神"以及火葬习俗的由来；《眉嵯》的传说解释了七月属蛇日"撵病魔"习俗的来历；《云海的传说》哀牢山的茫茫云海是白龙姑娘挂在山梁的衣裙；《鹅姑娘》讲述了穷小伙嘎成与白鹅姑娘斗败头人，过上了幸福生活；《桃花马》讲的是仙女俄丝与哈尼小伙违惹以桃花马为媒的美妙传说；《尼玛行田》讲了天生奇异的尼玛行田斩妖除魔、保民平安的传说；《木雀舞的来历》讲述了纳更山的白家和李家如何争斗，克甲如何创下木雀舞寄托哀思；《遮天树王》讲述了12月历法的来历；《直玛、批玛和腊级》讲述的是哈尼社会中头人、祭司和工匠三种能人社会地位的确立；《阿轰然》《聪倮和倮成部落》《童那》讲述了哈尼人远古时候的生活。

　　《宾各然尼侬》讲的是高家哈尼人两弟兄受尽苦难、终成大业的故事；《挡勒和然远》讲述了善良兄弟和险恶土司善有善报、恶有恶报的故事；《独儿子嘎沙》讲述的是坚毅、勇敢的嘎沙终得幸福的故事；《金银洞》《山官努则》讲的都是善良机智的"额吉阿表"的故事；《阿作和阿侬》讲的是忠厚哥哥和狡诈弟弟善有善报、恶有恶报的故事；《惹达和阿洛》《放牛王惹达》《被逼上观音山》《威震哀牢山区》《牛角号又响起来了》等系列故事，都讲的是历史人物"窝尼王"高罗衣，也即惹达的故事；更有长篇叙事诗《多沙阿波》，讲述了元阳多沙村的哈尼姑娘卢梅贝率领千军万马驰骋沙场反土司、抗官军、骑着白马上青天的传奇故事。

　　"朵阿玛"即"祖先传下的经典古话"、"语言的精华"，相当于俗语、谚语等。当地哈尼人有道是："祖先的朵阿玛值千金，父母的教诲是良药"，"朵阿玛"是哈尼人对自然、社会现象长期观察、总结的智慧结晶，词句精炼、音韵铿锵、寓意深刻，包含着丰富的生产知识和生活经验，有的还具有深刻的哲理和训诫的意味。善于运用"朵阿玛"的哈尼人被视为学识渊博、能言善辩之人。

　　（三）民间文艺家

　　元阳的哈尼族中有一大批能够演唱、讲述大量口传文学作品的著名贝玛和歌手，他们是哈尼人中杰出的民间文艺家。其中最负盛名的是以下几位。

朱小和（1938—　），男，元阳县攀枝乡洞铺寨人，是名满元阳、红河、绿春、金平四县的大摩批，素有"摩批哈腊"（即"摩批中的老虎"）之称。在元阳哈尼族中搜集整理的数量丰富的哈尼族口承文学作品，大多都出自他的演唱版本。典型代表作品如大型创世古歌《窝果策尼果》、长篇迁徙史诗《哈尼阿培聪坡坡》《四季生产调》等。他演唱、讲述的《窝果策尼果》于1992年12月由云南民族出版社以《哈尼古歌》的书名首次出版，此版本由史军超、杨叔孔、卢朝贵整理翻译。《窝果策尼果》荣获1995年云南省文学艺术创作奖励基金会一等奖。朱小和曾多次被荷兰、美国、日本以及我国台湾等地的人类学、语言学、艺术学专家采访，并在国外报刊上予以介绍。最新版本的《窝果策尼果》于2009年12月由云南民族出版社以《窝果策尼果》的书名分三卷出版，推出哈尼文、国际音标、单句直译、单句意译、整体意译的对照体形式。此版本的演唱者、翻译者与前一版本同，哈尼文及国际音标注音由卢朝贵、何炳坤完成。目前出版的两个版本的《哈尼阿培聪坡坡》均依据朱小和的演唱版本搜集、整理、写定。元阳县的哈尼哈巴《四季生产调》经国务院批准列入第一批国家级非物质文化遗产名录，朱小和被列为该文化遗产项目代表性传承人。

朱小和被吸收为云南省民间文艺家协会会员，任云南省歌谣协会理事。《中国现代民间文艺家辞典》《中国各民族宗教与神话大辞典》《中国少数民族文学古籍举要》等十来种权威辞书词典收录了他的简况。

杨批斗（1913—1988），男，哈尼族，元阳县黄草岭乡树皮寨有名的摩批、歌手，他留下的作品不多，却篇篇精彩。如神话《那突德取厄玛》（意为"有盐的大海"，发表时名为《祖先鱼上山》），在不长的篇幅中展示了异彩纷呈的原始思维特点。他还演唱过一些非常有价值的创世史诗，如长篇《十二奴局》和迁徙史诗《哈尼阿培聪坡坡》，讲述过一些精彩的神话传说。他的作品语言简洁，风格古拙，文化内涵十分深厚。

卢万明（1921—　），男，哈尼族，元阳县新街镇全福庄著名歌手。1958年云南省民族民间文学红河调查队就采录过他演唱的许多新民歌。卢万明和元阳县老歌手张顾惹等一起创作了不少新民歌。"四人帮"被粉碎后，他在元阳县文化馆馆长杨叔孔等人的帮助下，针对农村许多哈尼妇女仍处于包办婚姻压迫下的情况，根据他们寨子一位妇女的真实遭遇创作了叙事诗《古卑姑娘》，此诗是新时期老歌手的代表作。1981年云南省民间文艺研究会成立，他被选为理事。

卢朝贵（1947— ），男，哈尼族，元阳县新街镇全福庄人，原任元阳县政协文史委员会主任。长期致力于哈尼族古籍的搜集、整理、翻译，成果丰硕：《窝果策尼果》《哈尼阿培聪坡坡》《普亚德亚佐亚》《密刹威》《哈尼先祖过江来》《神的古今》《神和人的家谱》《遮天树王》《天、地、人的起源》《塔坡取种》《英雄玛麦》《俄妥努筑与仲墨依》《阿妈去世歌》等等。《英雄玛麦》《塔坡取种》等作品被译成日文、英文介绍到国外。

二 彝族民间文学

元阳县的彝族散居在元阳县的 13 个乡镇。元阳彝族主要有尼苏、阿鲁、濮拉三个支系。彝族是元阳人口第二多的少数民族。当地彝族民歌有道是："彝家的诗歌能填满山谷，彝家的古经像瀑布，三天唱绿一面坡，九天唱满一个湖。"元阳县彝族的民间文学分为毕摩文学与群众文学两类。流传于广大彝族民间的口头文学，口传心记，世代相传。两类文学也有相互转化，有的口传文学被毕摩收录入卷，有些毕摩文学在民间广为流传。

彝族毕摩文学又可大致分为甲苏、诺衣特、本苏、呗玛、译文等。

甲苏，即说书。创世史诗《查姆》是元阳彝族甲苏的代表之作，只能由彝族毕摩唱诵。"查姆"是彝语音译，意为"万物起源"。天地间一件事物的起源叫一个"查"，整理后文本《查姆》有 11 个"查"，共 3500 余行，分上下两部。上部讲述天地起源和人类起源：远古的时候，上面没有天，空中不见飞禽，没有太阳照耀，没有星斗满天，没有月亮发光，更没有打雷闪电；下面没有地，没有草木生长，没有座座青山，没有滔滔大海，没有滚滚河川；天地连成一片，分不出黑夜，分不出白天。这个所谓"连成一片"的东西是"雾露"，"雾露"是世界的本源。《查姆》指出：世界之初，只有雾露一团团。

诺衣特，即伦理道德歌，内容多为讲人生仪礼、婚嫁起源、各种风俗习惯的来历，叫人们遵守传统的风俗习惯、伦理道德。本苏，即赛歌、盘歌，内容庞杂，几个毕摩相遇，必然要赛歌。呗玛，即祭祀歌。彝族信奉万物有灵，祭祀活动繁多，每种祭祀活动都有专门的祭祀歌。所谓译文，就是把汉文的著作翻译成彝文，在翻译过程中进行再创作，有的把汉文的散文体变成彝文的韵文体，在描写手法、表现风格、文化心理等方面都表现出彝族民间文学的特色，在元阳流传的彝文译文有《唐王》《天仙配》《七妹与蛇郎》《孔夫子的训词》等。

彝族口头文学极为丰富，除了神话、传说、故事、童话、寓言、谚语、谜语，还有许多优美的叙事长诗和抒情长诗，在婚丧嫁娶之时或男女聚会等场合下，由一人独唱或两人对唱，有时可达几天几夜。这些口头承传的诗歌，结构完整、规模宏大，少则几百行，多则几千行。到目前为止，流传在元阳的彝族长诗中，已经出版的有《逃婚的姑娘》《吉麻夺候》《阿黑西尼嫫》《力芝与麻布》《舞蹈起源之歌》《撒歌唱的种子》等十多部长诗。这些长诗，反映社会生活深广，艺术性也较强，是彝族文学的珍品。

情歌，彝语叫"阿哩"，分为传统情歌和即兴情歌两种。传统情歌又分为叙事情歌和抒情情歌。叙事情歌有完整的故事情节、人物活动，通篇叙述一对情人的故事，用这个故事来表现演唱者的思想感情。抒情情歌以不同的内容有不同的调名，即甲唱上一首抒情情歌，乙必须唱相对应的另一首情歌，不能乱对乱唱，这种情歌叫做"姊妹篇"，如甲唱《相爱调》，乙必须唱《相思调》。

三　其他民族的民间文学

元阳县境内的傣族、苗族、壮族、瑶族人口相对较少，其民间文学内容与形式相对哈尼族与彝族要少得多。

（一）傣族民间文学

元阳县的傣族主要分为傣尤、傣洛、傣尤洛三支。傣族主要分布在南沙、马街、逢春岭、黄茅岭、新街、牛角寨等乡镇的河谷地带。

元阳的傣族由于没有文字，许多优美动听的长诗、传说、民间故事，都是以口头的形式流传。内容多为描述傣族地区秀丽的山川景色，歌颂青年男女纯真的爱情以及追求幸福、自由生活的美好愿望，对英雄人物的赞美，对统治阶级的揭露和鞭挞。其中最著名的有《娜娥与洛桑》《螺丝姑娘》《海罕南月波》《达外变达勐》《逃婚十二寨》《捣纳筛赶洋人》等，这些民间故事和传说，有的已经成为优美的口头文学珍品，有的已经整理成书面文字流传。

(二) 苗族民间文学

元阳县苗族主要分布在嘎娘、小新街、上新城、逢春岭、大坪、黄茅岭、攀枝花一带。依据服饰和语言差异，分为花苗、黑苗、白苗、汉苗四种。花苗自称"蒙冷"，黑苗自称"蒙多"，白苗自称"蒙兜"，汉苗自称"蒙耍"。

元阳苗族没有传统文字，但民间文学十分丰富。有大量的传说故事，内容丰富。有反映苗族祖先与自然力作斗争的，如《九十九个月亮和九十九个太阳》《洪水漫天》《兄妹传人种》等；有反映社会家庭，歌颂忠贞、反对包办婚姻的，如《葛车说葛脑》《瓜和古》等；有反映劳动人民同封建统治阶级作斗争，歌颂人民群众机智、勇敢高尚品德的，如《百鸟羽衣》《着爪与龙女》《咪聪巧斗大富》等；有反映人民群众与鬼神、邪恶势力作斗争，如《思义与鬼邪的故事》《变豹子的故事》《大蛇吃人的故事》等。由于多民族长期相处，文化交融，所以在苗族的传说故事中有许多同其他民族相似的内容。

(三) 瑶族民间文学

元阳县瑶族主要分布在小新街、大坪、黄茅岭、马街等乡。元阳瑶族分蓝靛瑶、花瑶两种。蓝靛瑶自称"秀门"、"吉门"、"门"，花瑶自称"本固尤勉"、"江董勉"。

《瑶王歌》是元阳瑶族口头文学的代表作，是瑶族祭祀盘王时唱的歌。传说瑶族先祖因天旱逃荒、漂洋过海谋生，海中遇难，恳求盘王搭救，许下诺言。盘王派天兵神将救瑶民出苦海。瑶民每年还愿报恩，歌颂盘王恩德，便创作了盘王歌。《瑶王歌》由主歌、附歌、杂歌组成。内容包括万物起源、伏羲兄妹结婚、瑶族形成、苦难斗争、生产劳动、谈情说爱、瑶山风光等。是一部反映瑶族历史文化生活的叙事诗，长达数千行。

(四) 壮族民间文学

元阳县的壮族为土僚支，自称"布岱"，主要分布在新街、攀枝花、牛角寨等乡镇。

元阳的壮族，为土僚支，自称"布岱"。《嘹歌》是著名的壮族长篇古歌。《嘹歌》中最有震撼力的是《欢贼》即《兵歌》。《欢贼》运用抒情手法来叙事记情，描写一对经过试歌的恋人，正赶圩进店、备礼完婚，不料风云突变，烽烟四起，土官奉命征兵出战。热恋中的男主人，离肠寸断、忍痛出征。在深山峡谷中激烈的战斗，正打得难解难分之际，土官突然奉命罢兵息战，缴械还乡。路上无粮无饷，为活命卖去身上衣，最后靠野菜充饥。回到家乡之后，经过一番寻访、试探和解释，这对被战祸拆散的恋人，终于冲破重重困难得以相会。这部长诗情挚意切、委婉细腻的特殊风格，使之成为壮族文学的瑰宝。

历史上，元阳各少数民族的民间文学就是他们全部的文学，是他们的先民祖祖辈辈口耳承传的智慧结晶，是指导他们生产的典范，是丰富他们生活的篇章，是他们沟通和传达情感的重要方式。在现代化、全球化的进程中，元阳各少数民族地区交通、经济条件日趋改善，外来文化传播日益强劲，各种新型传媒迅速消解和重构着传统文化。尤其是随着学校教育的普及，各民族传统的民间文学不再是他们唯一的全部的文学，书面文学出现，作家文学出现，多民族文化交融的崭新的文学艺术形式纷纷出现。

第二节　民族作家文学

一　哈尼族作家群及作品

哈尼族作家文学的出现是在改革开放以后，元阳县哈尼族的文学创作在哈尼族地区相对来说出现得较早，作品数量比较丰富，不乏上乘佳作。享有盛名的代表作家有艾扎、诺晗、哥布、陈强等。新世纪以来，伴随哈尼族梯田申遗的开始与深入，元阳的哈尼族作家的文学创作除了早期个人体验色彩相对浓厚的作品外，增强了具有比较鲜明的民族文化反思色彩的作品。与此同时，基于越来越强烈的文化自觉意识，对哈尼族的作家文学创作群体与作品开始进行了较为客观、全面的梳理和深刻反思。在他们的作品与创作行为中，越来越强烈地显现出民族文化深厚的传统底蕴和旺盛的生命力。

（一）艾扎及其作品

艾扎，汉名李永林，男，哈尼族，1956 年出生于元阳县。1989 年毕业于西北大学中文系首届作家班。1975 年赴乡村插队务农，1978 年后历任元阳罐头厂工人，元阳县文化馆编辑，《红河文学》杂志编辑、副主编，红河州作协副主席，中国作协鲁迅文学院第二届进修班学员，《九龙池》杂志主编，玉溪市作协副主席。1982 年开始在《边疆文艺》发表作品，1995 年加入中国作家协会。

艾扎的代表作品有：长篇小说《阎谷》《阎女》《阎犬》，中短篇小说集《红河水从这里流过》《艾扎中篇小说选》，小说《爱，溢满红河谷》等。1983 年创作的小说《金凤花》，获全国第二届少数民族文学评奖优秀短篇小说奖；1992 年，短篇小说《棺树》获云南省首届文学艺术创作奖。艾扎的边地小说散发着浓重的红河峡谷的气息，展现出红河流域各民族共生共居共同交流发展的社会风光长卷。他突破了专写哈尼一族的格局，描写了哈尼族与其他民族的关系，作者力图勾勒出红河两岸立体化的多侧面多层次的生活状态。

2000 年以后，艾扎不仅继续创作，而且对哈尼族的文化创作进行了反思。在《边疆文学》《民族文学》《大家》《作家文学》发表了《红河古渡》《长桥海的涛声》《哀牢密林中的"瓦尔登湖"》《红狼》《米堆冰川的眼泪》以及《哈尼族文学对于传统文化的继承与发展》等作品。

（二）诺晗及其作品

诺晗，汉名李永万，别名居楚、来仰、扎尔，男，哈尼族，1956 年出生于元阳县。1990 年毕业后从事小学教师、中学教师、秘书等工作。1981 年开始发表作品，发表过散文和中短篇小说上百万字，是一位用功甚勤的作家。

诺晗作品《山间又响马铃声》发表在《人民日报》副刊，1984 年国家教委收入全国统编教材六年制语文课本第十册。已出版散文集《火塘边的神话》《蕨蕨路》《留在二十世纪末的脚步声》等。其中《阿妈的背箩》《太阳》获第三届全国少数民族文学新人新奖；《爱的踪迹》曾在全国散文大奖赛中获二等奖。现为中国少数民族作家协会会员。曾获第二届全国少数民族文学创作奖、国际和平征文二等奖等多项奖励。诺晗的创作以散文为主且较有特色。他的散文清新明朗，具有哀牢山叮咚山泉般的韵味。他受哈尼传统文化的影响很深，把对母族、母亲、故乡的眷恋融进诗意的散文中，他热衷于描写哀牢山哈尼山乡的一切人和事。

（三）哥布及其作品

哥布，汉名白进明，男，哈尼族，1964 年生于元阳县。哥布用哈尼文和汉文从事诗歌和散文创作，共出版《母语》《少年情思》《遗址》《空寨》《神圣的村庄》等 8 部诗歌和散文作品集，曾荣获全国少数民族文学创作骏马奖、云南省文学艺术创作奖等。1984 年学习诗歌创作，1986 年开始在《诗刊》《民族文学》等刊物发表作品。散文《梯田的歌声》，被选编入全国民族类高等院校统编教材《大学语文》。现为中国作协少数民族文学委员会委员、云南省作协副主席、云南省诗歌创作委员会主任、红河州作协主席、国家一级作家。哥布是一位用汉文和哈尼文双语创作的哈尼族青年诗人。他的诗作饱含独特的文化精神，他将诗歌的视点集中于自己的文化土壤，以"一位在大地上歌唱的孩子"的真诚唤起人们的感动。哥布的诗歌被誉为"大地的根上发出的声音"，呈现给我们的是一个质朴、纯净、真诚的世界。他对民族的传统有天然的依恋和深厚的情感，他在诗集《母语》后记里说："让先祖高兴，让族人高兴，让父母高兴，让朋友高兴，让所有善良的人高兴——这是我的愿望。"

新世纪到来之际，哥布不仅将民族文学创作推向新的高峰，在《边疆文学》《中国民族》《今日民族》《民族文学》等刊物发表了《梯田之光》《哈尼梯田我的家》《词语的村庄》《我为什么如此痴迷哈尼文》《神圣的村庄》《我为什么怀念火塘》等具有鲜明文化反思色彩的作品。与此同时，也对哈尼族的文学创作有了更多更深的思考。1999 年、2000 年，先后在《云南文艺评论》发表《梯田文化谱新篇：哈尼族作家文学概况》《寓言的流变：陈曦散文集〈怀念远山〉序》；2003 年在《蒙自师范高等专科学校学报》发表《20 世纪中国哈尼族文学编年》，对哈尼族的文学创作进行了学理性的梳理与反思。

（四）陈强及其作品

陈强，原名陈曦，男，哈尼族，1963 年 10 月出生于元阳县。1980 年 3 月参加工作，从小学教师做起，于 1988 年在元阳县总工会从政，先后在红河州委组织部、州人民政府办公室工作，先后担任红河州人民政府副秘书长、中共蒙自县委副书记、县人民政府县长、红河州建设局局长、党组书记，官至红河州委常委、蒙自市委书记。因病医治无效，于 2012 年 5 月 29 日在昆明去世。他在《诗刊》《民族文学》《边疆文学》等报刊上发表了大量的诗歌、散文。1994 年，他出版了第一部散文集《怀念远山》；2007 年，出版了第一部诗集《有一种忧伤穿过我的情感》；他出版的诗集还有《情愫》《山村来信》《家园》。2009 年，在他的极力主张之下，创办了民间诗刊《诗红河》，以发现、培养、团结红河本土的诗人和诗歌爱好者并联络全国各地诗人。

二 其他民族作家及作品

（一）涅努巴西及其作品

涅努巴西，男，彝族，1941 年出生于云南省红河县宝华乡。自 1960 年参加工作便长期生活于元阳，从事彝族民间文学搜集整理工作，搜集整理了流传在红河、元阳一带的很多彝族民间长诗，如《力芝与索布》《木荷与薇叶》《南诏国的宫灯》等。曾发表多篇小说、散文。已出版《南诏国的宫灯》《彝族叙事长诗选》《哀牢雄鹰》等作品。《南诏国的宫灯》一文好评连连，很快便由红河州文联出版了单行本。时隔近 30 年，《南诏国的宫灯》又由四川民族出版社作为重点著作隆重推出，作为恢弘史诗《唐诏情》的姐妹篇，同放异彩。

涅努巴西的创作，为我们展示了边地彝族人民世世代代与自然和睦相处，与各民族兄弟深情相待的生活态度和生存状态。在《南诏国的宫灯》中，作品大大突破了过去的爱情范畴，直接描写了南诏国宫廷内部的政治角逐与感情纠葛。各种矛盾错综复杂，情节起伏跌宕，引人入胜，人物冲突激烈多变。涅努巴西有十几部长诗出版，六部长诗获省级、国家级大奖，其作品流传全国，传扬海外。

（二）马理文及其作品

马理文，男，1947 年生，云南元阳县人，1980 年开始业余创作，先后在国内外报刊上发表过小说、散文、诗歌、报告文学百余篇。主要代表作有《元阳野史》（德宏民族出版社 2011 年版）、《元阳风情》（云南民族出版社 2009 年版）。

第三节 影视文学与作品

在 20 世纪末，随着元阳改革开放脚步的加快，魅力深藏哀牢深山的元阳开始向世界慢慢展现其独特魅力。1992 年 12 月 18 日，经国务院批准，元阳被列为对外开放县。不久，法国独立电影制片商杨·拉玛走进哀牢山深处，深深折服于元阳哈尼梯田的大美。

一　在元阳拍摄的电影作品

（一）扬·拉玛与《大山的雕刻者》

1993 年，法国人扬·拉玛（Yann Layma ）在元阳哈尼人世代垦殖的层层梯田间待了足足六个月，以《大山的雕刻者》为主题，完成了一部片子、一本画册、一部纪行以及近万张照片。后来，他将这些影像材料带回法国，他将哈尼人称作"山的雕刻者"，将哈尼梯田誉为"新的世界奇观"。神奇壮观的梯田和世代生息于此的哈尼人第一次对西方媒体全面展示，被欧洲媒体评为"1993 年度新发现的世界七大人文景观之一"。

扬·拉玛的大型风情风光纪录片《大山的雕刻者》在欧洲上映，首次把元阳梯田推向世界。之后，影片在世界 40 多个国家公演，引起极大的关注。

（二）影片《云南故事》

1993 年拍摄、1994 年 1 月首映的《云南故事》，是一部由北京电影制片厂和台湾金鼎影业公司、香港仲盛有限公司联合摄制的彩色同期立体声影片，由著名女导演张暖忻执导，由吕秀菱、濮存昕、林健华联袂主演。该影片 75% 的镜头在元阳境内拍摄。

电影梗概：抗战胜利后，日本女人树子自杀未死，被哈尼族年轻军官戛沙救下，并随他返回云南故乡，不料刚到家门的戛沙因旧病复发而死去。戛沙的弟弟戛洛为保护树子不受族人的歧视，对树子精心照顾，逐渐两人产生了爱意。遵照当地"哥死弟承"的习俗，树子嫁给了戛洛，并生儿育女。岁月流逝，树子对故土的渴望日渐加深，50 年后她回到了日本。但是，由于仍眷恋着中国，最终又回到了云南山村。

（三）影片《生生长流》

2001 年上映的电视电影《生生长流》，由青年导演蒲剑任编剧、导演，刘小宁、游琳姝主演。影片拍摄于元阳，以元阳哈尼族村落为故事发生发展的空间。《生生长流》获电视电影百合奖提名，第三届少数民族题材电影创作"骏马奖"优秀电视电影奖，并参加法国汉斯国际电视节展映。

影片梗概：追踪文物走私犯的卧底公安萧毅在与罪犯的搏斗中负伤，被哈尼妇女哈波所救。经过哈波的细心照顾，萧毅的伤很快痊愈。在相处的日子里，两人渐渐产生了感情。可是重任在身，萧毅只能将这份感情埋在心底，等待任务完成之日再向哈波倾诉。歼灭犯罪团伙的战斗终于打响，不知内情的哈波尾随而来，不幸被负隅顽抗的罪犯挟为人质。激烈的枪战过后，哈波倒在了血泊之中……带着无尽的伤痛，萧毅离开了哈尼山寨，而哈波美丽的笑容将永远印在他的心中。

（四）影片《梯田边的孩子》

《梯田边的孩子》，又名《雾谷》，是一部拍摄于元阳梯田核心区的纪录片，为《东方全纪录》电视系列纪录片之一。由周岳军执导，阿龙、李松主演。获 2002 年度"中国电视纪录片学术奖长片一等奖"，入选当年上海电视节人文类纪录片竞赛单元。

一个电视摄制组到一个贫困的少数民族山区拍片。其间，因为需借一头牛，片子围绕摄制组只给十块钱，而当地人则索要更多的钱而展开了矛盾……《梯田边的孩子》令人愕然，这似乎不是我们印象中那个山清水秀、宛若桃花源般的云南，似乎也不再是那个以淳朴的民风而感动着许多人的人间天堂。美丽富饶的元阳梯田掩盖不了我们的困惑：是什么改变了农村？那个凡事都要钱的阿龙和那些没有 50 元不肯借牛的村民们难道就是我们印象中热情好客、纯朴率真的农民？正是在这一背景下，《梯田边的孩子》反映了今天中国城乡出现的矛盾与变化。

（五）影片《婼玛的十七岁》

《婼玛的十七岁》2001 年 3 月在元阳开机拍摄，2003 年 8 月上映。由章家瑞执导，杨志刚、李敏主演，讲述生活在红河哀牢大山深处 17 岁少女婼玛的一段青春故事，表达了年轻人对爱情的执着和幻想。

导演章家瑞坦言，《婼玛的十七岁》承载着一个功利目的，即配合云南省红河州政府为哈尼梯田申报世界遗产作某种宣传。所以影片试图用一个美丽而动人的爱情故事来完成对哈尼梯田文化的升华。婼玛，一个情窦初开的哈尼少女，用自己灿烂的微笑打动了她身边的每一个人；哈尼人特有的质朴纯厚及坚韧的力量给了她成长的自信。阿明，一个挣扎于市场经济与世俗爱情之中的汉族小伙子，他给婼玛带来了希望，也让婼玛困惑与失望。影片运用朴实的镜头语言和影像表现"希望与困惑同存，文明与落后碰撞，美丽与丑恶相搏"的当下现实，以独特的视角和镜头叙事表现现代文明对古老文明的冲击。影片既是"哈尼梯田"的宣传片，也是对哈尼人的歌颂与赞美。最后镜头中婼玛释然地笑了，这是对一种民族精神的最简单和最崇高的敬意。

《婼玛的十七岁》前往 28 个国家参加国际性的电影节并获得了多个奖项，在第十届华表奖上又获得了最佳故事片奖，女主角李敏也获得了最佳女主角提名奖。在韩国釜山电影节上，人们称该片为中国版的《回家》。柏林电影节主席也评价说："我从新的视点看到了真实的中国，这是一部能让人想很多的影片。"美国《每日综艺》评价："这是一部内涵深蕴但凄婉迷人的故事，导演在把握地域文化风情的叙事上，既深刻而又不露痕迹。"

（六）影片《樱桃》

2006 年，上海电影制片厂在元阳拍摄的原生态电影《樱桃》，是旅日导演张加贝与近年来凭精湛演技赢得绝佳口碑的实力派演员苗圃的二度牵手之作。由著名编剧鲍十撰写剧本，讲述了大山深处一个凄美的母爱故事。《樱桃》在元阳拍摄了两个月，梯田在云雾笼罩下美丽壮观，恍若人间仙境。演员除了苗圃外都是业余的，影片中人物都用云南方言说话。拥有美丽的自然景观和最自然的业余演员的演出，因此《樱桃》被称为"原生态电影"。剧本根据真人真事改编，从小失去双亲被同村的好心人葛望的母亲收留的有智障的樱桃，与患有小儿麻痹症的葛望结为夫妻。善良的樱桃偶然在路边捡回一个小孩，不顾家境贫困收养了她。葛望将养女红红偷偷送给别人，樱桃知道后伤心欲绝，挨家挨户寻找红红并最终将其找回。红红上学后，因为母亲的缘故常被同学嘲笑，因此对母亲产生了反感，开始孤立母亲。一次樱桃因冒雨给红红摘樱桃掉进了河中，红红深深体会到母亲对自己的爱。为了报答母亲，红红发奋读书，最终考上了大学，大学毕业后回到了家乡。

《樱桃》在国内上映以及参加多个国际电影节，均获如潮好评。苗圃凭借此片获得第十七届上海影评人奖最佳女主角；苗圃因在电影《樱桃》中扮演女主人公"智障母亲"樱桃而入围印度新德里第 38 届印度国际金孔雀电影节最佳女演员；苗圃因为在《樱桃》中出色饰演了智障母亲而入围亚太电影大奖"最佳女主角"；《樱桃》2007 年入围东京国际电影节，后来又参选澳大利亚、印度、俄罗斯、韩国日本、伊朗、美国等国家的电影节。

（七）影片《太阳照常升起》

电影《太阳照常升起》由著名导演姜文执导，由姜文、黄秋生、陈

冲、房祖名、周韵等演员联袂主演，发行于 2007 年。作为姜文自编自导
的第三部电影，《太阳照常升起》改变自叶弥的短篇小说《天鹅绒》，描
写了 20 世纪六七十年代发生在"文革"期间的一个故事。

影片中的的第一章，主要选择了云南元阳作为拍摄地。疯妈的种种离
奇行为与彩云之南的瑰丽景色形成强烈的对比。这里不是疯妈的故乡，恰
恰是李不空，即那个假装牺牲的薄情之人阿辽沙的故乡；山清水秀的云
南，原本可以让疯妈对阿辽沙的坚贞爱情逐渐稀释，却不曾想到，一切都
愈发难以磨灭。石头砌成的房子，云绕雾翔的村子，开满鲜花的房顶，惬
意懒散的牛羊，走起来吱吱作响的竹桥，湿地中漂着的草排，油彩画般的
梯田，还有梯田里倒映的山色都是元阳最美的风光。

（八）影片《通往天堂的阶梯》

2006 年 1 月，德国黑森林电影制片厂拍摄的电影《通往天堂的阶梯》
在元阳开拍。剧组聘请元阳文化馆马理文演剧中摄影师角色，该角色为该
剧一号主演。《通往天堂的阶梯》，大量外景取自坝达梯田。《通往天堂的
阶梯》历经两年已经摄制完成，2008 年 4 月在元阳开首映式。

（九）影片《天空之田》

2012 年 2 月初，日本 NHK 电视台播出了历时三个月在红河州拍摄完
成大型纪录片《天空之田》。这部纪录片讲述中国云南红河美丽而神奇的
哈尼梯田及其自然风光和独具特色的民族传统文化。

（十）影片《遥远的约定》

由上海国际文化影视（集团）有限公司、上海三元影视有限公司、
上海金棕榈影视制作有限公司、上海天一影视有限公司联合摄制的《遥
远的约定》，由新锐导演盛林、李勇执导，刘婷、方家俊编剧。摄制组在
元阳哈尼梯田风景区和哈尼村寨广泛取景。

影片讲述上海市民许红卫多年来资助哈尼族贫困学生龙嘎和丹依上
学，爱心互助中见证了普通人纯朴真挚的美好情感，更折射出中华大家庭
不同民族间的鱼水亲情。影片由著名影视演员、金鸡奖华表奖双料得主于
慧和著名影视演员、飞天奖得主杨树林主演。片中哈尼族少年龙嘎和丹
依，由元阳县一中高一学生普伟和龙丽饰演。影片根据"1990—2007 年
度感动上海浦东十大人物"许红卫八年辛劳助学和哈尼族学生自强感恩
的故事改编创作。它既是一部青少年成长的励志片，也是一部民族团结的

生动教材，表现我国在建设和谐社会过程中民族团结精神和普通人的理想追求及崇高品格，具有普遍的社会现实意义。

二　元阳电影人的本土作品

李松霖，男，哈尼族，1979 年生于元阳。13 岁时参演了《云南故事》中的一个角色。从此，心里有了电影梦。几年后，他如愿进了北京电影学院与解放军艺术学院进修。经历近 10 年场记、统筹、副导演的磨砺，开始独立执导。

（一）影片《俄玛之子》

《俄玛之子》是李松霖的处女作，2008 年首映。《俄玛之子》讲述了一个哈尼族男孩阿水的电影之梦，是一个发现梦想、追求梦想、实现梦想和坚守梦想的故事。原生态的哈尼族歌舞、哈尼族服饰、元阳梯田以及哈尼古镇，让整部电影感觉就像吹来了一股清新自然的"云南风"。透过这部影片，既可以看到少数民族山寨中纯美的自然风光，也可以体会到亲情与乡情的纯粹与美好，这一切交融在一起显得无比和谐。影片中最吸引人的地方当属带着哲理意味的对话，譬如，父亲对儿子说："鸟要高飞，人要远走，走出去就不要回头。"而对于逝者的态度则是"不要悲伤，春天他们会化作泥土再回来"。影片中的所有角色均由非专业演员扮演，而且大部分人都是哈尼族。2008 年 12 月，《俄玛之子》被教育部、文化部、国家广电总局列入第二十二批向全国中小学生推荐的优秀影片之一，是云南省第五届文艺精品，曾获入围并获邀出席第十七届金鸡百花电影节、第十二届上海国际电影节等多项殊荣。《俄玛之子》编剧兼导演李松霖介绍，"这是一部儿子献给父亲，游子献给故乡的电影，也是一部纯粹的云南民族电影，影片最大的特点是起用非专业的哈尼族演员担纲主演"。

（二）影片《爱未央》

《爱未央》（又名《新红河谷》）是李松霖继《俄玛之子》后的第二部关于红河的作品，由云南俄玛文化、汪子琦工作室联合摄制。以一个年轻华裔女孩的视角探寻了百年前云南不同民族、不同身份背景的人民为保卫家园锡矿不被列强侵占而团结奋战的动人故事，片中不同时空的两段跌宕曲折的爱情故事平行发展，贯穿始终，着重从人物内心矛盾中挖掘其精神精髓。影片中的很多情节在红河州境内取景，神奇秀美的哈尼梯田、蜿蜒曲折的滇越铁路、厚重的建水古城文化等景致。同时，片中的原生态音乐和民族服饰也有助于更多观众通过电影进一步了解红河州的风土人情。《爱未央》采取古今两个时空双线交叉叙事的形式，讲述了云南红河地区的汉族、彝族和哈尼族人民为捍卫自己的家园与列强浴血奋战的故事，并着重讲述了彝族一家祖孙三代在百余年里的不同历史背景下的不同的人生经历和共同的民族情怀。从表面来看，影片是通过古今两个时空下的爱情故事展现一个家族的沉浮和一个民族的血泪史，但是，从片头引用的佛语"生命在呼吸间"及"没有结束，永远没有结束，因为有爱"的片尾字幕，可以窥见影片所要表达的是：珍惜生命和珍贵感情。

（三）影片《梯田恋歌》

《梯田恋歌》是由红河州自行编剧、制片、导演，并由当地农民本色主演的红河本土电影，2012 年拍摄。影片在红河州元阳、河口、金平、红河、蒙自取景拍摄，其中元阳是主要拍摄地。影片选用的演员全部是农民，本色参演。影片中人物的语言动作、故事情节及环境画面皆源于农村现实生活，有着浓郁的红河乡村气息。

三　在元阳拍摄的电视作品

（一）电视剧《山间铃响马帮来》

2010 年在央视一套夏日剧场播出的电视剧《山间铃响马帮来》，讲述了新中国成立初期发生在云南边疆的扣人心弦的反特故事。由宁海强执导，著名演员王斑、杨恭如、黄奕联袂加盟。1954 年，由老作家白桦创作、导演王为一拍摄的一部黑白电影《山间铃响马帮来》，是一部非常优秀的电影。新版剧中，浓墨重彩地描述了新中国成立之初，解放军在大西南边陲肃清反动势力的阴谋，与各民族的同胞团结一心，最终剿灭匪军残余的故事。片中不少片段在元阳拍摄。

（二）电视剧《小爸爸》

电视剧《小爸爸》由 SMG 尚世影业、北京君竹影视文化有限公司、北京华美时空文化传播有限公司、完美世界（北京）影视文化有限公司联合出品，滕华涛监制，文章导演并主演，马伊琍主演并兼任总制片人，朱佳煜、王耀庆、刘欢、徐翠翠、张子萱联袂主演。《小爸爸》云南的拍摄地选在了云南元阳的哈尼族原生态村寨，山水画般美丽的风景让导演文章一路狂拍，直言"不能辜负了大自然的恩惠"。虽然在拍摄长街宴这场戏前，演员们已经对这个当地风俗有了一定了解，但来到"长街宴"拍摄现场，看到桌椅摆放得犹如长龙般的壮观宴请场景，演员们还是叹为观止、豪饮酣醉。

此外，目前还有一些重要的影视作品正在元阳拍摄中。纪录片《人类》摄制组将元阳作为目前在中国选择的唯一拍摄地。纪录片《人类》是由国际摄影大师扬·阿尔蒂斯·贝特朗执导的长篇公益环保纪录片，将在全球超过 60 个国家和地区进行拍摄。最终编制出一部完整的影片，整部影片长约 90 分钟，展现元阳梯田的部分会有几分钟。该纪录片将在2015 年的联合国首脑大会举行首映。

2014 年 6 月 22 日，由红河州委宣传部和中央电视台联合拍摄的"红河哈尼梯田大型纪录片"开机仪式在元阳县箐口村举行。该纪录片拟共分三集拍摄，每集 50 分钟，拍摄周期为一年。来自中央电视台的纪录片摄制组负责人表示，将派出最优秀的团队、最精良的设备，用最好的表现手法拍摄，以期让更多的人了解红河哈尼梯田，走进红河哈尼梯田。

第四节　民族传统歌舞

对于生活在元阳县境内的各个少数民族来说，传统的口头文学与音乐、舞蹈大多都是三位一体的，难以截然分开。尤其是传统音乐，一方面和口头文学中的韵文体相交相融，亦说亦唱、浑然一体；一方面与传统舞蹈相得益彰，亦歌亦舞、难分难解。很多传统的歌舞，在乡村的节庆和城镇的舞台，依然保持着旺盛的生命力，依然展现出独具韵味的魅力。不少传统歌舞与时俱进，从内容到形式不断创新，成为各少数民族中老年茶余饭后的主要精神追求和文化娱乐。

一　哈尼族传统歌舞

（一）传统音乐

1. 哈巴

哈尼人的一生是与音乐相伴的一生。"哈吧"系哈尼语，意为哈尼古歌，是哈尼族的一种说唱音乐，广泛适用于一切民俗场合，被认为是可以在任何时候、任何场合、任何听众面前公开吟唱而不必忌讳和害羞的歌种。是哈尼族社会生活中流传广泛、影响深远的民间歌谣，是一种庄重、典雅的古老歌唱调式。一般分为"十二奴局"或"二十四窝果"。"十二"或"二十四"都是虚指，言其极多。涉及哈尼族古代社会的生产劳动、宗教祭典、人文规范、伦理道德、婚嫁丧葬、吃穿住行、文学艺术等，是世世代代以梯田农耕生产生活为核心的哈尼人教化风俗、规范人生的"百科全书"。繁多的内容可供不同场合的需要而吟唱。每逢祭祀、过节、婚丧、起盖房屋等活动，都可以吟唱"哈巴"。

"哈巴"演唱有个显著特点，即首句的引词和末句的衬词。引词为歌手起始句用词，如"萨——"、"萨咿——"、"萨咿——萨"，最长的有"萨拉比德萨多布后克施窝厄"。这些引词意为"太好啦"、"实在喜欢呀"、"是这样的啦"，表达歌手热烈的情绪。歌手吟毕一段，听众会不约而同应和道："萨——萨"或"索厄——索厄——索索索"。这是对歌手的呼应和夸奖，相当于"唱得好啦"、"是这样的呢"。歌者与听众声音相呼、气息相合，场面和谐、气氛热烈。

2. 阿茨

阿茨意为情歌、山歌，是青年男女出山劳作或男女交往时唱的歌曲，内容十分丰富，涉及爱情、婚姻、家庭和劳作等。歌词有传统的套路和触景生情的现场作词，以独唱和男女对唱为主要形式。有些场合伴有三弦、二胡或树叶，主唱与帮腔之间形成多声部形式，极富民族特点。根据音调高低、音量大小、曲调不同分为"茨玛"、"罗白"、"茨然"三种。沙拉托乡、牛角寨乡、马街乡、新街镇一带哈尼族果宏支以"栽秧山歌"为代表的多声部音乐，作为首批国家级非物质文化遗产颇具代表性。有关专家已采录到8个声部的原生形态哈尼族多声部民歌，这极为罕见，具有很高的研究价值。哈尼族多声部民歌与梯田稻作农耕劳动相伴而生，是研究哈尼族文化及其民族性格和审美观念的重要资料。

3. 阿尼托

阿尼托，即领孩子时为使孩子安静入睡而唱的歌，与惯称的摇篮曲或催眠曲相当。一律采取独唱的形式。依演唱者的不同身份，又分爹妈唱的"达玛阿尼托"、祖辈唱的"搓莫阿尼托"以及哥哥姐姐唱的"然阿咕阿尼托"。内容与曲调，因演唱者不同而有差异。这一类歌曲轻声哼唱，时而辅以动情的气声，配合悠缓的摆动以及轻轻的击节。

4. 然咕差

然咕差，即儿歌，是哈尼儿童演唱的歌曲。演唱方式活泼多样，有独唱、对唱、齐唱，边游戏边唱、拍掌击节歌唱等。歌曲内容十分丰富，涉及天体自然、生活趣事、山野放牧、田间劳作等，对小孩起着娱乐身心、启迪心灵、开发智力等作用。代表曲目有《催眠曲》《月亮歌》《阿咪车》等。曲调短小精悍，音韵自然优美，极富儿童情趣。

5. 然米比

然米比，即出嫁歌，字面意思为"嫁姑娘的歌"。按不同演唱者身份和婚礼仪程的推进，又有由来宾演唱的喜酒歌"俄支哆"，由出嫁者和亲友于告别晚宴上演唱的出嫁歌"苏咪衣"，出嫁姑娘与父母告别时大声哭唱的哭嫁歌"咪威威"，女友送别新娘小伴时边走边唱的送嫁歌"哟却瑟赫"。因为哭中有唱、唱中有哭，故又称为哭嫁歌。

6. 密刹威

密刹威，即哭丧歌，是在亲友去世时哭唱的歌。"密刹威"的字面意思是"女人哀痛的哭声"，一般由妇女们哭唱，内容多为追述死者生前种种以及表达对死者的怀念哀悼。死者安葬前夜，由专门哭唱的女歌手"搓威威玛"在丧家通宵达旦哭唱，主人视其声望高低给予相应报酬。本家守灵男女和其他亲友一般哭而不唱，但座中有善歌者，也可与"搓威威玛"随声相和。

7. 摩批突

摩批突为哈尼族传统宗教祭祀歌，因由祭司摩批演唱而得名。唱腔各有不同，常由一人或多人轮流主唱。根据祭祀对象和演唱内容的不同，又分为"涅突"、"涅咧"、"苏拉枯"等。"涅突"即敬神歌，也称"批玛突"、"批玛古若"，用于祭献摩批神，以求祭祀活动顺利成功。"涅咧"即驱鬼歌，多用于驱赶作祟鬼邪的祭祀活动，倡议唾骂、喝斥之词开腔，辅以顿足驱赶之势、厌恶恐吓之颜。"苏拉枯"即招魂曲，是在被惊吓或无缘无故久病不愈的时候，请巫师或老人专门唱诵的歌。哈尼人笃信万物有灵，认为健康的人拥有 12 个灵魂，灵魂一旦走失便会生病、迷乱，甚至死亡。因此，遇到特殊情况的时候要叫魂，魂魄齐备，才能安康长寿。

（二）传统舞蹈

舞蹈，哈尼语统称"乐作"、"哈瑟"，多为集体舞。乐作为徒手舞，多以笛子、巴乌、三弦、四弦等为伴奏；哈瑟则手执一定道具，如碗、筷子、竹筒、刀、棍、扇子、木雀等，多以铓鼓为伴奏。舞蹈在哈尼族生活中无处不在，婚丧娶嫁离不开舞蹈，节庆祭典离不开舞蹈。哈尼族传统舞蹈具有纯真爽朗的民族特色。元阳哈尼族比较有代表性的民间舞蹈有乐作舞、棕扇舞、杂耍舞、碗舞、木雀舞等。

1. 乐作舞

"乐作"为哈尼语，"乐"是大家之意，"作"是玩跳之意，"乐作"就是大家来跳舞。也有人认为"乐作"是跳舞时反复出现伴唱"作乐作"而得名。主要流传于元阳及周边的哈尼族地区。"乐作"是形式较简单的广场自娱性舞蹈，常是数人围圈击掌而舞，并伴以有节奏的"作乐作"声及"哦呵"的喊声。伴奏用锣、鼓、三弦、巴乌、二胡等。演奏者也可以边伴奏边加入舞蹈。元阳的乐作舞大致可分两类：第一类是元阳县哈播、黄草岭等地的乐作，动作单一、套路少，跳时以脚跺地，刚健有力，主要以锣、鼓、铓伴奏。此类乐作具有哈尼族舞蹈特有的深沉稳健之风格。第二类是元阳县果统一带的乐作。是有所发展，形成较为规范的跳法。开始围圆圈做正步跳，接蹲转跳，然后两人对面做交叉擦背、对脚、摸螺蛳、摘果、单脚蹲等动作。提肘耸肩、控腿下落是果统乐作舞的独特风格。

2. 棕扇舞

棕扇舞主要流行于元阳及周边哈尼族中，以棕叶修剪成扇形作为道具，因此得名；又因舞蹈多模拟哈尼吉祥鸟白鹇优雅、淑娴的姿态和动作，又被称为白鹇舞。人们手拿棕榈叶，充当能为哈尼族带来吉祥幸福的白鹇鸟羽翼，在具有舒缓、柔美特点的乐曲伴奏下，模拟白鹇鸟在树下嬉戏、漫步、四处窥探等自然形态。人们时而像白鹇展翅，象征身弃尘秽、展翅迎新；时而像白鹇喝泉水，象征新一年的生活将会像泉水一样甘美。舞蹈动作古朴、细腻，充分表现了哈尼族人民对美好生活的向往。棕扇舞最初主要用于祭祀活动，舞姿不求统一，但每个动作均有象征性，男性模拟动物或鸟类，女性手持棕扇模拟白鹇鸟动作，各自起舞，表示对死者的尊敬和怀念，既庄重肃穆又感情真挚。随着社会发展，棕扇舞逐渐淡化祭祀成分，发展为今天既可用于祭祀仪式更是自娱活动的舞蹈，不仅在祭祀、丧葬时歌舞，逢年过节、农事休闲时亦歌亦舞。

3. 杂耍舞

杂耍舞，哈尼语称"客拉哈阿瑟"，即以武术器械为道具的带有竞技性质的舞蹈。"客拉"有脚手、武术和技术等多种含义,"哈阿瑟"即跳舞、舞蹈,"客拉哈阿瑟"简译为杂耍舞、兵器舞、武术舞等。以所持道具的不同分大刀舞、小刀舞、三叉舞、棍棒舞、节棒舞和流星锤舞等,用于节日喜庆或安葬祭祀。一般以铓、锣、鼓、镲等打击乐伴奏。流行于红河南岸元阳及周边哈尼族民间。过去,杂耍舞是丧葬仪式中不可缺少的一部分,哈尼族民间历来都有一些由艺人组成半专业性的杂耍队伍,专为送葬服务。杂耍队首先围着棺材跳各种武术动作,然后在棺材前跳打开路。各种武术杂耍形成行列,意在驱邪赶鬼。杂耍舞的起源无法考证。有人认为哈尼地区的杂耍都是外来的;但舞蹈中的刀叉等均是哈尼先民代代相传的兵器、狩猎工具,所以有的哈尼老人说"是哈尼古代就有的舞"。

4. 碗舞

"碗舞"哈尼语称为"伙玛磋",流传于元阳县的麻栗寨、哈播、全福庄等地,是哈尼族传统的女性习俗舞蹈。舞时人数不限,只需成双即可。每人两手各持一对碗,以手指控制使叠在一起的两只碗相碰击发出"哼、哼"的响声,舞者即随碗的节奏起舞。哈播过去只限于在每年举行祭寨神"昂玛突"活动时跳碗舞,麻栗寨等地则在祝贺新生婴儿时跳。虽然各地跳的时间场合有异,但碗舞的含义是一致的,即代表幸福吉祥。祭祖时跳碗舞,意为让哈尼世世代代丰衣足食;在庆贺新生儿出生时跳碗舞,意为祝愿子孙昌盛。据说很久以前跳碗舞时,不准许男性在场,怕他们看到妇女们模拟原始群婚的性爱动作。经过历史的发展演变,碗舞已形成为哈尼妇女的独特舞蹈,现在不仅在"昂玛突"及庆贺新生儿时跳,在一些盛大的节日活动中也能跳了。碗舞的动律特点:两腿屈膝上下起伏,提腿前后晃动,两手持碗作前后碰碗动作。上身稍前俯,眼视斜下方,表现了哈尼妇女补实、内向、含蓄、庄重的性格。现在,在"十月年"等重大节庆也跳碗舞。

5. 木雀舞

木雀舞是元阳县哈尼族特有的舞蹈。一般认为木雀舞起源于新街镇麻栗寨村,麻栗寨也因此享有"木雀舞之乡"的美誉。传说:很早以前,麻栗寨一户姓卢人家的小男孩生了恶疮,百治无效。最终,在小鸟的帮助下恢复了健康。于是,人们跳木雀舞以为纪念。从此,寨中各户凡生第一个男孩,村里人就要到他们家欢跳木雀舞表示祝贺。一般是四、六、八、十双数个男子参与,领舞的两位舞者左手举木雀,右手执扇子。起步时右脚往左斜前方上一步，右脚靠拢左脚，每拍屈伸一次，反复此动作。伴舞者左手拿竹制响板，右手拿扇子或毛巾，尾随领舞身后边舞边敲击出"咔咔"的节拍，手在胸前左右平划，脚踩碎步。众人舞步踩和木板节奏。木雀扇翅翩翩，表示对生下新生命美好的祝愿。作为木雀舞核心道具的木雀，是罕见的立体木雕，虽不很精致，也逗人喜爱。竹制响板以粗细不同的竹片数块用绳子穿成一串，敲击之声清脆悦耳，节奏铿锵。

二 彝族传统歌舞

元阳彝族的传统音乐有俄、雅、左、格、毕等之分。"俄"是唱的意思，可以在各类场合中演唱，气氛较为轻松随意；"雅"相当于独唱山歌，演唱者一般为男女青年，多为触景生情；"左"即婚礼歌，在举行婚礼的夜晚，由主客双方各出两名歌手边舞边唱；"格"是悼念死者时或祭祖活动时演唱的民歌，艺人领唱，众人和唱，歌曲由领唱者即兴创作；"毕"是指彝族毕摩在进行宗教活动时唱的歌曲，相当于宗教音乐。

元阳彝族的情歌韵味独具。"风吹树叶翻，开口就是歌"，以歌为媒，每个青年男女都能唱情歌。但情歌严禁当着父老兄妹说唱，只能在谈情说爱或甲村伙子邀约乙村姑娘设宴赛歌时才能说唱。它分为传统情歌和即兴情歌两种。传统情歌又分为叙事情歌和抒情情歌。叙事情歌有完整的故事情节、人物活动，通篇叙述一对情人的故事，用这个故事来表现演唱者的思想感情。抒情情歌以不同的内容有不同调名，即甲唱上首抒情情歌，乙必须唱相对应的另一首情歌，不能乱对乱唱，这种情歌叫做"姊妹篇"，如甲唱《相爱调》，乙必须唱《相思调》。情歌多数以咏物抒发感情，格式上"三三体"，即每首三大段，每段三小节，最后点出主题，段、节之间有合唱。

同时，元阳县彝族还拥有为祭祀歌、生产歌、酒歌、哭嫁歌、哭丧歌、儿歌和催眠曲。祭祀歌由巫师演唱，不同的祭祀有不同的调式，共分为13种调试。

彝族的舞蹈也形式多样。乐作舞模拟动物形状的"老熊跌崖"、"黄蜂找食"、"猴子串林"，有反映人们劳动的"摸螺蛳"、"踩荞"、"撵蚂蚱"等舞。象征战争厮杀的"流星"、"刀舞"，相信人的咒语、法术能战胜鬼魔的"祭祀舞"，似舞又似武术的"狮子舞"，阿鲁支系的还有"芦笙舞"。彝族"乐作舞"有70个套路，步伐刚健、热情奔放，充满着乐观豪迈的生活气息，表现了彝族人民的乐观、坚毅、勇敢精神。

三　其他民族传统歌舞

傣族是一个具有悠久文化传统的民族，每当节庆活动时，民歌、酒歌、情歌歌舞齐升，喜庆吉祥，大家一同坐在竹楼的火塘边，听歌手"赞哈"演唱。赞哈是深受傣族群众欢迎的民间歌手。"河哈"即曲子之意，是傣族的主要民间音乐。其内容广泛，有叙事歌、农事活动歌、伦理道德歌、情歌等。演唱形式不拘，无论野外、家中还是在父母兄弟等亲属面前均可演唱。曲调节奏欢快，轻声细语，优美动听。"龙舞"傣族自称"跳龙"，为祭祀性舞蹈，舞蹈先由巫师手持巫刀、羊皮鼓带头起舞，村民参与欢跳，舞者默不出声，摇铁圈、击鼓伴奏。舞蹈单纯古朴，庄重肃穆。

苗族人民几乎男女老少都能唱。生活中的各种场合，死丧、嫁娶、节日、闲暇、谈情说爱、流山串寨、迎亲送友、饮酒取乐、劳动歇晌等，都有歌可唱，都能用唱歌来描述事物，表达感情。歌的内容有情歌、喜事歌、丧事歌、酒礼歌、叙事歌、牧歌等。各种歌调，除了民间流传的比较固定的内容以外，许多人都能即兴编唱，抒发感情。芦笙是苗族民间特有的乐器，常常边吹边舞，形成独具一格的"跳芦笙"。芦笙舞分单人舞、双人舞、四人舞、集体舞，时而蹲步跳，时而搓脚跳，时而旋转，时而翻滚。芦笙吹奏的曲调十分广泛，分为情歌调、祭祀舞、丧葬调、叙事调等。情歌调多为出山、串案、外出闲耍和花山时吹奏；祭祀调是各种祭祀场合吹奏的曲调；苗族丧葬礼仪离不开芦笙，开路、入棺、上祭、出丧、敲牛等场合都要吹芦笙。此外，苗族民间还有口弦、巴乌、胡琴等乐器。

瑶族的歌谣是他们的记录历史，表达情感的主要方式。创世歌，主要叙述洪荒时代天地万物起源，如盘古开天辟地、伏羲兄妹传人种，大多在祭祀和婚礼上演唱。苦情歌，揭露封建统治阶级对瑶族人民的歧视、凌辱和压榨，使其被迫逃进深山老林过着食不饱肚、衣不蔽体的牛马生活。情歌，内容丰富，有请歌、劝歌、赞歌、对歌、谢歌、送歌等，善于比兴、抒情深沉。信歌，可分为迁徙、查亲、求援及恋爱等，多为七言体，有的用韵，有的不拘韵。一篇信歌就是一首叙事长诗，在瑶族社会中流行盛广。此外还有"生产歌"、"道德歌"和"谜语歌"等。瑶族舞蹈有"鼓舞"、"铜铃舞"、"铜镲舞"等，均由男子表演，称为"跳神舞"。舞姿刚健有力、风格纯朴，生活气息很浓。舞蹈中表现的垦荒种树、伐木、盖屋、狩猎等动作，充分反映了瑶族人民过去迁徙频繁的生活特点。"铜铃舞"瑶语叫"冻觉"，为祭祀舞蹈。一般在过年过节和"度戒"时演跳，庄严肃穆，古朴幽雅，别具风味。

21世纪以来，元阳县各民族的传统歌舞得到了保护和传承，在梯田申遗成功的背后，元阳县各民族的传统歌舞迎来了发展的春天。

随着改革开放的不断深入，元阳广大农民经济收入逐年增加，众多村民已不满足"看电影看电视看演出"，他们要"自己演、演自己"，于是各种农村文艺队犹如雨后春笋般在元阳农村应运而生。全县共组建了农村（社区）文艺队295支，其中农村文艺队269支，社区文艺队26支；这些文艺队分布于全县14个乡镇的社区、街道、行政村、村民小组等。其中，哈尼族文艺队76支，彝族文艺队111支，傣族文艺队46支，苗族文艺队4支，瑶族文艺队4支，壮族文艺队10支，汉族文艺队44支。文艺队共有队员2693人，涵盖了各年龄层，青少年文艺队38支，中年文艺队189支，老年文艺队68支。农村文艺队经常组织开展文艺活动，既丰富了农村文化生活，又寓教于乐，深受各民族群众喜爱。

第五节 民族传统服饰

一 哈尼族传统服饰

元阳哈尼族包括艾罗、果宏、腊咪、罗比、罗美、多尼、阿梭、哈备、老邬等分支，服饰互不相同。艾罗人主要分布在元阳县梯田核心区新街镇、攀枝花乡和牛角寨等地。艾罗是元阳哈尼族人口比较多、分布较集中的一支，艾罗聚居地相对来说比较靠近交通沿线。果宏人主要分布在沙拉托乡、牛角寨乡、马街乡。腊咪人主要分布在俄扎乡、黄草岭乡、黄茅岭乡。罗比、罗美人交错分布在小新街乡、大坪乡、上新城乡、逢春岭乡一带。罗比、罗美的服饰以其色调古朴、银饰璀璨的鲜明特色，逐渐取代艾罗支系成为元阳哈尼族的代表性形象。多尼支主要分布在俄扎乡、黄草岭乡、黄茅岭乡，人口较少，服饰接近共居一域的哈尼族腊咪人。阿梭支主要分布在黄茅岭乡，服饰较具特色。哈备支主要分布在元阳县黄茅岭乡与金平县老猛乡的交界处。老邬人主要分布在大坪乡、上新城乡。

哈尼族的传统服装，由妇女自己剪裁缝制。部分尚且保留自织自纺的传统，以小土布为衣料；部分已采用市场出售的机织布料。装饰材料主要是各种彩色布和丝线，精心绣饰或灵巧拼镶，色泽艳丽、赏心悦目。哈尼女性的首饰以银制品为主，常见的有银链、项圈、耳环、手镯、戒指等。传统的哈尼族因支系不同，服饰类型多样，各具特色。哈尼族生活在山区，宽松的服装适应山区生产劳动的需要。哈尼族妇女的一生，根据年龄、身份的变化要多次更换装束。因而，从服饰上可以看出其是否已结婚、生育等。花鸟虫鱼、日月星辰等，是哈尼族妇女的基本装饰图案，是民族生活环境的艺术体现。

（一）男子服饰

男子服装和头饰均朴素大方。成年男子绝大多数以黑色土布为包头，少数地区也用紫色的绉纱或自织白色土布。有的喜欢在包头上插彩色羽毛为饰；有的喜欢在包头布一端精心搓捻成无数细条，编织成精美图案，末端留下六厘米左右的线头，形成一束缨子。打包头时，必须从左到右顺时针方向缠绕，在额头正上方形成人字状，层层相叠，最后将末端留于耳朵上方部位。

男子上衣有两种。有无领右衽衣，在右锁骨和右腋下方钉扣子；有矮领对襟衣，左右两边左右对称缝有四个包，钉若干对布扣子，但其数量必须为单数。年轻男子穿对襟衣，喜钉亮闪闪的银扣子。传统男裤的裤腰、裤脚较宽大，裤裆较低，裤脚间夹角很大，穿时裤腰要打折再系腰带。

过去哈尼族男子穿木屐、棕鞋、草鞋和布鞋。哈民族的木屐，一般是用木质较轻的木头制作。根据自己脚的大小，取两块厚六厘米、宽十厘米左右的长形木头，将脚踩的那面推平，另一面锯出两道坎来作鞋路，砍去脚尖和脚后跟中间部分木头，形成一个凳子状。在后鞋跟两内侧和前鞋跟脚拇趾和食趾夹缝位置分别钻眼，系上棕丝或布条绳即成。

（二）女性服饰

元阳哈尼族女子的一生，至少有三次服饰更换。未成年时一种装束，成年到结婚或生育前是一种装束，生育后穿戴和饰物变得越来越朴素。

艾罗支女性头饰为内帽加外包头式，先将头发梳成辫，喜掺入黑色棉线使发辫显粗，然后戴黑色无顶布帽，将发辫自内帽后脑处穿出缠于头顶，以一块二尺见方的黑色包头对折包于内帽外，头帕四角缀有素色穗子。节日、婚庆等盛装时，在包头外加饰银链。艾罗女性服装为长衣长裤型。上装为长袖右衽立领衣长，为了行动方便，大多将衣襟拉斜系在腰带上。领口、衣襟、袖口镶有大量绣饰图案，多为蕨纹、犬齿纹。盛装时，外加一件镶满银泡的右衽短褂。银泡多镶成相连不断的回纹、圆形图案；喜佩一枚圆形银牌于胸前，银牌多以鱼、蟹、蛙、鸟纹样为饰。下穿为大裆宽腿深色裤子，下半段用镶拼、钉花边等手法加以装饰，以两端镶有图案的黑色布带系腰。全套正装时，小腿着彩色绣纹的护腿套。

元阳果宏人的头饰相对简洁，先以黑色头帕缠头，再以穿有银泡的线穗缠绕固定，兼为装饰。果活服装为短衣长裤型。上衣无领斜襟右衽，宽长半袖及肘，衣长遮腰。多选用黑色、藏青色为主要服色，领口、袖口、襟边均有红艳绣饰花边。长衣外套穿一件对襟短褂，襟边多细密绣饰。裤子为大裆宽腿长裤，下半段多红艳挑花绣饰。腰间先系一条方形遮臀布，再围一条长条形绣花腰带，方布与腰带上均绣有精美纹样。果宏支的绣饰配色鲜艳，针脚细密，均为各种几何纹样。大部分果宏人的上衣前襟尤其喜爱拼接一片自织自染的扎染布，独具特色。

罗比罗美的女子将头发编辫缠于顶，先用一块蓝色头帕缠头，再佩戴一顶精美的小帽，小帽底部帽檐缀满银铃，顶端十余个黄、绿、紫、白、红多色毛线球围成一圈，毛线球底下还团团缀有一圈银币。小帽外自右后方向前缠一条粗大的黑色假发辫，发辫末梢缀有五六个鸡蛋般大的黑色毛线球固定于右耳上方。大多数女子故意将小帽倾向左侧，使帽檐在额上呈现出一条别致的弧线，同时给右侧的毛线球留出足够的地方。盛装时，以数股银链从脑后垂下，向左侧绕一弧线过头顶复垂于脑后。已婚生育后，去掉缀彩色毛线球、银铃的小帽，粗大发辫依然盘于额上，发辫上加覆一块仔细折叠的绣花黑色头帕，头帕边沿缀有大量黑色棉线穗一律垂于脑后。盛装时，加饰一条缀有银泡、银铃的黑色头带。上衣为无领斜襟右衽黑色长袖短衣，领口与襟边以蓝色蕨纹为饰，袖口拼接一段蓝色袖管。衣服两侧开衩，后襟呈燕尾状长及遮臀，从腋下至襟尖沿襟绣有掌宽蓝色水车花纹样。外套一件60公分长宽的"凸"型围腰式胸衣，上端以银币银链挂于颈，两侧以银币为扣连接一条彩色布带固定于后腰。胸衣上端及两侧绣有掌宽蓝色水车花纹样，下端以白线绣有简单犬齿纹。下装为大裆宽腿半长裤，长及膝下，翻折一道刚好露出膝盖。小腿上套绣制精美的护腿套。

腊咪女性头戴黑色或深蓝色包头帕，头帕外部横系一条2厘米宽的净色带子。盛装时，以齿纹银泡头带固定、装饰。常服上装为长袖无领右衽短衣。上穿立领右衽宽松中袖遮臀衣，中袖下露出由各种精美纹样绣制而成的彩袖。身后系一块方形遮臀布，遮臀布的左、右下角饰有较简洁的几何纹样。下着宽筒长裤，裤管在膝盖上10厘米至膝盖下20厘米左右处拼接湖蓝色布，接口上沿饰有一宽一窄绣制图案。普遍佩戴银质耳环和手镯。整套服装基本用黑色、湖蓝、钻蓝作为服饰的主体色调，领口、前襟饰有素雅的蓝、白等色绣制的纹样，前襟上沿饰有一条0.5厘米宽的红色线条。整套服装中最为精致、出彩的是中袖下露出的彩袖，彩袖的颜色为整套服装中最鲜艳，体现了多种图案纹饰的搭配。

二　彝族传统服饰

元阳彝族中尼苏支人口较多，占全县彝族的约95%，在元阳县13个乡镇都有分布，其服饰以经典的大菱形尾饰和公鸡帽头饰广为人知；阿鲁支主要分布在黄草岭乡、黄茅岭乡，其服饰艺术以艳丽繁复见长；濮拉支主要分布在新街镇、马街乡，人口较少。

元阳彝族服饰以尼苏女装最具特色。姑娘多戴银泡镶嵌的鸡冠帽，妇女包绣花黑底头。姑娘的银泡帽与雄鸡降妖退魔的传说有关，因形似鸡冠俗称"公鸡帽"。帽上的大小银泡代表星星和月亮，寓意光明永远伴随。衣服多以蓝、绿、红、黄等彩色布为料，配以银泡、挑花等饰物，造成明艳富丽的装饰效果。女装多为高开衩大襟衣，衣长及膝，内为长袖衣，外为半臂衣，有时还着一件镶嵌银泡坎肩。坎肩一般在冬季盛大节日和婚丧场合穿用。着装时有将衣襟曳束于身后的习惯。装饰多集中于上衣的托肩、衽边、袖部、下摆，裤子则较少花饰。下穿青黑裤，无年龄区别，均为镶补两道蓝布边的宽腿黑色长裤。银泡大腰带是她们最引人注目的装饰，宽大的带头垂于腰臀，摇曳生姿。20世纪70年代后期，以白开司米线刺绣代替镶嵌银泡的新工艺在元阳盛行。绣品轻便、经济、便于洗涤而又不失华丽的传统风格，深得妇女的青睐。年轻妇女腰带鲜艳，老年妇女腰带素净。尼苏支男装大多为立领对襟上衣、宽腿长裤。

阿鲁支女子，头缠银泡勒带和黑色大头帕，多以彩色绒线和银泡为饰，喜戴大耳环。上着大襟衣，下穿黑色宽腿裤，外套对襟坎肩，衣衫均为紧袖，坎肩一般不系扣，着长衫者有将衣襟撩起束于腰后的习惯。衣裤喜用对比强烈的两种以上的色布拼接而成，全身以黑色调为主，红黑相间，杂以绿、蓝、白等色。绣饰集中于衣袖、后摆、衽边、背部和裤脚等处。男士包头较有特色，上着立领对襟衣，下穿宽腿黑裤。

濮拉支女子结发辫于顶，头罩圆形青布包头，左右缀花结丝带，上穿青蓝色或小领右衽黑色紧身衣，外套小褂，下穿黑色长裤。未婚女子和已婚妇女的着装没有明显差异。

三　傣族传统服饰

元阳县的傣族主要居住在河谷平坝地区，依山傍水建寨。主要为旱傣，主要支系为傣洛支和傣优支，傣洛支主要分布在新街镇牛角寨乡的部分村寨，傣优支主要分布在南沙镇、马街乡、逢春岭乡、黄茅岭乡的部分村寨。

傣族妇女讲究衣着，协调的服装色彩极为出色。服装多为长衣筒裙样式，小腿用绣制精美纹样的腿套包裹。据说夏天可防蚊虫叮咬，冬天又可防寒保暖。服装布料一边般用自种自纺自染的棉布，先用蓝靛染制，后用牛皮熬成胶浆制。自称"傣洛"的傣族，儿童未满 12 岁者均在头顶留一撮圆发，周围剃光。满 12 周岁以后开始蓄发，女孩用一块三角青布做包头；已婚妇女发髻盘结头顶，用一块钉有银泡的三角巾包头。一般上着青色宽阔长上衣，袖筒宽短，绸缎镶边，未婚女子用红色，已婚妇女用绿色或者蓝色，下着青色土布筒裙，小腿裹绣花腿套。

自称"傣尤"的傣族，少女头饰非常漂亮，包头加饰两卷布塔，分别缀于左右两边；新娘装的头饰在帽额前戴一串银珠红线帽花；已婚妇女头梳发髻，插数根银簪，罩套纱网。上穿宽大长衣，袖子上镶着各色绸布，未婚女子用红色绸缎镶边，已婚妇女用绿色和蓝色绸缎镶边。领口、襟边缝钉银泡装饰。上衣胸前镶上一块用银泡缝制的银片，如闪闪发光的太阳图案。下着黑色土布筒裙，裙腰打折系腰带。小腿绑绣制精美的裹腿布，佩戴银质大耳环、扭丝银手镯、银戒指。

无论男女，出门总喜欢在肩上挎一个用织锦做成的筒帕。男子一般上着矮领对襟短衣，下着长管裤，头缠青布或绉纱包头。1980 年以后，大部分青年男女多趋向汉、傣结合装束，服装布料多选用丝绸和混纺等料子。

四　壮族传统服饰

元阳壮族男子传统衣裤均用靛染土布缝制，圆领左衽，钉六至八颗衣扣；裤裆和裤脚都较大，净色；头缠自织青黑土布头巾或白毛巾，青年人的包头两端用丝线刺绣上花纹，腰系青黑土布腰带。家庭较富裕者钉白银扣，腕戴八方银镯头。

女童头戴猫头鹰帽或公鸡帽；姑娘编辫子垂于背，裹绣花青色布帕；已婚妇女，头发往上束，盘成碗大饼状，再用蓝布和钉有银泡的头箍、头帕包成三角形的尖头。然后用丝线穿银珠子、银铃缠绕为饰。上衣圆领，胸前沿领口钉一溜儿大银泡，中间镶一条花边以及数条彩布，腰间两侧钉大银泡六至八颗。纽扣全用布条编成。50 岁以上的女子服装素净，胸部不镶花边，缝缀两条蓝布，袖口不绣花、不钉银泡。裤子是大裤腰，大裤筒，裤脚镶两条天蓝色的布条，当中一条宽三寸，另一条两寸左右。裤带约 1.5 米长，两头绣花纹。

五　苗族传统服饰

元阳苗族，有"青苗"、"花苗"、"黑苗"、"白苗"和"绿苗"。随着社会的发展进步，她们的服饰改变很大，原来的老式服装已基本不存留。

"青苗"妇女传统服饰美观大方。上身穿或青或蓝满襟衣，左外右内衣襟相交，襟下直披三角形襟领。下身着蜡染花色麻布百褶裙，一般用五六米布料卷制。裙子下端有宽约 5 寸的刺绣花边，色彩鲜艳。腰前系一条窄而长的围腰，宽约 30 厘米，长及脚背；腰后系一根飘带，宽约 3 寸，上有蓝白色或紫白色的花样。小腿裹有绣花绑腿布，脚穿绣花勾尖鞋。

"花苗"和"黑苗"妇女上穿或青或蓝满襟衣，无领，腰大而长，袖宽而短。内穿自右襟衣，袖窄而长，托肩镶有半月形刺绣图案以布纽为口。下身着花白色或蜡染麻布百褶裙，重约 1.5 公斤，不易被风吹撩开，也不易被荆棘刺穿。腰前方系一块深色镶花边的围腰，与裙等长。腰后系有两条宽窄不一的飘带，围腰和飘带将衣裙连为一体。小腿裹绣花绑腿布，脚穿绣花勾尖鞋。

"白苗"妇女上身穿青色或白色交襟衣，领小，颈后披一块约 15×15 厘米的刺绣挂肩。托肩刺绣有花、草、鸟、兽等图案，袖口镶花边。下身着纯白色麻布百褶裙，长及脚背。白苗腰前系一块长至膝部的窄围腰，腰后系一条彩色飘带，小腿裹白色绑腿，脚穿绣花勾尖鞋。

"绿苗"妇女穿青色或蓝色上衣，下着蜡染花色百褶裙。上装与"花苗"相同，下装同"青苗"近似。"绿苗"腰间前后各系一块宽大的深色围腰，将裙子遮去大半。围腰将衣裙连为一体，使裙子不易被风撩乱。小腿裹白色绑腿，脚穿绣花勾尖鞋。

苗族男子不论哪个支系，服装大同小异。20世纪30年代前，大多上穿麻布斜襟长衫，内穿对襟衣，袖窄而长。1950年后，上穿麻布短衫，领小袖宽，颜色或青或蓝或白，以长条细格花镶边，以七对布钮或粗线扣合。喜欢穿数件衣，并有意外露。外衣只扣底部一对钮，依次往里每件向上增扣一对。以此显示贫富贵贱。下穿宽腰大裆裤，裤筒短而宽，小腿裹绑腿布，多数赤脚或穿草鞋。如今早已发展变化，绝大多数已穿起了市场出售的塑料鞋、胶鞋、皮鞋。

六　瑶族传统服饰

元阳瑶族传统服饰也喜用自种棉花自纺自织自染的土布。瑶族服饰不因地域分布表现出明显的差异，衣着有年龄差异。男女老少服饰均为长衣长裤型，穿靛染的青色衣服，妇女儿童服装喜用红色丝线、彩色毛线、彩色料珠、银饰搭配，20世纪70年代处以前有用猪油和蜜蜡梳发辫的习俗。另外，曾有拔眉毛之习，因被视为陋习而逐渐消除。1990年以后，喜欢着汉装，节庆喜事才着民族服装。

瑶族未成年男女，身穿黑色长衣长裤，头戴黑色小花帽，帽檐镶有圆形银质薄片，上有"福禄寿"字样。男孩帽子上系桃红色毛线，女孩帽子后面系有彩色布条；男孩衣领为椭圆形，女孩衣领为圆形；男孩衣服后摆正中开一约15厘米剪口，女孩则无。幼儿均喜用线穿野猪、老虎、豹、熊等兽类爪牙系于胸前、腰间或帽檐以驱邪避害。

瑶族男子上衣，圆领，对襟，外衣长至膝，衣襟缀饰百余颗银质锥形纽扣，衣后摆下端正开一长约20厘米剪口，系黑腰带。下着宽腰大裆长裤，膝下以青布裹腿。经过成人仪式度戒以后的男子，头戴用马尾编制成的圆帽。

瑶族女子十五六岁改帽为头帕，穿成人装。头梳发辫绕于头顶，用银片或竹片制成长宽约15厘米的方框套罩上，以三只发簪或一双银筷固定，再用一块方形青布盖上。上穿圆领对襟衣，衣长及小腿，两侧开衩，前后衣襟上提反折于腰间。领边、衣袖、衣襟喜用红布镶边。领口扣一对银纽扣，接头处系两束桃红色毛线，飘垂于胸前；腰部系两束桃红色毛线。下穿宽腰大裆长裤。佩戴耳环、项圈、手镯、戒指、银牌、银链、银铃等饰品。

第六节　民族传统手工艺品

一　传统乐器

元阳哈尼族的民间乐器品类繁多，形制各异，构造独特，演奏手法也颇有特点，有着较完整的组合体系。在气鸣乐器中，有属于簧振类的巴乌、草秆笛、直箫、稻秆笛、草笛；有属于吹口类的牛角号、栽秧木号、唢呐、野姜叶号、南瓜秆号、竹筒以及指哨；在弦鸣乐器中，有三弦、四弦和二胡；在体鸣乐器中，有树叶、口弦、铓、锣、竹子响把和竹板；在膜鸣乐器中有牛皮鼓、巴乌、稻笛和草秆等。在实际使用中，可根据民俗场合需要与可能有多种组合。

小三弦是元阳哈尼族普遍使用的民族器乐，哈尼语称"腊候候然"，为歌手和男青年的专用乐器。构造与汉族三弦大致相同，一般琴身不超过50厘米，琴扭长约8厘米，琴筒直径约5厘米。琴身大多选用梨木、杜鹃树、椿树、棠梨树等制作。琴筒用竹笋叶、猪膀胱等做蒙面，琴筒的音窗一般雕有花样繁多的花纹图案；琴扭多雕刻成动物的头，如鸡头、鹿头、龙头等；背带多使用心上人赠送的彩带"帕阿"；琴弦多用羊皮筋或肠衣制作，三根弦粗细有别；拨片多用牛角或坚硬的木材制成，音色清脆、古朴而深沉。小三弦旋律比较复杂，易于表达深沉的情感。不但独奏曲调很多，还常用于器乐合奏。演奏方式自由随便，可以边跳边弹，也可以走着或坐着弹；既可以演奏乐曲，亦可以自弹自唱。

稻秆笛哈尼语称作"称薄"，是用新鲜稻管制做的一种乐器，修长细小，声音娓娓动听，哈尼少女最喜爱。取长约20厘米的新鲜稻秆第二节，上端保留原节子，下端掐空，在上端节子附近的稻秆上，用手轻轻捏出长约2厘米的六七条破缝，作为"弹簧"。嘴含稻管上端及"弹簧"，轻轻一吹便会发生呜呜的响声。若以两手合掌捂在管子下端出气处，随着呼气的粗细和手掌的变化，可吹奏出多种曲调。七、八月的梯田间，稻谷扬花结实的时节，随处可闻稻管声声。

叶子是一种十分简便的乐器，吹树叶的高手可以将自然界的各种声响一一模拟吹奏。串山的哈尼青年都喜欢摘取一片绿叶子，尽情吹奏，传情达意、寻觅知音。叶子须是通常绿乔木之叶，叶面轻薄、稍宽而软的叶子吹奏出来的声音最好。

大巴乌是哈尼族特有乐器，用直径约 3 厘米的竹子做原料，取 40 厘米左右，上开六孔，吹奏口内侧安铜质簧片。音色雄浑优、音域宽广。哈尼青年在谈情说爱时常用大巴乌伴奏，听来格外动人心弦。云南省歌舞团的音乐家将其加以改造，器身除竹子外，加以金属装配，簧片也进行改装，大大提高了大巴乌的品质，使其音量更大，音质更纯，音色更美，在国内外音乐界广受欢迎。

铓鼓是铓与鼓的合称，是各地哈尼族在节日舞蹈中配合使用的两种古老乐器。每个哈尼族村落都必须有一对神圣的铓鼓，分鼓即意味着分寨。这对铓鼓的制作与更新都要遵循祖传的古规，在哈尼族的宗教生活和日常生活中都离不开鼓和铓。安寨建房时，敲铓击鼓为的是祛邪驱鬼、清洁寨子；祭祀之日，敲铓击鼓是敬奉神灵祖先，祈求保佑六畜兴旺、五谷丰登；老人去世时，敲铓击鼓为的是送死者灵魂回到祖宗生活的地方。平常，铓鼓放置于专人家中，不准触摸和敲击。

竹箫，哈尼语称"梯哩"，以其清脆的音色而得名，是哈尼族竹管乐器之一。夜深人静，青年男子去向姑娘求爱时最喜使用，不宜与其他乐器伴奏。长竹箫分三孔和两孔两种。三孔竹箫一般长 85 厘米，直径 1.5—2 厘米不等。含口吹气而发音，音量低微，音域较小，控制气息，配合三个孔而得音阶。无论哪种长竹箫，吹奏之的音乐都纯真而清脆，甜润优美，最适宜表达爱慕之情。

其他民族传统乐器。元阳县彝族常用的传统乐器有三弦、四弦、笛子、箫、芦笙、树叶、巴乌、口弦、草秆、二胡、唢呐、锣、鼓、铓、镲等。歌舞均有乐器伴奏，管弦乐也可独奏。元阳傣族传统乐器有象脚鼓、葫芦丝。元阳瑶族民间乐器有铜镲、铜锣、铜铃、木鼓等。其中，铜镲、铜锣、铜铃一般从外地购买，木鼓为自制——用羊皮绷面，染以黄色。鼓声清脆响亮。瑶族的乐器，通常是"度戒"、"葬礼"、"打斋"、"扫寨"等宗教活动时才使用。元阳苗族传统乐器主要有芦笙。芦笙吹奏的曲调十分广泛。各种芦笙调可传达丰富的信息，懂的人只要一听就心领神会。除芦笙外，苗族民间还有口弦、巴乌、胡琴等乐器。口弦和巴乌多为青年男女谈情说爱时吹奏。胡琴多是老年男人拉奏。

二　民族银饰

元阳县的各少数民族均喜爱佩戴银饰，元阳县民间银饰工艺由来已久。工艺主要有捶打法、模具加工，均由银匠手工操作完成。由于纯银有良好的延展性，即使将银打得薄如纸片也不会裂开；又因其具有良好的可塑性，所以极容易塑造成各种形状及造型。元阳各民族都很喜欢佩戴银饰，喜欢用银泡来装饰衣物，银匠一般根据他们的喜好和要求来做饰品。哈尼族喜欢椭圆形银手镯、彝族喜欢戴银泡缝制的围脖领、傣族喜欢扭丝手镯、瑶族喜欢戴银项圈。此外，银耳坠、银戒指、银手镯、银链、银鱼、银针筒等银饰则是各个民族共同的喜爱。

在元阳哈尼族的观念中，身戴纯银不但美观雅致、彰显富贵，还可以避邪求吉，所以各支系男女老少均佩有各种银饰。据说，小孩佩戴银饰，既有利于排出体内的胎毒，又能起到避邪的作用。在元阳县的各民族中，佩戴纯银手镯非常普遍。民族银饰的制作和选购，依家庭经济条件而定。而今纯银制品价格昂贵，因而多数百姓以华银、铝银替代，价钱低廉，装饰效果不减，深受百姓喜爱。

三　其他手工艺品

哈尼族木雕有着丰富的表现力和民族风格。每逢哈尼族盖房起屋，都要请哈尼工匠给大梁、门头雕龙、虎、花、鸟等。图案造型朴实、美观大方。在哈尼族的日常生产生活中，木雕的应用十分广泛，表现了人们的社会生活与自然环境的和谐。如木碗、木勺、木甑、木屐等的制作，用一段或一节木头雕刻成日常生活用品，充分显示了能工巧匠的聪慧。

哈尼族的剪纸艺术和刺绣紧密结合在一起。哈尼族妇女，几乎人人都是剪纸和刺绣高手。哈尼姑娘十岁便跟着阿妈学剪纸刺绣，几年后给情人绣花腰带，给自己绣花衣裳，直至出嫁。哈尼族民间的剪纸、刺绣，风格粗犷，艺术地再现了她们劳动的韵律和浓郁的民俗风情。哈尼族民间剪纸有传统的山水、田园、河流、花卉、动植物的图案，也有表现新生活、新气象、六畜兴旺、五谷丰登的图案。

哈尼族民间的绘画作品，多以反映哈尼族民间狩猎、劳动场面为题材，表现哈尼族生产、生活的特殊地域的山水风光。元阳县一位哈尼族民间画家，根据《哈尼阿培聪坡坡》《十二奴局》等迁徙史诗，采用绘画的手法，把祖先迁徙的全过程表现出来，让人们直观地看到祖先迁徙的历史以及顽强勇敢的精神。

第七节　现代美术与摄影

一　现代美术

元阳县在现代美术方面不断探索并取得一定成就的人不在少数，但是在全省、全国乃至全世界具有一定影响力的不多。李瑞是当之无愧的一个。

李瑞，哈尼名"云谷然"，1983年10月出生于元阳质朴宁静的哈尼乡村。2008年毕业于云南大学艺术学院，从绘画材料和表现手法上进行大胆尝试，形成自己的个性化语言。李瑞从元阳山寨到省会昆明读书，前所未有的都市生活给了他新鲜和刺激，也给他的绘画带来不同经验。他作品背景中浓郁的虚无和近景清晰的笔触，反映着诗意又现实的田园美感。富于地域特色的风景和民族意味的梦幻气质并置于他的作品之中，他被云南美术界誉为"纯正的云南种子"。

李瑞先后举办过多次个人画展：2008年，个人画展"虑"在云南大学美术馆举办；2011年，个人画展"水风空落"在北京今日美术馆举办；2012年，个人画展"山水无痕"在台北举办。

李瑞的作品参加过多次群展：2007年，在云南昆明举办"回到圭山"、"红土萌圭山"写生作品展；2008年，在北京今日美术馆举办"青涩创想"油画作品展；2009年，先后在昆明、杭州、深圳、大理、重庆、北京、红河参展"新青年艺术展"、"梦幻天空——云南青年艺术家联展"、"合唱——云南青年艺术家联展"、"绘声绘色——奇观"媒体双年展、"山水营造"大理山水间艺术造境大型文化交流活动、"各自话语"、"毛旭辉、唐志冈云南青年艺术家提名展"、"界外山——宋庄艺术节云南青年艺术群落展"、"红河起艺"；2010年，先后在北京、英国伦敦、中国台北、美国三藩市参展"我的风景我的乌托邦"、"改造历史——中国青年新艺术邀请展"、"过桥米线——云南年轻艺术家作品展"、"溪山清远——中国新绘画展"、"浪潮——当代艺术展"、"云南种子——云南艺术家群展"、"溪山清远——中国新绘画展";2011 年,先后在成都和重庆参展"圭山看台——云南当代艺术特别展"、"心中的景致——青年美术双年展"、"溪山清远——当代艺术展";2012 年在成都与北京参展"微图盛景——那特画廊"、"现代之路——云南现当代油画艺术"。

2011 年、2012 年,李瑞在北京、台北、香港参加了台北国际艺术博览会、香港国际艺术博览会、中艺博国际画廊博览会、艺术北京博览会。作为一个年轻的画家,李瑞将心灵与自然融为一体,创作了大量广受好评的具有鲜明地域及民族特色的美术作品。

二　现代摄影

元阳的梯田美景成就了无数摄影师或非摄影师的摄影梦。在元阳,每天有数不清的摄影师守候梯田之美,创作出新的摄影作品。

马理文,男,彝族,1947 年生于元阳,国际知名摄影家,中国摄影家协会会员,云南省摄影家协会理事。20 多年来,马理文拍摄了大量元阳梯田以及元阳风土人情的照片。

1990 年 10 月,在香港《商报》发表《云南元阳梯田甲天下》一文和 7 张照片;1991 年,又在香港《大公报》上又以整版篇幅发表《元阳山城之风情画》一文和 5 张照片。此后,中国香港《新晚报》《中国旅游》,中国台湾、中国澳门及法国、日本、美国等多家报刊上出现他的文章和照片。

2002 年,他的摄影集《马理文摄影作品集:元阳印象》由香港天马图书有限公司出版发行;2007 年,他的摄影集《元阳风光》由云南美书出版社出版发行;2009 年,他的摄影专集《元阳风情》由云南民族出版社出版发行。2006 年,他与钟相达等人合著的"云南旅游新镇丛书"之《元阳新街哀牢山情梯田水意》由云南美术出版社出版发行。

文学艺术是民族文化外化的结晶,近年来,元阳县各民族的文学与艺术得到了极大的发展。虽然在其发展进程中仍然有不足之处,应该认真总结与改进,但其显示出来的独特魅力以及文化价值,应该得到充分的肯定。对元阳各民族文学、艺术进行调查研究,首先有利于增强元阳县各民族的自尊心和自信心,促进当地民众的文化自知与文化自觉;其次,有利于人们正确认识元阳县各民族的文学与艺术成就,促进云南最具特点的人文资源之一的元阳县各民族文学、艺术的开发与利用。无论是实施文化旅游、生态旅游或者是民族文化生态社区的建设与精神文明建设，都离不开包括民族文学艺术在内的元阳各民族文化根基的支撑作用。同时，对元阳多民族文学艺术进行更加深入的研究，也可以丰富民族文化研究内容与方法，有助于探索少数民族文学艺术的发展取向。

第九章

文化遗产保护与文化发展

红河哈尼梯田申报世界遗产经历了十余年的不懈努力才获得成功。作为哈尼梯田核心区的元阳县也在这十余年间声名鹊起。各民族在漫长的历史发展过程中艰苦创造的文化为今天的元阳发展奠下了厚重的基石。"红河哈尼梯田"这一世界级品牌以及"四季生产调"、"哈尼哈巴"、"祭寨神林"等国家级非物质文化遗产项目等国家级文化品牌已经成为文化发展的重要基础。元阳县政府和各族人民也在文化遗产保护和旅游开发中取得了丰硕的成果。

第一节　世界文化遗产：红河哈尼梯田文化景观

文化遗产，包括物质文化遗产和非物质文化遗产。"物质文化遗产"①，主要包括历史文物、历史建筑（群）和人类文化遗址；"非物质文化遗产"②，是指各种以非物质形态存在的与群众生活密切相关、世代

---

① 联合国《保护世界文化和自然遗产公约》第1条规定，"文化遗产"系指下列各项：从历史、艺术或科学角度看具有突出的普遍价值的建筑物、碑雕和碑画、具有考古性质成分或结构、铭文、窟洞以及联合体；从历史、艺术或科学角度看在建筑式样、分布均匀或与环境景色结合方面具有突出的普遍价值的单立或连接的建筑群；从历史、审美、人种学或人类学角度看具有突出的普遍价值的人类工程或自然与人联合工程以及考古地址等地方。我国于1985年正式加入《保护世界文化与自然遗产公约》，并于2002年由文化部、国家文物局、国家计委、财政部、教育部、建设部、国土资源部、环保总局、国家林业局向各地方政府发布了《关于加强和改善世界遗产保护管理工作的意见》，截至2015年7月，我国已有48处自然文化遗址和自然景观列入《世界遗产名录》。

② 联合国《保护非物质文化遗产公约》第2条规定，"非物质文化遗产"，指被各社区、群体，有时是个人，视为其文化遗产组成部分的各种社会实践、观念表述、表现形式、知识、技能以及相关的工具、实物、手工艺品和文化场所。这种非物质文化遗产世代相传，在各社区和群体适应周围环境以及与自然和历史的互动中，被不断地再创造，为这些社区和群体提供认同感和持续感，从而增强对文化多样性和人类创造力的尊重。在本公约中，只考虑符合现有的国际人权文件，各社区、群体和个人之间相互尊重的需要和顺应可持续发展的非物质文化遗产。

相承的传统文化表现形式，非物质文化遗产是以人为本的活态文化遗产，它强调的是以人为核心的技艺、经验、精神，其特点是活态流变。一个民族的文化遗产，承载着这个民族的认同感和自豪感；一个国家的文化遗产，代表着这个国家悠久历史文化的"根"与"魂"。保护和传承文化遗产，就是守护民族和国家过去的辉煌、今天的资源、未来的希望，也是维护文化多样性和创造性，促进人类共同发展的前提。① 元阳县境内 19 万亩哈尼梯田神奇秀丽，世居哈尼、彝、汉、傣、苗、瑶、壮 7 个民族，拥有丰富的文化资源和旅游资源，进入 21 世纪，该县文化遗产保护与文化发展面临新的机遇与挑战。

一　红河哈尼梯田文化景观概况

元阳哈尼梯田是中国梯田的杰出代表，是世界农耕文明史上的奇迹。梯田耕作是哈尼族繁衍发展与生计的主要手段，梯田的开垦、耕作程序、礼仪习俗都是在高度重视生态环境的前提下进行。哈尼族人在梯田生产活动中以自然生态为依托，在生活方式上以自然环境为根本，在宗教活动中以自然万物为神明，创造出以江河、梯田、村寨、森林"四素同构"为代表的人与自然完美结合的人居生态环境。梯田是哈尼族生存延续的支柱力量，也体现着整个民族对自身生存环境审视的观念，反映了较高的生态价值观，具有生态保护和研究的典型价值。同时，梯田与地势地貌、生态环境、民族建筑的完美结合，又创造了独特的融梯田景观、气象景观、民族民居建筑、森林生态景观和丰富多彩的民族风情文化于一体的综合景观，这种自然景观与人文创造力的完美结合，具有较高的景观艺术价值。②

2013 年 6 月 22 日，在第 37 届世界遗产大会上，中国红河哈尼梯田文化景观被批准列入联合国教科文组织《世界遗产名录》，成为我国第 31 项世界文化遗产。红河哈尼梯田文化景观列入世界文化遗产，符合申报世界文化遗产六条标准中的两条：其一，能为一种已消失或即将消失的文明或文化传统提供特殊的见证；其二，代表一种人类与环境相互作用的杰出

---

① 参见段金柱、郑璜《习近平：像爱惜自己的生命一样保护好文化遗产》，http://cul.so-hu.com/20150106/n407585569.shtml，访问时间：2015 年 1 月 7 日。
② 参见元阳县旅游局《哈尼梯田》宣传手册。

范例。[①] 世界遗产委员会在对红河哈尼梯田文化景观的评语中写道：红河哈尼梯田文化景观所体现的森林、水系、梯田和村寨"四素同构"系统符合世界遗产标准，其完美反映的精密复杂的农业、林业和水分配系统，通过长期以来形成的独特社会经济宗教体系得以加强，彰显了人与环境互动的一种重要模式。[②]

红河哈尼梯田文化景观，是以当地哈尼族为主的各族人民利用"一山分四季，十里不同天"、"山有多高，水有多高"的特殊地理气候开垦共创的梯田农耕文明奇观。红河哈尼梯田遗产区总面积为 461 平方公里，其中，保护区面积 166 平方公里，缓冲区面积 295 平方公里。梯田集中连片的核心区主要有坝达、多依树、老虎嘴三个景区，涉及元阳县 1 镇 2 乡、18 个行政村、82 个自然村、11664 户 56375 人[③]，包括了最具代表性的集中连片分布的水稻梯田及其所依存的水源林、灌溉系统、民族村寨，传统的耕作体系至今仍然活跃，遗产区功能、实践、传统知识得到延续，传统仪式和风俗等也得以沿用。红河哈尼梯田所展现的生产生活方式，反映了人与自然和谐相处，展现了人类在极限自然条件下顽强的生存能力、伟大的创造力和乐观精神。根据文献记载，红河哈尼梯田文化景观的历史可追溯到 1300 年前的唐代，至今仍保持着旺盛的生命力，其结构、内涵、组成要素和环境千百年来未被根本改变。[④]

元阳县哀牢山是红河哈尼梯田文化景观的核心区，境内有 19 万亩梯田。元阳哈尼族开垦的梯田随山势地形变化，因地制宜，坡缓地大则开垦大田，坡陡地小则开垦小田，甚至沟边坎下石隙也开田，因而梯田大者有数亩，小者仅有簸箕大，梯田如等高线般从海拔 2000 米的山巅一路蜿蜒至山脚下，级数最多处有 3700 多级，最陡的山坡达到 45°，往往一坡就有成千上万亩，规模宏大，气势磅礴，梯田因天气和水中植物不同会呈现出不同色彩——晴天时呈蓝色，阴天时呈灰色，早晚呈金黄色；因植物不

① 参见余剑明《无数人的合力付出，少为人知的 13 年申遗努力——红河哈尼梯田文化景观申遗的背后（上）》，载《云南日报》2013 年 7 月 15 日。

② 佚名：《红河哈尼梯田文化景观》，http://baike.baidu.com/view/10719789.htm?fr = aladdin，访问时间：2014 年 4 月 21 日。

③ 余剑明：《无数人的合力付出，少为人知的 13 年申遗努力——红河哈尼梯田文化景观申遗的背后（上）》，载《云南日报》2013 年 7 月 15 日。

④ 李聪华：《哈尼梯田文化景观将得到更好保护——"美丽云南·梦想红河"新闻发布会见闻》，载《红河日报》2013 年 7 月 24 日。

同又分别呈绿色、红色、黄色……被誉为"中国最美的山岭雕刻"。在过去的1300多年间，哈尼族人民发明了复杂的沟渠系统，将山上的水从草木丛生的山顶送至各级梯田，他们还创造出一个完整的农作体系，包含牛、鸭、鱼类和鳝类，并且支持了当地主要的谷物——红米的生产。当地居民崇拜日、月、山、河、森林及其他自然现象，居住在分布于山顶森林和梯田之间的村寨里，这些村寨以传统的茅草"蘑菇房"为特色。哈尼族人民为梯田构建的弹性管理系统是建立在特殊且古老的社会和宗教结构基础上，体现出人与环境在视觉和生态上的高度和谐。①

二　"红河哈尼梯田文化景观"申遗历程

（一）不懈申遗路

自2000年正式启动"红河哈尼梯田文化景观"申遗工作到2013年申遗成功，历经13年努力，使当地各相关职能部门和广大干部群众愈发深刻认识到"红河哈尼梯田文化景观"作为文化遗产的多元价值与保护意义，并通过开展多方面工作，采取多种措施在梯田文化遗产保护与发展各个环节积累了丰富的有益经验。

哈尼梯田曾经在2002年与"三江并流"等项目一同进入中国申报世界遗产的名单中，但由于诸多原因，哈尼梯田的申遗工作一度陷入低谷状态。2004年7月，哈尼梯田又被中国政府列为申遗预备项目，但终究还是落选了。2006年12月，哈尼梯田虽然再次进入中国政府公布的35家世界文化遗产预备名单，但未被排在靠前位置……可以说，在申遗的前几年间遭遇了几番起落的坎坷，然而事实上，申遗的过程就是不断统一和提高认知的过程，也是利用国际先进管理模式、经验和理念来进行管理、保护和利用的过程。为了申遗能获通过，也为更好地保护梯田景观及当地民族文化，州、县各级、各部门从各细节、各领域强化对梯田生态及梯田文化的研究，从不同角度完善对梯田的保护，确立了梯田可持续发展的方向。②

1. 理性筹谋，规范管理。2011年10月，红河州人民政府公布实施

---

① 参见佚名《红河哈尼梯田文化景观》，http://blog. sina. com. cn/s/blog _57a711e30101kly9. html，访问时间：2014年4月21日。

② 参见余剑明《无数人的合力付出，少为人知的13年申遗努力——红河哈尼梯田文化景观申遗的背后（上）》，载《云南日报》2013年7月15日。

《红河哈尼梯田保护管理办法》；2011 年 12 月，云南省人民政府批准执行《哈尼梯田文化遗产保护管理规划》；2012 年 7 月，红河州人民代表大会颁布实施《云南省红河哈尼族彝族自治州哈尼梯田保护管理条例》；2013 年 3 月，红河哈尼梯田被国务院公布为第七批全国重点文物保护单位。2010 年 2 月，云南省人民政府成立了"红河哈尼梯田申报世界文化遗产工作领导小组"，三次召开专题会议协调和推进哈尼梯田申遗工作。红河州、元阳县先后成立了"哈尼梯田申报世界文化遗产工作领导小组"，负责具体处理申遗有关问题。红河州、元阳县还分别成立了"哈尼梯田管理局"，做到管理机构、人员、经费"三落实"，并建立了由县、乡（镇）、村委会、村民小组、村民五级共同保护梯田的新格局。①

2. 保护生态，惠及民生。主要开展了以下工作：（1）在相关地区全面实施退耕还林、荒山造林、封山育林，2002—2012 年，在遗产区植树造林 29 万余亩，森林覆盖率达 67%，形成了一座"天然水库"，保证梯田的灌溉水源长流不竭；（2）在遗产地大力推广使用沼气、节能改灶、太阳能等新型能源，进一步优化哈尼梯田的资源使用效率，替代对生活用薪柴的需求，使哈尼梯田森林和水系得到长久保护；（3）把遗产区、缓冲区的农田划为国家基本农田保护管理范围，严禁征用、占用和转为非农用地，保持哈尼梯田原有稻作用途；（4）政府对梯田种粮农户实行良种补贴、农资综合补贴等政策性补贴，提高农民保护梯田、耕作梯田的积极性；（5）引入市场机制推广种植梯田红米，并形成规模化的市场销量；（6）开发哈尼梯田丰富的肉、鱼、蛋等农产品及相关生态食品，通过加快优质、特色梯田农产品的品牌建设，增加梯田产品的综合价值，提高农民种植、维护梯田的积极性。②

3. 积极整治，优化环境。2012 年 3 月，国家文物局下发了《关于红河哈尼梯田文化景观保护管理和环境整改工作的意见》，进一步明确遗产区环境整治任务。云南省文物局和红河州、元阳县政府根据国家文物局要求，研究制定了《哈尼梯田遗产地整治方案》，组织开展遗产申报地的环境综合整治工作，累计投入保护、整治和设施建设经费 1.6 亿元，完成了五个村落的民居建筑恢复和基础设施建设，对 460 亩裸露滑坡山体进行植

---

① 参见余剑明《无数人的合力付出，少为人知的 13 年申遗努力——红河哈尼梯田文化景观申遗的背后（上）》，载《云南日报》2013 年 7 月 15 日。

② 同上。

被种植和加固维护，对三条考评路线约60公里路面进行平整和行道树种植，对三个观景台的不协调设施进行拆除改造和环境美化。①

4. 上下合力，水到渠成。世界遗产是由联合国教科文组织世界遗产委员会评定，全世界公认最具突出普遍价值和真实性、完整性的文化古迹和自然景观。按照世界文化遗产申报的最新格式要求，制作科学系统阐释哈尼梯田价值的申报文本是重要基础。红河州人民政府邀请中国文化遗产研究院编制《红河哈尼梯田世界文化遗产提名文本》，中国建筑设计研究院建筑历史所负责编制《红河哈尼梯田保护管理规划文本》，两个文本编制团队几易其稿，按要求于2011年9月10日前向国家文物局提交了申遗文本和保护管理规划，并于2011年9月30日前递交到联合国教科文组织世界遗产中心预审并通过格式审查；2012年1月，经国务院批准为我国2013年世界文化遗产提名项目，申遗文本及附件正式递交到世界遗产中心。2013年1月，世界文化遗产评估机构国际古迹遗址理事会公布了对红河哈尼梯田的评估报告："红河哈尼梯田突出地展示了一个适应性强的土地管理系统。这个系统建立在对自然的精神崇拜以及对个体和集体的尊重的基础上，通过一个名为'天人合一社会体系'的相互依存体系优化了社会与环境资源，显示了人与他们的环境之间在精神上、生态上以及视觉上不可思议的和谐。建议世界遗产委员会将该遗产地列入《世界遗产名录》。"② 2013年6月22日，在柬埔寨金边召开的第37届世界遗产大会经过审议，决定将中国红河哈尼梯田文化景观列入《世界遗产名录》。红河哈尼梯田文化景观成为中国第31项世界文化遗产，使中国的世界遗产项目达到45项，也使云南省的世界遗产增加到5项，成为仅次于北京（6项）与四川并列（5项）的世界遗产大省。③

（二）申遗大事记④

红河哈尼梯田文化景观申请世界文化景观遗产历经多年，在国家和省、州、县等相关部门的合作下才最终申请成功。申遗的大事记如表9 – 1

---

① 余剑明：《无数人的合力付出，少为人知的13年申遗努力——红河哈尼梯田文化景观申遗的背后（上）》，载《云南日报》2013年7月15日。

② 满长杰：《13年申遗路上的精彩回响》，http://www.yy.hh.gov.cn/info/1004/4518.htm，访问时间：2014年8月7日。

③ 余剑明：《无数人的合力付出，少为人知的13年申遗努力——红河哈尼梯田文化景观申遗的背后（上）》，载《云南日报》2013年7月15日。

④ 同上。

所示。

表 9－1　　　　　　　　　红河哈尼梯田文化景观申遗大事记

时间	大事记
1999 年	云南省社科院研究员史军超提出了哈尼梯田申报世界文化遗产的建议，引起红河州主要领导的重视
2000 年 10 月	红河州委、州政府决定哈尼梯田申报世界遗产，随即成立红河哈尼梯田申报世界遗产协调领导小组办公室，启动申遗工作
2002 年 12 月	云南省建设厅积极申请将红河哈尼梯田与三江并流一起列入中国申报世界遗产预备名单，编制上报了申遗规划和文本
2006 年 12 月	红河哈尼梯田再次入选中国世界文化遗产预备名单
2007 年 11 月	国家林业局正式批准"红河哈尼梯田湿地公园"为国家湿地公园
2009 年 7 月	云南省政府率队到国家文物局汇报申遗筹备工作，得到国家文物局认可
2010 年 6 月	红河"哈尼稻作梯田系统"被联合国粮农组织列为全球重要农业遗产
2010 年 2 月	云南省政府成立哈尼梯田申报世界文化遗产领导小组
2011 年 6 月	云南省政府致函国家文物局，请求将红河哈尼梯田列为中国 2013 年申报世界文化遗产提名项目
2011 年 8 月	中共云南省委书记秦光荣致信时任国家文物局局长单霁翔，表明云南省委、省政府对红河哈尼梯田申遗的迫切愿望和坚定信心
2011 年 9 月	国家文物局报经国务院同意，将红河哈尼梯田列为 2013 年中国政府申报的世界文化遗产项目
2012 年 5 月	云南省政府与文化部、国家文物局在北京召开云南文化工作座谈会，李纪恒省长与蔡武部长、励小捷局长对申遗工作作出重要指示以确保申遗成功
2012 年 5 月	国家文物局局长励小捷在高峰副省长陪同下对哈尼梯田进行实地考察，对遗产地保护和环境综合整治工作作出重要指示，加大申遗支持力度
2012 年 7 月	哈尼梯田景观保护和环境整治工作基本结束，哈尼梯田的景观价值和环境风貌得到较好再现
2012 年 9 月	国际古迹遗址理事会委派日本专家石川干子女士，赴红河哈尼梯田遗产地进行现场考察评估，对红河哈尼梯田景观价值和保护状况给予充分肯定
2013 年 6 月 22 日	红河哈尼梯田文化景观在第 37 届世界遗产大会上通过审议，正式列入世界遗产名录

三　元阳县梯田文化景观核心区域简介[①]

（一）多依树梯田景区基本情况简介

多依树景区是观赏、拍摄云海、梯田、山寨最佳的景区之一。该景区位于元阳县城东部 55 公里，新街镇东部 25 公里。景区 6000 多亩连片梯田形成的自然景观，是聚云海、梯田、山寨及 16000 多公顷原始森林为一

---

① 参见元阳县旅游局提供的梯田景观介绍材料。

体的省级自然保护区和国家一级、二级动植物保护区。多依树景区整块梯田上半部分稍缓，下半部分较陡，三面临大山，一面坠入山谷，直入深渊，形状宛如大"海湾"，村落和蘑菇房错落其间。景区内，一年中有200余日壮观的云海景象。

（二）坝达梯田景区基本情况简介

坝达梯田景区是观赏哈尼族梯田、云海、哈尼族建筑等风光的著名景点之一，是了解、研究、体验哈尼族文化的中心地带，也是申报世界文化遗产核心保护区之一。该景区位于元阳县城南部44公里，距新街镇14公里，景区14000多亩连片梯田，整体壮观，线条优美，立体感强，从海拔1100米的麻栗寨河起，连绵不断的成千上万层梯田，直伸延至海拔2000米的高山之巅，把箐口、全福庄、麻栗寨、主鲁等哈尼村寨托入云海。站在坝达观赏梯田，近万亩梯田泛着粼粼波光，黄昏时分，3000多级梯田颜色随着夕阳西下不断变化。

（三）老虎嘴梯田景区基本情况简介

老虎嘴梯田是元阳哈尼梯田最具有代表性、最为壮观的地方，被摄影家们称为世界上最壮丽的田园风光，曾被法国报刊评为"1993年度新发现的世界七大人文景观之一"，该景区位于元阳县城50公里处。站在高高的老虎嘴上俯视梯田，无数级梯田由南向北从深谷伸高，映影于云雾中，数千亩梯田攀附在七座半圆形山梁上，全成弯月形天梯，与七座半圆形山梁上的梯田相连，波光粼粼，形成立体的"海洋"景观。

（四）箐口村基本情况简介

2013年5月3日，箐口村被列入了红河哈尼梯田国家级文物保护单位中唯一的村庄进行保护，还被授予"宜居村庄、中国最美的乡村、中国村庄名片、非物质文化传承中心"等荣誉称号。箐口村隶属于元阳县新街镇土锅寨村委会，位于新街镇东部，距离村委会1公里，距离镇政府7公里。全村国土面积0.86平方公里，海拔1660米，有耕地857.76亩，其中人均耕地0.98亩；有林地426亩。

（五）大鱼塘村基本情况简介

大鱼塘村隶属于元阳县新街镇土锅寨村委会，位于新街镇东部，距离村委会2公里，距离镇8公里，国土面积0.45平方公里，海拔1820米，有耕地740亩、林地511.3亩。农民收入主要以种植业、养殖业和劳务输出为主。2012 年在哈尼梯田申遗整治期间，政府对大鱼塘村传统民居茅草顶进行改造提升。

四 "红河哈尼梯田文化景观"文化遗产的保护管理措施

2011 年 12 月，云南省人民政府批准执行的《哈尼梯田文化遗产保护管理规划》，在对"红河哈尼梯田文化景观"进行详细描述的基础上，明确了保护管理规划的原则、目标、维护措施、管理规划、研究规划、遗产监测、投资估算等内容。

2012 年 7 月 1 日，由云南省人大常委会审议通过的《云南省红河哈尼族彝族自治州哈尼梯田保护管理条例》（下称《条例》）正式施行。《条例》明确规定了梯田管理机构及其职能、开发和保护梯田文化资源的具体措施和要求、禁止性/奖励性规定及相关法律责任等内容。

（一）明确相关职能部门的管理权限

1. 设立专门的梯田管理机构

根据《条例》规定，在红河州政府及梯田文化景观所涉各县[①]设立哈尼梯田管理机构——哈尼梯田管理局，该机构负责本行政区域内哈尼梯田的保护管理和开发工作，职责包括：（1）宣传贯彻执行有关法律法规；（2）组织实施梯田保护管理规划；（3）监测梯田资源状况，收集、整理梯田资源相关资料，并建立档案；（4）组织开展与梯田有关的科研、科普、展示和宣传教育等活动；（5）监督指导梯田资源的开发利用；（6）审核梯田重点保护区内基础设施及其他公共设施建设、科学考察、大型娱乐活动、影视拍摄、旅游服务等项目；（7）负责梯田知识产权相关事宜；（8）依法收取相关规费；（9）负责梯田保护管理的其他工作；（10）行使《条例》赋予的行政处罚权。

2. 政府相关职能部门各司其职

《条例》规定，红河州政府及梯田文化景观所涉各县的国土资源、环境保护、住房和城乡建设、交通运输、农业、林业、水利、文化、旅游、民族、宗教、民政等有关部门以及乡镇人民政府，应当按照各自职责做好梯田保护管理工作。

---

① 包括元阳县、红河县、绿春县、金平县四县。

（二）细化管理和保护措施

1. 州、县级政府可以通过政府投入、上级扶持、社会各界和国际组织捐助等渠道，筹集梯田保护资金，专项用于梯田保护管理。

2. 州、县级政府应当制定有利于梯田可持续发展的产业政策，优先安排惠农资金，扶持、引导、帮助梯田重点保护区内的村民发展经济，增加收入。

3. 梯田重点保护区内的集体组织、当地居民在同等条件下，享有利用梯田资源从事旅游、专线运输、餐饮、住宿、民俗展示、文体娱乐等的优先经营权；鼓励梯田承包权人在不改变梯田原貌的情况下，利用梯田资源，采取入股、合作等方式参与梯田的开发利用。

4. 在梯田重点保护区实施房屋、道路等工程建设以及旅游开发等经营活动，应当符合梯田保护管理规划，有关部门在审批时，应当征求县级哈尼梯田管理机构的意见。

5. 在梯田重点保护区内新建、改建、扩建建筑物、构筑物的，其布局、外观设计和色彩应当与周边监管、环境相协调；鼓励单位和个人在修缮、改造、新建民居或者其他建筑物、构筑物时，保持传统建筑风格和色彩，沿袭传统结构和传统工艺技术。

6. 在哈尼梯田重点保护区进行建设活动的，建设单位、施工单位应当采取保护措施，不得损坏周围景物、水体、植被和地形地貌。

7. 梯田重点保护区的土地征收应当严格控制。能源、交通、水利设施等工程建设项目选址，应当避开梯田重点保护区。为公共利益的需要依法征收梯田保护区的土地，应当征求县级梯田管理机构的意见。

8. 梯田重点保护区的用材林和经济林的发展规模、树种选择应当与梯田原有生态体系和景观风貌相协调。林业主管部门在审批梯田重点保护区的林木采伐、更新、抚育间伐时，应当征求县级梯田管理机构的意见。

9. 州、县级政府应当加强对梯田重点保护区的河道、沟渠、坝塘等水利设施的保护，保持梯田的自然灌溉体系、灌溉形式。

10. 州、县级政府应当支持梯田重点保护区的梯田承包权人保持水稻种植，并对梯田原貌保护较好的给予奖励。

11. 县级人民政府应当加强梯田重点保护区的农业生态建设，防止有毒有害物质对梯田生态环境造成破坏。

12. 县级人民政府应当采取措施，保护与梯田有关的文物古迹、磨秋场等民族文化节庆场地以及相关的物质文化遗产，保护各民族传统技艺、节庆、歌舞等非物质文化遗产。

13. 梯田文化景观资源的开发利用，应当体现当地民族文化、自然遗产风貌，设置的游览区和相关经营服务项目应当符合梯田的历史价值和文化属性。

14. 梯田资源实行有偿使用。利用梯田资源从事经营、旅游或其他活动的单位和个人应当依法缴纳相关费用。州、县级人民政府应当从收取的相关费用中划出一定比例用于补偿梯田重点保护区内种植水稻的梯田承包权人。

（三）禁止性/奖励性规定及相关法律责任

1. 在梯田保护区禁止下列行为：（1）弃耕抛荒或者损毁梯田；（2）侵占、损毁梯田水利工程及水文观测等设施；（3）损毁、移动梯田重点保护区界桩；（4）移动、拆除、损毁文物古迹、古树名木和具有代表性的民俗建筑物、构筑物；（5）擅自采砂（石）、取土、采（选）矿等；（6）盗伐、滥伐林木，毁林开荒、烧山；（7）擅自新建、扩建生产企业、旅游设施或者其他建筑物、构筑物；（8）擅自架设通信、电力等管线；（9）在非指定地点丢弃、倾倒、堆放垃圾和其他有毒有害废弃物；（10）擅自摆摊设点；（11）擅自引进外来物种；（12）未经州政府批准，严禁任何单位和个人建设与梯田保护管理无关的建筑物。

2. 在下列梯田保护管理工作中作出显著成绩的单位和个人，由县级以上政府给予表彰奖励：（1）植树造林，护林防火，防治水土流失的；（2）保护梯田水源、水利设施，防止梯田干涸的；（3）保护梯田文物古迹、民族民俗文化遗产的；（4）对梯田保护管理工作提出重大合理化建议或者进行科学研究并取得成果的；（5）制止、检举他人违法行为的；（6）维护梯田重点保护区社会治安秩序的。

3. 违反《条例》的法律责任形式。违反《条例》有关规定的，由县级梯田管理机构予以处罚，处罚包括：责令停止违法行为、限期恢复原状、罚款、修复等形式。对连续两年以上弃耕抛荒的，由发包方收回经营权，终止土地承包合同。构成犯罪的，依法追究刑事责任。

五　元阳县哈尼梯田管理局

元阳县哈尼梯田管理局为正科级部门管理机构。目前，该机构内设办公室、宣传股、规划股、档案数据室、监测站、执法大队六个科室，负责红河哈尼梯田遗产地的日常管理工作，包括：遗产信息档案的建立和管理、遗产要素管理与传承、遗产监测与综合执法等工作，具体如下。

一是宣传相关梯田景观保护法规与政策，推进遗产保护的规范化。如：利用集市日宣传、入村宣传、培训会等形式宣传文化遗产保护与管理规定；引导居民遵循传统建筑工艺与风格进行民居新建、改建活动；向中小学生普及梯田文化常识；鼓励村民按照村规民约对遗产区生态进行乡土化管理。

二是开展巡查执法监测活动，实施控制性与恢复性保护管理工作。包括：通过开展细致巡查与监测工作，将遗产元素动态情况录入档案数据库；对破坏遗产区景观等行为，与相关职能部门协同执法；严格审批程序，控制遗产区的项目建设；对传统民居以及水碾、水磨、祭祀房、寨神林等聚落要素进行摸底排查、登记造册、录入档案数据库；根据调研数据，分析存在的问题，研究应对方案。

三是科学规划遗产资源，推动遗产地科学健康持续发展。主要通过制定近期规划、中期规划、远期规划的形式，进行专项研究与策划，逐渐推进既定项目建设工作。

四是保护非物质文化遗产，促进遗产地多元化价值体现。如：对濒危的龙头贝玛文化及其传承人、哈尼蘑菇房、哈尼蓝靛染织工艺、哈尼民间歌舞等实施有效保护和传承；开展民族文化普查工作，收集、整理民族民间文化形式。（有关非物质文化遗产保护内容将在后文详述）

六　红河哈尼梯田保护与管理中存在的问题与对策分析[①]

（一）存在的问题

由于受外来文化与价值观影响，维系梯田农业社会的传统文化受到冲击，给梯田文化遗产保护与管理带来一些问题。

---

① 参见元阳县哈尼梯田管理局《红河哈尼梯田世界文化遗产保护管理工作情况报告》。

1. 生态保护工作难度较大。目前，由于生态效益补偿等机制尚不健全，原住居民生产生活、农村经济发展的需要与生态保护之间产生新的矛盾，居民在遗产区周边乱挖乱采、乱砍滥伐等现象时有发生，生态保护任务十分艰巨。

2. 传统民居保护面临现实困境，保护与发展之间矛盾突出。一方面，传统民居拆除后，翻建及修缮多采用砖混结构形式，在材料、外形、建筑工艺等方面未能较好地延续乡土建筑理念，传统"蘑菇房"景观逐渐消失，导致村寨传统风貌发生变化；另一方面，传统民居的内部结构不尽合理，功能少、条件差、火灾隐患较大，加之缺乏专项维修资金，多数民房已变成危房，与现代人居生活要求不相吻合。

3. 部分村寨新建筑发展格局影响景观视觉效果。主要体现为：（1）当地居民因兄弟、父子分家别居等原因，自然滋生的民居数量不断增加，出现在划定宅基地之外私搭乱建，甚至将梯田放荒后建房等现象；（2）受经济利益驱使，部分原住民将自住房屋长期租给外来经商者，擅自选址新建民居，违规多占宅基地。

4. 梯田文化传承与保护面临危机。主要表现为：（1）由于梯田经济产值低，农村劳动力外流严重，疏于梯田耕种，原有精耕细作的传统农耕技术逐渐退化。（2）申遗成功虽然给梯田文化的保护与发展带来新的契机，但因相关工作尚在起步阶段，目前尚未形成成熟的管理及利益分享机制，影响着遗产地居民维护梯田景观、传承农耕文化的积极性。（3）作为梯田文化景观重要组成部分灌溉沟渠、传统民居、水碓、水磨、祭祀房、磨秋场等聚落要素，年久失修，缺乏必要的维修资金。

5. 有限的执法资源不能较好满足梯田遗产保护工作需求。根据相关规范文件，哈尼梯田管理机构承担着较为繁重的梯田保护与管理工作，但就目前的人、财、物、技术等配置情况看，远不能满足提升工作质量的要求。

（二）对策分析

为保护梯田生态，发挥梯田多元价值，确保梯田景观及文化可持续健康发展，亟须推进以下工作。

1. 完善、落实保护管理机制，细化保护管理体系。为确保管理措施有效落实，在现有州、县级管理结构基础上，尝试在梯田重点保护区内建立乡镇、行政村级别的梯田保护领导机构，形成州、县、乡、村四级保护管理体系，明确各级机构的工作职责，负责遗产区内的遗产巡查、监测、整治等相关执法工作，以促提升管理效率。

2. 关注民生，切实解决梯田文化保护与原住居民发展需求间的矛盾问题。原住居民的劳动与文化自觉是保持梯田景观、延续民族文化的动力与保障，因此，梯田文化保护与相关产业发展工作的推进应建立在尊重原住居民意愿、提升原住居民生产生活质量的基础上。笔者认为，对与梯田文化景观有关的开发事项应建立起有相当比例原住居民代表成员参加的"民主协商机制"，细致了解原住居民的生产生活诉求，相关决策及发展方案应体现对原住居民利益的适宜保障。

3. 构建科学合理的利益补偿机制，理性推进旅游文化产业，提升原住居民的参与积极性。通常，申遗成功之后将促成旅游业的快速规模性发展，在此过程中应着力做好以下工作：（1）制定切实可行的利益补偿机制，尝试将原住民耕作的梯田作为股份参与到旅游业的发展体系中，通过制度性的利益激励机制提升居民的参与和保护热情。（2）根据旅游业发展和劳务市场需要，有计划、有目的地开展对原住居民在农耕技术、传统工艺及现代旅游知识等方面的培训指导工作，加强居民对旅游产业的理性认识，提升其相应职业技能和水平，引导其利用本土资源增收脱贫。

4. 确保景观维护资金到位，构建功能完善的遗产元素体系。对此，需做好以下工作：（1）将传统民居与水碾、水磨、祭祀房、磨秋场等聚落要素的保护经费列入国家文物局、省、州、县财政预算，按照遗产地村落民居及聚落要素的破损程度实施保护性修缮，恢复传统风貌，同时，按照传统民居及水碾、水磨、祭祀房、磨秋场等聚落要素的保护情况，每年给予原住居民一定的修缮资金补偿。（2）加大对农田水利的投入力度，进一步修复因自然灾害影响到的水利沟渠、基本农田等遗产要素，确保灌溉用水及春耕秋收。（3）投入一定的保护管理工作经费，用于梯田管理机构开展教育宣传、巡查、监测、执法、综合整治等专项工作，实现"宣传到户、巡查到村、监测到点、执法到位、整治到绝"的保护管理工作格局。

5. 因地制宜，开发特色农业经济，通过发展旅游业拉动农副产品的生产和销售规模。如，通过推广种植优质梯田红米、开发肉、鱼、蛋等农产品及相关生态食品等途径，凸显梯田农耕产品特色，提升梯田农副产品的经济附加值，提高原住民种植维护梯田的积极性，推动遗产地经济社会发展。

总之，应尽快建立符合红河哈尼梯田价值延续规律的发展机制，使梯田文化继续发挥遗产地各民族传统价值观维系社会经济与生态和谐演进的重要作用，创造符合当地乡土文化理念的美好文化景观。

第二节　元阳非物质文化遗产保护概况

根据《保护非物质文化遗产公约》规定第二条第一款规定，非物质文化遗产，是指被各社区、群体，有时是个人，视为其文化遗产组成部分的各种社会实践、观念表述、表现形式、知识、技能以及相关的工具、实物、手工艺品和文化场所。这种非物质文化遗产世代相传，在各社区和群体适应周围环境以及与自然和历史的互动中，被不断地再创造，为这些社区和群体提供持续的认同感，从而增强对文化多样性和人类创造力的尊重。作为历史的积淀，非物质文化遗产承载着一个民族的价值取向，影响着一个民族的生活方式，拢聚着一个民族自我认同的凝聚力，它包含了过去世代累积的信息和发展的可能性。[①]

元阳县是红河哈尼梯田世界文化遗产核心区，敦厚浓郁的少数民族文化是哈尼梯田世界文化遗产的重要组成部分，以哈尼梯田农耕文化为核心的非物质文化遗产是当地各民族千百年来坚守精神家园的支撑点。

一　元阳非物质文化遗产项目

据项目组于 2014 年 4 月从元阳县文化体育局获得的数据资料显示，元阳县现有 3 个国家级非物质文化遗产项目、4 个云南省非物质文化遗产名录项目、7 个红河州非物质文化遗产名录项目、79 个元阳县非物质文化遗产名录项目。

---

① 参见戴琳《民族民间传统文化产业的制度环境》，中国社会科学出版社 2007 年版，前言。

表9－2　　　　　　　　　元阳非物质文化遗产保护项目名录①

（一）国家级项目

序号	项目名称	内容简介	流传地域	保存现状	传承代表
1	哈尼四季生产调	以古歌古谣的形式系统再现了哈尼族生产生活和民俗民风，是一部完整的百科全书	元阳地区哈尼族村寨	濒危	朱小和
2	哈尼哈吧	哈尼哈吧即哈尼古歌，是哈尼民歌的老歌唱调式	元阳地区	濒危	—
3	祭寨神林	祭寨神林是哈尼族祭祀寨神林，祈祷农耕丰收的重大传统节庆习俗活动	元阳地区哈尼族村寨	良好	—

（二）云南省级项目

序号	项目名称	内容简介	流传地域	保存现状	传承代表
1	彝族民歌（彝族尼苏阿噜）	彝族尼苏阿噜是彝族尼苏支系山歌、情歌的统称	元阳地区彝族村寨	濒危	—
2	哈尼阿培聪坡坡	哈尼族迁徙史诗（民间文学）	元阳县	濒危	普科罗
3	哈尼族矻扎扎节	哈尼传统节日	哈尼族村寨	良好	—
4	哈尼梯田农耕礼俗	哈尼梯田农耕礼俗	元阳县	濒危	—

（三）红河州级项目

序号	项目名称	内容简介	流传地域	保存现状	传承代表
1	元阳县新街镇箐口村哈尼族传统文化保护区	哈尼族传统文化保护区域	元阳县新街镇箐口村	良好	—
2	元阳县俄扎乡哈播村哈尼族传统文化保护区	哈尼族传统文化保护区域	元阳县俄扎乡哈播村	良好	—

---

① 该资料由元阳县文化体育局提供。

续表

序号	项目名称	内容简介	流传地域	保存现状	传承代表
3	元阳县胜村乡（现并入新街镇）麻栗寨木雀舞之乡	哈尼族传统文化保护区域	元阳县胜村乡（现并入新街镇）麻栗寨	濒危	李主义
4	元阳县哈尼梯田文化之乡	哈尼梯田传统农耕习俗	元阳县	良好	—
5	元阳县牛角寨乡新安所村委会全寨村蓝靛工艺之乡	哈尼族靛染工艺	元阳县牛角寨乡新安所村委会全寨村	濒危	马尼卡
6	元阳县胜村乡（现并入新街镇）多依树村委会小寨村彝族篾编之乡	彝族篾编工艺	元阳县胜村乡（现并入新街镇）多依树村委会小寨村	濒危	高朝富

（四）元阳县级项目

序号	项目名称	内容简介	流传地域	保存现状	传承代表
1	哈尼族神话传说故事	民间神话传说故事	攀枝花乡	濒危	朱小和 李有亮
2	彝族神话传说故事	民间神话传说故事	新街镇	濒危	李亮文等
3	壮族神话传说故事	民间神话传说故事	新街镇聚起村	濒危	王金新
4	苗族神话传说故事	民间神话传说故事	黄茅岭乡小黑龙村、上新城乡东瓜林村	濒危	杨小左 熊正成
5	瑶族神话传说故事	民间神话传说故事	瑶族村寨	濒危	邓文光
6	傣族神话传说故事	民间神话传说故事	傣族村寨	濒危	—
7	彝族火把节	彝族传统节日	彝族村寨	濒危	—
8	彝族咪嘎豪	彝族传统节日	彝族村寨	濒危	—
9	苗族花山节	苗族传统节日	上新城乡踩山坪	濒危	—
10	傣族泼水节	傣族传统节日	南沙镇	良好	—
11	哈尼族新米节	哈尼族传统节日	哈尼族村寨	良好	—
12	哈尼族仰阿娜节	哈尼族传统节日	哈尼族村寨	濒危	—
13	哈尼族十月年	哈尼族传统节日	哈尼族村寨	良好	—
14	傣族男人节	傣族区域性传统节日	黄茅岭、头大桥、丫勒	濒危	—
15	瑶族盘王节	瑶族传统节日	大坪乡、小新街乡	良好	—
16	开秧门节	哈尼族传统农耕习俗节庆	哈尼族村寨	濒危	—

续表

序号	项目名称	内容简介	流传地域	保存现状	传承代表
17	哈尼族碗舞	哈尼族传统舞蹈	新街镇全福庄	濒危	—
18	哈尼族鬼舞	哈尼族传统祭祀舞蹈	新街镇高城村	濒危	—
19	瑶族铜木神鼓舞	瑶族传统祭祀舞蹈	大坪乡	濒危	—
20	瑶族铜铃舞	瑶族传统祭祀舞蹈	大坪乡太阳寨	濒危	—
21	苗族芦笙舞	苗族传统舞蹈	上新城乡踩山坪	濒危	—
22	哈尼族传统舞蹈	哈尼族传统舞蹈	哈尼族村寨	濒危	白习则 李主义
23	哈尼族棕扇舞	哈尼族传统舞蹈	哈播村	濒危	陈永明
24	哈尼族铜钱舞	哈尼族传统祭祀舞蹈	新街镇高城村、俄扎阿树村	濒危	段波成 朱文昌
25	哈尼族儿歌	哈尼族传统儿歌	哈尼族村寨	濒危	—
26	哈尼族哭嫁歌	姑娘出嫁礼仪歌	哈尼族村寨	濒危	李晓英
27	瑶族信歌	传统颂歌	大坪乡太阳寨	濒危	—
28	哈尼族传统音乐	哈尼族传统音乐	哈尼族村寨	濒危	白红彪
29	傣族猛雅山歌	傣族区域山歌	南沙镇乌湾	濒危	—
30	哈尼族多声部音乐	多声部音乐	沙拉托乡、牛角寨乡、俄扎乡	濒危	兰志新 李光上 李玉章
31	彝族平腔	元阳小新街特有民歌	小新街乡梁子村	濒危	李绍昌
32	邬族情歌	哈尼族邬族支系区域情歌	小新街乡克甲、大坪小坪子	濒危	李正明
33	阿噜（彝族支系）五笙	彝族阿噜支系区域传统音乐	黄草岭乡竹蓬山	濒危	—
34	彝族毕摩文化	民间传统信仰习俗	彝族村寨	濒危	李亮文 孔祥东
35	哈尼族摩批文化	民间传统信仰习俗	哈尼族村寨	濒危	陈文亮等
36	瑶族婚礼习俗	民间传统婚礼习俗	瑶族村寨	濒危	
37	哈尼族婚礼习俗	民间传统婚礼习俗	哈尼族村寨	濒危	
38	彝族婚礼习俗	民间传统婚礼习俗	彝族村寨	濒危	
39	苗族婚礼习俗	民间传统婚礼习俗	苗族村寨	濒危	
40	傣族婚礼习俗	民间传统婚礼习俗	傣族村寨	濒危	
41	壮族婚礼习俗	民间传统婚礼习俗	壮族村寨	濒危	
42	哈尼族丧葬习俗	民间传统丧葬习俗	上新城乡踩山坪	濒危	
43	彝族丧葬习俗	民间传统丧葬习俗	彝族村寨	濒危	

序号	项目名称	内容简介	流传地域	保存现状	传承代表
44	傣族丧葬习俗	民间传统丧葬习俗	傣族村寨	濒危	—
45	瑶族度戒	民间人生礼仪习俗	瑶族村寨	良好	—
46	彝族服饰	彝族传统服饰	彝族村寨	濒危	—
47	哈尼族服饰	哈尼族传统服饰	哈尼族村寨	濒危	—
48	苗族服饰	苗族传统服饰	上新城乡踩山坪	良好	—
49	铁工工艺	梯田农耕生产工具	黄茅岭大山	濒危	—
50	哈尼族银饰制作工艺	哈尼服饰工艺	新街镇全福庄	濒危	卢正亮
51	彝族银饰制作工艺	彝族服饰工艺	牛角寨良心寨	濒危	李发
52	苗族印染工艺	苗族传统染织工艺	上新城乡踩山坪	濒危	—
53	哈尼族传统染织工艺	哈尼族传统染织工艺	哈尼族村寨	濒危	马尼卡
54	传统造纸工艺	汉族传统造纸工艺	嘎娘纸厂	濒危	牟真清
55	元阳云雾茶	元阳传统茶叶制作工艺	元阳地区	良好	—
56	傣族制糖工艺	傣族传统制糖工艺	南沙镇傣族村寨	濒危	—
57	彝族木工工艺	彝族传统木工	小新街石碑寨	濒危	黎长生
58	彝族剪纸	彝族服饰工艺美术	新街镇胜村村委会岩子脚村	濒危	杨秀芬
59	哈尼族传统医药	哈尼族传统医药	俄扎乡哈东村	濒危	陈文学
60	彝族传统医药	彝族传统医药	牛角寨岩计村	濒危	白文光
61	瑶族传统医药	瑶族传统医药	大坪乡、小新街乡	濒危	—
62	苗族传统医药	苗族传统医药	上新城乡	濒危	—
63	小新街腊猪脚	民间传统饮食习俗	小新街乡	濒危	—
64	哈尼族特色风味食品——哈尼豆豉	民间传统饮食习俗	哈尼村寨	濒危	—
65	哈尼族蘑菇房	哈尼族传统建筑	箐口村、大鱼塘村、普高老寨	濒危	—
66	傣族土掌房	傣族传统建筑	牛角寨乡大顺寨村	濒危	—
67	哈尼族传统体育（摔跤）	哈尼族传统摔跤技能	新街镇主鲁村、上广坪村	濒危	李文明李永康
68	攀枝花乡猛品彝族传统文化保护区	传统文化保护区域	攀枝花乡猛品村	良好	—
69	新街镇小水井彝族传统文化保护区	传统文化保护区域	新街镇小水井村	良好	—

序号	项目名称	内容简介	流传地域	保存现状	传承代表
70	俄扎乡哈播哈尼族传统文化保护区	传统文化保护区域	俄扎乡哈播村	良好	—
71	小新街乡大鱼塘哈尼族传统文化保护区	传统文化保护区域	小新街乡大鱼塘村	良好	—
72	新街镇全福庄哈尼族传统文化保护区	传统文化保护区域	新街镇全福庄村	良好	—
73	新街镇多依树村委会普高老寨哈尼族传统文化保护区	传统文化保护区域	新街镇多依树村委会普高老寨	良好	—
74	新街镇主鲁村委会主鲁村哈尼族传统文化保护区	传统文化保护区域	新街镇主鲁村委会主鲁村	良好	—
75	新街镇土锅寨村委会大鱼塘村哈尼族传统文化保护区	传统文化保护区域	新街镇土锅寨村委会大鱼塘村	良好	—
76	新街镇爱春村委会牛倮普哈尼族传统文化保护区	传统文化保护区域	新街镇爱春村委会牛倮普村	良好	—
77	新街镇爱春村委会阿者科哈尼族传统文化保护区	传统文化保护区域	新街镇爱春村委会阿者科村	良好	—
78	攀枝花乡一碗水村委会垭口村哈尼族传统文化保护区	传统文化保护区域	攀枝花乡一碗水村委会垭口村	良好	—
79	新街镇全福庄哈尼族传统文化保护区	传统文化保护区域	新街镇全福庄村中寨	良好	—

二　元阳县非物质文化遗产传承人结构

据项目组于 2014 年 4 月从元阳县文体局获得的数据资料显示，元阳县现有国家级非物质文化遗产传承人 1 人，省级传承人 1 人，州级传承人 23 人，县级传承人 120 人。

表 9 - 3　　　　　　　元阳县非物质文化遗产传承人一览

（一）国家级传承人（每人每年补助 1 万元）

序号	姓名	性别	民族	出生年月	住址	传承项目	命名时间
1	朱小和	男	哈尼族	1940.9	攀枝花乡硐蒲村委会硐蒲村	四季生产调	2007

资料来源：由元阳县文化体育局提供。

（二）云南省级传承人（每人每年补助 5000 元）

序号	姓名	性别	民族	出生年月	住址	传承项目	命名时间
1	卢文学	男	哈尼族	1954.6	新街镇土锅寨村委会大鱼塘村	祭寨神林	2010

（三）红河州级传承人（每人每年补助 1000 元）

序号	姓名	性别	民族	出生年月	住址	传承项目	命名时间
1	李有亮	男	哈尼族	1964.3	攀枝花乡洞铺村	四季生产调	2010
2	李亮文	男	彝族	1940.6	新街镇水卜龙小兴寨村	民间传统音乐	2003
3	朱升则	男	哈尼族	1942.1	小新街乡嘎妈新寨村	四季生产调	2010
4	李正林	男	哈尼族	1944.2	新街镇箐口村	哈尼哈吧	2010
5	施正学	男	彝族	1951.12	新街镇水卜龙小兴寨村	彝族（尼苏）民歌	2010
6	卢山楚	男	哈尼族	1956.10	俄扎乡哈播村	昂玛突节	2010
7	马建昌	男	哈尼族	1955.4	新街镇爱春村委会大鱼塘村	哈尼哈吧	2010
8	李秀芬	女	彝族	1965.3	新街镇阿花寨村	彝族（尼苏）民歌	2010
9	普科罗	男	哈尼族	1940.10	新街镇高城村	哈尼阿培聪坡坡	2010
10	陈文亮	男	哈尼族	1946.1	牛角寨乡果期村	民间传统文化	2005
11	李主义	男	哈尼族	1938.4	新街镇麻栗寨村	民间传统舞蹈	2005
12	李秀珍	女	彝族	1963.3	攀枝花乡猛品村	民间传统舞蹈	2005
13	白习则	男	哈尼族	1963.6	新街镇热水塘村	民间传统舞蹈	2005
14	白红彪	男	哈尼族	1954.1	俄扎乡依师村	民间传统音乐	2005

续表

序号	姓名	性别	民族	出生年月	住址	传承项目	命名时间
15	高朝富	男	彝族	1962.8	新街镇多依村小寨	民间传统工艺	2005
16	阮秀英	女	傣族	1950.7	南沙镇五亩村	民间传统工艺	2005
17	张美珍	女	彝族	1956.12	攀枝花乡保山村	民间传统工艺	2005
18	李爱鲁	男	哈尼族	1968.6	攀枝花乡洞铺村	哈尼哈吧	2005
19	朱文亮	男	哈尼族	1961.6	攀枝花乡洞铺村	哈尼哈吧	2013
20	普正文	男	彝族	1956.3	攀枝花乡保山寨村委会马老贺上寨	彝族尼苏阿噜演唱	2013
21	黄正明	女	哈尼族	1962.10	南沙镇石头寨村委会蚂蚱寨	彝族尼苏阿噜演唱	2013
22	龙秀芬	女	彝族	1968.4	新街镇胜村村委会胜村	彝族尼苏阿噜演唱	2013
23	马羊波	男	哈尼族	1941.11	俄扎乡哈播村委会哈播村	主持祭寨神林活动	2013

（四）元阳县级传承人（其中有50人每人每年补助1000元）

序号	姓名	性别	民族	出生年月	住址	传承项目	命名时间
1	孔祥有	男	彝族	1941.12	新街镇胜村	三弦弹奏	2005
2	龙打文	女	哈尼族	1969.4	新街镇全福村委会中寨	哈尼哭嫁歌	2005
3	郭兰沙	男	哈尼族	1957.10	新街镇热水塘大寨村	民间传统舞蹈	2005
4	李永康	男	哈尼族	1956.12	新街镇团结办事处上广坪村	传统体育（摔跤）	2005
5	李文明	男	哈尼族	1962.8	新街镇主鲁村委会上主鲁村	传统体育（摔跤）	2005
6	王鸿昌	男	壮族	1973.3	新街镇聚起村	传统体育（荡秋千）	2005
7	杨正忠	男	彝族	1964.5	新街镇团结老峰大寨	彝族毕摩	2005
8	卢文新	男	哈尼族	1945.11	新街镇普高老寨	哈尼四季生产调	2005
9	高丽华	女	傣族	1959.12	南沙镇棱角塘村小组	傣族传统饮食文化	2005
10	杨陶氏	女	傣族	1953.1	马街乡乌湾新寨村	傣族民间歌舞	2005

续表

序号	姓名	性别	民族	出生年月	住址	传承项目	命名时间
11	兰志新	男	哈尼族	1958.7	马街乡登云麻力寨村	哈尼山歌弹唱	2005
12	李正文	男	哈尼族	1940.6	马街乡木梳贾村	哈尼舞蹈	2005
13	李琼珍	女	哈尼族	1965.2	牛角寨乡牛角寨佐塔大寨村	哈尼民歌弹唱	2005
14	杨讲山	男	哈尼族	1935.12	牛角寨乡河马大寨村	铁匠	2005
15	卢跃陆	男	傣族	1949.1	牛角寨乡大顺寨	傣族山歌	2005
16	龙惹	男	哈尼族	1956.1	牛角寨乡果统二村	民俗活动主持、山歌	2005
17	李生及	男	哈尼族	1973.12	沙拉托乡阿嘎松树寨村	民间传统音乐、舞蹈	2005
18	谭玉玲	女	彝族	1977.4	攀枝花乡勐品村	刺绣	2005
19	普汉英	女	彝族	1976.3	攀枝花乡保山寨村攀枝花村	彝族公鸡帽制作工艺	2005
20	李文学	男	哈尼族	1958.12	攀枝花乡阿挡寨	哈尼山歌	2005
21	李洪亮	男	瑶族	1961.12	黄茅岭夕欧瑶新寨	瑶族传统体育（射弩）	2005
22	李凤华	女	彝族	1965.11	黄茅岭迁富二组	刺绣	2005
23	马俄背	男	哈尼族	1967.10	俄扎乡哈播村	民间传统音乐	2005
24	黄小普	男	哈尼族	1953.11	嘎娘乡苦鲁寨村	哈尼哈巴、阿茨咕	2005
25	牟真清	男	汉族	1951.4	嘎娘乡吉居地村委会纸厂村	造纸工艺	2005
26	普上来	男	哈尼族	1970.3	嘎娘乡苦鲁寨村	哈尼哈巴、阿茨咕	2005
27	马秀芬	女	彝族	1966.10	上新城乡小土龙牛滚塘村	彝族民歌山歌	2005
28	王明生	男	汉族	1956.10	逢春岭乡稿吾卡村	汉族传统山歌	2005
29	罗有强	男	苗族	1973.9	逢春岭乡尼枯补茅草坡村	苗族芦笙歌舞	2005
30	李绍昌	男	彝族	1972.9	小新街乡克甲良子村	彝族山歌、彝族平腔	2005
31	李玉章	男	哈尼族	1950.10	小新街乡克甲革新村	唢呐、直哨（海来咪妹）	2005
32	普小六	男	哈尼族	1966.7	小新街乡者台大鲁沙村	哈尼酒歌、民歌、哈尼哈巴	2005

序号	姓名	性别	民族	出生年月	住址	传承项目	命名时间
33	邓玉林	男	瑶族	1956.1	大坪乡十八塘黄泥坡村	瑶族传统医药	2005
34	罗春和	男	苗族	1957.2	大坪乡大坪村委会陶家寨村	芦笙舞	2005
35	李福兴	男	哈尼族	1949.9	大坪乡小平子村	民间舞蹈（阿确确）	2005
36	普有明	男	哈尼族	1949.10	大坪乡卢山村委会卢山村	山歌、四弦、乐作舞	2005
37	李格发	男	彝族	1969.6	黄草岭乡哈马村委会竹棚山	阿噜舞蹈、竹编	2005
38	白毛候	男	彝族	1942.3	黄草岭乡隋碑村委会隋碑村	主持民俗活动	2005
39	罗华娘	男	哈尼族	1953.7	黄草岭乡黄草岭村	主持民俗活动、竹编	2005
40	何美秀	女	彝族	1967.8	攀枝花乡马老贺下寨	彝族尼苏阿噜	2005
41	杨秀芬	女	彝族	1953.12	新街镇胜村岩子脚（待考查）	剪纸	2005
42	何佐诚	男	彝族	1952.9	新街镇胜村	彝族三弦	2005
43	马尼卡	女	哈尼族	1926.1	牛角寨全寨村（待考查）	传统染织	2005
44	孔祥医	男	彝族	1966.3	新街镇胜村	彝族尼苏阿噜	2005
45	孔祥东	男	彝族	1955.6	新街镇胜村（待考查）	彝族毕摩	2005
46	马正昌	男	哈尼族	1939.8	新街镇胜村村委会沙拉河村（待考查）	哈尼族传统音乐	2005
47	张志新	男	彝族	1956.6	攀枝花乡勐品村	彝族毕摩	2005
48	白志清	男	彝族	1953.5	攀枝花乡苦笋寨村	彝族毕摩	2005
49	马正高	男	彝族	1951.2	攀枝花猛品村	彝族毕摩	2005
50	李扬沙	男	哈尼族	1956.11	马街木梳贾村	民俗活动主持人	2005
51	白卜斗	男	哈尼族	1956.11	马街登云村	民俗活动主持人	2005
52	伍正德	男	哈尼族	1944.3	新街镇中巧村	哈尼哈吧、民俗活动主持	2005
53	马高莫	男	哈尼族	1949.7	新街镇胜村村委会沙拉河	民俗活动主持	2005
54	李文亮	男	彝族	1956.8	新街镇荔枝树村	彝族毕摩	2005

续表

序号	姓名	性别	民族	出生年月	住址	传承项目	命名时间
55	杨正明	男	哈尼族	1958.8	新街镇箐口村	哈尼哈吧、民俗活动主持	2005
56	张美英	女	哈尼族	1963.12	新街镇箐口村	哈尼阿茨（情歌）	2005
57	李正明	男	哈尼族	1975.9	小新街乡克甲村委会革新村	邬族情歌	2005
58	何家有	男	彝族	1962.1	小新街乡克甲村委会树林村	彝族尼苏阿噜	2005
59	刀玉明	男	哈尼族	1970.4	小新街乡克甲村委会革新村	邬族情歌	2005
60	段波成	男	哈尼族	1967.7	俄扎乡阿树村	哈尼族祭祀舞蹈	2005
61	朱文昆	男	哈尼族	1962.8	新街镇高城村	铜钱舞	2005
62	熊正成	男	苗族	1943.10	上新城东瓜林村	神话传说故事	2005
63	杨小左	男	苗族	1949.3	黄茅岭小黑龙村	神话传说故事	2005
64	王金星	男	壮族	1944.4	新街镇聚起村	神话传说故事	2005
65	陶炳祥	男	傣族	1970.9	南沙镇五亩村	象脚鼓	2005
66	白正亮	男	彝族	1942.7	攀枝花乡猛品村	彝族山歌、四弦弹唱	2005
67	段嘎勒	女	哈尼族	1962.8	俄扎乡阿树村	谷杆、叶号演奏	2005
68	李牛候	男	哈尼族	1979.11	俄扎乡俄铺村	巴乌演奏	2005
69	林长山	男	哈尼族	1944.9	俄扎乡哈播村	哈尼族传统舞蹈	2005
70	张永福	男	彝族	1959.1	新街镇倮铺村委会阿俄村	彝族毕摩甲苏	2005
71	马绍萍	女	哈尼族	1971.3	俄扎乡哈播村	哈尼刺绣	2005
72	陈永明	男	哈尼族	1958.8	俄扎乡哈播村	哈尼族棕扇舞	2005
73	刘洪祥	男	汉族	1958.7	逢春岭稿吾卡冲洒村	汉族山歌资料保存	2005
74	陈文学	男	哈尼族	1954.4	俄扎乡哈东村	哈尼族传统医药	2005
75	普绍和	男	哈尼族	1951.6	大坪乡老箐村	四季生产调	2005
76	伍正学	男	哈尼族	1956.12	大坪乡老箐村	四季生产调	2005
77	李秀芬	女	哈尼族	1949.3	大坪乡小坪子村	邬族情歌	2005
78	李阿取	男	哈尼族	1967.9	逢春岭泥枯补新寨	哈尼族传统音乐、器乐	2005
79	李惹朵	男	哈尼族	1953.3	逢春岭泥枯补新寨	哈尼哈吧、四季生产调	2005

序号	姓名	性别	民族	出生年月	住址	传承项目	命名时间
80	何含则	男	哈尼族	1967.11	逢春岭泥枯补新寨	民俗活动主持	2005
81	陈家文	男	哈尼族	1943.8	逢春岭泥枯补新寨	传统音乐（三弦弹奏）	2005
82	何天富	男	哈尼族	1945.8	逢春岭泥枯补新寨	哈尼四季生产调	2005
83	李秀珍	女	彝族	1949.2	小新街乡克甲村委会	彝族尼苏阿噜	2005
84	杨玉琼	女	彝族	1971.11	小新街乡克甲村委会	彝族尼苏阿噜	2005
85	王幸福	男	彝族	1966.3	小新街乡克甲村委会	彝族尼苏阿噜	2005
86	朱虎朵	男	哈尼族	1971.4	小新街乡嘎妈新寨村	民歌、酒歌、哈尼哈吧	2005
87	李拉卜	男	哈尼族	1963.7	上新城乡下新城村	民俗活动主持	2005
88	李干则	男	哈尼族	1970.10	上新城乡下新城村伍家寨	民俗活动主持	2005
89	白杀则	男	哈尼族	1941.11	上新城乡下新城村	哈尼摩批	2005
90	王惹候	男	哈尼族	1940.12	上新城乡下新城村	民间祭祀歌舞	2005
91	李成发	男	哈尼族	1964.11	上新城乡下新城村	传统音乐（巴乌）	2005
92	李家福	男	哈尼族	1953.1	马街乡丫多村	哈尼摩批	2005
93	兰我扒	男	哈尼族	1959.11	马街乡登云村	哈尼摩批	2005
94	白海佰	女	哈尼族	1955.9	马街乡丫多村	哈尼四季生产调	2005
95	李明坎	女	哈尼族	1968.2	马街乡丫多村	哈尼四季生产调	2005
96	李毕妮	女	哈尼族	1964.8	马街乡丫多村	哈尼四季生产调	2005
97	白斗成	女	哈尼族	1960.8	马街乡丫多村	哈尼四季生产调	2005
98	段美仙	女	哈尼族	1970.6	马街乡丫多村	哈尼四季生产调	2005
99	赖家义	男	彝族	1957.8	马街乡阿路嘎村	尼苏阿噜	2005
100	李成妹	女	彝族	1963.6	马街乡阿路嘎村	尼苏阿噜、器乐演奏（巴乌、直箫、木叶）	2005

续表

序号	姓名	性别	民族	出生年月	住址	传承项目	命名时间
101	张六妹	女	彝族	1974.1	马街乡阿路嘎村	尼苏阿噜、器乐演奏（巴乌、直箫、木叶）	2005
102	罗正庭	男	傣族	1943.4	马街乡那炳村	傣族山歌对唱	—
103	马秀辉	女	彝族	1969.6	马街乡清明里	尼苏阿噜、器乐演奏（巴乌、直箫、木叶）	2005
104	阿白衣	女	彝族	1981.12	马街乡登云村	尼苏阿噜、器乐演奏（巴乌、直箫、木叶）	2005
105	罗秀芬	女	哈尼族	1970.3	沙拉托街道	多声部音乐	2005
106	杨春梅	女	哈尼族	1979.4	沙拉托街道	多声部音乐	2005
107	马支簸	男	哈尼族	1960.6.	沙拉托乡阿嘎村委会松树寨	传统音乐、器乐	2005
108	李光绍	男	哈尼族	1967.7	沙拉托乡牛俣村委会牛俣哈尼寨	传统音乐、器乐	2005
109	罗明理	女	哈尼族	1978.6	沙拉托乡文化站	多声部音乐	2005
110	侬丽英	女	哈尼族	1976.1	沙拉托街道	多声部音乐	2005
111	李术优	女	哈尼族	1978.4	沙拉托街道	多声部音乐	2005
112	杨秀英	女	哈尼族	1950.2	沙拉托街道	多声部音乐	2005
113	李成鲁	男	哈尼族	1966.12	沙拉托乡阿嘎村委会松树寨	传统音乐、器乐	2005
114	李谷优	男	哈尼族	1978.7	沙拉托乡啊嘎村	哈尼族传统音乐	2005
115	马莫斗	男	哈尼族	1942.12	沙拉托乡咪卡村	哈尼阿培聪坡坡	2005
116	白忠福	男	彝族	1957.10	小新街鲁保村	巴乌、直箫	2005
117	李正兴	男	哈尼族	1952.12	小新街者台村	巴乌、直箫	2005
118	石尖卜	男	哈尼族	1949.1	沙拉托乡街道	传统音乐	2005
119	吴布嘎	男	哈尼族	1941.7	沙拉托乡界排小寨村	传统音乐	2005
120	李得芳	男	哈尼族	1949.9	攀枝花乡洞铺村	哈尼哈吧	2005

三　元阳非物质文化遗产保护机构设置及保护措施①

元阳县是红河州最早开展民族民间传统文化普查工作的县市之一，也是红河州拥有非物质文化遗产项目最多的县域。

（一）设立专门保护机构

1. 元阳县非物质文化遗产保护中心。该中心隶属于元阳县文化体育局文化馆，由副馆长兼任中心主任。

2. 元阳县非物质文化遗产保护工作领导小组。该领导小组由县文体局局长为组长，分管副局长为副组长，局办公室主任、文化馆长、副馆长兼非遗中心主任、非遗中心办公室人员、各乡镇文化站长为成员构成。

（二）确立具体工作目标，落实传承保护措施

1. 完善对已列入各级各类非物质文化遗产项目的保护和传承工作。主要包括：（1）积极筹建国家级非物质文化遗产项目传承中心，目前已在箐口建成"哈尼哈吧"传承中心，拟筹建"祭寨神森"（昂玛突）和"祭寨神林"传承中心；（2）对"哈尼哈吧"和"祭寨神林"两项国家级项目，采取"分支系、分片、广泛布点"的传承与保护原则；（3）筹集资金，落实传承人经费补助的发放工作；（4）推进非物质文化遗产项目数据库的建设和完善。

2. 持续开展非物质文化遗产普查工作，遴选、培育非遗申报项目，有的放矢，适时组织申报。

3. 夯实基础，调动传承人的文化传承积极性，拟在全县各乡镇建立以传承人带动传承队伍的传承基站和申遗重点村。

4. 利用好各类宣传途径和平台，提升传统文化的社会知名度。例如，利用一些重要的政府接待活动、演出活动和"非物质文化遗产日"等宣传媒介，组织非物质文化遗产传承人参加展示展演活动。

5. 通过"走出去"、"请进来"等多种渠道，向外界宣传丰富多彩的民族传统文化。例如，组织本县民间表演团队前往省内外大中城市举办专场表演；邀请学术界、艺术界的专家、明星到元阳交流考察，积极展示元阳的优美自然景观和特色民族文化。

---

① 参见何志科（元阳县非物质文化遗产保护中心主任）《传承民族文化　保护精神家园：元阳县非物质文化遗产保护工作硕果累累——元阳县非物质文化遗产保护工作汇报材料》。

四　元阳非物质文化遗产保护存在的问题与工作构想[①]

（一）存在的问题

1. 现代生产、生活方式对梯田农耕文化造成巨大冲击，传统梯田文化的传承与保护面临挑战。随着社会现代化程度逐渐提高，梯田原住居民的世界观、人生观、价值观也随之改变，加之梯田农耕成本过高，大量年轻人为改善生活质量、提高生产效率，纷纷外出务工，逐渐淡出原有生活习俗和生产方式，非物质文化遗产的传承面临"后继乏人"的窘境。

2. 政府对非物质文化遗产传承人的资金扶持力度不够、系统性保障机制尚不健全。仅以哈尼族为例，目前，元阳县哈尼族村寨有442个，包括已经确认的国家级、省、州、县级项目和传承人，拥有非物文化遗产项目48项，传承人559人，但由于政府对非物质文化遗产传承人所给予的扶持资金有限，且无系统性保障机制，影响了传承人的积极性，制约着传承工作的开展。

3. 缺乏从事非物质文化遗产传承与保护工作的专门人才，相关职能部门人员编制严重不足。目前，元阳县虽已成立起专门的非遗保护机构，但其工作人员大多处于兼职状态，不利于提升工作质量和效率。

（二）工作改进构想

1. 系统开展非物质文化遗产普查工作，持续关注县内非物质文化遗产的传承状况，建立健全非遗项目档案，以电子数据等方式详细记录并保存哈尼梯田农耕文化中各种节庆、习俗活动、传统歌舞、民间口传文化等项目。

2. 确认、保护掌握梯田农耕技艺和节庆、习俗活动、传统歌舞、民间口传文化的传承人，组织开展传承人生活补助工作和传承点建设工作，适时开展传承人交流学习和进校园普及梯田农耕文化活动，投入专项保护经费，分区域、分支系落实划定传承点，建立传承队伍。

3. 构建"个体传承人—非遗项目—传承队伍"的良性互动机制，即，以传承人带动项目，再以项目带动传承队伍的层层递进机制，调动群众的参与主动性，积极申报国家级、省级、州级项目和代表性传承人，争取引

---

① 参见何志科《传承民族文化 保护精神家园：元阳县非物质文化遗产保护工作硕果累累——元阳县非物质文化遗产保护工作汇报材料》。

进更多项目资金注入县域非物质文化遗产的传承与保护工作。

4. 充分利用广播电视、网络媒体、报纸杂志等现代传媒手段加大对非物质文化遗产的宣传力度，树立梯田世居的民族自信心和民族自豪感。

综上，元阳县在非物质文化遗产保护方面已基本做到"摸清家底"，目前及今后一段时间的工作重点将主要集中于提升传承和保护质量的环节上。

第三节　元阳旅游业与民族文化保护

2013 年 6 月，红河哈尼梯田文化景观被批准列入联合国教科文组织《世界遗产名录》。元阳哈尼梯田是红河州哈尼梯田世界文化遗产的核心区，是红河州和云南省的第一个国家级湿地公园，在国内外已具有相当高的知名度。随着红河州旅游的发展及蒙自作为连接国内及东南亚地区的区域性国际旅游集散地的建设，紧邻蒙自的元阳将迎来发展旅游的大好机遇，元阳梯田也将成为红河州及滇东南最为知名的国际旅游品牌。

一　元阳的旅游资源概况[①]

元阳地处滇东南旅游区，是滇东南"喀斯特山水文化旅游区"的重要组成部分，境内山高谷深，沟壑纵横，因长期受红河、藤条江水系的侵蚀、切割，地貌呈现出中部突起，南北两侧低下，地势由西北向东南倾斜，北面山地多为羽状横向峡谷，南面坡形多为箕状，最低海拔 144 米，最高海拔 2939.6 米，相对高差 2795.6 米，全县地形可概括为"两山两谷三面坡，一江一河万级田"。由于地形复杂，立体气候突出，故有"一山分四季，十里不同天"的特点，多样化的地貌景观成为元阳自然旅游资源形成的重要地理基础。元阳县境内世居的各民族历史悠久，民族风情浓郁，创造了本民族丰富多彩的民族传统文化，形成了具有民族特色的 300 余项物质和非物质文化遗产，孕育出梯田文化、火塘文化、贝玛文化、谱蝶文化等异彩纷呈的民族民间传统文化。可以说，旖旎的梯田自然风光、灿烂的民族传统文化为元阳旅游业的发展奠定了坚实的基础。

---

① 参见元阳县旅游局提供的《元阳县旅游发展规划》。

（一）旅游资源特色①

元阳旅游资源的总体特征是：具有以梯田、森林为主的自然景观和以民族文化为主的人文景观相互交叉的综合偏差性旅游资源特色。

1. 神奇秀丽的自然景观

元阳县自然景观旅游资源主要是哈尼梯田、森林、红河河谷及其产生的自然风光和附属的温泉景观以及溶洞景观。

（1）独特的梯田农耕景观（世界文化遗产景观）。元阳 19 万余亩梯田分布于全县 14 个乡镇，海拔在 170—1980 米的山岭中。依山傍势开垦，规模因山势而各异，形态随山形而变化，集中连片的上万亩梯田，有坝达梯田、多依树梯田、老虎嘴梯田、牛角寨梯田、哈播梯田。梯田级数量最多的有 3700 多级，从河谷连绵不断伸向云端，整个梯田景观面积庞大，气势磅礴，细节线条节奏韵律感强烈。由于受到地形地貌和红河干热河谷气候等因素的影响，"日出、夕阳、云海、森林、梯田、村庄"交相辉映，变幻无穷，构成了一幅幅如诗如画的美丽画卷。

（2）森林景观资源。元阳山脉属于哀牢山脉南段，境内主要有东、西观音山及 16 条山岭，县境内森林覆盖率高，多为原始森林，植被茂密，绿荫葱茏，山涧水溪穿插其间，具备发展观光、科考和探险旅游项目的条件。

（3）叠水瀑布景观资源。观音山良好的森林植被对水源具有涵养作用，使山内马龙河源头、宗巧河等源头形成众多的溪流及叠水瀑布，这些溪流和小型叠水瀑布姿态优美，水清泉甘，极富美学和欣赏价值。

（4）温泉景观资源。元阳有六个较大的硫磺温泉资源点，分别是热水塘温泉、肥香村温泉、婆多温泉、独家温泉、普龙寨温泉和南林温泉，其中南沙县城附近有多处适宜开发的温泉资源，南沙县城周边温泉由于其便利的交通区位和优美的环境，成为南沙冬季温泉休闲度假的最佳去处。

（5）溶洞景观资源。元阳溶洞数量多而形象奇特，全县共有溶洞 113 个，洞容 113673 立方米，分布于全县各地。这些溶洞或形似桥涵，或形同漏斗，洞内有石笋、石钟乳，地道弯曲、岔道如织。

---

① 引自元阳县旅游局提供的《元阳县旅游发展规划》。

2. 多彩的民族文化风情

元阳县境内世居的各民族历史悠久，他们创造了本民族丰富多彩的民族传统文化，形成了具有民族特色的文化遗址、历史文物、民居建筑、服饰、饮食、乐器、歌舞刀具、宗教器物、交际礼品、工艺品、生活器具、生产工具，以及神话传说、史诗谣谚、寓言故事、音乐舞蹈、节庆活动、民间习俗、生活礼仪、禁忌形式、宗教祭典、村规民约、道德习惯等物质和非物质文化遗产300余项，孕育了梯田文化、火塘文化、贝玛文化、谱牒文化等异彩纷呈的民族民间传统文化。其中：民族服饰色彩鲜艳、做工细致、花纹图案精美，如傣族花腰服饰、瑶族马尾帽、壮族系腰带、彝族日月系腰带等均为民族服饰的精品。民族传统节日独具特色，较为典型的民族节日有哈尼族的"昂玛突"、"矻扎扎"、"十月年"，俗称哈尼族的三大节日；彝族的"祭俸"、"火把节"、"祭祖节"；傣族的"泼水节"、"开门节"、"关门节"；苗族的"采花山"；瑶族的"盘王节"；壮族的"三月三"等。还有，各民族丰富多彩的婚丧习俗、民间文学、民间歌舞、民族体育及土司文化，均具有浓厚的地方色彩和独特的民族风格，具有较强的观赏性和参与性。

元阳是哈尼族的聚居大县，其民族文化以哈尼民族文化为代表，包括：以森林为标志的生态文化、以梯田为标志的农耕文化、以长街宴为特色的饮食文化、以蘑菇房为标志的建筑文化、以服饰刺绣为主的服饰文化、以"矻扎扎"节为标志的人神共娱的节日文化、以贝玛为标志的宗教文化、以哈尼医学为主题的医学文化、以铓锣为标志的铓鼓文化、以丧葬为标志的礼仪文化……

此外，元阳的土司文化也颇具影响力，目前保留最好的就是勐弄司署旧址，建筑规模和完好度较高，具有体验土司文化的后期开发潜力。

（二）旅游资源空间分布特征[①]

从元阳县旅游资源的空间分布来看，可分为中、北、西、东四个区域，主要集中分布在中部的三个乡镇（新街镇、攀枝花乡、牛角寨乡），北部的南沙县城，东南部的嘎娘乡和西南部的俄扎乡、黄茅岭乡（见表9－4）。

---

① 引自元阳县旅游局提供的《元阳县旅游发展规划》。

表 9 – 4　　　　　　　　　　元阳县旅游资源片区开发方向

片区名称	范围	主要资源组合	主要开发方向
中部哈尼梯田文化休闲度假旅游区	新街镇、攀枝花乡、牛角寨乡	箐口梯田国家湿地公园、多依树梯田、坝达梯田、老虎嘴梯田、牛角寨梯田、《哈尼族四季生产调》、龙树坝梯田、箐口哈尼民俗村、勐弄司署旧址	梯田观光、遗产旅游、摄影旅游、避暑休闲、民族村寨旅游、民族文化风情体验、自驾车旅游等
北部冬季度假旅游区	南沙、马街	阳光、干热河谷气候、热带植被景观、热带水果园、温泉、傣家农家乐、红河河谷	冬季度假、温泉 SPA、热带河谷旅游、休闲度假、民族风情体验、热带风情体验等
东部森林生态旅游区	嘎娘乡、大坪、上新城、小新街、逢春岭	观音山自然保护区、红河河谷、大坪老金山金矿	森林生态旅游、热带河谷探险、民族饰品开发
西部风情旅游区	俄扎乡、沙拉托、黄茅岭、黄草岭	哈播哈尼族长街宴、哈播梯田、藤条江、森林植被	遗产旅游、梯田观光、摄影旅游、民族风情体验、热带河谷探险

（三）旅游资源综合评价①

1. 元阳旅游资源类型多样，数量丰富。按照《旅游资源分类、调查与评价》国家标准，元阳县旅游资源在类型结构上包括 8 个主类，24 个亚类，60 种基本类型，242 处（个）旅游资源单体，包含了《旅游资源分类、调查与评价》中的全部主类，旅游资源单体旅游资源类型结构呈现多样化特点，资源禀赋储量较大。

2. 元阳县旅游资源特色突出。元阳的旅游资源不论在数量、种类、级别上都有很大优势。依照《旅游资源分类、调查与评价》（GB/T,18972—2003）中的旅游资源分类体系，对元阳县 48 个主要旅游资源区（点）进行评价，其中五级旅游资源有 4 个，四级旅游资源有 6 个，三级旅游资源有 19 个，二级旅游资源有 10 个，一级旅游资源有 9 个（见表9 – 5）。

表 9 – 5　　　　　　　　　元阳县旅游资源评价分级

级别		旅游资源名称	数量
特品级旅游资源	五级旅游资源	老虎嘴梯田、坝达梯田、多依树梯田、箐口哈尼民俗文化旅游村	4

---

① 引自元阳县旅游局提供的《元阳县旅游发展规划》。

续表

级别		旅游资源名称	数量
优良级旅游资源	四级旅游资源	牛角寨梯田、哈播梯田、《哈尼族四季生产调》、红河元阳哈尼梯田文化旅游节、新街镇、爱春	6
	三级旅游资源	勐弄司署、长街宴、观音山自然保护区、龙树坝梯田、李优牛宅（哈尼族蘑菇房）、南沙镇、胜村、南沙温泉、哈播村、啊勐控村、全福庄村、龙树坝村、元阳云雾茶、白云科宅（傣族土掌房）、镇江王庙、观音阁、元阳楼、勐品村、大鱼塘村	19
普通级旅游资源	二级旅游资源	哈尼染织工艺、普高老寨村、彝族传统篾编、雄镇郊南古堡、纳楼司署石刻、芭蕉岭牌坊、天生桥、大坪碉堡、接龙桥、石坊	10
	一级旅游资源	梯田广场、烈士陵园、白龙泉、老金山金矿、飞龙桥、人寿泉、卢梅贝墓、绿蓬明墓、禁砍森林碑	9

二　元阳旅游业发展的现状分析①

元阳县委、县政府历来重视旅游业的发展，提出旅游产业带动发展战略，作出了"建设旅游强县，哈尼文化特色县"的战略决策，把旅游产业作为第一大支柱产业进行培植和发展。元阳县旅游业经过近几年的开发建设得到长足发展，围绕打造红河哈尼梯田旅游品牌，努力强化城市和旅游基础设施建设，不断加快旅游经济强县建设步伐。元阳县实施了新街国际旅游山城排危美化第一期工程，重点打造了箐口哈尼族民俗生态旅游村，修缮了勐弄司署，修复了元阳楼、观音阁，新建了老虎嘴、多依树、坝达景点的旅游配套设施，制定了《元阳县哈尼族民俗生态旅游景区总体规划》。同时，在对外宣传和促销、景区景点建设及项目储备、综合配套服务体系建设、行业管理等方面也做了大量工作，推进了全县旅游业健康发展。②

（一）优势

1. 哈尼梯田文化景观是世界级品牌旅游资源。红河哈尼梯田是世界级的旅游资源，具有稀缺性、独特性、高品位、规模大的特点，得天独厚的19万亩梯田被中外游客赞誉为"中华风度，世界奇观"，以哈尼梯田

---

①　参见红河州元阳县人民政府、昆明艺嘉旅游规划设计有限公司《红河州元阳县旅游发展规划（2008—2025年）》，该资料由元阳县旅游局于2014年4月提供。

②　参见元阳县旅游局提供的《元阳县旅游产业工作建设情况汇报》（2014年3月19日）。

文化为代表的民族文化异彩纷呈，民族风情浓郁，民族传统节日绚丽多彩，融"森林、水系、梯田、村庄、人文"于一体，享誉海内外，具有非常广阔的客源市场，为元阳旅游业的发展提供重要的客源保障。

2. 旅游城镇（村）资源的优势独特。新县城南沙和老县城新街，为元阳主要的游客集散中心。南沙镇地处红河河谷地带，常年无冬，热带风光和傣族风情成为该镇一道亮丽的风景，是冬季度假旅游最佳目的地；而地处山区的新街镇，素有"云雾山城"之称，城市建筑依山势而建，层层叠叠，错落有致，若隐若现于云雾之中，山城景观独具特色，两城镇旅游资源的利用与开发，必将在元阳旅游开发中扮演及其重要的角色。同时元阳还有数量众多的民族村寨，适宜旅游业的特色乡村旅游的开发。

（二）弱势

1. 梯田旅游资源地处偏远，景区交通设施落后。近年来，虽已建成了元阳—绿春、个旧—冷墩、红河—元阳南沙等二级公路，但与连接建水、石屏历史文化名城的高等级公路尚未立项建设，公路通达度和路面等级问题，无法满足旅游业开发和发展的需求，严重制约了资源优势的发挥，影响"红河哈尼梯田"的旅游开发。

2. 区域经济发展水平低，景区开发建设滞后。元阳县是集"边疆、民族、山区、贫困"四位一体的新一轮国家扶贫开发工作重点县，由于历史、地理和自然资源等诸多因素的原因，元阳县的人居环境条件差，基础设施严重滞后，产业结构单一，经济增收难度较大，地方财政收入有限，而旅游开发需要投入大量资金，仅凭地方政府的支持远不能满足景区的发展需求，导致景区建设滞后，旅游资源处于较为粗放的自然状态，尚未形成相应的"吃、住、行、游、购、娱"一体化的旅游消费市场，游客满意度不高，极大限制了旅游业的纵深发展。

3. 基础设施和配套服务设施尚不完善。旅游基础设施较为落后，住宿设施级别不高，景点观景设施形式单一、简陋，部分服务设施建筑外观形象与梯田景观匹配度差，严重影响游客的感知印象。旅游服务人员的专业素质普遍偏低，影响到旅游地的形象塑造。

4. 旅游管理体制不健全。元阳县在健全旅游管理体制方面做出许多努力，已出台了一些关于支持旅游发展的政策和措施，但在旅游资源开发、旅游景区建设、旅游市场规范等方面的管理还比价薄弱。

（三）机遇

哈尼梯田作为中国梯田的优秀代表、世界农耕文明奇观，作为哈尼梯田核心区的元阳，"申遗成功"将推动元阳旅游业迅速发展，带动梯田集中连片区居民脱贫致富及新农村的建设。

近年来，国家提出要把旅游产业培植成为国民经济的重要产业，云南省也出台了《中共云南省委、云南省人民政府关于进一步加快旅游产业发展的若干意见》和《云南省旅游产业倍增计划》，确立了建设旅游经济强省的发展目标和任务。加之红河州委、州政府对发展红河旅游极为重视，成立了红河州旅游产业领导小组，出台了《中共红河州委、州人民政府关于进一步加快旅游产业发展的决定》。各级政府对旅游业的高度重视，以及一系列政策的制定和实施，将给元阳旅游业的发展创造有利的政策条件。

随着亚太地区旅游业的快速发展，以及昆曼、滇越国际大通道和东盟自由贸易区的建设，作为世界文化遗产的哈尼梯田文化景观，具有强势的旅游吸引力，借此，元阳梯田旅游资源的开发将有望从观光型旅游产品向休闲度假和世界文化遗产旅游产品的转换，实现旅游产品的升级换代，也将迎来一个崭新的跨越式发展期。

（四）威胁

现阶段，受各种主客观因素影响，哈尼梯田旅游发展也面临现实威胁。

1. 元阳哈尼梯田是在传统生活方式下产生的，因此，其在拥有遗产级旅游资源的优越性时，也承担着此类遗产旅游资源所面临的生存环境压力。在元阳，特别是在梯田核心景区的压力尤为明显：①人多地少的压力，元阳有38.6万多人口，但仅有19万亩梯田；②传统农耕方式的压力，传统农耕方式劳动强度大，收入微薄；③现代社会中传统文化的压力，外来经济和文化通常都具有强大的侵蚀效果，传统居住环境、建筑、习俗、礼仪、节庆有时会显得苍白无力，当社区开始推崇外来文化时，传统极容易被抛弃，这也将弱化旅游的意义。

2. 旅游业涉及错综复杂的利益关系，其中最为关键的是如何协调当地社区、政府和开发商之间的利益。梯田旅游区内的社区比较多，旅游区的开发和建设与社区关系的协调、社区居民利益的分配等问题，将会直接影响旅游区的和谐发展和可持续发展；旅游开发通常会快速促进地区经济的发展，而开发商获得利益过高或过低，都将直接影响到梯田景区的和谐发展。政府如只看重短期业绩，对自然保护、社区能力建设不加重视，默许先建设后规划或无规划建设的现象大肆蔓延，将对元阳旅游业长远发展带来不利，政府如何控制好旅游开发与县域自然环境、社会经济之间的关系，是值得考虑的问题。

3. 由于尚未形成适宜的利益补偿机制，原住居民对维持梯田景观的参与积极性不高，民族文化元素未能有机融入旅游景区。目前，元阳梯田旅游景区的文化展演主要在箐口民俗村，虽然有陈列馆和民族歌舞表演队，但也只有重要活动安排时才有表演。至于长街宴、祭祀寨神等活动就更难看到，旅游景区缺少文化内涵，民俗文化、服饰文化、饮食文化没能发挥优势作用。此外，居民大量外出务工、田地抛荒、滥采砂石、农作物变更、改变传统民居外观等现象对梯田文化景观也构成威胁。

总之，哈尼梯田的文化内涵就是和谐与耕耘，具有文化多元、生物多样、和谐共融等显著特征，它不仅是哈尼族人民赖以生存的物质家园，也是哈尼族人民向往和平与发展的精神家园，因此，提升本民族对民族文化重要性的认识，引导其自觉保护、传承和弘扬民族文化。目前，通过旅游发展使文化产生明显的经济效益和社会效益，是元阳旅游发展规划需要考虑的问题。

三　元阳旅游产业发展对策[①]

（一）坚持一流规划，合理开发旅游资源

坚持规划先行，正确处理保护与开发的关系，坚持"有效保护、合理开发、充分利用、保护与开发并举"的可持续发展之路。按照建设国际精品旅游景区的要求，应做好几个发展策划与规划：一是元阳旅游发展的战略策划；二是红河哈尼梯田的品牌策划；三是旅游形象宣传策划；四是旅游商品开发策划。同时做好"景、俗、村、城、镇、路"的详细规划、科研和初设工作，在编制各项策划与规划时要注意同省、州旅游业的整体发展规划有机衔接，以确保全县旅游业协调发展。概括地讲，就是将旅游产业发展规划与关联产业发展规划结合，坚持景区景点开发规划与城

---

①　参见红河州元阳县人民政府、昆明艺嘉旅游规划设计有限公司《红河州元阳县旅游发展规划（2008—2025 年）》。

镇建设规划并举，资源开发规划与资源保护规划兼顾，近期目标规划与长远目标规划协同发展。

(二) 打造"红河哈尼梯田"旅游品牌，加快旅游景区景点建设

元阳旅游业要取得突破性发展，必须着力培育"红河哈尼梯田"旅游品牌，坚持以项目建设为重点，全面加强旅游景区景点建设，形成"游梯田、看云海、观日出、跳乐作、品长街宴、捉梯田鱼、住蘑菇房"的梯田旅游活动内容，重点推出"箐口—全福庄—坝达—多依树—观音阁—老虎嘴—猛弄司署"哈尼梯田一日游旅游精品线，并围绕旅游建交通，加强旅游基础设施建设，加快通往哈尼梯田旅游景区高等级公路网的建设，形成进入红河哈尼梯田的交通大动脉。

(三) 坚持可持续发展，切实抓好哈尼梯田核心区的保护工作

红河哈尼梯田属于旅游生态环境比较敏感和脆弱的地区，因此，旅游开发必须坚持保护生态环境，走可持续发展之路。按照《保护世界文化与自然遗产公约》的要求，根据《红河哈尼梯田管理暂行办法》和《红河哈尼梯田文化遗产保护与发展规划》，作为梯田核心区的元阳县，确定保护范围为"多依树片区、坝达片区、牛角寨片区、猛品片区"共132平方公里，包括265个自然村。总体而言，应重视对梯田涵养水源林的保护，加强对流域活动的管理，严禁无证采沙取石等破坏环境的行为，扩大梯田的灌溉面积，加强对梯田资源的保护。核心区的保护与管理工作应以保护哈尼梯田的生态结构、民族文化、农耕技术、梯田景观为主要目的，以旅游观光、民族体育、休闲度假为发展内容。

(四) 创造优美的旅游环境，加强生态环境保护

良好的生态环境是旅游业可持续发展的基础，也是创建世界文化遗产的重要内容。元阳县应切实做好农村能源的开发与利用工作，结合退耕还林还草，发展新型替代能源，减少森林资源消耗，改善农村能源结构，重点加快农村电气化建设；同时，还应做好城市绿化工作，按照建设国际旅游山城的标准，力争把新街镇建成集旅游、住宿、观光、购物、民族服饰、摄影于一体的国际旅游山城。总之，要以创造良好的人居环境为中心，全面提高景区和城市生态环境质量。

(五) 创新机制、联动发展，不断提高产业素质

按照市场规则运作，加快旅游管理体制改革和相关配套制度的改革，

逐步建立起与市场经济体制相适应的旅游行业管理体制和运行机制，形成多元化的投融资体制，鼓励外资和民间投资创办旅游实体。为提升旅游服务品质，应加快人才培养和引进，完善各项管理制度，规范运作程序，加强区域合作，学习省内外知名旅游景区成功的旅游发展经验，结合元阳实际，不断探索元阳县旅游产业发展的新途径、新方法。同时，还应加大旅游宣传促销力度，抓好元阳整体形象的设计、包装和宣传工作。建立政府扶持、企业主导，全方位、多层次、多渠道的联合旅游促销机制。

（六）有效处理好当地社区的"三农"问题

元阳要发展可持续的旅游业，需认真处理好旅游资源（梯田、民族、村寨）在旅游业中的发展问题，"保留当地社区人口、种族，维护当地社区原有文化以及生产生活方式，促进当地社区经济持续发展"是元阳旅游业可持续发展的关键。因此，在元阳民族村寨的建设中既要加强基础设施建设改善卫生条件，还应对具有民族特色元素的设施维护进行技术指导，同时注重对当地社区经济、文化的政策性扶持，制定明确的政府扶持政策和措施，应主要涉及：为维护原有村落风貌而进行房屋改建、修缮或新建房屋时，对村民给予经济补助和技术支持；为维持元阳梯田原有稻作耕种方式，政府应给予必要的政策优惠、经济补贴和技术支持（梯田稻种研发）；为促进民族文化和民族手工艺可持续发展，对其传承人和后继者给予适宜的政策性补助。此外，还应采取有效措施：一方面，鼓励原住居民积极参与到为当地资源而制定的规划、目标、策略、政策、条约的工作中；另一方面，旅游开发者应为原住居民提供适宜的教育和培训，创造全职就业机会，旅游收入的部分资金应直接用于资源的保护和修缮中，并确保原住居民在旅游活动中获得实际收益和尊重。

（七）突出民族文化，提升旅游产品文化内涵

元阳县民族文化源远流长、内涵丰富，但文化的挖掘、整理、包装未能与旅游产业发展有机结合，这也成为制约元阳旅游业高质量发展的重要因素。为能充分利用特色文化资源，元阳旅游产品的开发应尽量注入具有浓郁民族特色的本土文化，使其更具吸引力和生命力。挖掘整理各民族的歌舞，尤其是哈尼族、彝族、苗族、傣族、壮族、瑶族等的敬酒歌和民间舞蹈，与各民族舞蹈一起纳入旅游从业人员岗位培训内容中，做好文化与旅游结合的系列工作。

扶持开发具有地方特色、民族特色的旅游商品，充分发挥元阳县丰富

的民族文化资源和独特的民族文化产品优势，以旅游业为平台，积极引进资金、技术、人才，突出个性化特点，开发小水碾、小水碓、小水磨、小犁、小耙、小织布机、梯田雕塑、竹制品工艺以及民族刺绣工艺品等旅游产品。把发展文化旅游产业与解决人民群众的脱贫致富结合起来，重点引导和扶持群众开发雕刻、编织、刺绣、特色食品、金银首饰、民族服饰等文化旅游产品，扶持一批文化旅游产品经营专业户，培育1—2个民族文化旅游产品生产专业村，形成独具元阳特色的文化旅游产业，把元阳建成哈尼文化产品的生产集散基地，逐步建立旅游商品的营销网络，完善旅行社、景区景点、宾馆饭店的购销体系，积极发展旅游购物商店，壮大元阳旅游商品的市场。

四　元阳旅游业发展规划方案[①]

申遗成功为元阳旅游业发展带来新的契机，元阳县旅游局对县域旅游业的发展制定了详细的发展规划，并积极推进落实相关旅游建设项目。

（一）规划及实施情况

按照"一区、两山、两谷、四镇、十村"的旅游发展总体布局，坚持"高品位规划、高起点建设、高水平管理"的原则，突出"观光、体验、休闲"为一体的旅游功能，先后编制完成《元阳县旅游发展总体策划》《元阳哈尼梯田核心区旅游总体规划》等旅游专项规划，以及《新街镇旅游集镇规划》《胜村小集镇规划》《攀枝花小集镇规划》《哈尼小镇规划》等旅游小镇建设规划和遗产区村庄近期、中期、远期发展规划，做到一次规划，分步实施，为旅游与产业、城镇、文化、生态环境、美丽家园的融合发展奠定基础。

1. 为加快元阳县创建4A工作的组织、指导和协调，确保A级景区创建工作取得实效，成立了"创建国家4A景区工作领导小组"。

2. 积极推进硬件设施建设项目。截至2014年年初，酒店业的建设项目有：（1）云之梦·ALILA酒店，于2012年共投入3.5亿元，现已完成部分主体工程建设；（2）红叶温泉度假酒店，已完成土地征用、场地平整工作；（3）元阳县槟榔风情园，总投资4.8亿元，已完成土地征用并开工建设；（4）哈尼梯田旅游小镇，体现"青瓦顶、黄土墙、青石板路"

---

① 参见元阳县旅游局提供的《元阳县旅游产业工作建设情况汇报》（2014年3月19日）。

的哈尼建筑特色，已投资 3450 万元；（5）胜村云梯怡景酒店，已投入 1500 元并已完成主体工程。此外，梯田旅游景区的游客中心、多依树、老虎嘴、坝达等景区建筑物的提质改造工程也基本完成。

（二）营销工作情况

截至目前，元阳县已成功举办四届高品质的"中国红河·元阳哈尼梯田文化旅游节"和"首届世界哈尼梯田大会"元阳现场会，在北京、上海、昆明等城市开展哈尼梯田广告宣传，公开发行信封、台历、扑克等哈尼梯田系列形象产品。出版发行《哈尼梯田农耕文化》《哈尼口碑传承文化》等民族文化系列丛书，创作《元阳·哈尼梯田的故乡》《栽秧歌》等本土民族歌曲作品，努力提升哈尼梯田的知名度和影响力。

（三）管理和服务情况

按照"标准化、规范化、制度化"的要求，以创建国家 4A 级景区工作为契机，实施旅游服务标准化体系建设，加强旅游行业管理。主要举措有：（1）成立了旅游联合会、旅游联合执法办公室、旅游培训中心等机构，推进旅游行业、旅游景区、旅游服务等规范化管理；（2）出台《元阳县农家乐星级评定管理暂行办法》《元阳县农家乐示范户接待游客管理细则》等管理办法，对创建星级农家乐、农家旅馆进行评定挂牌；（3）制定和完善旅游行业管理、景区群众利益补助机制、景区游客分流管理等制度，强化旅游行业监管，维护健康有序的旅游市场秩序。

总之，良好的生态环境与丰富的民族文化是元阳旅游业可持续发展的保障，在旅游开发经营过程中，要树立新的资源观和节约观，以可持续发展的理念和方式管理旅游资源，正确处理资源开发与保护的关系，把旅游开发与生态、环境和历史文化资源的保护有机地结合起来，把旅游活动控制在资源环境的承载能力范围内，建立和完善生态补偿机制，实现旅游产业与资源、环境相适应的可持续发展。

五　元阳哈尼梯田文化景观旅游的集约化发展

随着元阳哈尼梯田文化景观的知名度不断提升，为更好地保护、开发元阳哈尼梯田旅游资源，2008 年 12 月，云南世博集团有限公司与元阳县国有资产经营管理公司共同出资设立了云南世博元阳哈尼梯田文化旅游开发有限责任公司（以下简称"世博元阳公司"），具体负责元阳梯田景区的开发建设、运营管理等工作。该公司的建立标志着元阳驶入了规模化发展哈尼梯田文化旅游业的"快车道",哈尼梯田旅游开发正式步入了"政府引导、公司管理、市场运作"的市场发展之路,为打造"红河哈尼梯田文化"旅游品牌,将资源优势转变为经济优势,做大做强哈尼梯田文化旅游产业迈出了坚实的一步。

(一)世博元阳公司简介

世博元阳公司注册资本 1.32 亿元(其中:云南世博集团公司出资8800 万元,占股 66.67%;元阳县国有资产经营管理公司出资 4400 万元,占股 33.33%)。该公司的经营范围包括:景区景点的投资、管理和经营;文化、旅游产品的开发和经营;旅游配套服务项目的开发、投资和经营;旅游规划、策划、设计及其他旅游咨询服务;生物产品开发和利用;旅游商贸;住宿、饮食、娱乐服务;旅游客运等。世博元阳公司自成立以来,积极推进多依树、坝达、老虎嘴、箐口等景区的旅游服务设施提升、改造、完善及景区内道路修建等工作,为梯田景观成功申遗作出积极贡献,在环境保护、文化传承、景区建设、经营管理、品牌提升、帮助原住居民增收等方面取得了初步成效。

(二)世博元阳公司投资及建设情况

1. 资产数据

截至 2014 年 10 月 31 日,世博元阳公司总资产 18046 万元,负债7309 万元,净资产 10723 万元,资产负债率 40%;累计实现经营收入4341 万元,累计亏损 2477 万元。2014 年 1—10 月,完成经营收入 1467万元,亏损 923 万元。截至 2014 年 11 月 30 日,世博元阳公司累计投资20147.69 万元,其中旅游基础设施建设项目投资 16857.69 万元,土地收储等投资 3290 万元。

2. 土地收储情况

截至 2014 年 10 月 31 日,公司收储土地总计 607837.06 平方米(911.71 亩),已办理国有土地使用证的 13 处,总计 103698.29 平方米(155.54 亩)。

3. 建设情况

(1)坝达景点:2009—2014 年投入 395 万元用于景点观景台、观景长廊、服务用房、旅游公厕、栈道、景区给排水、电力系统及进行环境深度绿化等建设。

(2)胜村闲云山居客栈改造工程:将办公楼改造为 39 间特色客房,

2013 年 7 月 29 日开工建设，2013 年 9 月 24 日完成，现已正式运营，已投入资金 619 万元。

（3）多依树景点：2010—2014 年投入 2835 万元用于景点室内外观景平台、管理服务用房、停车场、栈道、旅游公厕、景区给排水、电力系统、商铺、环境绿化、客房改造等建设。

（4）老虎嘴景点：2008—2014 年投入 978 万元用于景点钢结构观景长廊、休憩游路、上下观景平台、旅游公厕、售票厅、景点大门、停车场、商铺、景区给排水、电力系统、环境绿化等建设。

（5）大鱼塘售票点：投入 32 万元用于售票点房屋租赁、装修改造。

（6）箐口游客中心：2011—2014 年投入 6520.69 万元完成了景区门禁系统、停车场、游客服务中心、民族文化展示馆、文化广场、旅游商品展示中心、旅游接待设施、管理和后勤保障系统、农耕实景展示、生态保育区、风光互补路灯等建设。

（7）景区旅游基础设施规划投入：投入 50 万元用于景区旅游基础设施环境评估、可行性研究、矿产压覆、地质勘探、勘测定界等。

（8）南沙鱼苗孵化和旅游商品开发基地：占地 31.05 亩，年孵化 1000 万尾鱼苗，提供给景区村民，实现稻鱼共生，增加收入。2012 年 9 月完成一标段鱼池建设工作；2013 年 3 月开始二标段厂房建设工作，2013 年 12 月完工，已投入资金 854 万元。

（9）购置环线巴士运营车辆：投入资金 1012 万元。

（10）元阳哈尼梯田景区标识标牌安装工程：该项目按照申遗和国家 5A 级旅游景区创建要求对景区标识系统设计、建设，已完成投资 167 万元。

（11）加大旅游基础设施建设用地力度：截至 2014 年，收储土地 912.14 亩，投入资金 1687 万元；办理老虎嘴景点配套设施、游客中心元、坝达、多依树等土地证，投入 1603 万元办理了 162.48 亩土地的国有土地使用权证。

（12）勐品茶厂收购项目：2011 年完成勐品茶厂收购，投入资金 110 万元。

（13）土地及资产收购项目：收购胜村原乡政府办公楼、胜村新乡政府办公楼、胜村人民会堂、新街镇民族工作队、土戈寨村委会五处闲置资产，投入资金 1500 万元。

（14）申遗整治项目：2012 年因申报世界文化遗产需要，投入 1310 万元进行游客中心、坝达、多依树、老虎嘴环境整治。

（15）景点配套零星工程：为完善景区服务设施，进行各景点零星工程建设，投入资金 475 万元。

（三）世博元阳公司的"人本发展"之路

1. 保护环境，配合申遗工作。2012 年 3 月正式启动申遗整治工作后，世博元阳公司认真按照国家文物局的要求，积极开展元阳梯田环境保护、修复、整治工作，累计实施工程 20 多项，投入资金近 1500 万元。申遗成功后，获云南省政府表彰。

2. 传承文化，提升品牌影响力。为保护和传承梯田文化，世博元阳公司分别在箐口游客中心、箐口民俗村、多依树景点投资兴建了三个文化展示馆，用于收集、整理、陈列哈尼族等少数民族的服装服饰、生活器械、农耕工具等静态文化载体。同时，积极挖掘少数民族活化的文化艺术形态，策划推出了少数民族群众田间劳作、生活娱乐等文化演艺活动，举办特色长街宴，努力将富有特色的农耕文化、民族风情呈现给游客，增强文化体验性，提升元阳梯田的品牌影响力和扩张力。此外，在旅游接待服务设施的设计建设中，秉承融入性、地域性和民族性的理念，确保融入自然、传承体现文化元素和符号。

3. 融入社区，探索建立"景区共建和利益共享机制"。元阳梯田既是社区中的景区，又是景区中的社区，为此，世博元阳公司积极探索"景区共建和利益共享机制"。

（1）与景区原住居民座谈交流，帮助居民解决生产、生活中的问题和困难，化解纠纷矛盾。以梯田文化旅游区党建长廊建设为契机，建立了领导蹲点联系、部门挂钩联系、党员及干部结对联系的工作机制，逢重大节日对困难户进行走访、慰问、资助，搭建起联系群众、创建和谐景区的桥梁。

（2）扩大就业，坚持招录本地员工。世博元阳公司招录的员工中，原住居民占 90%，其中 93% 为少数民族，较大改善了景区居民的就业和生活境况。同时，还尽量招聘部分社区临时用工人员开展卫生保洁、绿化管养、秩序维持等工作，增加居民收入。此外，组织景区内居民外出考察学习，开展培训活动，在当地培养了一大批农家乐、客栈、旅游商品等旅游经营从业者。

（3）积极策划"公司＋农户"的合作模式，开发当地民族服饰、手工艺品、红米、茶叶、鸭蛋等特色旅游商品和农副产品。世博元阳公司投资建成鱼苗孵化基地，从 2014 年年初开始为居民提供成本价或免费鱼苗，动员居民开展稻田养鱼，改善单一稻谷耕作方式，提高梯田复合性种养价值。

（4）每年向当地政府提供税前 10% 的门票收入作为景区保护资金，帮助景区所在地村寨解决饮水、卫生、修路等困难，补助村民小组卫生费，改善村寨环境卫生。

4. 加强管理，注重营销，提升服务质量。云南世博集团公司利用旗下多家旅行社、新老媒体以及阿里、携程、同程等旅游电商，积极宣传促销，自 2009 年以来游客人数以年均 34% 的速度递增，至 2014 年 11 月，累计接待游客 48 万人次。2013 年 8 月，元阳梯田景区被确定为全省旅游服务标准化试点项目，世博元阳公司为标准化建设承担单位，已编制完成标准化管理文本文件，进入试运行阶段。2014 年 10 月，世博元阳公司又开展了国家级标准化示范点建设申报工作。同时，世博元阳公司加快推进 A 级景区创建工作，于 2014 年 7 月 2 日被正式批准为国家 4A 级旅游景区，目前已启动国家 5A 级景区创建筹备工作。此外，红河哈尼梯田已被国家旅游局和国家开发银行列为给予支持的 130 余家优秀景区之一。

（四）世博元阳公司在梯田保护与开发方面的主要工作

元阳梯田是世界文化遗产，是全国重点文物保护单位、国家湿地公园，也是国家 4A 级旅游景区，做好梯田保护与开发的统筹协调工作是梯田旅游业高质量、可持续发展的重要保障。近年来，云南世博集团公司积极投资，加快景区建设、加强营销宣传，景区知名度逐步提升，游客数量逐年攀升，但由于景区地处偏远，经济落后，当地旅游服务配套设施严重不足，档次、规模以及服务水平难以满足游客日益增加的需求，主要问题集中在遗产保护与规模发展之间的矛盾。因此，构建科学的综合管理发展模式，通过政府的领导和管理、企业的投入和运营、村民的支持和参与，在保护好梯田和梯田文化的同时，努力增加经营产品、改进服务体验、增加创收渠道、提高村民收入。

1. 公司目前正积极推进的工作

（1）通过保护和挖掘哈尼梯田文化，优化发展梯田观光、摄影艺术、文化展示、民俗体验、休闲度假、生态养殖等系列产品，进一步丰富产品体系，完善产业结构，提升景区持续发展能力。

（2）在当地政府领导下，落实好环境保护和社区治理工作，进一步探索和完善与社区及居民的共建共享机制，让社区居民进一步分享发展成果，脱贫增收致富，构建景区中的社区、社区中的景区融合发展模式。

（3）加强与当地企业和农户的合作，加大特色旅游商品和生态土特产品开发力度，拓展旅游商品市场，丰富旅游商品产品和种类，延伸旅游产业链。

（4）按照申遗承诺，协调地方政府和社区居民利益，科学合理地设计景区环线巴士运行线路、停靠站点和运行时间，有序分流疏导游客及车辆，改善交通秩序，维护交通安全，缓解交通承载压力，保护环境。

2. 公司今后三年（2015—2018 年）计划开展的重点工作

（1）建设三个哈尼梯田特色村寨，建设和谐社区景区。在景区旅游环线上，拟选择上马点、倮马点、大鱼塘三个村寨，配合政府有关部门，通过村容村貌整治，改善脏乱差等环境问题；投入资金，用传统的工艺和材料修复建设村庄房屋及街道，打造具有古朴原始风貌的哈尼族老式民居建筑群落，逐步形成一定规模，将特色村落联结成旅游线路，整体包装打造成为文化旅游产品。

（2）打造一个哈尼梯田特色旅游小镇。借鉴成熟景区旅游小镇的建设经验和模式，以胜村为重点，做好特色哈尼梯田旅游小镇的规划设计，利用公司已储备的土地和房产，加快完善设施配套，建设特色客栈、餐厅、购物场所，打造文化演艺项目，提升服务水平。

（3）开发一个具备国际水准的度假营地。在岩子头利用森林、草地、茶园等自然资源，引入国际元素，开发一个具有当地民族特色的休闲露营地，包括房车营地和帐篷营地等，以适应现代旅游散客化、休闲化发展趋势的需要。

（4）拍摄一部以元阳哈尼梯田为背景的电视剧。利用企业的资源和优势，联合省级宣传部门和当地政府，策划拍摄一部全面、综合、深度反映元阳哈尼梯田独特风光、民族风情和传统习俗的电视剧，并争取在国际国内主流媒体上播映。

（5）提升三个主要景点的服务设施和服务水平。结合实际，合理规划布局，完善多依树、坝达和老虎嘴旅游景点的服务设施，增加游览、休闲和体验项目，提升综合服务水平。

（6）推出一条"红河谷"精品旅游线路。以元阳梯田景区为核心，积极规划和投资建设"红河谷"精品旅游线。

总之，自云南世博集团公司进入元阳哈尼梯田旅游开发序列以来，尤其是世博元阳公司成立运营以来，凭借公司成熟的商业化推介平台和体系化的旅游服务提供，改善了景区的旅游配套设施，提升了旅游舒适度，元阳哈尼梯田文化景观的逐渐成为人们青睐的旅游目的地。

第四节　元阳县文化发展

文化是影响经济社会发展的重要力量，对于一个国家、一个地区、一个民族的稳定、延续和发展起着基础性作用。元阳有着丰富多彩的民族文化，而文化的发展与延续又为元阳各族人民的发展与社会进步提供了坚实的精神基础。元阳县在县域文化建设方面不断探索新方法，通过开展各种活动，营造特色浓郁的民族民俗文化氛围，与梯田自然风光相映成趣，真正凸显梯田文化景观中的重要人文内涵。

一　元阳县文化发展现状[①]

以"立足本土，挖掘内涵，打造品牌，促进和谐"为工作指向，积极推进公共文化服务体系建设。

（一）进一步完善公共文化体育基础设施

积极推进"两馆一站一室"和村级文化体育活动广场建设，夯实文化体育基础设施建设。2007—2012 年：投入 69.2 万元完成了县文化馆改扩建工程；投入 20 万元立项建设了新街镇土锅寨村文化活动室、攀枝花乡猛品村文化活动室等 4 个村文化活动室；投入 392 万元建设了 140 个农家书屋，共配书 23.32 万册（含音影、报刊）；投入 170 万元建成文化信息资源共享工程 1 个县级支中心和 11 个乡镇基层站点，投资 63 万元建设了 126 个村级农民网培学校；投入 118.8 万元建设了 11 块村级文化体育活动广场，投入 30 万元建设了 3 条全民健身路径，投入 25.6 万元建设了 32 块农民健身工程；投入 69 万元建设了 23 块"七彩云南"全民健身基

---

① 参见元阳县文化体育局《元阳县文化体育局过去五年工作总结及今后五年工作计划（2012 年 10 月）》。

础设施工程；投入 372.4 万元建设了小新街乡文化站、俄扎乡文化站、南沙镇文化站、大坪乡文化站、逢春岭乡文化站等 10 个乡镇文化站，实现了"乡乡有文化站"的目标，同时，对乡镇文化站配发了价值 60 万余元的音响设备及摄像机、照相机、电脑等办公设备。

（二）提升艺术团队的文化宣传职能

2007—2012 年，成立了元阳县哈尼梯田文化传习馆，创作演出了以梯田文化为主题的一批优秀节目，完成了近 500 场"三下乡"慰问演出和各种文化交流活动 232 余场。传习馆"们诺组合"多次在各类民族演唱比赛中获奖。值得一提的是，元阳县哈尼梯田文化传习馆传承并充分展示了元阳悠久的历史和灿烂的文化，向外界广泛宣传了元阳哈尼梯田博大精深的文化精华，通过着力打造哈尼梯田文化品牌，促进了元阳旅游业的发展和元阳文化事业的发展与繁荣，有效整合了元阳县的文化艺术资源。

（三）文化活动丰富多彩，文艺创作繁荣发展

按照"文化在于活动，活动产生活力"的思路，元阳县有计划地组织策划了一系列品味高、参与广、影响大的文化艺术活动，显示了文化工作在经济社会发展中的巨大作用。县图书馆服务网点不断向乡镇、向农村、向学校延伸辐射，经常性开展"送书下乡"活动；2007—2012 年，新组建 52 支文艺队，全县文艺队累计达 175 支；举办 11 期农村文艺队骨干培训……新老县城文化广场成为群众文化活动的固定场所，文化活动日趋活跃。

2007—2012 年，出版发行了《中华风度、世界奇迹——元阳哈尼梯田作品集》《红河哈尼梯田农耕文化》等民族文化系列丛书；完成了《哈尼口碑传承文化》《南疆第一猛》等民族文化丛书编撰工作；创作了以《元阳·哈尼梯田的故乡》《美丽的元阳》为代表的一批优秀民歌，发行了《元阳·哈尼梯田的故乡》《梯田的故乡，欢迎你》等 VCD 民歌集；《文化成就元阳》《发展元阳文化事业的理性探索》《元阳县哈尼梯田文化传习馆社会功能与发展对策调研报告》等多篇元阳文化事业发展理论文章在《红河文化》刊物发表。此外，《阿姐回家》《哈尼兄弟》《哈尼支八多》《木雀与棕扇舞》《栽秧山歌》《我家住在梯田边上》《阿鲁人民心向党》《元阳人民得解放》《甘霖在人间》《贺新生》《竹板响起来》等文艺节目在各类比赛中获奖，较好地展示了元阳风采，宣传了元阳的特色民族文化。

（四）加强文化遗产保护

1. 依法加强物质文化遗产保护工作。按照"抢救第一、保护为主"的文物保护方针和"有效保护、合理利用、加强管理"的原则，开展元阳县文物普查工作，积极做好推荐和申报文物保护工作，认真做好文物火葬墓群遗址的抢救性发掘考古和文物搬迁工作。

2. 稳步推进非物质文化遗产保护工作。2007—2012 年，元阳县做了大量非物质文化遗产普查、申报和宣传工作，建立了《元阳县民族民间传统文化保护项目名录》，涵盖了全县七个民族的民间传统文化，即口述文学、民间音乐、民间传统习俗等 11 个类别，共计 232 项（国家级 4 个，省级 2 个，州级 24 个，县级 202 个），其中，《哈尼四季生产调》《哈尼哈吧》《祭寨神林》被列入国家级非物质文化遗产名录，朱小和被列为国家级传承人；《彝族尼苏阿噜》被列入省级非物质文化遗产名录，朱小和被列为省级传承人。根据县委、县政府制定的《元阳县民族文化体育行动计划》，投入 30 万元建设了攀枝花乡猛品村基站、攀枝花乡洞铺村传承基站等 30 个传承基站；投入 10 万元扶持了 100 名非物质文化遗产传承人；投入 8.5 万元在箐口村建设了 1 个《哈尼哈吧》传承中心，投入 6.3 万元在牛角寨乡果统村、攀枝花乡洞铺村、小新街乡嘎妈村、俄扎乡哈播村建设了 4 个《哈尼哈吧》传承基站，深入 14 个乡镇，42 个哈尼村寨，采访了"哈尼哈吧"歌手 122 人，收集录音 86 小时，收集影像资料 45 分×50 碟 = 2250 分钟，照片 856 张，书籍 28 册，撰写手稿 122 份，制作光碟 2 盘，对"哈尼哈吧"采取有效的挖掘和保护措施，形成非物质文化遗产保护、传承、开发的有机统一。

（五）保障文化市场新闻出版规范运行

元阳县在文化市场管理中，始终遵循整顿与繁荣并举的方针，不断加强执法队伍自身建设及文化市场监管力度，成立了"元阳县文化市场综合执法大队"，始终坚持"日常检查与突击检查"相结合，积极开展春节、"两会"期间文化市场安全大检查、清缴整治低俗音像制品专项行动、中小学校教材教辅集中整治行动等整治行动，严厉打击文化市场的违法违规行为，有效净化了文化环境，保证文化市场、新闻出版业的健康、有序发展。

二　元阳县 2013—2018 年文化发展计划[①]

（一）基础设施建设

1. 元阳县哈尼梯田文化遗产文物保护项目：预计总投资 1500 万元，维修、保护箐口、普高老寨哈尼蘑菇房；维修宗瓦司署旧址；维修箐口水碾、水碓、水磨；维修保护全福庄分水石槽；保护申遗核心区梯田。

2. 元阳县六篷哈尼先祖渡口遗址修复项目：预计总投资 1200 万元，保护 100 多亩哈尼古墓群，修复海关遗址、六篷村民居及村内道路、饮水设施等。

3. 红河州边疆民族工作委员会遗址修复项目：遗址占地面积 2226 平方米，预计总投资 2000 万元，实施遗址设施修复及配套基础设施建设。

4. 元阳县哈尼梯田文化博物馆，总建筑面积 1500 平方米预计，预计总投资 2000 万元，建活动室、展览室、功能室、排练室等。

5. 元阳县哈尼梯田影视文化城建设项目：占地面积 2000 平方米，建筑面积 1500 平方米，预计总投资 5000 万元，内设民族文化展览大厅、电影放映大厅、报告厅、健身房、桌球室等。

6. 元阳县图书馆改扩建项目：占地面积 1130 平方米，建筑面积约为 3500 平方米，预计总投资 30 万元，建设具备一定现代条件及藏书规模的藏书楼、阅览室、电子阅览室、少儿阅览室、办公室等功能室。

7. 元阳县箐口村生态博物馆建设项目：占地面积为 1500 平方米，建筑面积约为 4500 平方米，预计总投资 600 万元，建设集收藏保护、陈列展览、科学研究、宣传教育等功能为一体的综合性博物馆。该博物馆具有哈尼族传统建筑艺术风格，内设陈列厅、演示厅、宣教厅、文物库房、会议室、休闲厅、业务用房等。

8. 元阳县综合文物管理所建设项目：占地面积 500 平方米，建筑面积 1500 平方米，预计总投资 200 万元，内设陈列室、展览室、办公室等。

9. 元阳县哈尼梯田文化传习馆建设项目：占地面积 484 平方米，建设面积 1200 平方米，预计总投资 200 万元，内设排练室、练功房、展演厅、培训室、管理房等。

---

① 引自元阳县文化体育局《元阳县文化体育局过去五年工作总结及今后五年工作计划（2012 年 10 月）》。

10. 元阳县梯田文化展示中心建设项目：占地面积 2000 平方米，建筑面积 5000 平方米，预计总投资 450 万元，内设陈列室、展览室、办公室、会议室等。

11. 元阳县乡、村公共文化服务建设项目：（1）改扩建马街乡、逢春岭乡、黄草岭乡、黄茅岭乡、嘎娘乡、攀枝花乡、大坪乡 7 个乡镇文化站，预计总投资 245 万元；（2）新建 135 个村级文化活动室，每个村级活动室建筑面积为 110 平方米，总建筑面积 14850 平方米，预计总投资 675 万元。

12. 元阳县综合训练馆建设项目：占地面积 1133 平方米，总投资 3980 万元，建设风雨馆篮球场 1 块、室外篮球场 2 块，门球场 1 块，羽毛球场 2 块等。

（二）加强公共文化服务体系服务

积极开展"两馆一站"免费开放工作，加强对公共文化设施使用状况的调研与监管，不断提高现有场所、设施的利用率、共享率和服务效能。要注重专业素质、服务能力、服务内容、制度标准等软件建设和创新。所有文化公共空间设施场地全部免费开放，所提供的文化服务项目全部免费，实现无障碍、零门槛进入。

（三）文化艺术"精品工程"

努力创作、繁荣和发展文化艺术事业，打造精品，树立和强化文艺精品意识。元阳县哈尼梯田文化传习馆计划"今后 5 年每年创作上演一台大型新节目，做到年年有作品，3—5 年出一台精品节目"。

（四）社会文化

发挥文化馆、图书馆、文化站、村文化活动室基层群众文化活动主阵地作用，完善县、乡、村三级文化网络，大力开展社会文化、村镇文化、校园文化、企业文化、少儿文化、节庆文化等群众文化事业，打造鲜明的梯田文化、长街宴饮食文化。不断满足群众多层次、多样化的精神文化需求。

（五）文化信息资源共享工程

以县图书馆、乡镇文化站、村文化室、校园网、有线电视网等为依托，建立遍及城乡的文化信息资源服务网络，使我县的信息网络和服务网点的覆盖面达到90%以上。

（六）非物质文化遗产保护

实施非物质文化遗产保护工程，认真做好抢救、整理、编撰、出版工作。制定《元阳非物质文化遗产保护规划》，组建民族文化专家组，建立县、乡、村保护工作网络，通过建章立制，将非物质文化遗产保护管理工作纳入文化行政主管部门的工作职责和重要议程，建立元阳非物质文化遗产资源档案和信息数据库，形成非遗资源整理宣传和开发利用的网络管理平台，进行科学管理和合理开发利用。

（七）艺术教育

在元阳县职业学校开办具有地方特色的艺术专业培训班，聘请民族文化艺术顾问和民族文化社会指导员。

（八）文物事业

建立起适应社会主义市场经济体制要求的文物保护体制，做好文物征集工作和地下文物及馆藏文物的保护管理工作。

（九）加强文化新闻出版市场管理

坚持依法行政，依法监管，促进文化市场健康有序发展。对网吧、电子游戏厅、录像厅、KTV等控制项目严格把关，按要求逐步取消录像厅、电子游戏厅；对网吧进行规模化、规范化管理。严格查处音像制品的非法盗版光盘生产储运、批发销售行为；严厉打击淫秽、色情和各种非法演出活动，净化文化市场；加强文化执法队伍建设，提高执法水平，保证文化市场监管到位。

（十）加强人才队伍建设

建立一支精干高效的文化艺术人才队伍，加强人事制度改革力度，组建文化体育工作评审组，建立新的用人机制，培养文艺专业人才。

三　对元阳文化发展的思考——提升文化产业的发展质量和规模

根据课题组的调查情况来看，元阳县目前的文化发展工作主要集中在文化事业领域，文化产业的推进工作相对滞后，这与作为世界文化遗产的标签性"身份"不相匹配。

现代社会，文化的、知识的、科技的、信息的含量越来越高，文化因素在经济发展中愈发凸显其重要性。以文化的发展路径和方式为标准进行区分，文化发展应包括文化事业和文化产业两个方面。文化产业是和文化事业相对应的概念，都是社会文化建设的重要组成部分，其中，将文化纳入商业经营领域，以获取利润为目的的是文化产业；反之，不进行商业经营，不以获取利润为目的，而以提供公共文化服务为目的的则是文化事业。文化事业和文化产业是"源"与"流"的关系：先有文化事业，当文化事业具备了条件而进行商业经营时才转变为文化产业，没有文化事业就没有文化产业；相应地，文化产业又可为文化事业的发展提供资金，促进其发展，没有文化产业的发展，文化事业就会缺乏资金的支持而萎缩。[①]

（一）发展文化产业是民族地区实现跨越式发展的有效途径

在市场经济条件下，没有文化市场，就没有文化的受众，对民族传统文化而言，要得到更多人的认同就必须借助市场运作平台，通过对民族文化资源的适度技术化、组织化，直至生产资料资本化、知识产权化，从而实现资源的有效保护和产品的自主开发，开创一条人文经济的发展道路。如，发展旅游业，可将自然风光资源和民族传统文化资源的开发有机结合起来，把发展旅游业与弘扬民族传统文化结合起来，实现可持续发展。[②]

发展文化产业，目的就是通过创造文化符号，然后再销售这种文化和文化符号，该产业既体现了文化与经济的结合，也体现了哲学、心理学与经济学的结合。民族传统文化作为文化产品，具有直观化、符号化、象征化等特点，同时，其所特有的民族性、地域性和大众性与市场的辐射度天然契合。从民族传统文化的种类可以看出，其中的大多数文化形式都具有多层面产业开发利用的价值，如：民间文学艺术表达可通过现代科技和产品生产线转化为音像、图书、动漫、影视、娱乐、服装、装饰、饮食、工艺品、网络游戏等产业产品；传统科技知识和与传统知识相关的生物资源则可作为农业、食品业、医药业等的创新源经开发后发展规模产业；传统符号和名称可申请注册为相关商业标志进行商业化利用；有形文化财产和节日文化等则对推动节日市场、旅游经济具有巨大的经济杠杆功能……发展民族传统文化产业，就是为了充分挖掘利用民族传统文化所蕴含的"独特"的经济价值，以调动社会各界保护和开发民族民间传统文化的积

[①]　参见戴琳《民族民间传统文化产业的制度环境》，中国社会科学出版社2007年版，第53—54页。

[②]　同上书，第63页。

极性，从而进一步弘扬传统文化并促进民族地区和传统社区的经济发展。①

（二）可发展的文化产品类型

1. 工艺美术商品型。传统的民族手工艺品及美术作品，被作为家庭日用品、儿童玩具或装饰品等大量涌入市场，其中一部分特大型的产品，主要用于商厦、公共场所的装饰，如灯笼、中国结、十二生肖绣品等。

2. 旅游资源开发型。作为一项关联度较高的产业，旅游业可有效带动交通运输、邮电通信、城市建设、对外贸易、手工业、娱乐业等行业的快速发展。在我国，具有地方特色和民族特色的传统民俗活动（包括歌舞、餐饮、传统体育、节日庆典、庙会、交通工具等），已成为各地可参与性旅游项目而得到重点开发。

3. 文学艺术经营型。民族艺术商业化是指民族文学、戏剧、歌舞和手工艺品的市场化、商品化。它主要表现为：民族民间文学、戏剧、歌舞和手工艺品通过现场表演或者电影、电视、广播、音像、网络、图片、广告等传播媒介和载体，或通过旅游等途径进入市场，从而作为商品销售。通过商业性展演，以一种生动的形式诠释民族文学艺术，这不仅强化了本土性特征，也使人们能够更直观地领悟该种文化的本源内涵，这对传统文学艺术的传承和弘扬具有积极意义。

4. 文化会展生意型。借助文化会展的商业化运营，不仅可以为招商引资搭建平台，还可提升本土文化的国际影响力。当前，对文化与自然遗产的观赏，已不是专业的、职业的精英的少数人的需求，而是一种全民性的社会需求。通过会展，人们能够在较短的时间对所展示的文化有整体的、立体的、多角度的、深刻的了解和理解。

5. 民族医药商业型。民族医药是民族群体在不断适应和改造环境时，逐渐形成的包括所有促进健康的信仰、活动、科学知识和该群体成员所贡献的技能的综合体系，它既是民族群体的社会文化适应策略，又是整个文化体系的重要组成部分。

6. 土产副食产业型。元阳有着悠久的农耕文明和饮食文化，人们利用当地独特的自然条件从事农作物的培植和食品类的加工工作，经过历代

①　戴琳：《民族民间传统文化产业的制度环境》，中国社会科学出版社 2007 年版，第59—60 页。

人的长期实践总结，形成了独有、精湛的农作物培植技术和食品加工工艺，使其农产品和食品具有某种优良的品质，并具有良好的声誉。当前，发展优势特色产业、向市场提供名优土产，已然成为加强商品市场竞争力的重要内容。

　　总之，任何一种文化或者任何一种现代产业都不能关起门来搞建设，必须加强同其他文化的交流，只有让不同的文化、不同的思维、不同的传统在同一个平台上进行交流，让思想与传统进行碰撞，才能让文化和传统、现代和民族进行最完美的结合。元阳文化的发展亦应遵循"本土化"与"现代化"相结合的路径，既要悉心呵护传统的"根"与"源"，又要积极探索发展的"流"和"路"，朝着创新驱动的方向不懈努力。

结　　语

　　元阳虽然没有国境线，但也属于边疆县。元阳县少数民族人口占88%，有7个世居民族，其中有6个少数民族。2000年以来，元阳县经济得到了较快的发展，2013年，年人均纯收入是4043元。距离小康的标准，即年人均纯收入12000元，差距较大。按新的贫困标准来看，全县还有近15万人处在贫困线以下。此外，全县有99%的土地是山地，山地面积所占比重很大。山区的交通不便，基础设施差，发展受到很多制约。可以说，元阳是一个比较典型的边疆、民族、贫困、山区四位一体的少数民族聚居地方。在各级党委政府以及全县人民的努力下，元阳县21世纪以来也取得了很大的进步。但是，在看到成绩的同时，更应认识到，从总体上看元阳县的发展还是较为缓慢的，还需要在新的时代继续努力。

　　在未来的发展中，元阳县在继续完善第一、二、三产业均衡发展的过程中，应该特别重视"红河哈尼梯田"这块世界遗产品牌对于县域经济社会发展的重要性。在哈尼梯田申报世界遗产的十余年过程中，元阳县的旅游业实现了高速发展，成为优势特色产业。但是，旅游业怎样从单纯的观光型产业向吃、住、行、游、购、娱等诸多方面共同发展转型是未来的重要工作。尤其是在越来越多的青壮年劳动力不断出外打工，梯田农耕文化传承出现危机的情况下，如何在旅游升级换代的过程中使村民得到实际利益从而更好地实现梯田农耕文化传承及旅游开发良好结合的目的是未来元阳县的一项重中之重的工作。如果不能很好地利用世界文化遗产品牌，就没有高质量的旅游产业，旅游产业不能得到大的发展，老百姓就不能参与其中，而老百姓不能参与，也就没办法拓宽增收渠道，那样的话，老百姓脱贫致富的办法就还是有限。如果老百姓不能在梯田的保护与开发中获得发展的机会，老百姓就没有在梯田里从事生产的积极性，梯田就很难真正保护起来。完善旅游基础设施，改变制约旅游发展的交通条件，如修建建水县到元阳的高等级公路、加快元阳机场的建设工作以及在不破坏梯田旅游景观的基础上修建高质量的酒店等工作都是十分必要的。而所有这些工作的开展都应该以有利于元阳县各族百姓的发展为目的。加强旅游管理人才的培养工作也是当务之急。元阳梯田旅游正在朝着休闲式旅游、养生式旅游、体验式旅游、参与式旅游等方面发展，这些发展的成功也大大有赖于各种旅游业的创意人才及高水平的管理人才的引进和培养。在旅游开发过程中处理好保护与利用的关系是十分重要的。元阳县面临既要保护好世界文化遗产和民族传统文化，又要充分利用世界文化遗产和多彩的民族传统文化的任务，处理好这个问题，传统文化的传承及百姓的增收任务才能完成。

　　元阳县在高原特色农业发展中也是可以大有所为的。目前，元阳县根据自身的特点，在低海拔地区，即南沙河谷地带布局发展热带作物经济，主要种植热带水果等热带经济作物；在中半山（半山腰）布局粮食经济带，主要是生产梯田红米、生猪养殖、梯田养鱼等。在高山上主要是发展林下经济和特色生物产业。例如，在水冬瓜下套种板蓝根、草果等，种植石斛、重楼等名贵中草药。"基地＋企业＋合作社＋农户"等模式在百姓增收、带动农村经济发展方面已经取得了较好的成绩。对于这一重在解决农民增收的产业发展方面，元阳县应该进一步加大力度，不断完善各项工作。在农产品加工方面，无论是糖业、梯田红米加工业等方面，元阳县已经取得了不少的成功经验，在未来的发展中，如何打造更具影响力的梯田产品的品牌，使世界文化遗产"红河哈尼梯田"的文化内涵在这些产品中得到价值体现是更为重要的工作。

　　继续完善民族平等和民族区域自治工作是元阳这一多民族地区未来政治经济社会不断发展的重要保障。目前来看，元阳县老百姓安居乐业，社会比较稳定，民族之间相处融洽。今后，如何进一步发挥基层党组织在经济社会建设中的堡垒作用，如何发挥党员个体在农村发展中的先锋模范作用，都是必须进一步加强的工作。这也是农村工作和发展的重要抓手。加强基础教育工作，传承各民族的优秀传统文化，培养高水平的少数民族干部也是需要下大力气加强的工作。

　　从卫生事业来看，元阳县也取得了不小的成绩。村卫生室已经覆盖了138个村居委。每个乡都有中心医院。县里有两个比较完善的中心医院，即元阳县人民医院和新街镇中心医院。这些成绩的取得也得益于国家对基层卫生事业的重视。但是，从全县医疗卫生的水平来看，元阳县还需要在医疗设施配备，医务人员培养方面继续努力。

充分认识多民族地区民族民间宗教文化存在的长期性、复杂性，积极、严肃、认真地分析这些民族民间宗教文化中有益于因地制宜地建设和谐社会的文化内容或文化因素，挖掘其意义，积极引导并使之为现实发展服务是未来发挥民族民间宗教作用的重要工作。

参考文献

论著：

曹文义：《一个哈尼族干部的自述》，载中国人民政治协商会议云南省委员会文史资料委员会编《云南文史资料选辑第四十四辑：云南民族工作回忆录（一）》，云南人民出版社 1993 年版。

陈国强、石奕龙：《简明文化人类学词典》，浙江人民出版社 1990 年版。

戴琳：《民族民间传统文化产业的制度环境》，中国社会科学出版社 2007 年版。

哈尼族简史编写组：《哈尼族简史》，云南人民出版社 1985 年版。

［美］塞缪尔·亨廷顿：《变化社会中的政治秩序》，王冠华译，上海人民出版社 2008 年版。

黄绍文等：《哈尼族传统生态文化研究》，中国社会科学出版社 2013 年版。

黄绍文：《哈尼族地缘文化》，载《第四届哈尼/阿卡文化学术讨论会论文集》，云南民族出版社 2005 年版。

黄绍文：《箐口：中国哈尼族最后的蘑菇寨》，云南人民出版社 2009 年版。

金炳镐：《民族理论政策概论》，中央民族大学出版社 1994 年版。

金炳镐主编：《中国民族自治州的民族关系》，中央民族大学出版社 2006 年版。

卢朝贵：《哈尼地域文化》，德宏民族出版社 2011 年版。

马翀炜：《福寿来自何方——箐口村哈尼族"博热博扎"宗教仪式的

人类学分析》，载牟钟鉴主编《宗教与民族》，宗教文化出版社 2007 年版。

马居里、罗家云：《哈尼族文化》，云南民族出版社 2000 年版。

马理文：《元阳野史》，德宏民族出版社 2011 年版。

毛佑全：《论哈尼族"摩批"及其原始宗教信仰》，载《中国哈尼学第二辑》，民族出版社 2002 年版。

［英］G. 邓肯·米切尔：《新社会学词典》，蔡振扬译，上海译文出版社 1987 年版。

史军超主编：《哈尼族文化大观》，云南民族出版社 1999 年版。

孙东波、李贵梅、王谦、杨凤英：《中国元阳县上新城哈尼族罗缅人文化实录》，云南人民出版社 2011 年版。

吴仕民：《论中国民族区域自治制度的功能》，载王铁志、沙伯力主编《国际视野中的民族区域自治》，民族出版社 2002 年版。

杨福全、段玉明、郭净：《云南少数民族概览》，云南人民出版社 1999 年版。

元阳县地方志办公室：《元阳年鉴 2013》，德宏民族出版社 2013 年版。

元阳县地方志编纂委员会：《元阳县志》，贵州民族出版社 1990 年版。

元阳县地方志编纂委员会：《元阳县志》，云南民族出版社 2009 年版。

元阳县地方志编纂委员会：《元阳县志·1978—2005》，云南民族出版社 2009 年版。

元阳县民族事务委员会：《元阳民俗》，云南民族出版社 1990 年版。

云南省红河哈尼族彝族自治州志编纂委员会：《红河哈尼彝族自治州志·卷六》，生活·读书·新知三联书店 1995 年版。

云南省红河哈尼族彝族自治州志编纂委员会：《红河哈尼彝族自治州志·卷七》，生活·读书·新知三联书店 1995 年版。

中共红河州党史研究室：《红河州民族"直过区"经济社会发展调研报告》，载中共云南省委党史研究室编《云南民族"直过区"经济社会发展研究资料汇编》，云南民族出版社 2006 年版。

中共元阳县委党史研究室：《中共元阳地方史》（第一卷），德宏民族出版社 2010 年版。

　　周平：《民族政治学》，高等教育出版社 2003 年版。

　　周平：《少数民族政治关系分析》，载《云南社会科学》1998 年第
2 期。

　　周平：《中国少数民族政治分析》，云南大学出版社 2007 年版。

　　朱小和演唱：《哈尼阿培聪坡坡》，史军超等翻译，云南民族出版社
1986 年版。

论文：

　　白玉宝：《哈尼族社会制度源流概述》，载《玉溪师范学院学报》
2012 年第 9 期。

　　白玉宝：《论神人一体的哈尼族连名谱系》，载《玉溪师范学院学报》
2012 年第 5 期。

　　陈清权：《明清改土归流述略》，载《湖南师院学报》1983 年第
3 期。

　　陈通明、杨生瑞：《完善和发展民族区域自治制度，推进社会主义政
治文明》，载《宁夏社会科学》2003 年第 6 期。

　　方铁：《深化对土司制度的研究》，载《云南师范大学学报》2014 年
第 1 期。

　　方铁：《土司制度及其对南方少数民族的影响》，载《中南民族大学
学报》2012 年第 1 期。

　　贺雪峰：《论农村基层组织的结构与功能》，载《天津行政学院学报》
2010 年第 6 期。

　　何作庆：《旅游开发中元阳县箐口哈尼族村社会阶层结构变迁研究报
告》，载《红河学院学报》2005 年第 5 期。

　　李福军：《云南少数民族"民—汉"双语教育研究》，载《楚雄师范
学院学报》2011 年第 11 期。

　　李珂：《新农村建设，来自第一线的声音——访全国人大代表、云南
红河哈尼族彝族自治州元阳县副县长卢艳芬》，载《绿色中国》2006 年第
7 期。

　　李跃生：《元阳要脱贫，水利必先行——对元阳水资源利用情况的调
查报告》，载《红河州党校学报》1996 年第 1 期。

李中义、刘淑贤:《新型农村合作医疗中的道德风险分析及控制》,载《经济经纬》2010年第5期。

林文勋、张锦鹏、杨华星:《云南少数民族村寨经济现状及发展对策》,载《云南民族学院学报》(哲学社会科学版)2002年第4期。

刘宁宁:《论中国特色社会主义政治发展道路》,载《当代世界与社会主义》2007年第6期。

陆学艺:《农村第一步改革的回顾与思考》,载《社会科学战线》2009年第1期。

陆学艺:《中国社会结构的变化及发展趋势》,载《云南民族大学学报》2006年第5期。

马翀炜:《文化符号的建构与解读——关于哈尼族民俗旅游开发的人类学考察》,载《民族研究》2006年第5期。

马翀炜、李晶晶:《混搭:箐口村哈尼族服饰及时尚》,载《学术探索》2012年第1期。

王文成:《解放初期的云南边政与边疆民族区域自治的确立》,载《中国边疆史地研究》1992年第4期。

徐铭:《明代凉山黑彝反抗土司的斗争》,载《西南民院学报》1986年第1期。

叶子健:《红河哈尼族自治区的三年》,载《新华半月刊》1957年第3期。

元阳采山坪调研组:《元阳县采山坪村经济社会发展调研报告》,载中共云南省委党史研究室编《云南民族"直过区"经济社会发展研究资料汇编》,云南民族出版社2006年版。

郑宇:《哈尼族宗教组织与双重性社会结构——以箐口村哈尼族"摩批—咪古"为例》,载《民族研究》2007年第4期。

周平:《云南民族区域自治四十五年》,载《思想战线》1994年第5期。

报纸:

贺光辉:《人民民主政权在云南的确立》,载《云南日报》2009年6月5日。

李聪华:《哈尼梯田文化景观将得到更好保护——"美丽云南·梦想

红河"新闻发布会见闻》，载《红河日报》2013年7月24日。

林玮：《元阳：以哈尼梯田生态旅游开发构建新农村建设新模式》，载《红河日报》2010年5月6日。

余建民、孙晓云：《红河哈尼梯田文化景观申遗的背后：13年不懈努力》，载《云南日报》2013年7月15日。

余剑明：《无数人的合力付出，少为人知的13年申遗努力——红河哈尼梯田文化景观申遗的背后（上）》，载《云南日报》2013年7月15日。

俞可平：《中国政治发展30年》，载《文汇报》2008年12月15日，第010版。

关键词索引

316，317，318，321，322，
329，330，331，332，333，
334，335，336，337，338，
339，340，342，345，346，
347，350，352，357，359，363
彝族 1，2，6，10，16，18，19，
28，29，30，34，56，74，75，
76，80，88，89，90，91，92，
97，98，99，100，101，102，
103，104，106，109，126，
130，138，139，140，142，
147，149，150，163，164，
165，166，169，170，174，
175，176，177，178，179，
180，183，184，188，202，
215，216，217，218，219，
220，231，234，247，254，
274，281，282，287，293，
299，300，301，304，309，
310，312，318，322，329，
330，331，332，334，335，
336，337，338，339，340，
345，347，352，362
傣族 1，6，8，17，18，19，56，
88，89，90，91，92，94，97，
99，100，101，102，103，108，
130，131，139，140，141，
142，147，150，165，169，
170，174，175，176，177，
178，179，188，202，221，
222，223，224，225，234，
274，282，300，301，305，

309，310，330，331，332，
335，336，338，340，345，
347，348，352
壮族 18，19，28，56，88，91，
92，97，100，101，102，139，
166，174，175，183，202，
232，233，234，235，274，
282，283，284，301，305，
330，331，335，338，345，352
苗族 18，19，28，56，88，91，
92，97，99，100，101，102，
103，139，142，147，165，
166，193，200，226，227，
228，229，231，274，282，
283，300，301，306，307，
309，330，331，332，336，
337，338，345，352
瑶族 8，19，29，56，88，91，
92，99，100，101，102，140，
147，150，166，200，202，
229，230，231，232，274，
282，283，300，301，307，
309，310，330，331，332，
336，337，345，352
生态 2，3，7，9，10，19，20，
21，24，26，27，28，29，30，
31，32，33，34，35，36，39，
40，42，53，56，57，59，60，
62，64，75，76，106，119，
131，167，172，173，175，
180，186，188，189，191，
257，258，259，262，265，

后　记

云南大学西南边疆少数民族研究中心民族学研究所于2013年12月接受了中国社会科学院民族学人类学所委托的《21世纪初中国少数民族地区经济社会发展综合调查（元阳卷）》的调查研究任务。2014年12月底，在经过一年的紧张调研和写作之后，我们完成了这一重要的工作任务。在工作中，我们得到了中国社会科学院民族学人类学所领导王延中同志和其他专家的指导，我们对他们的帮助和信任表示感谢。孙懿同志和彭丰文同志在此项工作中承担了许多联系工作，感谢她们为本调查组付出的辛勤工作。感谢本书责任编辑宫京蕾老师，她的指导和校订工作为本书增色不少。

中共元阳县委、县政府的领导及各局办的领导对本次调查工作给予了热情的帮助，提供了大量的相关材料。元阳县许多村寨的村民也为本次调研工作做出了非常大的贡献，借此机会，我们向他们表示由衷的感谢。

云南大学民族研究院院长何明教授，同仁李晓斌教授、高志英教授、白志红教授、马居里教授等都对本次调查工作给予了指导和帮助。谨向他们表示感谢。

本次调查是在调查组共同努力的基础上完成的，具体的调查及写作分工情况如下：

导言、第五章及结语由云南大学西南边疆少数民族研究中心马翀炜教授完成；

第一章由红河学院黄绍文教授负责完成；

第二章由云南大学西南边疆少数民族研究中心张锦鹏教授，云南大学历史系博士生项露林完成；

第三章由云南大学西南边疆少数民族研究中心朱凌飞副教授完成；

第四章由云南大学西南边疆少数民族研究中心胡凌博士完成；

第六章由云南大学西南边疆少数民族研究中心周晓红副教授完成；

第七章由云南大学西南边疆少数民族研究中心张实教授完成；

第八章由云南大学西南边疆少数民族研究中心白永芳副教授完成；

第九章由云南大学法学院戴琳副教授完成。

最后的统稿工作由马翀炜负责完成。

在一年的紧张调研和写作过程中，本课题组同仁都付出了很大的努力，但书中的讹误及不当之处一定还有很多，这些问题应当由课题组组长负责。期待元阳县领导和村民对我们的工作提出批评及建议，也希望学界同仁及关心元阳县发展的人士对我们的工作提出批评和建议。

云南大学西南边疆少数民族研究中心　马翀炜

2015 年 1 月 12 日